Friedrich Krotz

Neue Theorien entwickeln

Eine Einführung in die Grounded Theory, die Heuristische Sozialforschung und die Ethnographie anhand von Beispielen aus der Kommunikationsforschung

Herbert von Halem Verlag

Für Petra, Janosch und Nicolas

Bibliographische Information der Deutschen Bibliothek
Die deutsche Bibliothek verzeichnet diese Publikation in der Deutschen Nationalbibliographie; detaillierte bibliographische Daten sind im Internet über http://dnb.ddb.de abrufbar.

Friedrich Krotz:
Neue Theorien entwickeln.
Eine Einführung in die Grounded Theory,
die Heuristische Sozialforschung und die Ethnographie
anhand von Beispielen aus der Kommunikationsforschung
Köln : Halem, 2005

ISBN 3-931606-64-3

Den Herbert von Halem Verlag erreichen Sie auch im Internet unter http://www.halem-verlag.de
E Mail: info@halem-verlag.de

SATZ: Herbert von Halem Verlag
DRUCK: FINIDR, s.r.o (Tschechische Republik)
GESTALTUNG: Claudia Ott Grafischer Entwurf, Düsseldorf

Inhalt

EINFÜHRUNG: VON DEN FORSCHUNGSVERFAHREN DER SOZIALWISSENSCHAFTEN UND VOM ZIEL DIESES BUCHES

Wir leben in einer Welt, die sich immer schneller verändert. Globalisierung, Individualisierung, Ökonomisierung und Mediatisierung sind einige der vielen Stichworte, unter denen diese Veränderungen untersucht und diskutiert werden. Parallel zum sozialen und kulturellen Wandel verändern sich die Gegenstandsbereiche der einzelnen Sozialwissenschaften, die vor immer neue Fragen gestellt werden, während gleichzeitig die Ansprüche an die unmittelbare Verwendbarkeit wissenschaftlicher Erkenntnisse größer werden. Besonders deutlich ist dies etwa in der Kommunikationswissenschaft, die sich verstärkt mit digitalen Medien und mobilem Telefonieren, mit Computerspielen und Roboterkommunikation beschäftigen sollte, während gleichzeitig ihr klassisches Thema, das Feld öffentlicher Kommunikation als Basis von Demokratie, ebenfalls immer mehr Aufmerksamkeit verlangt. Aber auch in den anderen Sozialwissenschaften tun sich immer neue Forschungsbereiche auf, die theoretisch und empirisch bearbeitet werden müssen – von der Ethnologie zur Politikwissenschaft, von der Psychologie bis zur Soziologie. Sie benötigen neue und gute Theorien, um diese sich ändernde Welt zu beschreiben, zu erklären, zu verstehen und um sie handhabbar zu machen.

Die Frage, wie man sozialwissenschaftliche Theorien sinnvoll entwickelt und, allgemeiner, wie Theorien im Prozess der Wissenschaft entstehen, rückt damit immer mehr in den Vordergrund. Das bedeutet natürlich keineswegs, dass die bereits vorhandenen Theorien und

Untersuchungen der sozialwissenschaftlichen Disziplinen obsolet und unbrauchbar werden – zum Teil müssten sie heute allerdings neu bedacht werden. Aber wichtiger noch: Wie entstehen neue gültige und brauchbare Theorien, deren Produktion ja zum Kern wissenschaftlichen Arbeitens gehört? Unabhängig von der Frage, ob sie richtig, wahr oder gültig sind und auch wofür sie gut sind – sie entstehen jedenfalls in der Sozialwissenschaft auf ganz unterschiedliche Weise: Sie können intuitiv erfunden werden, sie können einem großen Geist quasi von selbst zufliegen. Man kann versuchen, sie sich systematisch auszudenken. Man kann sie aber auch auf der Basis bereits vorhandener Einsichten entwickeln. Theorien können ferner wie bei Max Weber oder Niklas Luhmann das Ergebnis langjähriger empirischer und/oder theoriegeleiteter Auseinandersetzung mit spezifischen sozialen oder kulturellen Fragestellungen sein. *Man kann Theorien aber auch systematisch entwickeln, indem man dafür gezielt Daten erhebt und sie im Hinblick auf die Konstitution von Theorie auswertet. Das ist das, worum es in dem vorliegenden Buch geht.*

Im Hinblick auf ihre Alltagsprobleme wissen die Menschen eigentlich ziemlich gut, wie man das macht. Wem sich im ›normalen Leben‹ ein Problem in den Weg stellt, der denkt sich meist nicht irgendeine Lösung aus und probiert dann, ob es klappt – das wäre ein Testen von Hypothesen, das schnell im Desaster enden kann. Vielmehr wird man stattdessen versuchen, eine Lösung zu entwickeln, die mit hoher Wahrscheinlichkeit hilfreich ist. Man überlegt zum Beispiel, ob man vielleicht eine der eigenen Erfahrungen, die man auf einem anderen, ähnlichen Praxisfeld gemacht hat, zu Rate ziehen kann, um das Problem zu lösen. Und man befragt andere, von denen man vermutet, dass sie über den fraglichen Sachverhalt Bescheid wissen: Wenn ich zum Beispiel wissen will, wie ich in einer fremden Stadt zum Bahnhof komme, macht es Sinn, die Leute, die dort wohnen, zu interviewen.

Man versucht also im Alltag, systematisch ausgedrückt, durch Datenerhebung und Datenauswertung zu Lösungen zu gelangen. Auch wenn die Lösung von Alltagsproblemen nicht auf die Konstruktion von Theorien oder wissenschaftlichen Erkenntnissen hin angelegt ist, funktionieren solche Alltagsverfahren dennoch im Prinzip so ähnlich wie wissenschaftliche Forschung. Man kann sogar sagen, dass die wissenschaftlichen Verfahren aus den Alltagsverfahren abgeleitet sind, aber natürlich anderen, viel schärfer formulierten Kriterien genügen müssen, damit sie in der Wissenschaft akzeptabel sind. Während man im Alltag versucht, ein Problem zu lösen, zielt Wissenschaft nicht auf Problemlösung, sondern auf Theorie, also auf die Konstruktion und Verwendung brauchbarer und allgemeiner Begriffe oder auf das Erkennen von allgemeinen Zusammenhängen. Aber dennoch sind die Vorgehensweisen prinzipiell ähnlich.

Man kann dementsprechend sagen, *dass man unter ›Theorieentwicklung‹ einen gezielten, problembezogenen, systematischen und datengestützten Prozess versteht, mit dessen Hilfe man von einer Ausgangsfrage bzw. einem Ausgangsproblem zu einer Theorie als Teil von Wissenschaft gelangt, mit der die Ausgangsfrage beantwortet und aus der schließlich auch eine brauchbare Lösung des Ausgangsproblems abgeleitet werden kann.* Eine solche systematische Entwicklung von Theorie gehört ganz offensichtlich zur Arbeit von Wissenschaftlerinnen und Wissenschaftlern.

Wie man das macht, lernen Studierende der Sozialwissenschaften aber im Allgemeinen nicht. Wenn man sich die Lehrbücher zur empirischen Sozialforschung ansieht, wird auf der Grundlage wissenschaftstheoretischer oder anderer Vorannahmen in eine von zwei Arten von Sozialforschung eingeführt: Entweder in die so genannte quantitative oder in eins der vielfältigen, so genannten qualitativen Verfahren.[1] Die quantitativen Verfahren unterscheiden sich von den qualitativen in den zugrunde liegenden Annahmen, im Vorgehen, in den konkreten Forschungsschritten und in den möglichen oder tatsächlichen Ergebnissen. Die qualitativen Verfahren unterscheiden sich aber auch untereinander, manchmal auf grundlegende Weise.

• Die *so genannte quantitative Forschung* – wir werden ihr Vorgehen in 1.6 skizzieren – bildet, sieht man von Ethnographie und Volkskunde ab, den methodologischen Mainstream der Sozialwissenschaften. Sie orientiert sich an der Naturwissenschaft und versteht ebenso wie diese das, was sie tut, als Messen von Ausprägungen von einzelnen Merkmalen. *Weil alle quantitativen Vorgehensweisen von der Operation des Messens ausgehen, sich an formaler Logik und Mathematik orientieren und im Prinzip gleichartig angelegt sind, kann man auch von einem einheitlichen, formallogisch-mathematischen Paradigma in der Sozialforschung sprechen. Dessen theorierelevanter Ertrag konzentriert sich dabei auf das Testen vorhandener Hypothesen.* Diese Hypothesen sind Aussagen der Form Wenn-dann bzw. Je-desto oder Ableitungen bzw. Kombinationen davon. Sie drücken bezogen auf die soziale Wirklichkeit funktionale Beziehungen aus – und das sollen sie auch, weil die quantitative Forschung auf der Suche nach räumlich, zeitlich und sozial übergreifenden

1 Bis heute stehen dabei die quantitativen Verfahren im Vordergrund.

Zusammenhängen ist, die sie als Gesetze begreift – wie eben auch die Naturwissenschaften nach allgemeinen funktionalen Gesetzen suchen.

Die Frage, wie man Theorien systematisch entwickelt, stellt sich in diesem Paradigma dann offensichtlich nicht. Man kann – natürlich unter Verwendung angemessener Begriffe – einfach Aussagen der Form Wenn-dann oder Je-desto formulieren, die sich auf den jeweiligen Gegenstandsbereich beziehen. Die Theorie setzt sich dann aus solchen Aussagen zusammen, man muss sie aber natürlich, bevor sie Teil des wissenschaftlichen Wissens werden, empirisch überprüfen. Und man muss beim Überprüfen sehr systematisch und kontrolliert vorgehen, wenn man die Wissenschaft nicht ruinieren will.

Von daher kann man sich die quantitative Sozialforschung als eine Art von Werkzeugkoffer vorstellen, in dem ähnlich strukturierte Instrumente liegen, mit denen man Daten erhebt und analysiert. Die Regeln, wie man diese Instrumente konstruiert und benutzt, ähneln sich für Befragung und Beobachtung, für Experiment und Inhaltsanalyse. Das gleiche gilt für die Auswertung der einmal erhobenen Daten. Deswegen ist quantitative Forschung ja auch arbeitsteilig möglich und kann an Hilfskräfte oder Agenturen, in absehbarer Zeit vermutlich in immer mehr Teilen auch an Software delegiert werden.

Ein solches Verständnis von Forschung hat natürlich vielfältige Konsequenzen für die möglichen Ergebnisse, aber auch für die Art, wie Forscher der Realität gegenübertreten. Die verwendeten Instrumente wie zum Beispiel Fragebögen dienen als Filter für das, was von der Realität berücksichtigt wird und was nicht. Der Forscher ist zwar für die Entwicklung und die Bedienung der Instrumente und dann wieder für die Auswertung notwendig, stört aber sonst eher. Denn er begreift den Forschungsgegenstand als etwas von ihm selbst Unabhängiges, das er keinesfalls beeinflussen darf. Das hat dann immer die Konsequenz, wie es der Psychoanalytiker und Ethnologe George Devereux (1967) ausgedrückt hat, dass der Forscher sich hinter seinen Messinstrumenten verschanzt, über geeigneten Operationalisierungen grübelt, mathematische und insbesondere statistische Probleme löst, Indizes konstruiert und Daten per SPSS analysiert, anstatt sich auf die soziale Realität offen und kommunikativ einzulassen. Ein derartiges Vorgehen war wohl im Fall der Naturwissenschaft jedenfalls bis zu Albert Einstein und Max Planck erfolgreich – aber ob das für die Sozialwissenschaften das einzig angemessene Vorgehen ist, ist ausgesprochen strittig.

Um nicht missverstanden zu werden: Natürlich gibt es hervorragende, auf quantitativen Daten basierende Untersuchungen, die spezifische Fragen beantworten, aber im großen Ganzen behindert die einseitige Betonung quantitativer Verfahren in den Sozialwissenschaften die Forschung.

• Die *so genannten qualitativen Verfahren* sind demgegenüber sehr viel schwieriger zu beschreiben, weil sie eine eher *unübersichtliche Vielfalt* bilden – psychoanalytische, hermeneutische und ethnomethodologische Forschung, Diskurs-, Inhalts- und Filmanalyse funktionieren je nach ganz unterschiedlichen Regeln und geben auch nur auf ganz bestimmte Fragestellungen Antwort. Man kann hier eigentlich nicht von einem einheitlichen Paradigma sprechen. Immerhin kann man aber ganz allgemein sagen, dass die qualitativen Forschungsverfahren *kontextbezogene und kontextberücksichtigende Verfahren* sind. Sie gehen davon aus, dass sich der Bereich der Sozialwissenschaften von dem der Naturwissenschaften grundlegend unterscheidet. *Während die Natur gewissermaßen ›geschieht‹, beruht ›das Soziale‹ auf dem menschlichen Handeln, und menschliches Handeln geschieht nicht einfach, sondern ist immer sinngeleitetes und bedeutungsstrukturiertes Geschehen.* Wenn man also die soziale Wirklichkeit verstehen will, muss man am gemeinten Sinn sozialen Handelns ansetzen. Sinn definiert aber nicht der Forscher mit seinen Instrumenten, sondern der Befragte oder Beobachtete, also die Person, um deren Wirklichkeit es geht und auf deren Wirklichkeit sich Forscherin oder Forscher einlassen müssen: Qualitative Forschung berücksichtigt deshalb eben die Kontexte, in denen Handeln und, allgemeiner, soziale Wirklichkeit entstehen. Sie ist zudem immer kommunikativ angelegt, weil man letztlich nur in der kommunikativen Auseinandersetzung mit einem anderen Menschen den Sinn dessen verstehen kann, den er mit sozialem Handeln verbindet.

Auf diesen Grundannahmen haben sich also ganz unterschiedliche qualitative Verfahren entwickelt. Bedauerlicherweise gibt es kaum systematische Darstellungen davon, auf welchen weiteren fundamentalen theoretischen Annahmen die einzelnen qualitativen Ansätze beruhen, für welches Anwendungsgebiet sie gedacht sind und welche Fragestellung man damit beantworten kann. Auch die Frage, ob jedes als qualitativ attribuierte Verfahren in sich überhaupt plausibel ist, ist keineswegs hinreichend beantwortet. Immer noch kann jeder, der nicht quantitativ forscht, behaupten, er tue dies eben qualitativ – was dann wohl stimmt, aber häufig nicht methodisch kontrolliert und nachvollziehbar geschieht. Immer noch wächst der bunte Strauß qualitativer

Verfahren so durch weitere, die oft nur ad hoc entwickelt werden. Auch sind kaum klare Kriterien konsensuell benannt, mit denen man eine qualitative Untersuchung beurteilen kann. Dennoch gibt es natürlich auch wunderbare Arbeiten, großartige Ergebnisse und unglaublich dichte Beschreibungen und Theoretisierungen, die auf Basis qualitativer Forschung entstanden sind. Und es ist erkennbar, dass es bemerkenswerte Bestrebungen gibt, das offene Feld von qualitativen Verfahren zu ordnen und weiterzuentwickeln.

- Die *theoriegenerierenden Verfahren*, die wir in diesem Buch behandeln, werden üblicherweise zu den qualitativen Verfahren gerechnet. Das ist im Prinzip auch richtig, weil sie ebenfalls kontextbezogen und kommunikativ angelegt und auf den subjektiven Sinn sozialen Handelns ausgerichtet sind und sich auch sonst an vielen allgemeinen Grundregeln qualitativer Forschung orientieren. Sie bilden aber, wie wir noch sehen werden, eine eigenständige Gruppe, weil sie in diesem Rahmen einige Besonderheiten aufweisen. Einerseits machen diese theoriegenerierenden Verfahren keine speziellen Annahmen über die Wirklichkeit, sondern sind im Prinzip auf alle Fragestellungen in allen sozialwissenschaftlichen Gegenstandsbereichen anwendbar, was für viele qualitative Verfahren nicht gilt. Andererseits bestehen sie aus klaren Regelsystemen, die auf die Konstruktion von Theorie zielen. Sie führen deshalb immer zu brauchbaren Theorien, wenn sie regelgerecht verwendet werden. Übrigens können sie im Prinzip auch auf quantitative Daten angewandt werden – ihr Ziel liegt einfach nur darin, Theorien zu entwickeln.

Die quantitativen und die qualitativen Verfahren sind also eigentlich für unterschiedliche Fragestellungen geeignet und führen – wir werden dies später noch genauer begründen – zu unterschiedlichen Arten von Theorien bzw. theoretischen Aussagen. Beide können zur Wissenschaft beitragen. Obendrein beschreiben Kategorien wie quantitativ und qualitativ eigentlich Datenarten, die Forscherin oder Forscher erheben wollen, aber keine Methoden oder Verfahren. Deshalb ist der Streit um hier qualitative und dort quantitative Verfahren eher unfruchtbar, wenn auch als Differenzierung und Unterscheidung natürlich nicht überflüssig.

Nach wie vor sind die qualitativen Verfahren in den Sozialwissenschaften, sieht man von der Ethnologie ab, unterrepräsentiert. Oft beenden Studierende ihre Ausbildung, ohne je etwas davon genauer kennen gelernt zu haben. Und wenn sie davon etwas gehört haben, dann meist eher zufällig und nur von *einem* der vielen qualitativen Verfahren. Häufig werden die qualitativen Verfahren auch ausgesprochen themenbezogen gelehrt und es wird offen gelassen, welche Fragen man damit überhaupt sinnvoll beantworten kann. Aber auch in einem weiteren Sinn gilt: Wenn man genauer nachfragt, ist das Wissen der Anhänger der einen Gruppe von Verfahren über die anderen Vorgehensweisen oft erschreckend eng und hat mit einem realistischen Wissen über die Vor- und Nachteile der verschiedenen Verfahren häufig nichts zu tun. Zugespitzt lässt sich also sagen, dass die quantitativen Verfahren imperialistisch sind und beanspruchen, als Einzige in den Himmel wissenschaftlicher Erkenntnis zu führen, während die Vielfalt der qualitativen Ansätze ausgesprochen vielfältige Kontextualisierungen sozialer Phänomene ermöglicht und so hauptsächlich die individuellen Interessen der Forschungspersonen betont. Auch die Verbindung zwischen qualitativen und quantitativen Verfahren, die als hybride Forschung bezeichnet wird, bleibt bisher weitgehend im Dunkeln.

Manchen Studierenden und manchen Forschern ist das alles zuwider. Sie sind auf der Suche entweder nach dem besten oder nach einem Universalverfahren. Was das beste Verfahren ist, ist aber nicht entscheidbar, weil verschiedene Verfahren nicht nur verschiedenartige Ergebnisse produzieren, sondern auch nicht vergleichbare Theoriezusammenhänge, die sich nur punktuell zueinander in Bezug setzen lassen. Und ein Universalverfahren wird es niemals geben. Im Gegenteil, das brächte für die Sozialwissenschaften sogar eine erschreckende Verarmung mit sich. Denn in einer pragmatischen Orientierung kann man davon ausgehen, dass empirische Forschung dazu da ist, konkrete Forschungsfragen (anwendungsorientierter oder grundlagenbezogener Art) in einem spezifischen Verwertungszusammenhang zu lösen. Jede Forschungsfrage konstituiert einen Forschungsgegenstand, den es zu beschreiben und theoretisch zu fassen gilt. Wenn dem so ist, so ist es aber natürlich gut, wenn man einen solchen Forschungsgegenstand auf vielfältige Weise und mit unterschiedlichen methodischen Instrumenten untersuchen würde, um möglichst viel darüber herauszufinden. Das heißt aber, dass man eigentlich verstärkt *hybride Forschung* betreiben sollte, wenn nur mehr darüber bekannt wäre, wie man mit unterschiedlichen Verfahren gewonnene Ergebnisse in einer Theorie zusammenbringt. In einer pragmatischen Perspektive wäre es wohl akzeptabel, dass man den gleichen Sachverhalt auf unterschiedliche Weise beschreibt und theoretisch fasst – ein Horror allerdings für einen methodologischen Puristen.

Über all diese Fragen gibt es kaum Forschung. Entscheidungen methodischer Art werden überwiegend auf der Basis disziplinärer Traditionen, nicht weiter reflektierter Vorannahmen, zufällig vermittelter Qualifikationen und Fertigkeiten sowie im Hinblick auf Karriereinteressen und die Erwartungen von Auftraggebern getroffen – so bleiben die innerwissenschaftlichen Streitigkeiten weiter bestehen. In der Deutschen Gesellschaft für Soziologie hat sich mittlerweile neben der Sektion für quantitative Verfahren eine für qualitative konstituiert, weil eine gemeinsame Sektion nicht funktioniert. Auch in der Kommunikationswissenschaft wäre das denkbar. In der Psychologie sind qualitative Verfahren dagegen keineswegs ›normal‹, während andererseits Volkskunde, Ethnologie oder Sozialanthropologie auf das Verfahren der Ethnographie festgelegt sind.

An diesem Punkt setzt das vorliegende Buch ein. Es ist natürlich weit entfernt davon, all diese Probleme zu lösen. Beabsichtigt war vielmehr, *eine wissenschaftstheoretisch fundierte und anwendbare Einführung in die theoriegenerierende Forschung* zu verfassen. Dazu sollten die Verfahren der Grounded Theory, der Heuristischen Sozialforschung und der entdeckenden Ethnographie und deren anwendungsrelevanter Hintergrund so vorgestellt werden, dass man damit Forschungsfragen beantworten kann.

Beim Schreiben des Buches wurde dann allerdings deutlich, dass dieses notwendige Hintergrundwissen breiter dargestellt werden muss als zuerst gedacht. Man muss zum Beispiel begründen, warum diese drei Verfahren zusammengehören und sich von den anderen qualitativen Verfahren unterscheiden. Man muss aber auch herausarbeiten, dass jedes einzelne der drei Verfahren seine besonderen Vor- und Nachteile im Vergleich zu den anderen und so seine eigene Berechtigung hat und dass es nicht darum gehen kann, sie alle zu einem Verfahren zusammenzufassen. Man muss sie zudem wenigstens rudimentär wissenschaftstheoretisch verankern, die ihnen allen dreien gemeinsamen fundamentalen Grundlagen umreißen und ihr Verhältnis zu Sprache, Logik und Dialektik klären – und so weiter.

Die Auseinandersetzung mit derartigen Fragen hat zu dem Teil 1 des vorliegenden Buches geführt. Darin werden grundlegende Überlegungen zur qualitativen Forschung erläutert und diskutiert – ein notwendiger und, wie ich hoffe, praktisch bedeutsamer und hilfreicher, aber vor allem an Grundbegriffen und basalen wissenschaftstheoretischen Fragestellungen orientierten Beitrag zur Theorie qualitativer Forschung. Im zweiten Teil geht es dann um die Darstellung der drei wichtigsten Verfahren theoriegenerierender Art: Die beiden auf die Lösung von konkreten Forschungsfragen angelegten Verfahren der Grounded Theory und der Heuristischen Sozialforschung sowie um die breiter, aber auch unspezifischer angelegte Ethnographie. Während die ersten beiden Verfahren auf einer relativ überschaubaren Literaturlage beruhen, ist dagegen strittig, was Ethnographie eigentlich genau ist. Wir verstehen sie hier als eine umgreifende Forschungsstrategie, die auf die Entwicklung von Theorie angelegt ist, sich aber eben nicht nur auf die Lösung einzelner, vergleichsweise konkreter Forschungsfragen beschränkt. Die Ethnographie ist aber auch deshalb wichtig, weil sie ein Basisproblem qualitativer Forschung berücksichtigt: Qualitative Forschung setzt nämlich immer voraus, dass die Forscher und die Menschen, die in der Wirklichkeit leben, die untersucht werden soll, miteinander kommunizieren können. Sie beschäftigt sich aber kaum mit der Frage, ob bzw. inwieweit das im Rahmen einer spezifischen Fragestellung eigentlich der Fall ist, und auch kaum damit, wie man solche Kommunikationsfähigkeit herstellen kann. Genau darauf ist aber die Ethnographie ausgelegt.

Bei alldem wird in dem vorliegenden Text immer auch auf die wissenschaftstheoretische Begründung theoriegenerierender Forschung eingegangen, soweit das notwendig und möglich ist. Diese Begründung basiert natürlich nicht wie im Fall der quantitativen Forschung auf dem Denken der formalen Logik und der Mathematik oder der Naturwissenschaft. Sie verwendet auch nicht die Begrifflichkeiten der naturwissenschaftlich orientierten Wissenschaftstheorie, wie es der logische Positivismus oder die analytische Wissenschaftstheorie tun. Eine sinnvolle Begründung qualitativer (und quantitativer) Verfahren muss stattdessen im Pragmatismus angelegt sein, wie ihn der Semiotiker Charles Sanders Peirce, der Philosoph und Psychologe William James, der Soziologe und Sozialpsychologe George Herbert Mead und andere vertreten haben. Mit pragmatisch (oder auch pragmatistisch) ist dabei insbesondere nicht ›utilitaristisch‹ gemeint, also nützlich im Sinne von hilfreich beim Erreichen vorab festgelegter Ziele. Pragmatisch meint vielmehr – wir gehen in Kapitel 2 noch genauer darauf ein –, dass Methoden und Verfahren dazu beitragen sollen, theoretisches Wissen zu gewinnen, das handlungsfähig macht. Was natürlich keineswegs heißt, dass theoriegenerierende Forschung nicht auch grundlagenorientiert angelegt sein kann und oft auch ist – *nichts ist schließlich brauchbarer als eine gute allgemeine Theorie.* Solche Theorien lassen sich durch entsprechend angelegtes forschendes

Handeln herstellen, und zwar komparativ, als Ergebnis eines Prozesses: Man beginnt mit einem Vorwissen, das man durch Forschung verbessert, erweitert und vertieft. Es geht dementsprechend hier um eine kontextbezogen angelegte Wissenschaft, um Erkenntnis, die ihren Bezug zu Kultur und Gesellschaft im Blick hat und ihre Fragestellungen wie ihr Vorgehen und ihre Ergebnisse kritisch reflektiert.

Die zwei Teile dieses Buches bestehen aus insgesamt sieben Kapiteln.

- Kapitel 1 setzt an dem Phänomen der empirischen Forschung in den Sozialwissenschaften an. Es geht darum, warum sie notwendig ist, woraus empirisches Forschen als Prozess genau besteht, welche Typen von Empirie es gibt, wie sie sich unterscheiden, wofür sie gut sind und auf welche Arten von Theorie sie zielen – denn jede Empirie will theoretisch brauchbare Aussagen machen. Dabei stehen die theoriegenerierenden Methoden und Verfahren im Mittelpunkt – die anderen umrissenen Methoden werden eher im Hinblick darauf und zum besseren Verständnis der Besonderheiten der theoriegenerierenden Forschung diskutiert.
- Kapitel 2 legt dann die wissenschaftstheoretischen und konzeptionellen Grundlagen für die Verwendung theoriegenerierender Verfahren. Sie werden mit pragmatischen Überlegungen zur Erkenntnistheorie begründet und es wird darum gehen, die Grundprinzipien dieser Art empirischer Forschung herauszuarbeiten. So wird klar werden, warum theoriegenerierende Forschung grundsätzlich kommunikativ angelegt ist, was das genau bedeutet und welche Beziehung Forschungsverfahren und Sprache zueinander haben. Zudem werden Konzepte wie Perspektivität und Handlungspraktiken erläutert, die man verstanden haben muss, wenn man Daten durch Beobachtung und Befragung von Menschen und deren Erleben gewinnt und interpretiert. Und es wird darum gehen, die Bedeutung von Logik und Dialektik zu verstehen, die als Hilfswissenschaften für die empirische Forschung wichtig sind.
- Kapitel 3 behandelt dann die theoriegenerierende Sozialforschung als einen zusammenhängenden Forschungsprozess und zeigt seine Grundprinzipien auf. Danach ist der Erwerb von Wissen auf der Basis der Forschungsfrage immer ein Prozess des Herausfindens, was genau der Forschungsgegenstand ist und was für ihn gilt, wie er beschrieben und theoretisch gefasst werden kann. Empirische Forschung ist deshalb

nichts anderes als ein regelgeleiteter und dokumentierter Lernprozess von Forscherin und Forscher, die sich mit der Wirklichkeit auseinander setzen und dabei für neue Erkenntnisse offen sein müssen. Dieser Prozess findet als Dialog mit der Wirklichkeit statt und führt vom Vorwissen zu immer besserem Wissen, indem dieses Vorwissen durch den Einbezug neuer empirischer Erkenntnisse verbessert, vertieft und erweitert, gelegentlich auch umgestülpt wird. Das Kapitel endet mit einigen praktischen Hinweisen über das Protokollieren und Transkibieren von Daten – insgesamt wird in diesem Kapitel aber noch nicht zwischen den später genauer dargestellten drei Verfahren differenziert.

Im zweiten Teil des Buches werden dann im Wesentlichen die drei Verfahren vorgestellt.

- Kapitel 4 dient zunächst der Einführung in den Klassiker der theoriegenerierenden Forschung, die Grounded Theory nach Barney Glaser und Anselm Strauss.
- Kapitel 5 führt in die darauf aufbauende, aber die Grounded Theory präzisierende und weiter entwickelnde Heuristische Sozialforschung nach Gerhard Kleining ein.
- Kapitel 6 ist dazu da, die Ethnographie als theoriegenerierende Strategie vorzustellen. Sie ermöglicht es insbesondere, nicht nur Forschungsfragen zu beantworten, sondern auch die Basis für qualitative Forschung zu legen, nämlich Kommunikationsfähigkeit zwischen Forschungsteam und untersuchten Menschen herzustellen.
- In dem knappen Kapitel 7 wird abschließend auf eine Reihe von Gütekriterien für qualitative bzw. theoriegenerierende Forschung eingegangen.

Aber bevor wir nun dieses Programm umsetzen, eine *Warnung*. Wenn man lernen will, Theorien gegenstandsbezogen und datengestützt zu entwickeln, empfiehlt es sich, ein eventuell bereits vorhandenes quantitatives Methodenwissen erst einmal zu vergessen. Das heißt nicht, dass es nichts wert ist. Aber es heißt, dass der Bezug darauf in die Irre führen kann, wie ich in vielen Lehrveranstaltungen immer wieder gemerkt habe. Das gilt sowohl für quantitative als auch für anders orientierte qualitative Regeln, die eine Leserin, ein Leser vielleicht kennen.

Quantitativ vorgebildete Forscherinnen und Forscher machen beispielsweise häufig den Fehler, auch da, wo man neue Theorien entwickeln will, gleich vorab möglichst viele Menschen nach ihrer Meinung zu befragen – nach dem Motto, je mehr, desto besser. Sie achten auch gerne darauf, dass jeder

Einzelne die gleichen Fragen vorgelegt bekommt. Beides aber macht in qualitativen Forschungsprojekten viel Arbeit und führt obendrein manchmal in die Irre. Wenn Glaser und Strauss eine Theorie über das Sterben im Krankenhaus entwickeln wollen, dann befragen sie beispielsweise die Angehörigen, die Krankenschwestern oder die Ärzte darüber. Es gibt aber keinen Grund, sie alle das Gleiche zu fragen, weil sie den in Frage stehenden Sachverhalt aus ganz unterschiedlichen Perspektiven betrachten werden – selbst innerhalb der gleichen Berufsgruppe. Dementsprechend müssen Fragen immer auf den einzelnen Befragten abgestimmt sein und folglich entwickelt sich jedes Interview anders. Es macht im Rahmen theoriegenerierender Forschung auch keinen Sinn, erst einmal möglichst viele Menschen zu befragen. Denn das produziert nur viel Material, dessen Auswertung sich vielleicht nicht lohnt oder nicht durchzuführen ist. Stattdessen sollte man mit zwei, drei Interviews, höchstens einem halben Dutzend, beginnen, diese auswerten und dann vor dem Hintergrund der bereits gewonnenen Erkenntnisse überlegen, wie es weitergeht: Qualitative Forschung ist prozessual angelegt.

Qualitativ vorgebildete Forscherinnen und Forscher machen ihrerseits, wenn sie sich mit theoriegenerierender Forschung beschäftigen, oft den Fehler, dass sie glauben, sie müssten Antworten oder allgemeiner Daten deuten, wie es etwa im Rahmen psychoanalytischer oder hermeneutischer Forschung geschieht. In einem strengen Sinn bedeutet ›Deuten‹, dass man vorher schon etwas weiß, eine Theorie im Kopf hat, die hilfreich ist, um zu verstehen, was der andere wohl meint. Gerade im Falle kulturvergleichender Forschung hat sich immer wieder herausgestellt, dass das zu vielen Fehlern führt. Und wenn ich deute, beziehe ich mich auf mein Vorwissen und dessen Kontexte als richtig – und das schränkt mein Vermögen, neue Theorien zu finden, mindestens ein. Deshalb hat ›Interpretieren‹ im Falle theoriegenerierender Forschung eigentlich nichts mit ›Deuten‹ zu tun.

Jedes qualitative und natürlich auch jedes theoriegenerierende Forschungsverfahren kann ebenso wie jedes quantitative Verfahren explorativ eingesetzt werden. Aber weder quantitative noch qualitative Verfahren sind notwendigerweise explorativ. *Jede der beiden grundsätzlich unterschiedlichen Vorgehensweisen erhebt vielmehr im Prinzip den eigenständigen Anspruch, gültige Ergebnisse zu erbringen,* die keiner weiteren Überprüfung mehr unterzogen werden müssen. Man kann eine qualitative Theorie übrigens auch gar nicht auf quantitative Weise überprüfen und umgekehrt, weil hinter beiden Typen von Forschungsverfahren verschiedene Theoriebegriffe stehen und die Ergebnisse deshalb inkommensurabel sind. Während quantitative Forschung auf abstrakt formulierte und mathematisch umsetzbare Hypothesen der Form Wenn-dann oder Je-desto zielt, will qualitative Forschung theoriegeladene ›dichte‹ Beschreibungen erzeugen, die ihrerseits auf komplexe theoretische Zusammenhänge verweisen. Qualitative Forschung kann quantitativer Forschung dementsprechend vorgelagert sein, insofern sie das Feld erschließt und theoretisch aufbereitet. Sie kann ihr aber auch nachgelagert sein, insofern sie quantitative Ergebnisse valide erweitert und vertieft und abstrakte mathematische bzw. funktionale Beziehungen mit Leben füllt. Und die beiden Typen von Verfahren können natürlich auch unabhängig voneinander betrieben werden.

Grundsätzlich kann man deshalb sagen, dass qualitativ arbeitende Forscher von anderen wissenschaftstheoretischen und inhaltlichen Voraussetzungen ausgehen und andere Beschreibungsverfahren und Theoriekonzepte verfolgen. Das gilt auch für die eigentlichen Erhebungsmethoden: Was eine ›Beobachtung‹ ist, ist für quantitativ arbeitende Forscher etwas anderes als für diejenigen, die qualitativ arbeiten. Anders ausgedrückt heißt das, *dass quantitativ arbeitende Forscher, die aber qualitativ forschen lernen wollen, grundlegend umdenken müssen.*

Um dieses Umdenken zu befördern, setzt das vorliegende Buch immer wieder an den von der quantitativen Forschung als selbstverständlich angesehenen und vermittelten Sichtweisen an, wie Wissenschaftler mit der Wirklichkeit umzugehen haben, und macht deutlich, warum theoriegenerierende Forschung das anders macht. Wie wir bereits oben gesagt haben, sind die meisten Sozialwissenschaftlerinnen und Sozialwissenschaftler mit quantitativer Forschung vertraut. In den Lehrveranstaltungen, die sie dazu besucht haben, sind ihnen im Allgemeinen die Denkweisen dieses Forschungstyps beigebracht, aber meist nicht transparent gemacht worden. *In der Folge stellen sich viele Denkgewohnheiten als Denknotwendigkeiten dar, obwohl sie eben nur Gewohnheiten sind.* Deswegen sollen diese Gewohnheiten hier problematisiert werden, damit man versteht, wie theoriegenerierende Forschung funktioniert. Nicht gemeint ist damit, dass das an der Verwendung von Statistik und Mathematik orientierte und auf Messoperationen gerichtete Denken grundsätzlich verkehrt ist. Aber es handelt sich nicht um Denken an sich, sondern um ein spezifisches Denken, das, auf soziale und kulturelle Tatbestände angewandt, manchmal hilfreich ist und manchmal nicht.

Auf viele dieser Fragen werden wir immer wieder zurückkommen – hier also nur noch einmal: Machen Sie sich klar, was Sie über empirische

Sozialforschung, über Methoden und Verfahren wissen. Dieses Ihr Vorwissen ist Ihr Ausgangspunkt, und das gilt es zu verbessern: so funktioniert theoriegenerierende Forschung. Dazu lassen Sie sich am besten auf den folgenden Text ein.

An den hier vorgestellten Themen habe ich lange gearbeitet. Mit einem Diplom in Mathematik und einem Diplom in Soziologie ist man sowieso immer mit quantitativen und mit qualitativen Verfahren beschäftigt. Aus dem, was ich daraus gelernt habe, kann man folgern, dass für eine gute und breite Sozialwissenschaft beide Ansätze notwendig sind. Für die Zukunft kann man wohl sagen, dass sich Kultur, Gesellschaft und die Lebensverhältnisse der Menschen immer schneller verändern werden. Gesellschaft als Wandel und Prozess wirft immer neue Fragen auf, und dafür müssen die Sozialwissenschaften nicht immer nur Hypothesen testen, sondern vor allem neue, angemessene, in große Theorierahmen eingepasste Theorien entwickeln. Deswegen hat mich mein Weg eher zu den qualitativen Verfahren geführt, denen ich heute eine ungleich wichtigere Rolle einräume, wenn man Wissenschaft für die Zivilgesellschaft betreiben will – *denn qualitative Verfahren beruhen im Kern nicht wie die quantitativen Verfahren primär auf Faktenwissen über andere Personen, sondern auf Kommunikation zwischen Forschungs- und untersuchten Personen.*

Ich hoffe, dass der hier vertretene Ansatz zu einer konstruktiven methodologischen Diskussion und Entwicklung beiträgt. An seinem Zustandekommen waren viele beteiligt. Auch wenn ich das vorliegende Buch geschrieben habe und damit für die Mängel hafte, habe ich doch vielen zu danken: Den qualitativen Forschern aus dem von Gerhard Kleining gegründeten, am Leben gehaltenen und zu produktiven Leistungen gepushten Arbeitskreis an der Universität Hamburg, den Forscherinnen und Forschern, mit denen ich zusammenarbeiten durfte. Den Vorablesern dieses Buches, in alphabetischer Reihenfolge: Andreas Hepp, Gerhard Kleining, Friederike Koschel und Stefan Krotz (sie alle haben vielfältige und hilfreiche Verbesserungsvorschläge gemacht – aber natürlich bin ich für alles, was hier steht, selbst verantwortlich). Ich danke schließlich auch den Studentinnen und Studenten, an denen ich meine Überlegungen in der Lehre erproben konnte und die mir vielfältig Rückmeldung gegeben haben. Und, etwas zähneknirschend, danke ich auch den quantitativ orientierten Forscherinnen und Forschern, mit denen ich das Ganze immer wieder und zum Teil kontrovers diskutieren musste.

TEIL I
GRUNDLAGEN EINER THEORIE THEORIEGENERIERENDER FORSCHUNG

1. Annäherungen: Empirie als Rechtfertigung für Theorie und die empirisch gestützte Konstruktion von Theorie als Typus empirischer Forschung

Überblick

Das erste Kapitel bestimmt allgemeine Ausgangspunkte, die für eine konkrete Einführung in theoriegenerierende Forschung wichtig sind. Wofür braucht man eigentlich Empirie, welche Typen empirischer Forschung gibt es und welchen Platz haben darin theoriegenerierende Verfahren – das sind die zentralen Fragen, um die es geht. Mit den verschiedenen empirischen Verfahren hängt aber auch zusammen, dass es verschiedene Formen dessen gibt, was sozialwissenschaftliche Theorie genannt wird. Auch damit beschäftigt sich dieses erste Kapitel.

- In Abschnitt 1.1 geht es einführend zunächst um die Frage, wieso Empirie und die Beschäftigung mit Methoden und Verfahren für die Sozialwissenschaften von zentraler Bedeutung sind und was das Besondere an der sozialwissenschaftlichen Empirie ist.
- In Absatz 1.2 werden dann auch Sprechweisen festgelegt: Der Begriff der Methode wird für die Erhebung von Daten verwendet, der Begriff des Verfahrens für die gesamte Strategie einer Untersuchung – für Datenerhebung und Auswertung. Damit kann man begründen, dass empirische Forschung egal welchen Typs von einem Vorwissen, mit dem man eine Forschungsfrage formuliert, über die Schritte der Datenerhebung und Auswertung zu einem Ergebnis führt, das in die Gemeinschaft der Wissenschaftler hinein kommuniziert und dort diskutiert wird. Erst in dieser lang andauernden Diskussion entscheidet sich ihr wissenschaftlicher Wert – unbezweifelbare, die Jahrtausende

übergreifende Wahrheiten entstehen dabei jedoch nie, weil es das im sozialen und kulturellen Bereich gar nicht gibt.

- In Teilkapitel 1.3 geht es darauf aufbauend darum zu erläutern, dass man empirische Forschungsverfahren nach ihren Zielsetzungen unterscheiden kann: Forschungsverfahren beabsichtigen die Herstellung von Beschreibungen und/oder von Theorien oder aber eine Weiterentwicklung von Theorie durch deren Test und ihre Verfeinerung. Die theoriegenerierenden Verfahren, in die dieses Buch insgesamt einführen will, sind insofern ein besonderer Typ empirischer Verfahren, weil sie die systematische, datengestützte Konstruktion von Theorie ermöglichen.
- Damit sind wir für einen ersten allgemeinen Überblick über die theoriegenerierenden Verfahren gerüstet: Grounded Theory, Heuristische Sozialforschung und Ethnographie werden kurz skizziert, sodass Leserin und Leser wissen, auf was sie sich einlassen, wenn sie dieses Buch weiterlesen. Dies geschieht in Unterpunkt 1.4.
- In Paragraph 1.5 wird es dann darum gehen, kurz die sonstigen qualitativen Verfahren in ihrer Besonderheit zu beschreiben. Dort wird auch deutlich werden, warum die theoriegenerierenden Verfahren zu den qualitativen Verfahren gerechnet werden, obwohl sie eigentlich einen eigenen Typus bilden: weil beide kontextorientiert und kommunikativ angelegt sind.
- In Abschnitt 1.6 werden wir dann genauer die Regeln quantitativer Forschung umreißen. Dies geschieht einmal aus didaktischen Gründen, weil diese Verfahren den meisten Sozialwissenschaftlern bekannt sind und wir die theoriegenerierenden Verfahren, in die dieses Buch einführen will, dann in ihrem Unterschied zu quantitativen Verfahren darstellen können. Dies geschieht zum anderen, um das Verhältnis der theoriegenerierenden zu den quantitativen Verfahren genauer zu beleuchten und damit den Überblick über empirische Forschungsverfahren zu vervollständigen.
- 1.7 schließlich nimmt auf der Basis dieser Erläuterungen die Fragestellungen von 1.2 und 1.3 wieder auf: theoriegenerierende Forschung unterscheidet sich nicht nur durch ihre Zielsetzung von anderen Verfahren, sondern auch durch ihr besonderes Verständnis, was Theorie ist. Dazu werden wir verschiedene Typen von Theorien darstellen. Dies wird auch deutlich machen, dass Theorien, wie sie die theoriegenerierende Forschung produziert, in der Wissenschaft zwar häufig

vorkommen, dass aber nur Forschung nach den Regeln der theoriegenerierenden Forschung systematisch zu derartigen Theorien hinführt.

Lernziel dieses ersten Kapitels ist also, dass Sie wesentliche Ausgangpunkte für eine Auseinandersetzung mit theoriegenerierender Forschung verstanden haben. Sie sollten insbesondere, wenn Sie es durchgearbeitet haben, über eine Vorstellung davon verfügen, wofür Forschungsverfahren bzw. -methoden gut sind und was sie leisten. Sie sollten wissen, wie man Forschungsverfahren voneinander unterscheidet. Es sollte Ihnen klar sein, dass die Unterschiede verschiedener Forschungsarten nicht nur in unterschiedlichen Auswertungsverfahren liegen, sondern auch in der Anlage von Untersuchungen, in der Datenerhebung und in der schließlich gewonnenen Theorie. Schließlich sollte Ihnen einleuchten, dass Sie vieles von dem, was Sie bisher über Forschungsverfahren gelernt haben, zwar nicht vergessen, aber doch erst einmal auf die Seite legen sollten.

1.1 *Empirie als die Basis von Sozialwissenschaft*

Das vorliegende Buch beschäftigt sich mit einem bestimmten Typus von Forschungsverfahren der Sozialwissenschaften. Der Hintergrund dafür ist, dass Sozialwissenschaften *Erfahrungswissenschaften* sind. Das heißt, dass Sozialwissenschaftlerinnen und Sozialwissenschaftler ihre Theorien empirisch rechtfertigen müssen. Gültige sozialwissenschaftliche Theorien entstehen also immer in Auseinandersetzung mit einer empirisch untersuchten Realität. Deshalb gibt es keine Sozialwissenschaft ohne Empirie. Dies gilt für alle Sozialwissenschaften – für die Kommunikationswissenschaft ebenso wie für die Soziologie, die Politikwissenschaft, die Anthropologie, die Volkskunde oder die Psychologie.

Wissenschaft besteht also aus Theorie, aus Empirie, die den Kern des Begründungszusammenhangs jeder Sozialwissenschaft bildet, und aus Regeln, wie man Theorie und Empirie miteinander verbindet – den Methoden und Verfahren empirischen Forschens. Das ist noch nicht alles, wie wir sehen werden: *Wissenschaft besteht nämlich auch aus einer Gruppe von Menschen, also Wissenschaftlerinnen und Wissenschaftlern, die diese jeweilige Wissenschaft betreiben, und aus deren fortschreitender Auseinandersetzung. Sie ist zudem Teil von Kultur, Gesellschaft, Politik und Wirtschaft und sie hat obendrein eine sie prägende Geschichte.*

Zunächst soll aber betont werden, dass die Bedeutung von Empirie die Sozialwissenschaften von anderen Disziplinen unterscheidet. Mathematiker müssen beispielsweise ihre Theoreme formallogisch beweisen, Philosophen verfügen etwa über komplexe Verfahren und Normen, wie man richtig argumentiert – für Platon war beispielsweise die dialektische Erörterung der Weg zur Wahrheit, während Aristoteles mehr auf die sorgfältige Begriffsanalyse setzte. Sozialwissenschaftler müssen jedoch, und das ist ja der Grund, warum die Ausbildung im richtigen empirischen Forschen für sie eine so große Rolle spielt, für das, was sie als gesichert annehmen, empirische Belege angeben, sich *also auf die Ergebnisse von Untersuchungen mit empirischen Methoden bzw. Verfahren beziehen.*

Die Bedeutung der empirischen Forschung unterscheidet die Sozialwissenschaften von Mathematik, Philosophie und Theologie, auch von der Juristerei, aber nicht von den Natur- und Ingenieurwissenschaften. Auch sie müssen sich durch empirische Forschung rechtfertigen, auch sie sind Erfahrungswissenschaften. Aber hier wird ein zweiter Unterschied wichtig, auf den wir später wieder zurückkommen werden: Die Naturwissenschaften suchen nach Gesetzen, wie die Natur funktioniert – die Physik fragt nach Masse und Geschwindigkeit, die Chemie nach möglichen Verbindungen zwischen Elementen und so weiter. Der Gegenstandsbereich der Naturwissenschaften ist die Natur, während die Naturwissenschaft selbst etwas ist, was Menschen als Teil von Kultur und Gesellschaft betreiben. Die Sozialwissenschaften sind ebenfalls Teil von Kultur und Gesellschaft – sie beschäftigen sich darüber hinaus aber insbesondere damit, wie Kultur, Gesellschaft, der Mensch, wie Gemeinschaften, Staat und Politik oder die menschliche Kommunikation funktionieren. *Die Sozialwissenschaften, und das macht ihre Besonderheit aus, sind also immer auch Teil dessen, was sie untersuchen, und daraus entstehen ganz besondere Problemlagen, sodass die Orientierung empirischer Forschung an den anders gelagerten Naturwissenschaften nur unter sehr rigiden und hochproblematischen Annahmen möglich ist.*

Aber kommen wir erst einmal wieder auf die Kernelemente von Wissenschaft zurück, für die Empirie wichtig und unverzichtbar ist: *Beschreibungen und Theorien bestehen allgemein ausgedrückt aus Texten, also aus Wörtern und Sätzen. Diese beziehen sich auf den Gegenstandsbereich der jeweiligen Wissenschaft und sind von der Wissenschaftlergemeinschaft als Teil der Wissenschaft mehr oder weniger akzeptiert.* Beschreibungen als Texte wollen etwas aus dem Gegenstandsbereich der Wissenschaft in seinen Eigenschaften und

Kontexten wiedergeben –zum Beispiel darstellen, wie Menschen Medien nutzen. Theorien ihrerseits bestehen aus aufeinander bezogenen Begriffen, übergreifenden Konzepten, darauf beruhenden Aussagensystemen und darüber ausgedrückten Sinnzusammenhängen. Sie sollen nicht nur darstellen, was da ist, sondern auch, wie etwas funktioniert, woraus es besteht, wie es zustande kommt, was es für wen bedeutet und so weiter. Wir werden dafür öfter ganz pauschal sagen: Theorien beschreiben etwas als Struktur und Prozess sowie in seinen Kontexten und seiner Bedeutung.[2] Zu jeder Erfahrungswissenschaft gehört dann natürlich ein System von Normen und Regeln, die festlegen, wie diese Begriffe, Konzepte und Aussagen aussehen, wie sie gewonnen oder gegebenenfalls geprüft werden können, was man damit machen darf und was nicht und auch wie man mit dem Gegenstandsbereich, auf den sich die Wissenschaft bezieht, verfahren darf. Diese Normen und Regeln legen auch die Methoden und Verfahren fest, mit denen Beschreibungen und wissenschaftliche Aussagen gewonnen und überprüft werden; sie bestimmen, wie diese empirische Verankerung der Wissenschaft in der sozialen Realität aussieht. Und das ist es, was in diesem Buch interessiert.

Wichtig ist aber noch, dass diese Normen und Regeln nicht gottgegeben oder vom Himmel gefallen sind. Sie beruhen vielmehr auf einem Diskussionsprozess innerhalb der jeweiligen Wissenschaften und sie werden von der Wissenschaftlergemeinschaft kontrolliert und weiterentwickelt. Die Wissenschaftlergemeinschaften kommunizieren und diskutieren also mehr oder weniger kontinuierlich und mehr oder weniger einheitlich über all das, was zu ihrer Wissenschaft gehören will, und zwar auf allen Ebenen – auf der Ebene der Theorie, auf der Ebene der Beschreibungen, auf der Ebene der empirischen Rechtfertigung und der dafür gültigen Normen, auf der Ebene der einzelnen Aussagen und Untersuchungen, sogar auch auf der Ebene der Gegenstände, ob die denn nun zu ihrem Fach gehören oder nicht, und natürlich auch auf der Ebene der Anwendung, der Verwertung wissenschaftlichen Wissens und der wissenschaftlichen Ethik. Alles, was wichtig ist, wird also innerhalb der

2 Dabei wollen wir hier nur am Rande darauf hinweisen, dass es prinzipiell zwei unterschiedliche Arten gibt, wie man Theorie und Beschreibung verstehen kann: Man kann annehmen, dass Beschreibungen und Theorien etwas Existentes wiedergeben und ein Abbild sind. Oder man kann einen konstruktivistischen Standpunkt einnehmen, von dem aus man meint, dass das Beschriebene bzw. in eine Theorie Gefasste in gewisser Weise erst durch die Beschreibung entsteht. Hier wird die These vertreten, dass dieser Unterschied für die in diesem Buch vorgestellten Verfahren nicht von Belang ist.

zugehörigen Wissenschaftlergemeinschaft kommuniziert und diskutiert und muss mindestens von einem Teil der Wissenschaftlergemeinschaft auch als richtig akzeptiert sein, damit es dazugehört. Es ist aber keineswegs so, dass sich alle Wissenschaftler stets einig sind. Das gilt vor allem für die Sozialwissenschaften, aber eben auch für die Naturwissenschaften – der Wissenschaftshistoriker Thomas Kuhn hat zum Beispiel in seiner sorgfältigen Studie über Galilei gezeigt, dass dieser Begründer der modernen Naturwissenschaft die meisten der Regeln, die er aufgestellt hat, auch verletzt hat (KUHN 1989). Selbst in der Mathematik gibt es unterschiedliche Meinungen darüber, ob die Menschheit die ganzen Zahlen, 1, 2, 3 und so weiter, eigentlich entdeckt oder ob sie sie erfunden hat,[3] und es gibt Theoreme, von denen die einen meinen, sie seien logisch bewiesen, andere dagegen, dies sei nicht der Fall.

Wissenschaft besteht also insbesondere nicht nur aus instrumentellen Aussagen oder aus dem Drang zur reinen Wahrheit, sondern eben auch aus einer sozialen Gemeinschaft, die wir Wissenschaftlergemeinschaft genannt haben. Wie der Wissenschaftstheoretiker Paul Feyerabend (1979) deutlich gemacht hat, ist Wissenschaft im Prinzip eher konservativ. Denn das bereits gesammelte und als gültig geltende Wissen ist gegenüber neuen Entdeckungen, aber auch gegenüber neue Erkenntnisverfahren privilegiert. Zudem muss man auch im Bereich von Wissenschaft davon ausgehen, dass es Interessen und Moden, Karrieren und Fallgruben, Intrigen und Machtspiele gibt. Von allerhöchster Bedeutung ist für Wissenschaft deshalb der kontinuierliche Diskurs, in dem sich die Wissenschaft selbst reflektiert und weiter entwickelt. Im Idealfall geschieht das auf der Basis der besseren Argumente, was aber eben nur zum Teil der Fall ist. Dabei stören nicht nur Macht und Karriereinteressen, Ideologien und Verwertungsinteressen, sondern auch inhaltliche Unterschiede: Manche Sozialwissenschaftler beispielsweise halten den Begriff des von subjektiver Sinnkonstitution geleiteten sozialen Handelns für grundlegend, während andere am formalen Begriff des Systems ansetzen. Hinzu kommen unterschiedliche methodologische Grundüberzeugungen, die die Lage weiter komplizieren.

Fassen wir bis dahin zusammen: *Sozialwissenschaft beruht auf Empirie und Methoden und Verfahren bestehen aus Regeln für empirische Forschung, auf die sich*

3 Ärgerlicherweise ist obendrein die Logik selbst nicht widerspruchsfrei oder ermöglicht nicht, dass man alle mathematischen Aussagen, die richtig sind, auch beweisen kann, wie der Logiker Gödel bewiesen hat (vgl. auch KROTZ 1990 mit weiteren Literaturhinweisen).

Wissenschaftlergemeinschaften oder wenigstens Teile von ihnen geeinigt haben. Sie dienen also dazu, eine nach bestimmten Kriterien beurteilungsfähige Verbindung zwischen den Gegenständen aus dem Objektbereich der Wissenschaft und dem herzustellen, woraus Wissenschaft besteht, nämlich den Texten, die man Beschreibungen und Theorien nennt. Dabei beruht deren Gültigkeit auf einem Konsens von Teilen der Wissenschaftlergemeinschaft. Dieser Konsens ist zumindest theoretisch durch Verständigung und durch herrschaftsfreien Diskurs, in dem das beste Argument siegt, hergestellt, ist aber auch von Ideologien, Karriere- und Verwertungsinteressen, der Geschichte einer Wissenschaft, von Moden und anderen ›wissenschaftsfremden‹ Einflüssen abhängig.

Die Verbindung zwischen den Phänomenen im Gegenstandsbereich und den theoretischen Aussagen und Sinnzusammenhängen, die sich darauf beziehen, entsteht durch forschendes Handeln der Wissenschaftler, für das es Regeln gibt. Das sind die empirischen Methoden und Verfahren. Sie bestehen aus typischen Phasen und Schritten, mit denen wir uns nun genauer beschäftigen wollen.

1.2 *Basisbegriffe und Schritte empirischer Forschung*

Dazu müssen wir uns zunächst auf eine einheitliche Sprechweise festlegen. Ärgerlicherweise wird der Begriff der Methoden, um die es ja eigentlich geht, in einem doppelten Sinn gebraucht. Einerseits spricht man beispielsweise von der Methode der teilnehmenden Beobachtung oder von der Methode des Interviews und meint damit *Methoden der Datenerhebung*.

Andererseits spricht man beispielsweise von qualitativen im Gegensatz zu quantitativen Methoden und meint damit sehr viel mehr als nur einen Unterschied in der Datenerhebung. In diesem zweiten Fall ist das *gesamte empirische Vorgehen* gemeint, also die Erhebung von Daten und deren Auswertung sowie alles, was damit zusammenhängt. Für diesen zweiten Methodenbegriff soll hier der Begriff des Verfahrens benutzt werden (vgl. auch KROTZ 2003), damit immer klar ist, wovon die Rede ist: *Wir sprechen von Methoden, wenn von der Datenerhebung (etwa von einem standardisierten oder einem offenen Interview) die Rede ist, und von Verfahren, wenn wir Erhebung, Auswertung und überhaupt die ganze Anlage einer Untersuchung und ihre Teile meinen.* Diese Unterscheidung ist auch deswegen wichtig,weil sich nicht nur die Forschungsverfahren unterscheiden, sondern auch Methoden der Datenerhebung, wenn sie in unterschiedlichen Verfahrenskontexten durchgeführt werden: Unter ›Beobachtung‹ versteht ein quantitativer Forscher etwas anderes als ein Hermeneutiker, wie wir sehen werden.

Empirie und Verfahren bzw. Methoden beschäftigen sich also mit dem, was ›zwischen‹ einer Wissenschaft und ihrem Gegenstandsbereich ist oder stattfindet. Die Verbindung zwischen einem Gegenstand und den Aussagen, die sich auf diesen Gegenstand beziehen (wie ich das im Folgenden kurz ausdrücken möchte), kann auf unterschiedliche Weise zustande kommen. Man kann einerseits von einer vorgegebenen Theorie, also einem Aussagenzusammenhang, ausgehen und empirisch herauszufinden versuchen, wie die Theorie sich zu den von der Theorie als unabhängig gedachten Gegenständen verhält – das geschieht zum Beispiel dann, wenn man Hypothesen bildet und prüft, ob sie zutreffen oder nicht. Man kann aber auch umgekehrt von beobachtbaren Phänomenen und Gegenständen ausgehen und zu ihnen Beschreibungen und darauf gestützt Theorien konstruieren, die man in der Wissenschaft kommuniziert. In beiden Fällen muss man sich an bestimmte Regeln halten. Es gibt Regeln, die vorschreiben, wie genau man Hypothesen testet, und umgekehrt gibt es ebenfalls Regeln, an die man sich halten muss, wenn man Theorien konstruieren will. *Die Regeln für diese zweite Art des Vorgehens, das Konstruieren gültiger Theorien auf der Basis empirischer Erhebungen, ist Thema des vorliegenden Buches.*

Forschungsverfahren, so können wir weiter sagen, bestehen also aus Regeln, wie man nach Ansicht einer Wissenschaftlergemeinschaft vorzugehen hat, wenn man empirische Forschung betreiben, also Theorien und Aussagen mit Gegenständen und Sachverhalten aus dem Gegenstandsbereich einer Wissenschaft in Bezug setzten will. *Diese Regeln konstituieren einen Gesamtzusammenhang von aufeinander bezogenen Handlungen, aus denen dann wissenschaftlich brauchbares und gültiges Wissen entstehen soll.* Das heißt insbesondere, dass zu jedem bestimmten Zeitpunkt eines Forschungsprojekts alle möglichen weiteren Forschungshandlungen durch Regeln von den nicht zulässigen Handlungen abgegrenzt sein müssen. Die Regeln legen damit natürlich immer auch fest, was akzeptable Daten sind und welche Daten aus der Realität für die Theorie relevant sein können: Für quantitative Forschung ist ein angekreuztes ›ja‹ auf einem Fragebogen ein Datum, während ein psychoanalytischer Sozialforscher mit solch isolierten Aussagen nichts anzufangen weiß – für ihn sind Daten vielleicht erzählte Träume oder berichtete Ängste. Diese Regeln legen auch fest, welche Forschungsfragen überhaupt Sinn machen – die Frage nach Einschaltquoten beim Fernsehen können quantitative Forscher beantworten, aber Diskursanalytiker sind für ganz andere Fragestellungen gerüstet. Regeln welcher Art auch immer konstituieren also einen Filter, der manche Fragen für forschungsfähig erklärt und andere nicht, der manche Daten als korrekt erhoben und relevant zulässt, aber andere nicht.[4] Deswegen ist es nicht verwunderlich, wenn wir in Abschnitt 1.7 herausarbeiten werden, dass zu unterschiedlichen empirischen Verfahren auch unterschiedliche Konzeptionen von Theorie gehören.

Regeln empirischer Forschung sind also in vieler Hinsicht unterschiedlich. Sie haben aber auch eine Reihe prinzipieller Gemeinsamkeiten. Zunächst einmal kann man sagen, dass jeder Forschungsprozess mit einer Frage beginnt, die beantwortet werden soll. Diese Frage soll im Folgenden *Forschungsfrage* genannt werden.[5] Jede solche Forschungsfrage bezieht sich auf ein *Phänomen aus dem Gegenstandsbereich einer Wissenschaft*. Für die Art der Frage sind nun verschiedene Bedingungen wichtig. Einmal geht in die Forschungsfrage und in die Definition des Phänomens immer auch die Art des *Wissenschaftsverständnisses (und allgemeiner, das allgemeine Weltverständnis)* ein, das die beteiligten Personen haben – zum Beispiel, was man von einer Antwort der Soziologie auf eine Frage erwarten kann im Unterschied zu dem, was vielleicht die Sozialanthropologie herausfindet.

Damit verbunden ist, dass hinter jeder Forschungsfrage bestimmte *Interessen* stehen, warum gerade dieses Phänomen als Problem erscheint, warum eine Forschungsfrage gerade auf die Weise gestellt wird, wie sie gestellt wird. Interessen drücken sich also darin aus, dass eine Frage gestellt wird, wie sie gestellt wird, was eine Lösung bzw. Antwort sein kann und wer mit der Antwort etwas anfangen kann oder will. Das wird insbesondere dann deutlich, wenn es sich um eine Frage handelt, die von außen an die Wissenschaft herangetragen wird. Zum Beispiel ist die Frage nach der durchschnittlichen Dauer der Fernsehnutzung pro Tag in Deutschland für die Fernsehanstalten interessant und für die quantitative Fernsehforschung ein angemessenes Thema. Die gleiche Frage interessiert andere Forscher überhaupt nicht. Etwa die phänomenologische Forschung kann sie gar nicht beantworten, weil die Regeln, wie man phänomenologisch forscht, auf ganz andere Ziele hin ausgelegt sind. Und Forschung im Rahmen der Cultural Studies zweifelt aus theoreti-

4 In einer konstruktivistischen Sichtweise kann man diese Regeln auch als einen Bauplan betrachten, wie man zulässige Daten und wie man aus Daten Aussagen konstruieren darf.

5 Das heißt natürlich nicht, dass empirische Forschung primär als Problemlösungsverfahren begriffen werden muss.

schen Gründen überhaupt daran, ob es Sinn macht, von einem Publikum zu sprechen und damit alle Zuschauer in denselben Topf zu werfen (ANG 1991). All diese Hintergründe müssen bei einer empirischen Studie an prominenter Stelle mitgedacht und reflektiert werden. Erst wenn dies geschehen und so die Ausgangslage eines Forschungsprojekts damit ein Stück weit geklärt ist, kann die empirische Untersuchung beginnen.

Empirische Untersuchungen im Rahmen einer Wissenschaft setzen also an einem Phänomen und einer darauf bezogenen Forschungsfrage an und verweisen immer auf bestimmte Interessenslagen. Vor diesem Hintergrund besteht jede empirische Untersuchung dann im Prinzip aus mindestens vier Schritten:

- Sie beginnt erstens immer mit einem *Vorwissen*, das man hat – sonst könnte man kein Phänomen identifizieren und abgrenzen und keine Forschungsfrage formulieren. Dieses Vorwissen kann auf Erfahrungen, auf Theorien, auf anderen empirischen Studien beruhen. Oft genug kommt es auch aus dem Alltag von Forscherin und Forscher oder aus irgendwelchen Anwendungsbereichen von Wissenschaft – meistens werden alle diese Ebenen gemeinsam eine Rolle spielen.

Dieses Vorwissen wird uns noch wiederholt beschäftigen, weil es ein wichtiger Ausgangspunkt theoriegenerierender Forschung ist. In den meisten Forschungsverfahren wird das Vorwissen entweder als bloß privat ignoriert oder aber durch gezielte Schritte ausgebaut, etwa, wenn verlangt ist, dass man erst einmal alles liest, was es über das Phänomen oder die Forschungsfrage zu wissen gibt.

Im Fall theoriegenerierender Forschung ist das anders. Theoriegenerierende Forschung betont dieses Vorwissen als Ausgangspunkt und versteht den Forschungsprozess als eine Entwicklung, in deren Verlauf man dieses Vorwissen verbessert. Immer will man nach dem Forschungsprozess über mehr und besseres Wissen verfügen als vorher: *Forschung (und insbesondere theoriegenerierende Forschung) zielt dementsprechend auf Korrektur und Verbesserung, auf Erweiterung und Vertiefung bestehenden Vorwissens. Zu Beginn muss dieses Vorwissen deshalb systematisch reflektiert, bedacht und festgehalten werden, damit es systematisch weiter entwickelt werden kann.*[6]

- Zu jedem empirischen Verfahren gehört zweitens *die Auswahl von Fällen, an denen Daten erhoben werden, sowie die Erhebung dieser Daten.* The-

6 Natürlich ist das auch bei anderer Forschung im Prinzip so. Da es der theoriegenerierenden Forschung aber insbesondere darum geht, neue Theorien zu entwickeln, ist die kritische Reflektion des Vorwissens von besonderer Bedeutung und markiert einen methodologisch wichtigen Teilschritt im Forschungsprozess, der nicht ausgelassen werden kann.

orien zielen im Allgemeinen auf allgemeine Aussagen, die für alle Fälle eines bestimmten Typus gültig sein sollen. Weil man nur selten alle Fälle untersuchen kann, die im Zusammenhang mit einem Phänomen auftreten, muss man zunächst *entscheiden, welche Fälle untersucht werden sollen.* Dass man das muss, ist also immer der Fall. Wie man das aber macht, ist je nach Verfahren unterschiedlich.

Im Fall der quantitativen Sozialforschung ist das wichtigste Auswahlverfahren die so genannte repräsentative Auswahl. Hier werden die Fälle zufällig bestimmt, oder man orientiert sich an bestimmten Quoten – fünfzig Prozent Männer, fünfzig Prozent Frauen etc. Repräsentativ heißt dann immer: repräsentativ im Hinblick auf bestimmte Merkmale, die man für die spezifische Grundgesamtheit in dieser Hinsicht als prägend hält, und in diesen Merkmalsverteilungen soll die Stichprobe mit der Grundgesamtheit, über die Aussagen gemacht werden sollen, übereinstimmen. Auswahlen werden deshalb so getroffen, weil man dann nach den Regeln der Wahrscheinlichkeit argumentieren kann, dass die Ergebnisse, die die Datenerhebung in den konkreten Fällen erbringt, mit einer bestimmten, berechenbaren Wahrscheinlichkeit auch für die Gesamtheit gelten. Manchmal ist es im Rahmen quantitativer Forschung auch gleichgültig, wen man aussucht – das quantitative Experiment beispielsweise geht davon aus, dass man jeden untersuchen kann, weil man Zusammenhänge nachweisen will, die immer gelten.

Im Rahmen qualitativer Forschung muss man dagegen Auswahlen immer inhaltlich begründen. Wenn ein Ethnologe eine Kultur untersuchen will, wählt er ein dafür besonders geeignetes Dorf aus, in dem er dann einige Zeit lebt oder forscht – etwa weil es besonders charakteristisch oder besonders leicht erreichbar ist. Bei theoriegenerierenden Untersuchungen spielt im Übrigen das Kriterium der Vielfalt und Unterschiedlichkeit der ausgesuchten Fälle eine Rolle. Denn wenn man eine Theorie entwickelt, die für spezifische, unterschiedliche Fälle gelten soll, so muss man natürlich erst einmal diese unterschiedlichen Einzelfälle studieren. Und die Theorie wird dann offensichtlich breiter gültig, wenn man möglichst unterschiedliche Fälle anstatt nur ähnliche Fälle berücksichtigt.

Für die Erhebungsphase müssen Forscherin und Forscher dann *Instrumente der Datenerhebung* entwickeln – wie sollen Fragen gestellt, wie Beobachtungen durchgeführt werden? Dabei sind qualitative Verfahren durch offene und kommunikativ angelegte Instrumente gekennzeichnet. Im Falle des narrativen Interviews soll der Befragte erst einmal in aller

Breite alles sagen, was ihm wichtig ist, dann kann man noch genauer nachfragen. Beim wenig strukturierten Leitfadeninterview weiß man, was man fragen will, lässt aber ebenfalls dem Befragten Raum für die Darlegung seiner Sicht der Dinge. Beobachtungen sind im Falle qualitativer Erhebungen meist teilnehmende Beobachtungen, die im Feld des wirklichen Geschehens und nicht im Labor stattfinden, weil man nur so miterleben kann, in welchen Zusammenhängen etwas passiert. Generell geht es bei qualitativen Erhebungen nie nur um die Antwort des Befragten allein, sondern immer auch um die Erhebung der Kontexte, auf die der Befragte oder Beobachtete seine Sicht der Dinge bezieht, und die man braucht, um sein Handeln verstehen zu können.

Im Falle quantitativer Methoden der Datenerhebung müssen dagegen sowohl die Erhebungssituation als auch das Erhebungsinstrument weitgehend standardisiert sein. Am besten ist es, wenn jede Frage nur einige vorgegebene Antworten zulässt, sodass man dann zusammenfassend sagen kann: Soundsoviel Prozent haben mit Ja, soundsoviele mit Nein geantwortet. Nur bei solchen Vorgaben kann man erfolgreich mit Statistik auswerten. Das gilt im Prinzip auch für Beobachtungen oder Inhaltsanalysen, bei denen vorab festgelegt ist, worauf der Beobachter zu achten hat – er führt dann beispielsweise Strichlisten, wie oft eine Handlungsweise stattfindet. Prinzipiell geht jede quantitative Erhebung vom Konzept des Merkmals aus, das für den jeweiligen Fall erhoben wird und dessen jeweilige Ausprägung dann für sich, also getrennt von allen weiteren Kontexten, das wichtige Datum bildet.

• Drittens müssen die erhobenen Daten im Rahmen aller Forschungsverfahren *ausgewertet* werden. Im qualitativen Fall erfolgt die Auswertung interpretativ im Hinblick auf Kontexte und zielt sowohl auf die Beschreibung des jeweiligen Einzelfalls als auch auf Generalisierung etwa durch Typenbildung oder durch einen andersartigen Beitrag zur Theorieproduktion. Im quantitativen Fall erfolgt die Auswertung mit statistischen Verfahren – Mittelwerte zielen etwa auf Beschreibungen, Korrelationskoeffizienten auf die Analyse von Zusammenhängen.

• Viertens schließlich müssen die *Ergebnisse in Worte gefasst, in die Wissenschaft eingebracht und dort diskutiert werden*. Diese Formulierung von Ergebnissen ist im qualitativen Fall ein Text, der den Untersuchungsgegenstand beschreibt und ihn in seiner Struktur und als Prozess darstellt und ihn so theoretisch fasst (was das genau heißt, werden wir noch erfahren). Im quantitativen Fall hingegen ist das Ergebnis im Allgemeinen eine Verschriftlichung von mathematischen bzw. statistischen Ergebnissen. Aus diesen werden dann Schlussfolgerungen unterschiedlicher Reichweite gezogen, die dann ihrerseits aber nur mehr oder weniger plausibel sind.

In beiden Fällen muss dann die Gemeinschaft der Wissenschaftler diese Ergebnisse diskutieren und ihnen – langfristig – ihren Wert für die Wissenschaft zuweisen.

Diese vier Elemente jeder empirischen Forschung, auf die wir im qualitativen Fall noch zurückkommen werden, lassen sich in dem folgenden Bild darstellen:

ABBILDUNG 1

Die Phasen empirischer Forschung nach Festlegung des zu untersuchenden Phänomens, der Forschungsfrage und der Klärung der damit verbundenen Interessenlage

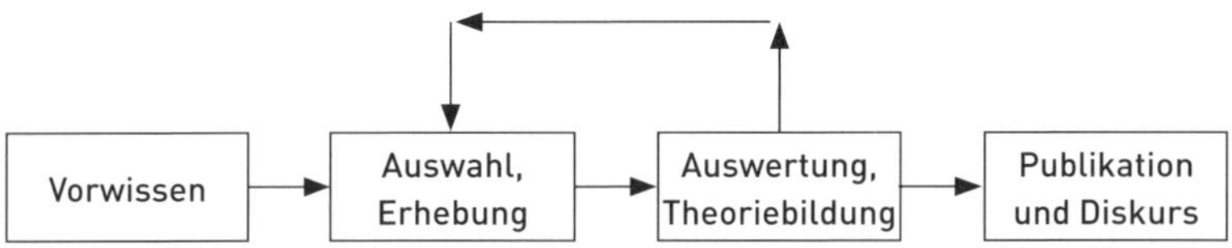

Wir haben damit eine erste schematische Darstellung des Forschungsprozesses, genauer, eines Ausschnitts des empirischen Forschungsprozesses aus einer bestimmten Perspektive entwickelt. Wie meistens brauchen derartige schematische Darstellungen eine Reihe zusätzlicher Erklärungen, um nicht missverstanden zu werden.

- Empirische Verfahren können sich darin unterscheiden, *in welcher Reihenfolge und in welcher Häufigkeit* die genannten vier Schritte durchgeführt werden. Im quantitativen Fall finden die Klärung des Vorwissens, die Auswahl von zu untersuchenden Fällen, die Datenerhebung und die Auswertung nur einmal und in genau dieser Reihefolge statt – sie ist in diesem Sinn linear. Dagegen sind qualitative Verfahren im Allgemeinen zirkulär angelegt. Damit ist gemeint, dass nach Klärung des Vorwissens erst einmal einige Fälle mit einem ersten, möglicherweise variablen Instrument untersucht werden. Die so erhobenen Daten werden dann ausgewertet und damit ein neues, verbessertes Vorwissen erzeugt – wenn ich etwa etwas über den Computerunterricht in der Schule wissen will, frage ich einige Schüler und Lehrer. Dann merke ich aber, dass ich vielleicht auch das Alter und den familiären Hintergrund berücksichtigen muss, also ist eine weitere Erhebung an weiteren Fällen notwendig, mit dem gleichen oder einem geänderten Instrument, die dann ebenfalls ausgewertet wird und so weiter. Natürlich muss dieser Prozess irgendwann mittels eines geeigneten Kriteriums beendet werden, wie wir bei der Darstellung der Verfahren noch genauer sehen werden.

- Empirische Verfahren können sich wegen der unterschiedlichen *theoretischen und wissenschaftstheoretischen Grundannahmen natürlich auch auf weiteren Ebenen voneinander unterscheiden.* Beispielsweise bestehen bei quantitativen Forschern andere Vorstellungen als bei qualitativen davon, was ein empirisch brauchbarer Begriff ist, wie eine theoretische Aussage aussieht und welche Qualitätskriterien beim Forschen erfüllt sein müssen. Forschungsverfahren kann man aber auch dadurch unterscheiden, welche Grundannahmen sie implizit oder explizit über die Wirklichkeit unterstellen: So geht hermeneutische Forschung davon aus, dass man jedes Handeln nur in Bezug auf die Konstitution von Sinn rekonstruieren kann, weil man sonst nichts wirklich versteht. In der quantitativen Forschung werden dagegen alle untersuchten Objekte bzw. deren Eigenschaften als Variablen begriffen, die für sich erhoben werden. Dadurch ist qualitative Forschung beispielsweise in umfassenderer Weise auf die Kooperation mit den Menschen im Feld angewiesen, während quantitative Forschung die Erhebungssituation mit ihrem Kontakt zum Menschen eher als potenzielle Fehlerquelle begreift und sich auf Wissen beschränkt, die sie über die Untersuchten sammelt.
- Schließlich unterscheidet sich der *Ertrag qualitativer von dem quantitativer Forschung*. Quantitative Forschung kann entweder Beschreibungen erzeugen und daraus dann Hypothesen generieren oder aber bereits bestehende Hypothesen mit Hilfe von Daten beurteilen. Qualitative Forschung zielt demgegenüber auf differenzierte, aber zusammenhängende Texte, mit denen Tatbestände so beschrieben und strukturiert werden, dass die Besonderheiten des Phänomens als Theorie kenntlich werden.

Daraus folgt, dass der häufige Traum ungeduldiger Studenten, einmal die identische Frage sowohl quantitativ als auch qualitativ zu untersuchen, um herauszufinden, welcher Typus von Verfahren ›besser‹ ist, nicht funktioniert: Die Ergebnisse sind nicht vergleichbar. Das gilt im Übrigen auch innerhalb der qualitativen Verfahren – psychoanalytische Sozialforschung legt ihr Augenmerk auf etwas anderes als Diskurs- oder Konversationsanalyse und so sind auch hier die Ergebnisse nicht vergleichbar. *Man kann das als Problem begreifen, aber es ist letztlich ein Gewinn.* Die Welt der Menschen ist zu komplex, um von einer wissenschaftlichen Disziplin, einem theoretischen Paradigma oder einem empirischen Regelsystem allein angemessen erfasst zu werden. Entwicklung von Wissen ist auch deshalb immer ein Diskurs, der durch unterschiedliche Fragestelllungen und Perspektiven, unterschiedliche Verfahren und die daraus gewonnenen Einsichten nur befördert werden kann.

Natürlich stellen sich in diesem Zusammenhang viele Fragen, die man für jedes einzelne Verfahren gesondert beantworten muss. Warum beispielsweise soll der Ethnograph, der eine andere Kultur untersucht, in dieser Kultur eine Zeitlang leben, während andererseits der an der Methode des quantitativen Experiments orientierte Psychologe, der sich mit kulturspezifischen Emotionen beschäftigt, das nicht tun muss? Wie also lassen sich die vielen verschiedenen Verfahren begründen und rechtfertigen?

Eine damit zusammenhängende praktische Frage ist, wie stringent die Regeln sind, die zu einem Verfahren gehören – legen sie jeden einzelnen Schritt von Forscherin und Forscher detailliert fest und wird alles unbrauchbar, wenn man auch nur eine Kleinigkeit anders macht, wie im quantitativen Fall? Oder sind die Regeln eher Richtlinien, wie man beispielsweise in einem unbekannten Feld vorgeht – etwa in einer Kultur, über die man nur wenig weiß, wobei man sein Vorgehen aber den jeweiligen Umständen kreativ anpassen muss, wie im Falle von theoriegenerierendem Vorgehen? Das alles sind für die Forschungspraxis wichtige Fragen, die aber nur selten beantwortet sind.

Eine Einsicht liegt jedenfalls auf der Hand: *Wie immer ich forsche, nach welchen Verfahren ich vorgehe und welche Methoden der Datenerhebung ich anwende – alles hat Einfluss darauf, was ich von der ›Wirklichkeit‹ als relevant zulasse und was ich als Ergebnis akzeptiere – als Beschreibung oder Theorie.*

1.3 *Beschreibungen, Entwicklung und Test von Theorien als Ziel empirischer Forschung*

Nachdem wir begründet haben, warum Empirie wichtig ist und welches ihre wichtigsten Phasen sind, wollen wir uns nun mit ihrem Ergebnis befassen, nämlich mit den Beschreibungen von Sachverhalten, die man damit gewinnen kann, und ihren Auswirkungen auf Theorie – der Test von Aussagen oder die systematische Entwicklung gültiger Theorien. Wir wollen im Hinblick darauf die These begründen, *dass theoriegenerierende Forschung darauf abzielt, systematische und dichte bzw. kontextreiche Beschreibungen von sozialen und kulturellen Sachverhalten zu erarbeiten und daraus Theorien zu entwickeln, die bestimmte, vom jeweiligen Vorgehen abhängige Geltungsansprüche erheben*. Theoriegenerierende Forschung ist zudem die einzige Art, wie man solche Theorien systematisch erzeugen kann.

Wir gehen dazu von einer trivialen Überlegung aus. Wenn man einen Gegenstandsbereich empirisch untersucht, gibt es dafür *drei verschiedene Ausgangspositionen*. Es kann sein, dass man noch nichts oder fast nichts weiß und dass man den Gegenstandsbereich erst einmal systematisch beschreiben muss. Es kann aber auch sein, dass man zwar über Beschreibungen verfügt, aber nicht über eine gültige Theorie. Und es kann sein, dass man schon über Beschreibungen und theoretische Aussagen verfügt. In allen drei Fällen hat empirische Forschung natürlich unterschiedliche Ziele.

Was Beschreibungen und was Theorien sind, muss allerdings noch genauer definiert werden, wobei sich hier zeigen wird, dass sich quantitative und qualitative Forschung darüber nicht einig sind. Deshalb machen wir im Folgenden eine Reihe grundlegender Anmerkungen dazu, die eigentlich in den Bereich der Begründung von Wissenschaft, also in die Wissenschaftstheorie, fallen. Wir stellen dazu aber Überlegungen nur insoweit an, als dies für die Begründung theoriegenerierender Forschung notwendig ist. Dabei argumentieren wir zudem beispielhaft und werden die bekannte These von der zunehmenden Individualisierung in den entwickelten Gesellschaften als Beispiel heranziehen, wie sie vor allem Ulrich Beck in den achtziger und neunziger Jahren entwickelt hat.[7]

Wir werden diese drei oben genannten Fälle, von welcher Basis aus man Forschung startet, nun in einer von der obigen Aufzählung abweichenden Reihenfolge diskutieren, weil dies der Klarheit der Argumentation dient.

1. Wenn man über kein oder nur wenig wissenschaftlich anerkanntes Wissen von einem Gegenstandsbereich verfügt, liegt es nahe, diesen erst

7 Beck selbst hat die Ansicht vertreten, dass man dieses Theoriekonvolut durch quantitative Forschung nicht bestätigen oder widerlegen kann (BECK 1986, vgl. auch KROTZ 2001 mit weiteren Hinweisen). Denn eigentlich handelt es sich dabei um ein Erklärungsmuster, das einen breiten Gesamtprozess unterstellt, dessen einzelne Entwicklungslinien man kaum dazu verwenden kann, um etwa die Existenz des gesamten Prozesses zu belegen oder zu widerlegen.

einmal mit Hilfe empirischer Verfahren zu beschreiben. Solche *Beschreibungen* können quantitativ oder qualitativ gewonnen sein.

Quantitativ gewonnene Beschreibungen scheinen häufig unbezweifelbare Fakten zu sein. Zum Beispiel kann man sagen, dass in einer Großstadt wie Hamburg 70 Prozent aller Haushalte Einpersonen-Haushalte oder Single-Haushalte sind – dies ist eine auf ›Tatsachen‹ gründende Beschreibung. Aber alle Beschreibungen sind immer, ganz gleich, ob sie wissenschaftlich oder nicht wissenschaftlich sind, Konstruktionen, die sich in einer interpretierenden Weise auf die Wirklichkeit beziehen und die bestimmte Kontexte des Denkens voraussetzen bzw. nahe legen. In irgendeinem Sinn objektive und theorielose Beschreibungen gibt es nicht, weil Aussagen nicht mit der Wirklichkeit identisch sind, sondern sie inszenieren. Jede Beschreibung orientiert sich dabei zum Beispiel an den Perspektiven, die man auf den Gegenstandsbereich hat, und ›enthält‹ somit über ›Tatsachen‹ hinausgehende Elemente. Zum Beispiel ist die Tatsache, dass in China ein Sack Reis umfällt, ebenso wenig von der angelegten Perspektive unabhängig wie die Tatsache, dass der vorher nicht umgefallene Sack Reis nicht als Tatsache wahrgenommen wird. Allgemeiner gesagt, beruhen Tatsachen auf Selektion und sind daher immer kontextgebunden. Jede Beschreibung setzt im Übrigen eine oder mehrere bestimmte Fragen voraus, die sie beantwortet. Aus all diesen Gründen liegt in dem, was für eine Tatsache gehalten wird, immer auch eine Reihe von damit verbundenen Aussagen verborgen, die sich aus der Sache allein nicht ergeben, die beschrieben werden soll.

Auch die Verwendung von spezifischen Begriffen und verbalen Ausdrucksweisen spielt bei der Genese einer Tatsache eine Rolle (wir werden auf die Bedeutung der Sprache noch in Kapitel 2.1 genauer eingehen). Es macht zum Beispiel einen Unterschied, ob ich funktional von Einpersonen-Haushalten oder von Singles spreche, weil der Begriff des Singles in einem ganz anderen Kontext steht. Zu Menschen, die in Einpersonen-Haushalten wohnen, gehören dementsprechend ganz unterschiedliche Typen von Menschen: Alte Menschen, die froh sind, noch alleine wohnen zu können, frisch Geschiedene, die froh sind, wieder alleine zu wohnen, andere, denen am Wochenende die Decke auf den Kopf fällt, Menschen, die an ihrem Zweitwohnsitz alleine wohnen, aber das Wochenende woanders verbringen – um nur einige Gruppen zu nennen, die da unter ein und demselben Begriff zusammengefasst werden. Spätestens da, wo wissenschaftliches Wissen handlungsrelevant wird, ist es mit solchen anscheinend kontextlosen Fakt-Aussagen nicht getan. Man sollte deshalb solche Aussagen auch nicht als wahr oder unwahr bezeichnen, sondern als angemessen für eine Fragestelllung oder nicht.

Demgegenüber sind so genannte *qualitative, also kontextgebundene Beschreibungen* von anderer Art. In einer qualitativen Beschreibung wird man ›Individualisierung‹ nicht durch Verteilungen von Variablen wie ›lebt alleine‹ beschreiben und auch allenfalls ergänzend allgemeine statistische Werte wie Scheidungsraten und deren Wachstum hinzuziehen, denn alle diese Werte erheben den Anspruch, kontextfrei verstanden zu werden, bräuchten in einem qualitativ-beschreibenden Zusammenhang aber genauere und vor allem differenzierende Erklärungen. Stattdessen wird man beispielsweise einzelne Familien über eine Zeit hinweg untersuchen, biographische Interviews über die sich wandelnden Lebenserfahrungen und deren Bedeutung durchführen und Veränderungen von Beziehungsnetzen, Selbstbildern oder Lebenszielen herausarbeiten. Komplexe Fallstudien dieser Art sind gerade nicht darauf angelegt, einzelne Merkmale zu sammeln, sondern Entwicklungsprozesse in den jeweiligen Lebenskontexten darzustellen. Sie lassen so erkennen, ob und wie ein genereller (und abstrakt beschriebener) Individualisierungsprozess den Alltag und das Beziehungsleben einzelner Menschen insgesamt verändert – dadurch wird die Entwicklung nicht als Menge funktionaler Zusammenhänge beschrieben, vielmehr wird das Geschehen auf dichte Weise kenntlich und nachvollziehbar gemacht.

Auf Fallstudien aufgebaute Beschreibungen gehen also in die Tiefe, insofern die komplexe Wirklichkeit ausgesuchter Fälle in ihren Details dargestellt wird. Dadurch werden die Mechanismen des Zustandekommens dieser Wirklichkeiten ebenso wie die subjektiven und kulturellen wie auch gesellschaftlichen Bedeutungsgehalte des Geschehens und die damit zusammenhängenden Erfahrungen deutlich.

Solche Beschreibungen sind keine Fakten wie im oben beschriebenen Sinn. Sie können vielmehr leicht zu Typologien erweitert werden, wodurch sie geordnet und theoretisch bedeutsam werden: Menschen können ganz unterschiedlich von verschiedenen Teilprozessen von Individualisierung betroffen sein. Die einen werden von ihren Berufen zu ständiger Mobilität gezwungen und arbeiten immer an anderen Orten, was die Stabilität ihrer sozialen Beziehungen gefährdet. Darunter fallen einerseits vielleicht Versicherungsvertreter, andererseits aber auch Diplomaten oder Topmanager aus den gesellschaftlichen Eliten – also ganz unterschiedliche Fälle. Andere müssen vielleicht an wechselnden Arbeitsplätzen oder zu wechselnden Zeiten arbeiten und werden so durch ganz andere Prozesse von festen sozialen Beziehungen abgehalten. Auch Menschen mit Migrationshintergrund oder Menschen, die im so genannten Niedriglohnsektor arbeiten, haben ihre je spezifischen Schwierigkeiten, soziale Beziehungen zu pflegen, die ihnen wichtig sein mögen. In jedem Fall fallen die Beschreibungen dieser Typen unterschiedlich aus, und sie machen zugleich Bedingungen und Hintergründe einerseits, Konsequenzen und subjektive wie objektive Bedeutungsgehalte andererseits kenntlich. Deshalb bleiben qualitative Untersuchungen auch nie bei Beschreibungen stehen. Sie führen vielmehr gerade dadurch zu allgemeineren Aussagen, deren Gültigkeitsbedingungen deutlich werden. Dadurch wird dann der zugrunde liegende Sachverhalt als Struktur und Prozess erkennbar.

2. Wenn man schon über Beschreibungen und über hinreichend viele gültige theoretische Einsichten verfügt, bedarf es im Prinzip keiner empirischen Forschung mehr. Wenn die Wissenschaft in Bezug auf eine Forschungsfrage schon über gute Beschreibungen und über eine Reihe wissenschaftlich anerkannter, theoretischer Aussagen verfügt, liegen vor allem *zwei mögliche Ziele*[8] nahe: Wir können erstens versuchen, dieses theoretisches Wissen weiter zu entwickeln, es zu vertiefen, zu präzisieren oder zu verbreitern. Und wir können zweitens versuchen, das vorhandene Wissen zu testen.

Vertiefen kann dann etwa heißen, dass man eine Theorie verfeinert und ausdifferenziert. *Präzisieren* kann etwa heißen, dass man die genauen Bedingungen für die Gültigkeit von Aussagen feststellt bzw. weitere, noch unbekannte Konsequenzen aus der Theorie zieht. *Verbreitern* kann etwa heißen, dass man untersucht, wovon die Gültigkeit theoretischer Aussagen abhängt und auf was sie unter welchen Bedingungen übertragen werden kann. Dazu kann man theoriegenerierende oder sonstige qualitative Verfahren benutzen – man kann das Weiterentwickeln und Verfeinern aber auch über einen *Test* der vorhandenen Theorie betreiben, wenn man die theoretischen Aussagen, um die es geht, etwa unter verschiedenen Bedingungen testet und damit weiteres Wissen für die Theorie ansammelt.

Trotzdem ist das Forschungsziel ›Test von Theorie‹ etwas anderes als das Weiterentwickeln. Derartige Tests können sowohl mit quantitativen als auch mit geeigneten qualitativen Verfahren durchgeführt werden.

8 Natürlich kann man trotzdem versuchen, weitere Beschreibungen herzustellen.

Man geht in beiden Fällen mit bereits vorhandenen Theorien und darauf bezogenen Aussagen an ein Feld heran und versucht herauszufinden, ob diese Aussagen unter den gegebenen Bedingungen gelten oder nicht. Die These Ulrich Becks zum Beispiel vom Verlust traditionaler Orientierungsmuster kann man quantitativ operationalisieren, indem man etwa nach Beständen traditionellen Wissens vielleicht im Bereich der Medizin, der Kindererziehung oder der Kochrezepte sucht und das Ergebnis mit den Ergebnissen aus früheren Erhebungen vergleicht (wobei aufgrund einer solchen Untersuchungsanlage natürlich nicht entschieden werden kann, ob ›Individualisierung‹ dafür die Ursache ist).

Im Bereich quantitativer Methoden ist man dabei auf das Testen von Hypothesen in ihrer üblichen Form festgelegt, obwohl man auch hier mit quantitativen Daten kreativer umgehen könnte. Auf qualitative Weise kann man Tests beispielsweise durchführen, indem man zu theoretischen Aussagen (die hier natürlich nicht die standardisierte Form wie im quantitativen Fall haben) systematisch nach Gegenbeispielen sucht, Gültigkeitsbedingungen präzisiert und zu klären versucht, wie sich diese Bedingungen funktional auf den Sachverhalt auswirken, oder tiefer gehende Hintergründe im Rahmen einzelner Fallstudien herauszuarbeiten versucht. Auch Kontrastierungen etc.[9] oder der Vergleich mit akzeptierten Theorien und Schlussfolgerungen daraus können durchaus hilfreich sein: All diese Verfahren kann man gegebenenfalls auch mit quantitativen Daten durchführen.

3. Der für dieses Buch wichtigste ist der dritte Fall: Wenn wir über ein Phänomen und die damit zusammenhängenden Sachverhalte nichts Genaues wissen oder allenfalls über Beschreibungen verfügen, so muss empirische Forschung natürlich darauf abzielen, angemessene Theorien oder mindestens theoretische Bausteine zu entwickeln, um den in Frage stehenden Gegenstandsbereich in seinem Kontext, seiner Struktur und seiner Entwicklung zu begreifen.[10]

Genau das ist *die besondere Ausgangssituation, in der theoriegenerierende Forschung hilfreich ist. Sie ermöglicht es, systematisch und gestützt auf eigens erhobene Daten neue Theorien zu entwickeln.* Im Rahmen der quantitativen Methodologie gibt es dafür wie bereits mehrfach gesagt keine Regeln. Hier entstehen theoretische Aussagen entweder durch eine Analyse bereits vorhandener

9 Vgl. z.B. MAYRING 1997 oder KELLE/KLUGE 1999.

10 Natürlich wird die entwickelte Theorie dann Rückwirkungen auf das haben, was wir vorher als Beschreibung anerkannt haben.

Theorien, durch die Übertragung analoger Aussagen aus anderen Bereichen, durch explorative empirische Schritte, die aber notwendigerweise nur zufällige Einsichten ermöglichen, oder durch kreative Ideen einzelner Wissenschaftlerinnen und Wissenschaftler (FRIEDRICHS 1973). In allen Fällen bedürfen diese Theoriekonstruktionen, die ja nur Hypothesen generieren sollen, deren Anspruch ungeklärt ist, der empirischen Überprüfung.

Demgegenüber sind die in diesem Band beschriebenen Verfahren der Grounded Theory, der Heuristischen Sozialforschung und der Ethnographie extra dafür konzipiert worden, gegenstandsbezogene und gültige Theorien zu konstruieren. Dies geschieht nach den Regeln dieser Verfahren immer *datengestützt* und damit mit dem Anspruch, die so konstruierten Theorien zugleich mit ihrer Herstellung *zu testen*. ›Datengestützte Konstruktion von Theorie‹ besagt dementsprechend, dass schon die Herstellung von Theorie in engem Bezug zu Datenerhebung und Datenauswertung stattfindet und dass darüber hergestellte theoretische Aussagen immer auch gleich empirisch überprüft werden. Man betreibt also beispielsweise einzelne Fallstudien, formuliert als deren Ergebnis etwa allgemeine Aussagen und prüft dann mit weiteren, angemessen ausgesuchten Fallstudien, ob die gemachten Aussagen haltbar sind.

Wenn man also beispielsweise allein lebende Menschen untersucht, wird man sicher welche finden, die sich bewusst gegen eine Ehe, gegen Kinder oder gegen ein zu enges Zusammenleben mit anderen entscheiden und die man deswegen zu den Singles in dem Sinn zählen kann, wie dieser Begriff benutzt wird. Auf der Basis derartiger Fallstudien kann man dann natürlich auch eine entsprechende allgemeine Aussage konstruieren, die besagt, dass Individualisierung ein gewollter Prozess ist, der vielen Menschen neue Entfaltungsmöglichkeiten bringt. Eine derartige allgemeine und theoretisch interessante Aussage muss man natürlich in ihrer Allgemeinheit überprüfen. Dazu bietet es sich an, etwa weitere Fallstudien mit Menschen vorzunehmen, die in Kontaktbörsen inserieren, oder systematisch nach allein stehenden Menschen zu suchen, die unter ihrem Alleinsein leiden. Es wird dann schnell klar, dass die eben gemachte allgemeine Aussage über Individualisierung in der Form nicht generell gilt, also nur auf bestimmte Typen von Singles zutrifft. Im Rahmen der Theorieentwicklung wird es dann darum gehen, auf empirischem Weg Bedingungen zu finden, von denen allgemeine Aussagen abhängen.

Theoriegenerierende Forschung umfasst dementsprechend nicht nur Regeln, wie man Daten erhebt und analysiert, wenn man neue Theorien finden will, sondern auch, wie man vorgeht, um Theorien zu entwickeln, die sich als Verallgemeinerung von empirischen Daten verstehen lassen, und wie man Fälle aussucht, um vorhandene theoretische Aussagen systematisch zu überprüfen.

Das vorliegende Buch beschäftigt sich mit der für die Sozialwissenschaften wichtigsten Aktivität, nämlich mit dem Entwickeln von Theorie. Das ist für jede Sozialwissenschaft am wichtigsten, weil gute Theorien das Kernstück jeder Wissenschaft sind. Beschreibungen sind Vorstufen für Theorien, und Methoden und Verfahren sind die relevanten Hilfsmittel, um Theorien und Beschreibungen systematisch und kontrolliert herzustellen. Auch da, wo sich Wissenschaft praktisch orientiert, ist sie auf Theorien angewiesen, weil man nur von da aus Praxis vertrauenswürdig reflektieren, einschätzen und verbessern kann.

Zusammenfassend können wir vor diesem Hintergrund nun sagen: Die theoriegenerierende Sozialforschung will neue (im Sinne von bisher unbekannten) Theorien entwickeln, und zwar datengestützt, also in engem Bezug zu geeignet ausgewählten Fällen. Sie unterscheidet sich dementsprechend von quantitativen Verfahren und deren Zielen. Sie bildet mit dieser Zielsetzung und der Art der Umsetzung aber auch einen eigenständigen Typus der qualitativen Verfahren.

1.4 *Die drei Verfahren theoriegenerierender Forschung: ein erster Überblick*

Wir haben in den ersten Abschnitten dieses einführenden Kapitels erste Grundbedingungen des Funktionierens theoriegenerierender Forschung formuliert. Dazu wurden die Bedeutung empirischer Forschung und die wesentlichen praktischen Verfahren erläutert und dann die verschiedenen Ausgangssituationen und Zielsetzungen beschrieben, in Bezug auf die sich Forscherin und Forscher für verschiedene Verfahren entscheiden müssen.

Viel stärker als bisher muss sozialwissenschaftliche Forschung in Zukunft darauf angelegt sein, neue Bereiche zu beschreiben und konzeptionell und theoretisch zu erfassen, weil wir in einer rapide sich wandelnden Gesellschaft leben, in der immer neue Fragen zu beantworten sind.[11] Dies geschieht aber nicht durch blinde Empirie, das Aufblasen von

11 Eine interessante Frage ist in diesem Zusammenhang übrigens, wie eigentlich Wissenschaft in der Medien- oder Informationsgesellschaft der Zukunft funktioniert – gewiss nicht auf

Forschung durch immer mehr Variablenblöcke oder das bloße und weitgehend automatische Umsetzen vorgegebener Forschungsnormen. Es geschieht auch nicht durch Denkoperationen, wie alles auch sein könnte, und auch nicht durch den Rückzug auf einzelne Verfahren, die man möglichst rein und regelgerecht praktiziert.

Notwendig sind vielmehr handhabbare Verfahren, mit deren Hilfe man neue Theorien auf empirischer Grundlage entwickeln kann. Dies leisten die Verfahren und Methoden, mit denen sich der vorliegende Band beschäftigt. Sie sollen hier zusammenfassend als *Verfahren der datennahen Konstruktion bzw. Entwicklung von Theorien* bezeichnet werden. Wir werden wie bisher aber auch die Ausdrücke *theoriegenerierend* oder *theoriekonstruierend* verwenden.[12] Es handelt sich dabei um Verfahren, die darauf ausgelegt sind, mit Hilfe eigens erhobener Daten in Bezug auf eine Forschungsfrage auf systematische und nachvollziehbare Weise gegenstandsnahe und darauf aufbauend allgemeinere, formale Theorien zu konstruieren.

Aus dem damit umrissenen Bereich von Erhebungs- und Auswertungsverfahren sollen in diesem Text die drei wichtigsten Regelsysteme für theoriegenerierendes forschendes Handeln vorgestellt werden. Wie man konkrete Forschungsfragen durch die datengestützte und nachvollziehbare Konstruktion von Theorie beantwortet, zeigt zunächst der ›Klassiker‹ der theoriegenerierenden Forschung, die *Grounded Theory* nach Barney Glaser und Anselm Strauss, und daran anschließend die *Heuristische Sozialforschung* nach Gerhard Kleining. Beide sind als Verfahren verwandt, setzen aber verschiedene Schwerpunkte bei der Datenerhebung und bei der Auswertung.

Bei beiden Ansätzen handelt es sich um Verfahren, die dazu dienen, konkrete Forschungsfragen zu beantworten.[13] Deswegen bezeichnen wir diese beiden Verfahren als *taktische Verfahren zur Entwicklung sozialwissenschaftlicher Theorien*. In Ergänzung dazu werden wir als drittes theoriegenerierendes Verfahren die *ethnographische Forschung* vorstellen, die wir

gleiche Weise wie im – sagen wir – neunzehnten Jahrhundert, aus dem viele Regeln des heutigen Wissenschaftsbetriebs stammen.

12 Wir fügen ausdrücklich hinzu, dass damit nicht gemeint ist, dass solche Methoden dem so genannten Radikalen Konstruktivismus (SCHMIDT 1992, 1993) zuzurechnen sind – konstruktiv bezieht sich hier auf das, was zu den Aufgaben von Wissenschaftlern gehört, nämlich Theorien zu konstruieren, und nicht auf die Frage, ob Wirklichkeit konstruiert ist oder für sich existiert.

13 Wir werden aber sehen, dass es im Laufe der Forschung durchaus notwendig sein kann, die anfängliche Forschungsfrage zu erweitern oder zu verändern, wenn sie etwa unangemessen gestellt war.

als umfassender angelegtes *strategisches Verfahren* begreifen: Strategisch, weil Ethnographen nicht nur versuchen, die jeweilige Forschungsfrage wissenschaftlich zu beantworten, sondern auch damit beschäftigt sind, gegebenenfalls die Voraussetzungen dafür herzustellen. Genauer gesagt beruht die Ethnographie ebenso wie die beiden anderen Ansätze auf der These, dass sozial- und kulturwissenschaftliche Forschung immer vom konkreten Handeln der damit befassten Menschen und dem damit verknüpften Sinn ausgehen muss. Daraus folgt, dass sich Forscherin und Forscher auf die Realität der Menschen einlassen müssen, die *Experten für ihren Alltag und ihre Realität* sind (was natürlich nicht heißt, dass sie alles über ihre Realität wissen). Nur wenn man sich also ›ins Feld‹, in die Wirklichkeit der Menschen hineinbegibt und das Bedeutungsgefüge, in dem sie leben, auf die eine oder andere Weise mit ihnen teilt und mit ihnen darüber kommuniziert, kann man ihre sozialen Wirklichkeiten systematisch und gehaltvoll beschreiben und darauf bezogen neue und fruchtbare Theorien entwickeln. Girtler (2001) zum Beispiel hat dies in seinem Methodenbuch deutlich betont.

Das beinhaltet insbesondere, wie wir weiter hinten noch genauer darlegen werden, *dass jede qualitative Forschung an der Realitäts- und Bedeutungskonstruktion der Menschen anknüpfen muss und deshalb grundsätzlich kommunikativ angelegt ist.* Genau an dieser Stelle hat die Ethnographie ihre Besonderheit. Sie beinhaltet eine Reihe von Erwagungen, wie man die notwendige Kommunikationsfähigkeit und damit verbunden das Wissen der Forschungspersonen über die Konstitution von Bedeutung der untersuchten Menschen, Kulturen und Subkulturen herstellt.

Sehen wir uns nun diese drei Verfahren noch etwas genauer an, um sie zu charakterisieren.

Die *Grounded Theory, das erste der drei theoriegenerierenden Verfahren,* wurde von den Soziologen Barney Glaser und Anselm Strauss (1967) entwickelt. Die beiden Forscher konzipieren dabei Theorieentwicklung als eine Folge aus Datenerhebung und Datenauswertung, die immer wieder durchlaufen wird. Man beginnt immer mit irgendeinem Vorwissen, das sich auf das Phänomen und die Fragestellung bezieht und das zunächst einmal besagt, wie die Dinge sind. Damit ist es aber jedenfalls möglich, Menschen auszusuchen, die sich mit dem Phänomen auskennen, um sie zu befragen und zu beobachten oder auf andere Weise relevante Daten darüber zu erheben. Diese Daten, beispielsweise Beobachtungsprotokolle oder protokollierte Antworten auf Fragen, kann man dann systematisch auswerten und mit dem vorhandenen Vorwissen vergleichen; darüber entwickelt sich das eigene Wissen weiter: Es entsteht ein theoretischer Erklärungszusammenhang, der die berücksichtigten Fälle umfasst, aber natürlich noch keine vollständige Lösung ist. Auf der Basis dieses weiter entwickelten Verständnisses, aber auch im Hinblick auf vielleicht aufgetretene Fragen kann man nun weitere Beteiligte identifizieren, die weitere, unterschiedliche Perspektiven auf den in Frage stehenden Sachverhalt einnehmen und Auskunft geben können. Man wertet dann auch diese Daten aus, vergleicht das neu gewonnene Wissen mit dem bereits vorhandenen und entwickelt so die Theorie weiter, die als Erklärungszusammenhang nun noch mehr verschiedene Fälle umfasst. Dieses Verfahren wird so lange fortgesetzt, bis man einen Erklärungszusammenhang entwickelt hat, der *alle* relevanten Meinungen und Aussagen berücksichtigt – dann hat man eine, wie Glaser und Strauss es nennen, gegenstandsnahe Theorie entwickelt. Diese kann man dann in weiteren Forschungsschritten zu einer so genannten formalen Theorie weiter entwickeln. Dazu muss man auf nahe liegende Bereiche wieder empirisch gestützt feststellen, wie die Theorie modifiziert werden muss, damit sie auch dafür gültig ist, und entsprechend in Abhängigkeit von den gefundenen Gültigkeitsbedingungen schrittweise verallgemeinern.

Die Grounded Theory geht also komparativ vor, wobei hier nicht kultur-, sondern fallvergleichend gemeint ist. Man vergleicht einzelne Fälle oder Gruppen, die ihre eigene Perspektive auf den zu untersuchenden Sachverhalt haben. Im Verlauf der bereits erwähnten Studie von Glaser und Strauss über das Sterben im Krankenhaus beobachteten und befragten die Forscher alle unterschiedlichen Gruppen von Menschen, die daran beteiligt sind: die Ärzte und die Krankenschwestern, die Angehörigen und die Sterbenden, die Pfarrer und die Beerdigungsunternehmer. Die Wirklichkeit des Sterbens im Krankenhaus entsteht in dem Zusammenwirken all dieser Gruppen (die aber natürlich auch in sich heterogener sein können). Dementsprechend müssen alle diese Gruppen in ihren Handlungspraktiken und Sichtweisen berücksichtigt werden: Die Theorie des Sterbens im Krankenhaus entsteht aus der vergleichenden Auswertung ihrer Aussagen.

Glaser und Strauss nennen die Auswertung von Daten *Codieren*. Mit diesem Oberbegriff bezeichnen sie eigentlich verschiedene Abstraktions- und Ordnungsverfahren, die darauf ausgerichtet sind, die zentralen Bezugsmomente des in den Daten abgebildeten Handelns bzw. des in Frage stehenden Phänomens und damit seinen sozialen und kulturellen

Sinn, seine Bedeutung und seine Kontexte herauszuarbeiten. Parallel zu den Codieroperationen, die auf eine systematische Auswertung zielen, werden weiter reichende und über den Augenblick hinausgreifende Erkenntnisse und Thesen in so genannten *Memos* festgehalten und dann in späteren Schritten des Forschungsprozesses wieder in die Konstruktion und Weiterentwicklung von Theorie eingeführt. Dabei ist es die zentrale Grundregel, dass jede allgemeine Aussage immer wieder an den Daten überprüft werden muss.

Prinzipiell geht man bei der Grounded Theory also *zirkulär* vor: Man beginnt mit dem Vorwissen, erhebt gezielt Daten bei den Menschen, die von dem Phänomen in irgendeiner Weise betroffen sind, wertet sie aus und entwickelt so das Vorwissen weiter. Dabei entstehen neue Fragen und werden weitere Zusammenhänge kenntlich, die zu neuen empirischen Erhebungen führen, die dann weiter ausgewertet werden. Sie können komplementär, aber auch kontrastierend angelegt sein, um bereits gefundene Einsichten zu überprüfen. Die so erhaltenen Ergebnisse werden mit den früheren Ergebnissen und theoretischen Einsichten verglichen und so die Entwicklung von Theorie weitergetrieben.

Das zweite hier behandelte theoriegenerierende Verfahren ist die *Heuristische Sozialforschung*, die von dem Hamburger Soziologen Gerhard Kleining (1982; 1995) entwickelt worden ist. Sie knüpft an der Grounded Theory an und ist eigentlich ein Verfahren, das sich auf jede offene Fragestellung anwenden lässt. Um die Heuristische Sozialforschung darzustellen, werden allgemeine Regeln angegeben, die im konkreten Fall spezifiziert werden müssen. Vier zentrale Regeln müssen hier befolgt werden. Die ersten beiden verlangen die *Offenheit der Forschungsperson*, die ja den Forschungsgegenstand kennen lernen will und damit bereit sein muss, über die Wirklichkeit zu lernen, sowie die *Offenheit des Forschungsgegenstandes*, den man ja erst am Ende wirklich kennt. Wie man nun vorgeht, ist in der dritten und vierten Regel festgelegt: Die *Datenerhebung* soll so durchgeführt werden, dass man den Forschungsgegenstand von allen Seiten untersucht. Das heißt, dass der Forscher alle befragen muss, die mit dem Gegenstand zu tun haben, genauer, er muss für alle wesentlichen Perspektiven, die man auf den Sachverhalt haben kann, entsprechende Vertreter befragen und ihre Auskünfte berücksichtigen. Kleining nennt das die Forderung nach einer *maximalen strukturellen Variation der eingenommenen Perspektiven*. Die Auswertung der Daten bestimmt die vierte Regel: Wenn man Daten aus allen möglichen Perspektiven hat, ist das, was in allen diesen möglichen Perspektiven auftaucht, unabhängig von der jeweiligen Perspektive und wird dem Gegenstand selbst zugeschrieben – die Auswertung zielt also auf das *Finden von Gemeinsamkeiten* ab. Es handelt sich damit um eine inhaltlich gerichtete Auswertung, die den Forschungsgegenstand in seiner Eigentümlichkeit einerseits als Struktur, andererseits als Prozess rekonstruieren will. Es ist klar, dass diese allgemeinen Regeln für den jeweiligen Fall präzisiert werden müssen – wie das geht, werden wir in Kapitel 5 erläutern. Anwendungen dieses Verfahrens finden sich beispielsweise in dem Band von Hagemann und Krotz (2003).

Als drittes theoriegenerierendes Verfahren wird in dem vorliegenden Buch die *Ethnographie* behandelt. Ethnographie ist das vor allem in der Sozialanthropologie, Ethnologie und Volkskunde angewandte Standardverfahren. Sie dient der Untersuchung von Kulturen und Subkulturen, zu denen die Forschungspersonen nicht gehören, bzw. der Lösung von Forschungsfragen, die sich in Bezug auf mehr oder weniger unbekannte Kulturen und Subkulturen stellen (vgl. HAMMERSLEY/ATKINSON 1995; HIRSCHAUER/AMANN 1997). Ethnographen halten zur Beantwortung einer Forschungsfrage die genaue Kenntnis des kulturellen und sozialen Hintergrunds, vor dem sich die jeweilige Forschungsfrage stellt, für notwendig. Sie verstehen Forschungsgegenstände also eigentlich als durch ihre sozialen und kulturellen Kontexte bestimmt. Die notwendigen Kenntnisse davon erarbeitet sich die ethnographische Forscherin bzw. der ethnographische Forscher durch eine langfristig angelegte Teilnahme an der zu verstehenden Kultur, durch eine Art zweiter Sozialisation in dieser Kultur.

Damit ist aber natürlich nur der Rahmen ethnographischen Forschens festgelegt – um einzelne kulturelle Praktiken und um die Kultur insgesamt beschreiben und verstehen zu können, wendet ein ethnographisches Forschungsteam während seiner langfristigen Teilnahme am Alltag der untersuchten Kultur eine Vielfalt ganz unterschiedlicher Forschungsverfahren an. So werden Interviews geführt, Sachverhalte beobachtet, wird an Festen teilgenommen, also Daten aller Art mit allen möglichen Erhebungsmethoden gesammelt und ausgewertet. Ethnographen vermessen aber auch Orte, zeichnen Landkarten, zählen Besitztümer und erstellen oder verwenden Statistiken, wenn es sie denn gibt. Deshalb sollte man die Ethnographie eigentlich als eine breit angelegte Forschungsstrategie verstehen, die nicht nur auf die Beantwortung einer Forschungsfrage abzielt, sondern sich erst einmal der Tatsache vergewissert, dass der Forscher in der Lage ist zu verstehen, was da eigentlich vor sich geht. Eine weitere Besonderheit der Ethnographie liegt darin, dass sich der Forscher durch sein Leben in der untersuchten Kultur selbst zu einem Forschungsinstrument macht. Denn er hält seine eigenen Eindrücke kontinuierlich in einem Forschungstagebuch fest. Dieses notierte Erleben und die ebenfalls aufgeschriebenen Reflexionen darüber gelten auch als Daten, die systematisch reflektiert werden. Dabei geht es natürlich nicht um die Berücksichtigung psychischer Tatbestände, sondern um die Dokumentation des Kennen Lernens einer Kultur. Vor allem das Lernen der Sprache der Gastkultur wird als eine wesentliche Bedingung dafür angesehen, brauchbare Einsichten zu gewinnen – deshalb spricht Fischer (1998:75) von einer zweiten Sozialisation, die der Ethnograph erlebt. Er muss gewissermaßen lernen, »zwischen beiden Kulturen« zu leben.

Dieser begrüßenswerten Vielfalt von Methoden der Datenerhebung steht in der Ethnographie eine ebenso große Vielfalt in der Datenanalyse gegenüber (die nicht immer so geglückt erscheint). Manche Ethnographen gehen beispielsweise konversationsanalytisch vor, wie Neumann-Braun und Deppermann (1998) es postulieren, andere verwenden offene Verfahren wie die Grounded Theorie wie etwa Hammersley und Atkinson (1994), und wieder andere legen ihre Untersuchungen völlig anders an oder begründen ihr methodisches Vorgehen überhaupt nicht. Positiv gewendet kann man sagen, dass die Ethnographie eigentlich eine multiperspektivische Forschungsstrategie ist, deren Art der Anwendung im Einzelfall begründet werden muss.

Damit sind die drei Verfahren umrissen, in die Teil II dieses Buches einführen wird. Vorher ist aber noch einiges an Grundlegung zu leisten. In den beiden nächsten Abschnitten soll erst einmal skizziert werden, in welchem Umfeld diese theoriegenerierenden Verfahren ihre Bedeutung entfalten, indem wir zunächst einen groben Überblick über die übrigen qualitativen Verfahren geben und dann auf ihr Verhältnis zu den quantitativen Verfahren genauer eingehen.

1.5 *Theoriegenerierende Forschung und qualitative Forschung: Ähnlichkeiten und Besonderheiten*

Hier soll also ein kurzer Überblick über die qualitativen Methoden und Verfahren gegeben werden (vgl. auch KROTZ 2003). Ergänzend gehen wir auf das Verhältnis der theoriegenerierenden zur qualitativen Forschung ein.

Mit ›*qualitativ*‹ werden dabei ganz allgemein alle Forschungsverfahren bezeichnet, die nicht der quantitativen Forschung zugerechnet werden. Ein anderer geeigneter Ausdruck dafür wäre, wie bereits angesprochen, die Bezeichnung ›*kontextbezogene Verfahren*‹, *weil alle qualitativen Verfahren im Gegensatz zu den quantitativen die relevanten Kontexte der Phänomene mitberücksichtigen, um die es geht. Auch die hier als Theorie generierend bezeichneten Verfahren werden als qualitativ bezeichnet, obwohl sie, wie zu sehen sein wird, auch anders funktionieren. Theoriegenerierende und andere qualitative Verfahren lassen sich aber natürlich im Zusammenhang miteinander verwenden. Die theoriegenerierenden Verfahren werden in diesem Teilkapitel jedenfalls nicht weiter behandelt.*

Vor allem die Soziologie hat schon immer qualitative Verfahren verwendet (vgl. zu diesem Abschnitt insbesondere KLEINING 1991 sowie KROTZ 2003). Die Überlegungen Emile Durkheims dazu aus dem 19. (DURKHEIM 1964) oder die verstehende Soziologie Max Webers zu Beginn des 20. Jahrhunderts (WEBER 1978) lassen sich in heutiger Sichtweise als Beiträge zu einer qualitativen Methodologie ansehen. Und in der sich von der Philosophie ausdifferenzierenden Psychologie des beginnenden zwanzigsten Jahrhunderts wurden ebenfalls zunächst qualitative Verfahren wie die Introspektion angewandt. Erst später haben sich dann unter dem Einfluss des Behaviorismus die quantitativen Verfahren durchgesetzt. Schließlich ist auf die so genannte frühe sozialwissenschaftliche Chicago School der Soziologie zu verweisen – in den zwanziger Jahren des 20. Jahrhunderts haben die dort versammelten Sozialwissenschaftler eine Vielfalt neuer, qualitativer Methoden entwickelt und erprobt, um die sich rapide entwickelnde US-Gesellschaft jener Jahre zu untersuchen. Wir werden auf diese Chicago School gelegentlich noch eingehen. Denn Ethnographie, Anthropologie, Soziologie, Sozialpsychologie und Symbolischer Interaktionismus sowie eine Reihe weiterer Disziplinen haben diesen Ansätzen eine Menge zu verdanken.

Eine besondere Rolle für die Entwicklung der quantitativen Verfahren hat dann später der aus Österreich in die USA emigrierte Sozialforscher Paul F. Lazarsfeld gespielt (vgl. LANGENBUCHER 1990), der vorher auch an eindrucksvollen qualitativen Untersuchungen beteiligt war, (z.B. JAHODA/LAZARSFELD/ZEISEL 1980) dann aber die qualitativen Verfahren eher als nur explorativ, also als erkundend, begriffen hat (vgl. LAZARSFELD 1972).

Nach dem zweiten Weltkrieg haben sich die quantitativen Verfahren auch in den deutschen Sozialwissenschaften durchgesetzt und dabei zunächst einmal auch manches interessante qualitative Verfahren verschüttet. Ab Ende der sechziger Jahre fanden dann aber auch die qualitativen Forschungsverfahren in der Soziologie und Sozialpsychologie wieder vermehrt Beachtung. Sie entstanden rund um die Minderheitenpositionen hermeneutischer, phänomenologischer und symbolisch-interaktionistischer Theoriebildung, die neben der quantitativen Hauptströmung überlebt hatten. Von wesentlicher Bedeutung dafür waren in Deutschland die Publikationen der Arbeitsgruppe Bielefelder Soziologen (1973), die der deutschen Sozialwissenschaft eine Reihe grundlegender Texte über qualitative Verfahren zugänglich gemacht haben. Hinzu kam der erste dezidierte Entwurf theoriekonstituierender Forschung, die für die Soziologie und Kommunikationswissenschaft in einem Buch von Glaser und Strauss (1967) begründet wurde.

Größere Bedeutung unter den qualitativen Verfahren erlangte zunächst die Biographieforschung (vgl. FUCHS 1984), vermutlich weil die Notwendigkeit einer qualitativ orientierten Forschung auf diesem Feld vergleichsweise offensichtlich ist. Im Laufe der Jahre hat sich dann die qualitative Sozialforschung in vielfältige Richtungen ausdifferenziert. Auch einige eigenständige deutsche Neuentwicklungen in der Sozialforschung wie die strukturale Hermeneutik Oevermanns (1983, vgl. auch OEVERMANN et al. 1979) und die Heuristische Sozialforschung Kleinings (1984) sind in jenen Jahren entstanden.

In den letzten Jahren des 20. Jahrhunderts hat sich dann eine weitere Entwicklung durchgesetzt, die als linguistic turn bezeichnet wird. Dieser Ausdruck macht deutlich, dass neuere Ansätze der qualitativen Forschung häufig semiotisch oder zeichentheoretisch begründet sind – etwa in den Cultural Studies, der Ethnologie oder der Volkskunde (vgl. GEERTZ 1991; BERG/FUCHS 1993), aber auch im Rahmen einer Soziologie, die »Kultur« nicht wie Talcott Parsons auf Normen und Werte verkürzt (PARSONS/SHILS 1962), sondern als »ganze Lebensweise« (WILLIAMS 1958, 1981) versteht. Eine Rolle dafür mag auch die zunehmende Bedeutung interkultureller Forschung (vgl. JANDT 1999) spielen. In Deutschland sind die meisten Textbücher über qualitative Verfahren eher soziologisch inspiriert (LAMNEK 1988, 1993; FLICK 1998; FLICK/KARDOFF/STEINKE 2000), jedoch liegen auch in manchen Einzelwissenschaften spezielle qualitative Bücher über das richtige Vorgehen vor.[14]

14 Für die Kommunikationswissenschaft zum Beispiel: BAACKE/KÜBLER 1989; BERGER 2000, CHARLTON/SCHNEIDER 1997; HOLLY/PÜSCHEL 1993; JENSEN/ JANKOWSKI 1990; LINDLOF 1995, PAUS-HAASE/SCHORB 2000; WAGNER 1999, WAGNER u.a. 1999.

Der allmähliche Erfolg der qualitativen Verfahren hat allerdings zu einer Vielzahl ganz unterschiedlicher Vorgehensweisen geführt, die in der Literatur zu finden sind – wir haben deshalb oben von einem bunten Strauß qualitativer Verfahren gesprochen. Im Rest dieses Teilkapitels wird darüber ein kurzer Überblick gegeben.

Man kann dazu die qualitativen Verfahren in drei Gruppen unterteilen: Erstens die theoretisch voraussetzungsreichen, zweitens die theoretisch voraussetzungsarmen Verfahren und drittens alle weiteren Verfahren, die nicht quantitativ und nicht Theorie generierend im hier verwendeten Sinn sind. Eine vierte, damit verbundene Gruppe sind die so genannten *hybriden Verfahren*, auf die wir danach kurz eingehen.

- Unter dem Titel der *theoretisch vorausetzungsreichen Verfahren* möchte ich zunächst die Verfahren behandeln, an die die meisten Sozialwissenschaftler denken, wenn von qualitativer Forschung die Rede ist. Darunter fallen die Verfahren, die eine elaborierte Theorie über die soziale Realität bzw. über soziales und kommunikatives Handeln voraussetzen. Ein typisches Beispiel dafür sind die *Psychoanalytische Sozialforschung* und die *Ethnopsychoanalyse* (BELGRAD et al., 1987, REICHMAYR 1995). Ein anderes bekanntes Beispiel ist das vor allem in der Soziologie gelegentlich angewandte Verfahren des narrativen Interviews, das auf Fritz Schütze (1976) zurückgeht. Danach kann man aus sozialpsychologischen und literaturwissenschaftlichen Theorien ableiten, dass Erzählungen Texte sind, die eine spezifische Struktur haben – einzelne Akteure treten auf, es findet eine zeitliche Entwicklung statt usw. Wenn also Fragen so angelegt sind, dass sie als Antwort Erzählungen generieren, so entstehen dabei für den Erzähler dramaturgische Zwänge – er kann sich nicht auf Sachinformationen beschränken, sondern muss die Geschichte dramaturgisch sinnvoll zu Ende erzählen. Man bewegt Befragte damit dazu, das zu sagen, was sie für wichtig halten, aber gelegentlich auch, mehr zu sagen, als sie eigentlich sagen wollten.

Die wichtigsten theoretisch voraussetzungsreichen Verfahren dieser Art sind aber in allen Sozialwissenschaften die *phänomenologischen und die hermeneutischen* Verfahren.

Die Verfahren der *Ethnomethodologie und der Konversationsanalyse* gehen auf die Phänomenologie Edmund Husserls zurück, die vor allem Alfred Schütz (1971) den Sozialwissenschaften zugänglich gemacht hat (LINDLOF 1995:33). Sie gehen davon aus, dass die Menschen einerseits systematisch und bezogen auf vereinbarte Regeln, andererseits zielgerichtet und kreativ ihren Alltag konstituieren und sich in ihrem Handeln wechselseitig Sinn anzeigen (vgl. BERGER/LUCKMANN 1980). Dies tun sie in Bezug auf eine »soziale Grammatik«, die jedem sozialen Handeln zu Grunde liegt. Dabei entsteht »Sinn« – die zentrale Analysekategorie – nicht als etwas Absolutes und objektiv Feststellbares, sondern durch den jeweiligen handlungsgrammatikalisch relevanten Kontext als subjektive Konstruktion (vgl. auch WEINGARTEN/SACK/SCHENKEIN 1976).

Die Ethnomethodologie (vgl. GARFINKEL 1973) zielt nun auf der Basis dieser Grundannahmen darauf ab herauszufinden, wie dies im Einzelnen vor sich geht und aus welchen Regeln diese »Grammatik« besteht: Das konkrete Handeln gilt dabei als »indexikalisch« – es ist empirisch beobachtbar, muss aber auf diese grammatikalischen Regeln der Konstitution von Sinn und Bedeutung, von Alltag und Wirklichkeit hin entschlüsselt werden. Die daran anknüpfende Konversationsanalyse ist ein Verfahren der Analyse dokumentierter Kommunikation. Angela Keppler (1994, vgl. auch AYASS 1997) beispielsweise hat von diesem Verständnis her »Tischgespräche« von Familien in deren »natürlicher Umgebung«, nämlich beim gemeinsamen Essen, aufnehmen lassen und in Bezug auf den Umgang mit Medien analysiert. Ergänzend lässt sich auf *phänomenologisch orientierte Lebensweltanalysen* verweisen, wie sie auf der Ebene partizipativer Beobachtung etwa in dem Band von Hitzler und Hohner (1997) diskutiert werden – beispielsweise, um das lebensweltlich bezogene Handeln von Hip-Hop-Anhängern herauszuarbeiten.

Demgegenüber zielen *hermeneutische Ansätze* darauf ab, die sozial bedingte individuelle Konstitution von Sinn zu rekonstruieren – und zwar nicht verstanden als ein subjektives Interpretieren, sondern als ein nachvollziehbares und stringentes Analysieren nach vorgegebenen Regeln, dessen Ergebnisse der Wissenschaft zuzurechnen sind. Zu den bekanntesten Verfahren dieser Art zählt die *objektive Hermeneutik* (OEVERMANN 1983; REICHERTZ 1997). Sie hat zum Beispiel in der Kommunikationswissenschaft in der Untersuchung des medienbezogenen Handelns von Kindern Anwendung gefunden (vgl. CHARLTON/NEUMANN 1988; 1990; Aufenanger 1995a; 1995b) und wurde, wenn auch sehr kursorisch, auf die Analyse von Computerspielen und deren Nutzung angewandt (vgl. KRAMBROCK 1998).

Die objektive Hermeneutik geht davon aus, dass jedes Handeln einen subjektiven, aber objektiv feststellbaren Sinn besitzt, den es in Einzelfallanalysen zu erhellen gilt. Interaktionen werden dabei als aufeinander aufbauende sequenzielle Prozesse verstanden, die in ihrem Ablauf Handlungsvarianten systematisch möglich machen oder aber ausschließen. Diese Sequenzen werden in der Untersuchung rekonstruiert (vgl. auch BOHNSACK 1991: 71; mit dem Buch von Werner [2000] liegt hier mittlerweile auch ein systematisch einführendes Lehrwerk vor).

- Die zweite Gruppe qualitativer Forschungsverfahren bilden demgegenüber die wohl mindestens genauso häufig angewanden *theoretisch voraussetzungsarmen Verfahren.* Dies sind Verfahren, die sich ohne Rechtfertigung durch eine zugrunde gelegte Basistheorie pragmatisch und oft unter Verwendung ganz unterschiedlicher Erhebungsmethoden mit einem Forschungsgegenstand auseinander setzen. Sie werden im Allgemeinen verwendet, um gültige inhaltliche Einsichten über Phänomene in einem Forschungsfeld zu gewinnen. Beispielsweise führen Paus-Haase u.a. (1999), um die Bedeutung von Talkshows im Fernsehen für Jugendliche herauszufinden, zunächst eine Reihe von Gruppendiskussionen durch, bei denen sie die Teilnehmer nach soziodemographischen Kriterien variieren. Nach deren Auswertung werden dann mit ausgewählten Teilnehmerinnen vertiefende Interviews und in einer weiteren Stufe biographische Interviews durchgeführt. Ausgangspunkt dafür ist, dass man die beteiligten Menschen offen fragen und ihre Argumentation rekonstruieren muss, wenn man etwas über ihre Alltagspraktiken wissen will. Die transkribierten Protokolle werden nach inhaltlichen Kriterien und zunächst mit dem Ziel von Typologien und anderen Klassifikationen ausgewertet. Aber auch voraussetzungsarme Verfahren in diesem Sinn zielen nicht nur darauf ab, einige explorative Einblicke zu gewinnen; vielmehr gehen die Forscher davon aus, mit ihrer Arbeit einen eigenständigen Beitrag zur Theoriebildung zu leisten.

Dabei handelt es sich häufig um Untersuchungen, die Bedingungen und Ausdifferenzierungen sozialen Handelns und dessen Konsequenzen klären wollen. Derartige Untersuchungen sind häufig vergleichend angelegt und zielen etwa auf Typenbildung – beispielsweise sind nicht alle Talkshownutzer gleich, es gibt vielmehr unterschiedliche Typen: Der eine ist Fan der Moderatorin, der andere interessiert sich für die Inhalte, der dritte liebt Talkshows, weil die Leute darin so bescheuert sind.[15]

15 Ein weiteres typisches Beispiel für derartige Verfahren sind *medienbiographische Ansätze* (SANDER/VOLLBRECHT 1989; SCHNEIDER 1991; PROMMER 1999; vgl. auch BAACKE/KÜBLER 1989 mit weiteren Hinweisen). Dabei geht es meistens um die zeitliche, soziale und kulturelle Verortung erhobener Biographien sowie um Vergleiche und Kohortenanalysen.

Neben nicht standardisierten *Interviews aller Art* werden im Rahmen von derartigen Verfahren als Erhebungsmethode häufig *Gruppendiskussionen* durchgeführt. Sie galten schon der Frankfurter Schule als wichtige Erhebungsmethode einer kritischen Sozialforschung, weil sie dazu dienen können, Hintergründe von Meinungen, Ansichten oder Handlungsweisen aufzudecken (vgl. insbesondere FLICK u.a. 2001). Weiter gehören *qualitative Inhaltsanalysen* zum methodischen Repertoire qualitativer Sozialforschung, also die systematische und theoriegeleitete Untersuchung fixierter Kommunikation (vgl. MAYRING 1997). Dabei wird das Datenmaterial z.B. verdichtet und auf seine je thematisch relevanten Kerne reduziert (siehe auch Kapitel 3 für eine genauere Darstellung der Analysestrategien).

- Schließlich können die weiteren existierenden Verfahren in einer dritten Gruppe zusammengefasst werden. Dabei handelt es sich häufig um nur in einzelnen Disziplinen angewandte Verfahren, die dementsprechend eher randständig sind. Beispielsweise entstammt die Diskursanalyse nach van Dijk (für eine einfache Darstellung vergleiche etwa GROSSMANN 1999) der Linguistik und setzt ein Verständnis von (sprachlicher) Realität als in Diskursen stattfindend voraus, wobei Diskurse verkürzt ausgedrückt Sachverhalte und den sozial und kulturell bestimmten Umgang damit beschreiben.

Aufzuzählen sind in dieser Restkategorie ferner unterschiedliche nicht kanonisierte Verfahren einer kommunikationswissenschaftlichen Umsetzung von kommunikationswissenschaftlichen Aneignungstheorien (HOLLY/PÜSCHL 1993), das poststrukturalistische Dekonstruktionsverfahren, das von Bourdieu angewandte Verfahren einer theoriegeleiteten Interpretation sowie die Figurationsanalyse von Norbert Elias (1993). Aber auch Aktionsforschungsansätze, die auf aktive Veränderung des Felds hin ausgerichtet sind, sowie die zum Teil eigenständig begründeten methodische Ansätze der Gender Studies müssen hier erwähnt werden. Hinzuweisen ist ferner darauf, dass auch viele andere geisteswissenschaftliche Fächer ihre eigenen Methoden entwickelt haben – im Bereich der Kommunikationswissenschaft sind hier beispielsweise die medienwissenschaftliche Film- oder Fernsehanalyse zu nennen.

- Ergänzend soll hier auf die so genannten *hybriden Verfahren* hingewiesen werden, also auf Untersuchungen, in denen gleichberechtigt sowohl quantitative als auch qualitative Teilstudien, meistens von theoriearmem Typus, stattfinden. Bei der erwähnten Untersuchung von Paus-Haase u.a. (1999) über die Bedeutung von Talkshows im Fernsehen für Jugendliche beispielsweise wurden nicht nur Gruppendiskussionen und verschiedene Arten qualitativer Interviews geführt und ausgewertet, sondern es wurde auch eine repräsentative Umfrage unter Jugendlichen in das Vorgehen integriert, um den Zusammenhang zwischen Sendungsnutzung und gängigen Theorien der Kommunikationswissenschaft zu testen. Im Rahmen von hybriden Untersuchungen werden also unterschiedliche Aspekte eines Sachverhalts in unterschiedlichen Perspektiven, mit qualitativen und mit quantitativen Verfahren und bezogen auf unterschiedliche Teilfragestellungen untersucht. Wir erwähnen diese Verfahren hier auch deswegen, weil sie weniger wissenschaftstheoretisch begründet oder sozialtheoretisch gesichert sind, sondern ganz unspezifisch und praktisch darauf abzielen, *gegenstandsorientiert* zu arbeiten.

Solche Vorgehensweisen sind heute gerade im Zuge einer stärkeren Orientierung der Wissenschaft an Praxisbedürfnissen zukunftsträchtig – geht es doch Drittmittel- oder Auftraggebern im Allgemeinen nicht um methodischen Purismus, sondern um eine umfassende Untersuchung des in Frage stehenden Phänomens.

Hybride Untersuchungen haben auch Bedeutung für die Grundlagenforschung, weil sie den Komplexitätsgrad der Resultate erhöhen, ohne spekulativ zu werden. Offensichtlich können sich verschiedene Vorgehensweisen ergänzen, weil sie unterschiedliche Perspektiven auf den Forschungsgegenstand zulassen und die Ergebnisse dann zusammen den Forschungsgegenstand umfassender beschreiben, was als Voraussetzung für eine treffende Theoriebildung verstanden werden muss. Allerdings liegen bisher nur wenige Untersuchungen vor, die Bedingungen spezifizieren, unter denen ein derartigen Vorgehen Sinn macht und wie die Ergebnisse integriert werden können. Am ehesten ließe sich hier von der ethnographischen Forschung lernen, weil in komplexen Studien dieser Art alle Arten von Erhebungs- und Auswertungsverfahren angewandt werden.

Es ist offensichtlich, dass die Aussage, es gebe einen bunten Strauß qualitativer Verfahren, durchaus berechtigt ist. Das ist vorteilhaft, weil man mit vielen wissenschaftlichen Verfahren auch viele Aspekte der Wirklichkeit auf unterschiedlichen Ebenen und in Bezug auf unterschiedliche Theorieansätze erforschen kann. Das hat aber auch Nachteile, weil die qualitativen Verfahren alle eher unverbunden nebeneinander stehen und eine genauere Systematisierung ihrer Art, ihrer Begründung und ihrer Anwendungsfelder noch fehlt. Man müsste zum Beispiel bei jedem

Verfahren notieren, wann und unter welchen Bedingungen es angewandt wird, man müsste die jeweiligen wissenschaftstheoretischen Grundlagen, aber auch die sonstigen theoretischen Basisannahmen deutlich machen und vor allem auch Kriterien angeben, wann ein Verfahren angemessen eingesetzt wurde. Mit derartigen Überlegungen sind heute viele qualitative Sozialforscher beschäftigt.

Es sollte im Übrigen in der obigen Darstellung deutlich geworden sein, dass sich die theoriegenerierenden Verfahren von jedem der vier vorgestellten Typen qualitativer Forschung unterscheiden. Theoriegenerierende Verfahren sind offensichtlich nicht in dem Sinn voraussetzungsreich wie die Hermeneutik oder die Ethnomethodologie. Im Gegensatz zu den voraussetzungsarmen Verfahren, die eher intuitiv vorgehen, liegen den theoriegenerierenden Verfahren aber klare und überprüfbare Regeln zu Grunde, die eine Qualitätskontrolle möglich machen: Sie argumentieren nicht nur auf der Plausiblitätsebene, wie es die ›naiven‹ theoriearmen Verfahren tun. Sie gehören auch nicht zu den residualen Verfahren der dritten Gruppe, die in anderen wissenschaftlichen Disziplinen beheimatet sind. Und sie sind nicht hybrid, weil sie sich eigentlich mit dem Gegensatz zwischen quantitativ und qualitativ nicht weiter beschäftigen – alle drei Verfahren, aber vor allem Heuristische Sozialforschung und Ethnographie schließen die Nutzung quantitativ gemessener Einsichten nicht aus.

Dennoch sind sowohl die skizzierten qualitativen wie auch die theoriegenerierenden Verfahren in ihren wesentlichen Grundlagen verwandt. Beide gehen davon aus, dass Handeln immer sinnvolles Handeln ist und dass Forschung diesen Sinn ebenso wenig ignorieren kann wie die Kontexte sozialen und kulturellen Geschehens. Deshalb macht es Sinn, hier abschließend auf den Gegensatz zwischen *normativen und interpretativen Forschungsverfahren* zu verweisen, wie ihn Wilson (1973) in den Vordergrund gestellt hat. Die Berechtigung für diese Unterscheidung liegt in der Bedeutung der Vorannahmen, die Forscher machen, wenn sie sich für ein empirisches Verfahren entscheiden. Wenn ich zum Beispiel im Rahmen quantitativer Sozialforschung einen geschlossenen Fragebogen entwickle, der dem Befragten nur die Möglichkeit lässt, mit Ja oder Nein zu antworten, entscheide ich mit der Fragebogenentwicklung zugleich auch, was ein Ja oder ein Nein in Bezug auf meine Fragestellung, die ich untersuche, zu bedeuten hat – zum Beispiel genau das Gleiche wie das Ja oder Nein eines anderen Befragten, denn alle diese werden dann ja zu einem Prozentwert zusammengefasst. Deshalb nennt

Wilson derartige Forschung normativ. Wenn ich mir dagegen anhöre, was ein Befragter zu sagen hat, und währenddessen oder im Nachhinein herauszuarbeiten versuche, was er in Bezug auf meine Fragestellung damit gemeint hat und womit er das in Bezug setzt, dann handle ich in der Ausdrucksweise Thomas Wilsons nicht normativ, sondern interpretativ. Denn ich begreife den Inhalt seiner Aussagen nicht nur als Antwort auf die gestellten Fragen, sondern als Darstellung seiner Position und seiner handlungsleitenden Perspektive und des damit verbundenen Sinns. Deshalb versuche ich, soweit möglich, die subjektiven Kontexte seiner Aussagen zu berücksichtigen und so seine Erfahrungen, seine Bezugsmuster und seine Sichtweise zur Kenntnis zu nehmen.[16] Qualitative und theoriegenerierende Verfahren sind dementsprechend interpretativ, und zwar auch da, wo sie inhaltliche Voraussetzungen machen wie in der Hermeneutik oder Konversationsanalyse, und auch da, wo sie nachprüfen, ob etwas gilt oder nicht. Hingegen ist die quantitative Forschung, die wir im nächsten Absatz kurz skizzieren, immer normativ. *Dies ist sie, weil wir dabei in der Konstruktion des Begriffs der Variablen bzw. des Merkmals und in der Erhebung einer Merkmalsausprägung gerade von dem Kontext absehen, den ein Befragter für sich beanspruchen würde, und ihn durch den Kontext ersetzen, den der Forscher definiert.* Für die Forschungspraxis ergibt sich daraus immerhin aber, dass die Ergebnisse theoriegenerierender Forschung und die Ergebnisse andersartiger qualitativer Forschung sich in diesem Sinn ergänzen können.

1.6 *Theoriegenerierende Forschung und quantitative Forschung: Kontraste und Voraussetzungen*

Nach diesem Umriss der qualitativen Forschung skizzieren wir in diesem Abschnitt nun einige Elemente des Vorgehens quantitativer Sozialforscher, wobei wir uns dabei beispielhaft auf die gängigen Lehrbücher von Opp (1976, 1990) und Friedrichs (1973) beziehen. Diese Darstellung soll deutlich machen, wie das quantitative Paradigma im Prinzip funktioniert. Es soll dabei natürlich auch implizit und explizit mit den Grundprinzipien qualitativer Forschung kontrastiert werden. Wir werden

16 Allerdings ist die Annahme Wilsons, es gebe *ein* »interpretatives Paradigma«, wie oben gesagt, wohl nicht zutreffend – dazu sind die Formen qualitativer Sozialforschung zu unterschiedlich.

daraus am Ende einige wichtige Schlussfolgerungen ziehen, die insbesondere darauf hinauslaufen zu sagen, dass das systematische Testen von Aussagen in mancher Hinsicht komplementär zum Entdecken neuer Aussagen und Theorien angelegt ist.

Es wurde bereits gezeigt, dass die quantitativen Erhebungsmethoden von der Beobachtung über das Interview bis hin zum Experiment, bei dem alle Einflüsse kontrolliert werden, eine Einheit bilden, die nach gleichen Grundprinzipien funktionieren. Deshalb kann man auch die so erzeugten Daten auf eine einheitliche Weise mit Hilfe der Statistik auswerten. Quantitative Verfahren beziehen sich dabei, wie bereits gesagt, auf die Annahme, dass Mathematik und formale Logik die wichtigen Hilfswissenschaften sind (KROTZ 1983, 1990). Ebenso einheitlich ist die wissenschaftstheoretische Grundlegung dieses Paradigmas im logischen Positivismus und in der analytischen Wissenschaftstheorie (POPPER 1994, KUTSCHERA 1972, STEGMÜLLER 1980, 1983).

Dabei wird Forschung im Rahmen der quantitativen empirischen Sozialforschung als ein Prozess des *Messens* verstanden, der sich an der Naturwissenschaft orientiert. Operatives Ziel einer Messoperation ist, an einem Messobjekt festzustellen, welcher Messwert zutrifft. Dazu wird auf das mathematische *Konzept der Variablen* zurückgegriffen: ein Platzhalter, der für jeden konkreten Messvorgang an einem bestimmten Objekt einen bestimmten Wert annimmt. Grundlegende Idee dabei ist, dass der Messvorgang die zu bemessenden Sachverhalte im Prinzip nicht beeinflusst. Damit ist insbesondere auch ein Verhältnis des Forschers zu seinem Gegenstand bestimmt: Ebenso wie das Messen der Temperatur diese nicht verändern darf, soll die Befragung etwa mit einem standardisierten Fragebogen wie eine Messung erheben, was beim Befragten gerade der Fall ist, ohne dies zu beeinflussen.

So angelegte quantitative Forschung kann sowohl auf Beschreibung als auch auf Theorie von Sachverhalten zielen. Im Falle beschreibender Forschung kann man prinzipiell alle möglichen (und unmöglichen) Variablen erheben, wenn man dafür vertretbare Indikatoren findet. Im Falle einer beabsichtigten theoretischen Relevanz ihrer Forschung müssen quantitative Forscher Hypothesen der Form Wenn-dann bzw. Je-desto testen – theoretische Aussagen sind hier letztlich mathematisch ausgedrückte Beziehungen zwischen Variablen, denen dann im jeweiligen Gegenstandsbereich funktionale Beziehungen entsprechen. Weil Hypothesen Theoriestücke sind und hypothesentestende Forschung damit theorierelevant ist, ist dieser Fall hier von Interesse. Die folgende Abbildung (in Anlehnung an FRIEDRICHS 1973:119) macht deutlich, wie ein quantitativer Forscher in diesem Falle im Prinzip vorgeht und vorzugehen hat.

ABBILDUNG 2

Das Vorgehen von Forschern im Rahmen des quantitativen Paradigmas

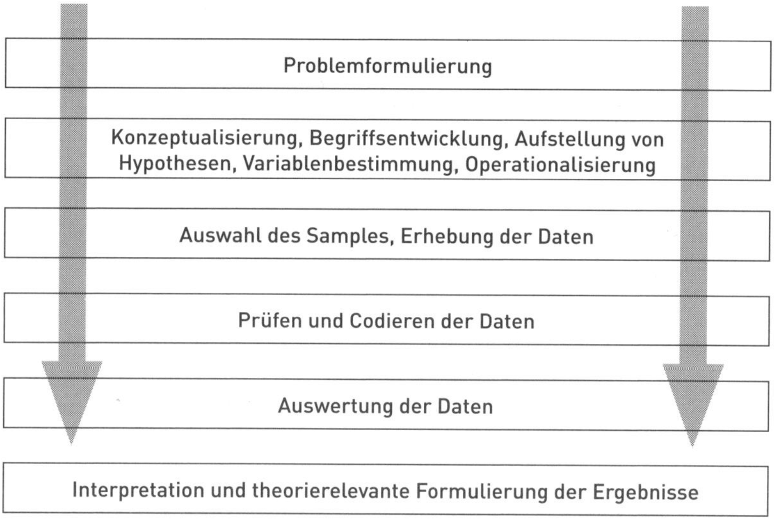

Aus dieser Vorstellung, wie man richtig forscht, lassen sich nun eine Reihe von Bedingungen und Notwendigkeiten quantitativer Forschung ableiten (vgl. hierzu auch KROTZ 1990).

1. Die eingezeichneten Pfeile in dieser Graphik sollen deutlich machen, dass das Vorgehen des quantitativen Sozialforschers *zwingend linear* ist. Das heißt, dass die einzelnen Phasen in genau dieser Reihenfolge abgearbeitet werden müssen, wenn die Ergebnisse Sinn machen sollen – Rücksprünge sind nicht gestattet. Ebenso ist es aus wissenschaftstheoretischen Gründen notwendig, die zu testenden Thesen und damit natürlich auch die notwendigen Begriffe und die ihnen unterliegenden Konzeptionen vorab zu formulieren und dann erst Messungen durchzuführen – sonst wäre ein echter Test nicht mehr gegeben, weil man gegebenenfalls ja die Voraussetzungen manipulieren und den Ergebnissen anpassen könnte. *Dagegen geht die qualitativ-theoriegenerierende*

Sozialforschung nicht linear, sondern spiral- bzw. kreisförmig vor, insofern sie beim Vorwissen beginnt, in Bezug darauf Daten erhebt, darüber das Vorwissen verbessert und prüft und diesen Kreisprozess wiederholt durchläuft.

2. Die Absicht, Sachverhalte in Bezug auf die Variable und deren Beziehungen zu messen, wie es die quantitative Forschung vorhat, verlangt eine klare, nach formallogischen Konzeptionen konstituierte Begrifflichkeit. Dabei geht es insbesondere um »Reduktionen von Begrenztheiten, Mehrdeutigkeiten und Widersprüchlichkeiten« (Hempel, zit. nach LAZARSFELD 1967: 103), wobei bestimmte Alltagsbedeutungen aufgegeben werden, »um die verbleibenden genauer, d.h. der Verifikation und dem logischen Beweis leichter zugänglich, zu machen« (LAZARSFELD 1967:103). Begriffe müssen gegebenenfalls in Dimensionen zerlegt werden, die dann ihrerseits auf spezifische Variablen bezogen und operationalisiert werden müssen. *Demgegenüber gehen qualitative Ansätze davon aus, dass die Welt mit logischen Begriffen und mit mathematisch ausdrückbaren Beziehungen zwischen ihnen alleine nicht brauchbar abgebildet oder (re-)konstruiert werden kann (was zum Beispiel mit dem Problem von Sinn und Bedeutung begründet werden kann).*

3. Durch das Vorhaben zu messen und durch die damit verbundenen Schritte der logischen Begriffsexplikation, der Festlegung von Operationalisierungen etc. baut die quantitative Sozialforschung in jedem Forschungsprojekt vorab ein differenziertes Filtersystem auf, durch das auf die Wirklichkeit Bezug genommen wird. Dabei liegt die Betonung darauf, dass dieses Filtersystem ohne Kenntnis der empirischen Wirklichkeit, also vorab zur Datenerhebung bestimmt wird. Insbesondere ist dabei schon von vornherein festgelegt, was bestimmte ›Antworten‹ aus der Wirklichkeit genau bedeuten sollen. *Demgegenüber ist jede qualitative und jede theoriegenerierende Forschung in dem Sinn offen und vorläufig angelegt, dass sich die endgültigen Kategorien und Begriffe erst im Laufe der Forschung herausstellen und nicht von außen an die Sachverhalte herangebracht werden.*

4. Bei der Konzeptualisierung einer quantitativen Erhebung ist es ferner notwendig, dass vorab festgelegt wird, an welchen ›Objekten‹ die Erhebung durchgeführt werden soll. Im Falle eines Experiments geschieht das exemplarisch, in allen anderen Fällen ›repräsentativ‹, also durch Bestimmung einer Auswahl, die die Grundgesamtheit, über die eine Aussage gemacht werden soll, im Hinblick auf einige als wichtig vermutete Merkmale repräsentiert.

Theoriegenerierende Sozialforschung operiert demgegenüber immer entweder exemplarisch im Sinne generalisierter Fallstudien oder auf der Basis theoretisch konzipierter Auswahlen. Diese werden insbesondere nicht vorab und auch nicht repräsentativ festgelegt. Vielmehr geschehen derartige Auswahlen sukzessiv und auf der Basis der Auswertungen von vorherigen Untersuchungsschritten: Wenn ich beim Theorieentwickeln eine Reihe von Fällen empirisch berücksichtigt habe, muss ich, um meine Theorie zu prüfen und weiter zu entwickeln, weitere Fälle auswählen, und zwar solche, die für weitere Erkenntnis hilfreich sind.

5. ›Auswertung der Daten‹ heißt im quantitativen Paradigma prinzipiell, dass die gemessenen Werte etwa durch Mittelwerte bzw. Relationen zwischen Variablen beispielsweise durch Korrelationskoeffizienten ausgedrückt werden. Dabei liegt der Schwerpunkt im Gegensatz zur qualitativen Forschung nicht darauf, einzelne Individuen durch mehrere Variablen zu beschreiben, sondern darauf, die Verteilung einzelner Variablen über alle Messobjekte hinweg zu bestimmen. Denn statistische Schlussweisen muss man auf einzelne Variablen oder Kombinationen davon anwenden.[17] *In der Perspektive der qualitativen Sozialforschung heißt das aber gerade, dass die Kontexte und Sinnbezüge, die etwa individuelles Handeln an eine Person und deren Konstruktion von Bedeutung knüpfen, ignoriert werden: Sinn und Bedeutung werden nur erkennbar, wenn man die Zusammenhänge berücksichtigt, in die das Individuum selbst sein Handeln einordnet.*

6. Ziel der theorierelevanten quantitativen empirischen Sozialforschung ist es, Hypothesen der Form Wenn-dann bzw. Je-desto zu verifizieren oder zu widerlegen. Theorie als Aussagesystem besteht in diesem Paradigma folglich aus derartigen Hypothesen, und nur solche Aussagen gehören zur quantitativ kontrollierten Theorie, weil nur sie empirisch geprüft werden können. *Das Theorieverständnis der qualitativen und der Heuristischen Sozialforschung dagegen ist völlig anders, wie im nächsten Abschnitt zu sehen sein wird.*

7. Jede einzelne Phase der quantitativen Sozialforschung ist entscheidend durch den Einfluss der formalen Logik und der formalen Mathematik und deren Denkweisen gekennzeichnet. Diese beiden Wissenschaften, die man als formale Wissenschaften bezeichnen kann, gelten als angemessene Hilfsmittel, weil sie aufgrund ihres formalen Charakters auf alle Inhalte anwendbar zu sein scheinen. Dass das ein fundamentaler Irrtum

17 Wir werden noch darauf eingehen, dass diese Art der Verwendung von Daten durch die Postulate der analytischen Wissenschaftstheorie erzwungen ist – im Rahmen einer anderen, etwa einer pragmatischen Wissenschaftstheorie ließen sich quantitative Daten auch ganz anders und außerhalb dieses starren Regelsystems verwenden: Die Kritik, die in der theoriegenerierenden Forschung an der quantitativen Forschung angelegt ist, richtet sich deshalb nicht grundsätzlich gegen die quantitativ erhobenen Daten und erst recht nicht gegen die Statistik, wohl aber gegen die wissenschaftstheoretisch und traditionell erzwungenen Umgangsweisen mit solchen Daten.

ist, der, dogmatisch vertreten, in eine reduktive Wissenschaft führt, werden wir weiter hinten mit der Komplexität sozialer Wirklichkeit genauer begründen: Zwar ist Wissenschaft immer weniger komplex als die Wirklichkeit, aber eine Beschränkung auf mathematisch formulierbare Aussagen ist vielleicht die Wahrheit, aber gewiss nicht ›die ganze Wahrheit und nichts als die Wahrheit‹.

8. Die quantitative Methodologie ist für ihren reduktiven Charakter und ihre rigiden, mit den Bedingungen der sozialen Wirklichkeit nur begrenzt übereinstimmenden Regeln, von denen hier nur einige benannt wurden, natürlich auch oft radikal gescholten worden. Es wird ihr ein reduziertes Menschenbild und ein zu enges Theorieverständnis vorgeworfen; Hartmut Berger (1974) versuchte zu zeigen, dass sie mit ihren Ergebnissen immer auf der Seite der herrschenden Klasse endet, und der Psychoanalytiker und Sozialforscher Georges Devereux hat in ihrem kollektiven Unterbewusstsein gegraben und Angst vor der Wirklichkeit unterstellt: »Kurz, verhaltenswissenschaftliche Daten erregen Ängste, die durch eine von der Gegenübertragung inspirierte Pseudomethodologie abgewehrt werden. Dieses Manöver ist für nahezu alle Mängel der Verhaltenswissenschaft verantwortlich« (1967: 18). Manches an diesen und anderen Kritiken ist sicher richtig – man sollte aber auch aus qualitativer Perspektive nicht das Kind mit dem Bade ausschütten und die quantitative Forschung aus dem Kanon der Verfahren wissenschaftlicher Erkenntnis ausschließen, wie es gelegentlich geschieht.

Zusammenfassend können wir also sagen, dass im quantitativen Fall Forscherin bzw. Forscher dem sozialen Gegenstand, um den es geht, von außen gegenübertreten, um die zu messenden Merkmale von ihren Kontexten begrifflich und konzeptionell abzutrennen, damit sie sie als Variable fassen können. Jedes einzelne theorierelevante Forschungsprojekt ist zudem linear angelegt, weil Schritt für Schritt das obige Schema durchlaufen werden muss. Ergebnis quantitativer Forschung sind akzeptierte oder widerlegte Beziehungssätze der Form Wenn-dann oder Jedesto – was letztlich nur Verbalisierungen statistisch plausibler Zusammenhänge sind. Alles, was an Interpretation darüber hinausgeht, ist in der strengen Sichtweise der analytischen Wissenschaftstheorie eigentlich nur ein Geplaudere, für das es keine Regeln gibt, sondern das jeder Forscher nach seinem ›gesunden Menschenverstand‹ praktiziert.

Auf den in diesem Teilkapitel beschriebenen Ebenen werden theoriegenerierende und quantitative Forschung auf kontrastive Weise dargestellt.

Die eine setzt an einer als gemeinsam unterstellten Realität an, die andere versucht, diese gerade zu ignorieren und postuliert ein klar abgegrenztes Subjekt-Objekt-Verhältnis. Die eine ist kommunikativ ausgelegt und bezieht alles auf die Kontexte des Geschehens, für die andere ist verlangt, dass man alles, was man tut, explizit unabhängig von den jeweiligen Gegebenheiten tut. Die eine analysiert auf Gemeinsamkeiten und Kontexte hin, die andere fragt nach dekontextualisierten Variablenwerten. Die eine geht zirkulär vor, die andere linear. Die eine ist offen, um herausfinden zu können, was Sache ist, die andere weiß vorab genau, was sie testen will.

Abschließend wollen wir noch einmal darauf zurückkommen, dass man zwischen dem Umgang mit quantitativen Daten und den Regeln quantitativer Verfahren unterscheiden muss. Bis heute haben die quantitativen Verfahren der beschriebenen Art, gestützt durch eine dazu passende Wissenschaftstheorie den Umgang mit quantitativen Daten monopolisiert. Aber dieser Zusammenhang ist nur gewohnt, nicht notwendig. Zum Beispiel wäre es durchaus denkbar, dass man differenzierte Fallstudien mit quantitativen Daten betreibt, die sich wechselseitig kontextualisieren können, wenn sie angemessen erhoben sind, oder die durch andere Erhebungen kontextualisiert werden – etwa im Zusammenhang breit angelegter ethnographischer Studien. Auch entstehen neue, explorative mathematische Verfahren, wie sie zum Beispiel unter dem Stichwort des Data Mining in den Computerwissenschaften entwickelt werden. Diese zielen darauf ab, aus quantitativen Daten neue Erkenntnisse, zumindest neue Vermutungen zu generieren, und sie funktionieren ganz anders als statistische Auswertungen. Dieser Forschungszweig der Methodenforschung wird in den Sozialwissenschaften aber wohl noch auf sich warten lassen, aber er wird kommen, weil sich die Sozialwissenschaften auf Dauer nicht daran hindern lassen werden, ihre zum Teil unglaublichen Datenschätze viel breiter auszuwerten, als es im Sinne eines Tests von Hypothesen heute geschieht.

1.7 *Ergänzung: Typen von Theorien und das besondere Ziel theoriegenerierender Forschung*

In diesem letzten Abschnitt des einführenden ersten Kapitels soll nun das spezifische Theorieverständnis der theoriegenerierenden Forschung genauer geklärt werden, das sich von dem der quantitativen Sozialforschung, aber auch von anderen Vorstellungen unterscheidet. Wir wollen uns deshalb hier kurz mit der Frage beschäftigen, *was für eine Art von Theorie das Ziel theoriegenerierender Forschung ist.* Dabei ist allerdings zu berücksichtigen, dass wir in dieser Hinsicht hier eher allgemein argumentieren werden – wie die Darstellung der einzelnen Verfahren theoriegenerierender Forschung im zweiten Teil dieses Buches deutlich machen wird, zielen die vorgestellten Verfahren auf voneinander abweichende theoretische Konzepte –, es gibt aber eine gemeinsame Grundlage, die hier dargestellt werden soll.

Zunächst sehen wir uns wieder in den verschiedenen Wissenschaften und in der Wissenschaftsgeschichte um, was eigentlich unter Theorie verstanden wird.[18]

- Der Begriff der Theorie wurde wie viele Begriffe der Geistesgeschichte von Aristoteles eingeführt. Theorie war für ihn so etwas wie die Benennung des Wesentlichen und Unveränderlichen – Logik und Mathematik sind dafür die Standardbeispiele. Veränderliches, also all das, was wir heute sozial oder kulturell nennen, war dagegen in Aristoteles' Perspektive nicht theoriefähig. Es ist offensichtlich, dass wir ›Theorie‹ heute in einem breiteren Sinn verwenden.
- Unser heutiges Verständnis von Naturwissenschaften geht auf den Rationalisten Descartes zurück. Von da bis zur analytischen Wissenschaftstheorie, zum Positivismus und zum kritischen Rationalismus wird unter Theorie eine Sammlung von überörtlich und überzeitlich geltenden, wertfreien Gesetzmäßigkeiten begriffen (GUCKENBIEHL/SCHÄFERS 2000:340). Das grundsätzliche Problem ist hier freilich, dass all diese Theorien prinzipiell unbeweisbar und immer vorläufig sind, obwohl sie aufgrund ihrer exakten Beschreibungen und ihrer Faktenrorientierung einen anderen Eindruck erzeugen. Aber auch die Naturwissenschaften können nicht ›beweisen‹, dass ihre Aussagen wahr sind, wenn man ›beweisen‹ als logisches Deduzieren versteht. Um ein extremes Beispiel anzuführen: Wir wissen, dass ein Apfel vom Baum immer nach unten gefallen ist, wenn jemand dabei war, aber wir wissen nicht, ob das auch in Zukunft immer so sein wird: Jedes verallgemeinerte Wissen beruht auf induktiven Schlüssen, also auf Schlüssen, die von einigen Fällen auf alle Fälle schließen. Das ist immer so, aber wenn man auf ein überzeitlich/überörtlich gültiges, beweisbares Wissen hinauswill und nur das als Theorie anerkennt, kann

18 Vgl. hierzu insgesondere RICKEN 1984.

es eigentlich keine Theorie geben. Hinzu kommt im Falle der sozialen und kulturellen Wissenschaften, dass ihre Erkenntnisse immer historisch sind, sie sich also ebenso wie ihr Gegenstandsbereich verändern müssen, sodass ein Anspruch auf überzeitliche Geltung kaum plausibel erscheint.

- Eine andere Theorievorstellung findet sich beispielsweise bei Georg Friedrich Wilhelm Hegel. Seiner Ansicht nach ist Theorie so etwas wie die Rekonstruktion von vernünftiger Wirklichkeit, wobei die Vernunft die Leitlinie der Rekonstruktion, aber auch der Wirklichkeit ist – in der Folge kann man sagen, dass die Theorie sich nicht notwendigerweise mit der Wirklichkeit, ›so, wie sie ist‹, decken muss. Sie ist kein Abbild, das wahr oder falsch ist. Sie macht vielmehr Wirklichkeit in einer bestimmten Perspektive, eben als Text, handhabbar, und das soll sie ja auch. Im Anschluss daran hat Karl Marx bekanntlich in dem Bemühen, Hegel »vom Kopf auf die Füße« zu stellen, sein Konzept von Theorie als Ideologie in Abhängigkeit von den vorherrschenden bzw. auf dem Schlachtfeld antagonistischer Interessen entwickelt.
- Einen daran anknüpfenden, aber dann doch auch wieder anderen Begriff von Theorie benutzt die Kritische Theorie mit Adorno und Horkheimer. Danach kann man nur dann von Theorie sprechen, wenn es um ein Wissen geht, das die Welt unter dem Aspekt ihrer Veränderbarkeit, also dialektisch gegen Herrschaftsverhältnisse gerichtet, begreift. Hier bleibt das Hegel'sche Spannungsverhältnis zwischen Wirklichkeit, wie sie ist und wie sie sein soll, erhalten. Es gehört in der Folge zu den Zielen der Arbeit von Jürgen Habermas, den Zusammenhang zwischen normativen und faktischen Aussagen über Wirklichkeit zu untersuchen und eine Sozialphilosophie zu entwickeln, die das nicht hilflos und empiristisch voneinander trennt, sondern den immer bestehenden Bezug offen legt und reflektierbar macht.

Vier Beispiele also für unterschiedliche Vorstellungen davon, was Theorie ist. Sie haben aber natürlich dennoch eine Reihe von Gemeinsamkeiten. Auf zwei davon soll hier eingegangen werden.

Eine erste wichtige Gemeinsamkeit aller Theoriekonzeptionen ist, dass *sich Theorien oder theorieartige Aussagen in aller Regel nicht darauf beschränken, Aussagen über die Gegenstände zu machen, anhand derer sie gewonnnen werden.* Vielmehr machen sie allgemeinere Aussagen und beanspruchen einen breiteren Geltungsbereich, und zwar unabhängig davon, ob sie qualitativ oder quantitativ gewonnen wurden: Wenn man im Rahmen des quantitativen Paradigmas eine Umfrage macht und 1000 Leute interviewt, wählt man Erhebungsinstrument und Teilnehmer so aus, dass man etwas über ›die öffentliche Meinung‹ sagen kann. Und wenn man etwa aufgrund von Fallstudien in der Ethnographie erforscht, ob Verwandtschaftssysteme eine Rolle spielen, und dabei zu allgemeinen Aussagen kommt, so werden diese Antworten natürlich zunächst einmal für die Dörfer gültig sein, anhand derer sie erhoben worden sind. Aber sieht man von der spezifischen Art ab, in der Verwandtschaftsbeziehungen gerade dort funktionieren und wichtig sind, so erhält man auch in diesem Fall allgemein gültige Aussagen über diese Kultur an sich und auch über Verwandtschaftsbeziehungen. Es ist deswegen ein wesentliches Problem jeder Empirie, mit dem wir uns noch beschäftigen werden, wie man von einigen Fällen auf alle Fälle mit hinreichender Sicherheit schließt. Im Denksystem der formalen Logik muss man generell sagen, dass all diese Schlüsse induktiv und damit immer vorläufig sind, ganz gleich, auf welche Empirie man sich beruft.

Die zweite wichtige Gemeinsamkeit aller erfahrungswissenschaftlichen Theorien, unabhängig davon, auf welche methodologischen Überlegungen sie sich berufen, haben wir schon angesprochen: Sie besteht darin, dass *Theorien letztlich immer Texte sind, die sich auf Sachverhalte beziehen, die prinzipiell außerhalb der theoretischen Aussagen existieren, die außerhalb dieser Theorien erlebbar sind und die Bedeutung für jemanden haben.* Hinter einer solchen allgemeinen Aussage, die wohl jeder Wissenschaftler akzeptieren würde, können aber unterschiedliche Begründungen stehen. Manche Wissenschaftler meinen, dass Beschreibungen und Theorien zusammen die Wirklichkeit abbilden. In einer konstruktivistischen Sichtweise geht man dagegen davon aus, dass die soziale und kulturelle Wirklichkeit durch die Menschen erst entsteht. Das heißt, etwas genauer ausgedrückt: Wir können nicht mit letzter Gewissheit sagen, ob es eine für uns äußerliche Wirklichkeit gibt, *weil wir jede Wirklichkeit, über die wir uns Gedanken machen können, als Menschen nur vermittelt durch unsere Sprache und damit als sozial gestaltete Wirklichkeit erfassen können.* Anders ausgedrückt: Jede Wirklichkeit ist immer durch unsere kommunikatives Handeln strukturiert und entsteht in diesem Sinn für uns erst durch unser strukturierendes Erleben und Wahrnehmen. So gesehen heißt die obige Aussage, dass Theorie und Sachverhalte voneinander getrennt sind, aber nicht, dass sie voneinander unabhängig sind. Man muss vielmehr sagen, dass Theorien in einer konstruktivistischen Perspektive ihre *Wirklichkeit als soziale und handhabbare Wirklichkeit erzeugen.*

Dazu hat James Carey (1989) als instruktives Beispiel, wie man sich das vorstellen muss, das Konzept der »Landkarte« diskutiert. Wir denken uns eine Landkarte üblicherweise als ein großes Blatt Papier, auf der Straßen und Städte, Autobahnen, Wälder und Höhenlinien eingezeichnet sind – ein symbolisches Abbild der Wirklichkeit. Eine Biene dagegen hat vermutlich eine ganz andere Vorstellung von ›Landkarte‹ als wir Menschen. Wenn sie eine Blüte mit Nektar findet und die anderen Bienen animieren möchte, mit dahin zu kommen, führt sie eine Art Tanz auf. Sie bewegt sich so, dass jede andere Biene, wenn sie sich beim Fliegen entsprechend verhält, ebenfalls zu dieser Blüte findet. Ihre Landkarte ist ein symbolischer Bewegungsprozess, kein Blatt Papier. Wieder eine andere Vorstellung von ›Landkarte‹ ist in den so genannten GPS-Systemen realisiert, die in immer mehr Autos implementiert sind und satellitengestützt den Weg zum Ziel weisen. GPS-Systeme sind nicht deshalb anders, weil sie nicht auf einer Landkarte aus Papier, sondern auf einem Display angezeigt werden, sondern deswegen, weil sie unmittelbar die nächsten Handlungsschritte vorgeben – sowohl auf dem Display als auch durch gesprochene Anweisungen. Es handelt sich dabei um eine audiovisuelle handlungsleitende Landkarte.

Das heißt, etwas allgemeiner ausgedrückt, dass auch Beschreibungen und Theorien der Wissenschaft nicht unbedingt in einer spezifischen Form vorliegen müssen. Aus der abbildungsähnlichen Form ergibt sich jedenfalls zunächst nicht, ob das darin angelegte Wissen brauchbar ist oder nicht.

Erfahrungswissenschaftliche Theorien hängen von empirischer Forschung und damit von den Forschungsverfahren ab, auf die sie sich stützen, wie wir bereits mehrfach argumentiert haben. Solche Verfahren bestehen aus Vorschriften, wie man richtig forscht. Daraus folgt: Wenn es unterschiedliche Forschungsverfahren gibt, so erzeugen sie unterschiedliche Theorien, genauer gesagt, unterschiedliche Typen von Theorien. *Typen von Theorien und Typen von Verfahren hängen deshalb voneinander ab: Forschungsverfahren sind auch Filter (und sollen es ja gerade auch sein), die nur für bestimmte Elemente sozialer Wirklichkeit und nur unter bestimmten Bedingungen durchlässig sind und so auf spezifische Typen von Theorien zielen.*

Wenn man sich in der Sozialwissenschaft umsieht, so gibt es mindestens drei Typen von Theorien: Einmal die mathematisch fassbaren Theorien, wie sie die quantitative Forschung begründet: Theorien vom Typ 1. Zum zweiten die Theorien, die Ergebnis theoriegenerierender Forschung sind: Theorien vom Typ 2. Und schließlich Theorien vom

Typ 3: breit angelegte Theorienzusammenhänge wie der Marxismus, die Psychoanalyse, das Werk Max Webers oder die Cultural Studies. Diese drei Typen werden wir nun kurz skizzieren und daran deutlich machen, was das besondere von Theorien ist, die theoriegenerierende Forschung erbringen kann.

ABBILDUNG 3

Typen von empirisch basierten Theorien

Typ 1	Typ 2	Typ 3
Theorien geben mathematisch ausgedrückte, für den Gegenstandsbereich funktionale Zusammenhänge wieder	Theorien sind Aussagenzusammenhänge, die begrenzte Sachverhalte ›dicht‹ beschreiben und sie als Struktur und Prozess darstellen	Metatheorien wie die Psychoanalyse, der Marxismus oder das Werk Max Webers, die tendenziell universelle Welterklärungen beinhalten
Quantitativ begründete Verfahren	Qualitativ begründete Verfahren	Erklärungs- und Strukturierungszusammenhänge mit punktueller Empirie

1. Zum ersten Typus von Theorie rechnen wir die, die nicht vorrangig mit Hilfe der menschlichen Sprache, sondern mit Hilfe anderer Symboliken, meist mittels Mathematik und formaler Logik ausgedrückt werden können und auch so ausgedrückt werden müssen. Ergebnisse von Regressions- oder Faktoranalysen gehören ebenso zu diesem Typus von Theorien wie Korrelationskoeffizienten oder das berühmte $E=mc^2$ Einsteins. Sie können zwar versprachlicht, also in Worte gefasst werden, müssen es aber nicht, und keine Versprachlichung ist letztlich deckungsgleich mit der mathematischen Version. Wichtig ist, dass es sich dabei um Aussagen handelt, die abstrakt gefasst sind und eigentlich nur die Beziehungen beinhalten dürfen, auf die es ankommt:[19] Je mehr Geld die Regierung drucken lässt, desto schneller steigt die Inflation. Je mehr Autos ohne Dieselrußfilter durch die Gegend fahren, desto größer ist die Luftverschmutzung durch Dieselruß.

19 Es wurde oben bereits darauf hingewiesen, dass weiter führende Interpretationen wissenschaftstheoretisch nicht gedeckt sind.

Ein ausführlicheres Beispiel für solche Theorien vom Typ 1 sind die Vorstellungen des schwedischen Soziologen Zetterberg, der zu seiner Zeit in einem zumindest heute recht eigentümlich erscheinenden Verständnis von Theorie gefangen war (woraus wir übrigens lernen können, dass es auch wissenschaftliche und methodologische ›Moden‹ gibt). Zetterberg dachte sich die Sache so, dass man die soziologischen (und allgemeiner alle sozialwissenschaftlichen) Erkenntnisse, die die Menschheit besitzt, in einem Buch zusammenfasst, das dementsprechend aus lauter Wenn-dann- und Je-desto-Aussagen besteht. Das könne dann auf dem Schreibtisch etwa von Sozialarbeitern liegen, die als Berater in Problemfällen in diesem Buch nachsehen, was im Einzelfall zu tun ist. Zetterberg (1967) hat damit auf letztlich sehr konsequente Weise die so genannte analytische Wissenschaftstheorie bzw. den Positivismus zum Kern seines Theorieverständnisses gemacht.

2. Zum zweiten Typus von Theorien gehören Theorien, die sich auf eingeschränkte und identifizierbare soziale und kulturelle Sachverhalte beziehen und die in menschliche Sprache gefasst sind, die aber als Ganzes auch nicht in anderen Symboliken ausgedrückt werden können, auch wenn sie in anderen Symbolsprachen gefasste Teile beinhalten mögen. Die Arbeiten Erving Goffmans (1969, 1971, 1973a, 1973b, 1974, 1977, 1980, 1997; vgl. auch WILLEMS 1997) sind hier ein gutes Beispiel: Sie sind stringent in einer Auseinandersetzung mit den Alltagswirklichkeiten der Menschen erhoben und darauf bezogen. Goffman kann auch auf drei zählen, also mit mathematisch gefassten Teiltheorien arbeiten, aber seine Bücher lassen sich nicht mathematisieren. Die Auseinandersetzung Angela Kepplers (1994) mit der Wirklichkeit der Medien, die interpretative Untersuchung der Fernsehserie *Dallas* durch Ien Ang (1986) oder die empirisch gewonnene Zivilisationstheorie von Norbert Elias (1972) lassen sich hier ebenfalls als Beispiele anführen.

Dieser zweite Typus entsteht nicht auf der Basis von Messoperationen und beschränkt sich nicht auf Wenn-dann- bzw. Je-desto-Aussagen. Er entsteht vielmehr in einem methodisch angelegten Prozess der inhaltlichen Auseinandersetzung mit der Wirklichkeit, und zwar vor dem Hintergrund inhaltlicher Fragen und unter Berücksichtigung von Text-Kontext-Bezügen. Anders ausgedrückt berücksichtigt dieser zweite Typus z.B. die Beziehungen des jeweiligen Forschungsgegenstandes zu Kultur und Gesellschaft insgesamt und begreift ihn sowohl als Struktur als auch in seiner Entwicklung über die Zeit hinweg. Im Vordergrund stehen dabei Sinn und Bedeutung, die die Menschen mit ihrem Handeln verbinden und mittels dessen sie den Forschungsgegenstand herstellen – welcher Sinn das ist und welche Bedeutung etwas für sie hat, ist ihre eigene Entscheidung, dafür sind sie Experten.

3. Eine Theorie vom Typ 2 besteht nicht aus isolierten Aussagen, sondern ist ein zusammenhängender, an empirischen Daten gewonnener und überprüfter Text, der sich mit Eigenschaften des Gegenstandsbereichs, mit seiner Struktur und seinem ›Wesen‹, seiner Entwicklung und Entstehung sowie seinen internen und externen Kontexten und seiner Bedeutung in Kultur und Gesellschaft beschäftigt. Eine derartige Theorie beinhaltet auch Bedingungen für ihre Gültigkeit. Sie bezieht sich als Theorie im Rahmen einer empirischen Wissenschaft natürlich auf konkrete Daten und empirische Wirklichkeiten. In Abgrenzung zu Typ 1 beschränkt sie sich aber gerade nicht nur darauf, ein System von einzelnen Aussagen über einzelne Sachverhalte zu sein. Nicht jede Aussage ist im Detail und für sich beweisbar, es kommt vielmehr auf den Gesamtzusammenhang an, den eine Theorie als Struktur und Prozess fasst bzw. beschreibt. Theorien vom Typ 2 beinhalten ja gerade auch die Kontexte eines solchen ›Gegenstandes‹. Das tun sie, weil einzelne Aussagen immer nur als *Interpretations- und Erklärungszusammenhang*, also als Ganzes Sinn machen und bedeutsam sind. Das tun sie auch, weil sie immer rekonstruktiv angelegt sind und soziale und kulturelle ›Gegenstände‹ als *von Menschen gemacht* und verändert verstehen und so rekonstruieren. Sie integrieren zugleich die praktisch bestimmten Sichtweisen der Menschen, anstatt einem objektivistischen Missverständnis aufzusitzen. Und sie verstehen sich primär nicht als Menge wahrer Aussagen, sondern als Beiträge zum Diskurs der jeweiligen Wissenschaft über ihren Gegenstandsbereich. Er kann nie endgültig sein, muss es aber auch nicht, weil der Diskurs nie zu Ende ist.

4. Theorien vom Typ 1 bestehen im Grunde nur aus abstrakten Aussagen, wobei der Begriff ›abstrakt‹ im Sinne von ›nicht gegenständlich‹ verwendet wird. Im Unterschied dazu wird an gute Theorien vom Typ 2 häufig die Forderung gestellt, dass sie ›dicht‹ und nicht ›dünn‹ im Sinne solcher Abstrakta sein sollen. Diese Forderung, Erklärungszusammenhänge sollten im Gegensatz zu den funktionalen Abstrakta nach Typ 1 »dichte Beschreibungen« sein, hat der Sozialanthropologe Clifford Geertz formuliert. Theorie zielt danach auf eine Strukturierung von Wirklichkeit. Damit es eine gute Theorie sei, müsse sie die Wirklichkeit in ihrer konkreten Form und Vielfalt erfassen (GEERTZ 1991; vgl. auch AMANN/HIRSCHAUER 1997; vgl. auch Kapitel 6). Das heißt insbesondere, dass hinter Theorien von Typ 1 auch andere Realitätsvorstellungen ste-

hen als hinter Theorien vom Typ 2 und dass solche Theorien auch andere Leistungen in der Rekonstruktion von Realität erbringen müssen.

5. Eine weitere Bedingung, die ein Text erfüllen muss, damit er Theorie vom Typ 2 sein kann, lässt sich aus dem Charakter sozialer und kultureller Sachverhalte gewinnen: Derartige Sachverhalte sind im Gegensatz zu natürlichen Sachverhalten von den Menschen gemacht und werden dementsprechend von ihnen auch alltäglich reproduziert. Eine datengestützte Theorie sollte einen Sachverhalt dementsprechend so ›begreifen‹, dass seine Genese und seine Weiterentwicklung erkennbar werden. Ein Beispiel: Schule ist eine komplexe Gemeinschaftsproduktion unterschiedlicher Bevölkerungsgruppen, die sich gegenseitig zu Rollenträgern – Schüler, Lehrer, Eltern, Politiker etc. – stilisieren und in diesem Prozess der alltäglichen Herstellung der sozialen und kulturellen Wirklichkeit die Institution ›Schule‹ immer weiter entwickeln. Man kann Schule als soziale und kulturelle Institution deshalb nur theoretisch verstehen, so die These, die damit gemeint ist, wenn man diesen Konstitutionsprozess und damit auch Schule als kulturellen, gesellschaftlichen und historischen Prozess versteht.

6. Als dritten Typus von Theorie gibt es nichtempirische Theorien breiter Art, die wir auch als Metatheorien bezeichnen können. Der Korpus von Theorien von Emile Durkheim oder der von Max Weber, die Psychoanalyse, der Strukturalismus oder die Philosophie Poppers fallen unter diesen Typ. Sie entwickeln große Zusammenhänge, die in einzelnen Teilen auf konkreter Empirie beruhen mögen, aber insgesamt auf das Ganze zielen und als theoretisches Bezugsmuster für konkrete Forschungen benutzt werden können. Auch der so genannte Radikale Konstruktivismus oder der Glaube, dass die Wirklichkeit mathematisch-formallogisch erfasst werden kann, lassen sich hier als Beispiele anführen.

7. Wir wollen solche Basistheorien am Beispiel ›des Marxismus‹ noch etwas genauer analysieren, den bekanntlich Karl Marx und Friedrich Engels begründet haben. Engels war eigentlich Empiriker: Für seine empirische Untersuchung der *Lage der arbeitenden Klassen* ging er nicht nur von dem aus, was er als Fabrikantensohn wusste, sondern er begab sich in die sich entwickelnden Industriegebiete Englands und fand dort durch Gespräche und Beobachtungen eine Menge an Daten und Fakten, an Beziehungen und Gesetzmäßigkeiten heraus, aus denen er allgemeine einordnende Aussagen über den Kapitalismus entwickelte (insofern war Engels zunächst Konstrukteur einer Theorie vom Typ 2). Marx dagegen war weniger Empiriker als Politiker und Theoretiker, er dachte, verglich

und prüfte andere Schriften mit seinen eigenen Gedanken und entwickelte daran seine Argumentationen. Seine Anbindung an die empirische Wirklichkeit fand dementsprechend nur vermittelt über seinen Alltag, seine politischen Aktivitäten und über die Aufarbeitung und Diskussion aller möglichen theoretischen und empirischen Schriften und nicht auf der Basis systematischer eigener Empirie statt.

Der Marxismus hatte also von Anfang an sowohl eine theoretische als auch eine empirische Seite. Er muss heute über beides hinaus als ein umfangreicher Korpus von aufeinander bezogenen Schriften begriffen werden, die immer weiter vertieft, präzisiert und reformuliert wurden und die auf immer breitere Gegebenheiten bezogen und ausdifferenziert wurden. Zudem kamen dann im Laufe der Zeit immer weitere, dazu passende Theorien von immer mehr Autoren hinzu; es entstand der Theoriezusammenhang ›Marxismus‹, der thematisch kaum noch abgrenzbar ist. Man muss ›Marxismus‹ deshalb eher als einen Dialog begreifen, der sich auf der Basis eines im Prinzip nicht hinterfragbaren Grundverständnisses, das immer wieder in Dogmen umgekippt ist, auch heute immer noch weiter entwickelt und neue Gegebenheiten und Fragestellungen integriert. Dabei besitzt die Theorie von Marx einen explizit macht- und gesellschaftskritischen Akzent und hat damit das alltägliche menschliche Denken zum Beispiel dadurch bereichert, dass man jede politische Aussage immer gleich darauf befragt, wem sie wohl dienen mag: Handeln und Argumentieren sind in der Perspektive Marx' ebenso wie Erkenntnis und Theorie immer interessengebunden und nie objektiv.

Das Beispiel des Marxismus steht damit hier für eine Metatheorie, die sich allenfalls in Teilen auf empirisch erhobene Grundlagen stützt. Sie ist aber eigentlich ein komplexer Zusammenhang von Texten, die sich auf eine Reihe von gemeinsamen Grundannahmen stützt, die nicht weiter ›bewiesen‹ und unter den zugrunde gelegten Annahmen auch nicht widerlegt werden können. Der Nachteil einer solchen Metatheorie liegt häufig in der dogmatischen Enge, die ihr verliehen werden kann. Der Vorteil einer explizit ausgearbeiteten Metatheorie liegt demgegenüber darin, dass sie ein komplexes Interpretationsmuster sozialen und kulturellen Geschehens beinhaltet, das kritisch oder affirmativ verwendet, das aber auch reflektiert werden kann – und diese Reflektierbarkeit ist, auch wenn sie häufig ignoriert wird, etwas Wichtiges. Sie ist wichtiger als die Frage, ob etwas zwingend widerlegbar ist oder nicht, sofern man Wissenschaft als Diskurs und nicht als Abbildungswissen begreift.

8. Ein wesentlicher, im vorliegenden Zusammenhang wichtiger Unterschied zwischen Theorien vom Typ 2 und vom Typ 3 liegt in der empirischen Bindung von Theorien von Typ 2. Auch Theorien vom Typ 3 mögen in Auseinandersetzung mit empirischen Daten entstehen, wie es im Falle Max Webers oder Friedrich Engels ursprünglich der Fall war. Aber die meisten dieser Theorien vom Typ 3 werden nicht als datengestützte Theorien konstruiert und auch nicht als Ganzes in Bezug auf Daten entwickelt. Empirische Wirklichkeiten dienen hier eher der Illustration.

Datennahe Theorien vom Typ 2, in deren Konstruktion das vorliegende Buch einführen will, müssen dagegen im Zusammenhang mit der Erhebung von Daten konstituiert und immer wieder getestet werden. Wie das mit den hier vorgestellten Verfahren auf nachvollziehbare und systematische Weise geht, damit werden wir uns natürlich noch genauer beschäftigen. Der Vollständigkeit halber sei aber hinzugefügt, dass datennahe Theorien vom Typ 2 nicht notwendig mit den theoriegenerierenden Verfahren erzeugt werden müssen, in die dieses Buch einführen will. Auch mit anderen qualitativen Verfahren kann man solche Theorien konstruieren, dann aber auf anderen Grundlagen und nach anderen Forschungsregeln. Oder durch kreative bis geniale Interpretation von Daten irgendwelcher Art, etwa durch Inspiration. Diese ›Verfahren‹ können aber nicht Teil einer sozialwissenschaftlichen Ausbildung sein.

Wir fassen abschließend zusammen: Theoriegenerierende Verfahren, wie sie in diesem Band vorgestellt werden, zielen vorrangig auf Theorien vom Typ 2. Theorien in diesem Sinn sind kommunizierbare Aussagenzusammenhänge im Rahmen einer Wissenschaftsdisziplin, die aus korrekt durchgeführten empirischen Operationen gewonnen werden. Sie beziehen sich über empirische Daten und mit Hilfe systematischer Beschreibungen auf abgegrenzte Sachverhalte. Sie sollen den Forschungsgegenstand im Hinblick auf die Forschungsfrage als Struktur und Prozess fassen und seine Besonderheiten und insbesondere die dafür relevanten Kontexte und damit die Bedeutung des Sachverhaltes darstellen. Weil die Forschungsgegenstände in den Sozialwissenschaften kulturelle und soziale Sachverhalte sind, ist es ein wichtiges Kriterium für die Qualität einer Theorie, dass sie diese als Struktur und Prozess in ihren Kontexten und ihrer Vielfalt beschreiben und damit auch theoretisch zugänglich machen. Als Teil von Wissenschaft müssen derartige Theorien nachvollziehbar gewonnen und kommunizierbar sein und von einem hinreichenden Teil der Wissenschaftsgemeinschaft als gesichertes Wissen akzeptiert werden – hinter einer Theorie steht mithin immer auch eine Verständigung darauf, dass sie Theorie ist.

2. Basisannahmen theoriegenerierender Forschung

Überblick

In Kapitel 1 haben wir einige grundlegende Überlegungen und Begriffe zur theoriegenerienden Forschung vorgelegt, diese kurz skizziert und in den Kanon der sonstigen Forschungsverfahren eingeordnet. Ziel von Kapitel 2 ist es, die wichtigsten Grundlagen der theoriegenerierenden Forschung herauszuarbeiten und so deutlich zu machen, „mit welchem Recht" man diesen Typus von Forschung betreibt. Das heißt insbesondere auch, dass wir uns mit der Frage beschäftigen müssen, wie Realität funktioniert, wie sie organisiert ist, damit wir darüber Daten erheben und sie auswerten können. Dabei geht es aber nicht um technische oder sonst direkt handlungsrelevante Regeln, sondern um die Basisbegründungen und Orientierungen, von denen aus theoriegenerierende Forschung als Teil von Wissenschaft betrieben werden kann.

- In Teilkapitel 2.1 beginnen wir mit der These, dass jede Wirklichkeit, die die Sozialforschung interessiert, sprachlich vermittelt ist – ebenso wie jedes Denken, jedes Handeln und jedes wissenschaftliche Wissen. Der Mensch ist deshalb ein soziales Wesen, das in einer symbolischen Umgebung lebt und auf der Ebene von Sinn und Bedeutung handelt. Sprache ist für ihn das wichtigste Symbolsystem. Forschung muss als kommunikative Aktivität verstanden werden, weil die Menschen nur selbst darüber Auskunft geben können, welchen Sinn ihr Handeln hat. Wirklichkeit ist also kommunikativ vermittelt, und Forschung muss kommunikativ angelegt sein.
- In 2.2 fragen wir dann, woher wissenschaftliche Methoden und Verfahren eigentlich kommen. Die Antwort ist, dass sie Weiterentwicklungen und Ausdifferenzierungen von Alltagsverfahren sind, die wir verwen-

den, die systematisch angewandt werden und nach klaren Regeln und Kriterien funktionieren. Das skizzieren wir zunächst anhand eines Beispiels. Dabei setzen wir daran an, dass wir in unserem Alltag mit oder ohne Wissenschaft über eine Reihe von Problemlösungsverfahren verfügen. Daraus ergeben sich dann einige wichtige Schlussfolgerungen. Der Prozess der Forschung ist damit vor allem ein komparativer Prozess und besteht darin, dass wir unser (Vor-)Wissen durch empirische Daten und deren Auswertung verbessern. Wahrheit liegt damit nicht in den Ergebnissen, sondern im Prozess des Wissenserwerbs und dessen Beurteilung in der wissenschaftsinternen Diskussion.

- Diese Überlegungen werden in Teilkapitel 2.3 vertieft und mit Hinweisen auf die Philosophie des Pragmatismus untermauert.
- Wenn das Handeln und Wissen der Menschen im Hinblick auf den Forschungsgegenstand das ist, was Forschung erhebt, so muss dabei berücksichtigt werden, wie dieses Handeln und Wissen organisiert sind. Dabei sind Forscher und Beforschte darin gleich, dass Handeln und Wissen aufeinander bezogen in Praktiken und Perspektiven organisiert ist. Das wird in 2.4 erläutert: Jedes menschliche Erleben geht in einer spezifischen Situation von einem Standpunkt und einer organisierenden Perspektive aus. Und praktisches Wissen ist in alltäglichen Praktiken verankert. Deshalb muss Forschung, wenn sie die Sache an sich theoretisch erfassen will, Perspektiven wechseln und zudem an den Praktiken der Menschen ansetzen.
- 2.5 wendet sich dann der Logik und der Dialektik zu, den Hilfswissenschaften wissenschaftlicher Erkenntnis. Dabei sollen Hilfswissenschaften helfen und nicht bestimmen, was Forscherin und Forscher tun müssen. Insofern bedient sich theoriegenerierende Forschung dieser Wissenschaften, ist aber in ihrer Anlage einerseits gegenstandsorientiert, weil sie die Ausgangsfragestellung beantworten will, und andererseits eben primär kommunikativ, wie in 2.4 angelegt. Der Platz der Hilfswissenschaften Logik und Dialektik muss dann in diesem Rahmen bestimmt werden.
- 2.6 schließlich beschäftigt sich vor allem mit ergänzenden Anmerkungen: mit der Frage nach Ethik im Forschungsprozess und damit zusammenhängend mit der stets notwendigen Reflexion des Verwertungszusammenhangs, auf den hin man forscht, sowie mit dem Problem, ob Theorie die Welt abbildet oder gestaltet.

Lernziel dieses Kapitels ist es dementsprechend, sich über die Basisprobleme theoriegenerierender Forschung Gedanken zu machen und daraus ein Grundverständnis für das forschende Vorgehen zu entwickeln. Man soll wissen, worauf sie gründet und worauf zielt, auf welche Zusammenhänge und Kontexte von wissenschaftlichem Arbeiten dabei zu achten ist, um nicht in den Fallen der nicht weiter reflektierten Gewohnheiten und Normen zu landen: Theoriegenerierende Forschung kann nur Neues finden, wenn sie dafür offen ist.

2.1 *Der kommunikativ vermittelte Charakter der Realität und Kommunikation als Voraussetzung wissenschaftlicher Erkenntnis*

Das zweite Kapitel dieses Buches ist der Frage verpflichtet, auf der Grundlage welcher fundamentalen Annahmen über die Realität man methodisch kontrolliert wissenschaftliches Wissen sammeln und insbesondere theoriegenerierende Forschung betreiben kann. Dabei geht es nicht um besondere und komplexe theoretisch elaborierte Annahmen, sondern um Grundüberlegungen dazu, wie Erkenntnis überhaupt möglich ist und was das für wissenschaftliche Erkenntnisverfahren und Methoden bedeutet. Dem soll hier hinzugefügt werden, dass es sich dabei im Wesentlichen um Einsichten handelt, die die philosophische Erkenntnistheorie bzw. die Wissenschaftstheorie in vielen Jahrhunderten erarbeitet haben.

Im ersten Teilkapitel wollen wir der folgenden Frage nachgehen: Wie ist die kulturelle und soziale Realität verfasst, und was ergibt sich daraus für wissenschaftliche Erkenntnis? Wir wollen hier also etwas vertiefen, was implizit schon an manchen Stellen des ersten Kapitels angeklungen ist: *Es gibt keine Realität an sich, die wissenschaftlich erkennbar wäre. Zwar scheinen unser Erleben und unsere Wahrnehmung so zu funktionieren, als ob sie ein Abbild einer äußerlichen und unabhängig von uns existierenden Wirklichkeit erzeugten, mit der wir uns beschäftigen. Wissenschaft sollte dann eigentlich in ihren Beschreibungen und Theorien solche Abbilder herstellen.* Die Wahrheit wissenschaftlicher Erkenntnis würde dann darin bestehen, dass man Aussage für Aussage nachprüft, ob die Beschreibungen und Theorien mit der extern gedachten Realität übereinstimmen. Und für unser Handeln im Alltag wäre es dann sicher gut, wenn wir möglichst wissenschaftlich vorgingen.

Aber so einfach ist es leider nicht, auch wenn es eine Vielfalt wissenschaftstheoretischer Ansätze gibt, die eine solche Position implizit oder explizit einnehmen. Zu den bekanntesten und wissenschaftlich einflussreichsten gehört etwa die von Karl Popper, der die Ansicht vertrat, dass man mit eindeutig formulierten Basissätzen, die zu einer Theorie gehören, überprüfen könnte, ob eine Theorie richtig ist oder nicht (POPPER 1978).

Die demgegenüber weiter führende theoretische Position geht davon aus, dass es für Menschen kein Erleben, kein Wahrnehmen und auch kein Denken außerhalb der Sprache gibt. Oder anders ausgedrückt: Die Realität, soweit sie uns zugänglich ist, ist sprachlich vermittelt. Der Mensch ist kein Naturwesen, das wie die Schnecke oder der Tiger in direktem Kontakt mit Materie und Umwelt lebt. Er ist vielmehr ein Wesen, das mit Symbolen – mit Worten, Gesten, Zeichen aller Art – hantiert, die Bedeutungen tragen, ein Wesen, das in einer symbolischen Umgebung lebt, denkt, urteilt und sich mit anderen verständigt. Er existiert nur in solchen Netzen, die er umgekehrt durch seine Kommunikation reproduziert und weiterentwickelt. Auch alle gesellschaftlichen und kulturellen Institutionen entstehen aus diesen Netzen, deren Bedeutung für den Menschen konstitutiv ist; die Welt der Menschen ist eine Welt von Zeichen. Deshalb ist der Mensch auch auf Gemeinschaft und damit auf die ihr zugrunde liegende Kommunikation angewiesen. Mit seiner Geburt steht er folglich vor der Notwendigkeit, Kommunikation zu lernen, und genau dafür ist er biologisch gerüstet. Symbole und ihre gesellschaftlich und kulturell geteilten Bedeutungen erlernt der Mensch im Verlauf seiner Sozialisation; sein wichtigstes Symbolsystem ist die Sprache.

Diese Basisthese ist zentral für jede Forschung, wie ich im Folgenden begründen werde. Deshalb muss jede Forschung davon ausgehen, dass die Welt, um die sie sich müht, eine kommunikativ und insbesondere sprachlich vermittelte Welt ist, und Wissenschaftstheorie muss sich insbesondere mit der Rolle der Sprache auseinander setzen. Die obige These kann sich im Übrigen auf die Gemeinsamkeiten vieler theoretischer Entwürfe beziehen: auf die von Norbert Elias entwickelte Symboltheorie (1989), auf philosophische Entwürfe von Cassirer (1994) und Langer (1992), auf den Pragmatismus und den Symbolischen Interaktionismus (DEWEY 1930, MEAD 1969, 1973; KROTZ 2001), auf die Cultural Studies (HEPP/WINTER 1997) und generell auf semiotische Ansätze. Sie ist in ihrer Allgemeinheit auch verträglich mit den Annahmen der kritischen Theorie und der Theorie kommunikativen Handelns von Habermas (1987, 1990) oder mit (systemtheoretisch-)konstruktivistischen Ansätzen (SCHMIDT 1992, 1993; BERGER/LUCKMANN 1980).[20] Wir verweisen hier auch auf die Arbeiten von Alfred Schütz (1971).

20 Für eine weitere Vertiefung dieses Ausgangspunkts wird hier auf KROTZ 2001 verwiesen.

Aus der obigen Grundthese folgt, dass jede wahrgenommene, erlebte und dargestellte Wirklichkeit kommunikativ und damit auch sprachlich vermittelt ist, weil die Sprache das wichtigste Kommunikationsinstrument der Menschen ausmacht. Das gilt natürlich erst recht für die Wirklichkeit, die von den sozialen und kulturellen Wissenschaften untersucht wird: Ihr Kennzeichen ist, dass sie ohne Menschen nicht existiert. Das bedeutet, dass sie einerseits für die Menschen kommunikativ vermittelt ist, die sozial- oder kulturwissenschaftlich untersucht, zum Beispiel befragt werden. Ebenso ist Wirklichkeit aber auch für die Forscherinnen und Forscher kommunikativ vermittelt, die aktiv Forschung betreiben und etwa andere befragen. Aus beiden Gründen ist theoriegenerierende Forschung direkt an Sprache gebunden – und dazu auch noch deshalb, weil sie selbst auf die Herstellung von sprachlich gefassten Beschreibungen und Theorien zielt, wie in Kapitel 1 deutlich gemacht wurde, und weil alles Denken in Sprache stattfindet (WHORF 1964).[21] Wir müssen uns aus all diesen Gründen genauer mit der Rolle der Sprache auseinander setzen.

Wenn wir versuchen, einen Sachverhalt sprachlich auszudrücken, so sind der Sachverhalt auf der einen Seite und die Aussagen darüber auf der anderen natürlich nicht identisch: Sprache ermöglicht ja nicht die Verdoppelung der Realität, sondern *führt immer zu Inszenierungen von Sachverhalten mit sprachlichen Mitteln*. In Sprache gefasste Texte geben also einen Sachverhalt nicht einfach nur wieder, sondern verleihen ihm immer auch eine bestimmte Form und einen bestimmten durch neue Kontexte entstehenden Sinn. Deswegen können wir in Sprache auch formulieren, was wir nicht selbst unmittelbar wahrnehmen, wir können sogar lügen.

Sprache ermöglicht also den deskriptiven oder theoretischen Entwurf einer Rekonstruktion von Wirklichkeit zu dem Zwecke, dass wir konzeptionell und begrifflich, in Gedanken, Worten und Handeln mit ihr umgehen können, aber sie geht mit der beschriebenen oder theoretisch erfassten Realität nicht bruchlos zusammen, sondern schafft eine eigene Wirklichkeitsebene. Das ist gemeint, wenn von sprachlicher Konstitution von Wirklichkeit und vom Menschen als einem Wesen, das in einer symbolischen Umwelt lebt, die Rede ist, und nur in solchen inszenierten Formen können wir Wirklichkeit erleben und wahrnehmen, nie in ihrer ›reinen‹ Form, so es die denn gibt.

21 Dies gilt natürlich eigentlich für jede Forschung, auch wenn sie ihre Ergebnisse mathematisch fasst. Deshalb muss das Verhältnis zur menschlichen Sprache eigentlich im Rahmen jeder Methodologie geklärt werden.

Mit derartigen Fragen beschäftigt sich bekanntlich die moderne Semiotik, die auf den Arbeiten von Ferdinand de Saussure und Charles Sanders Peirce gründet (vgl. auch CAREY 1989, CHANDLER 2002). Während die Philosophie früher vor allem darüber gegrübelt hat, wie Zeichen und Bezeichnetes zusammenhängen, ist de Saussure von der These ausgegangen, dass dieser Zusammenhang nur zufällig ist, und hat darauf seine Theorien aufgebaut: Ein Hund und das Wort Hund haben nur konventionell und traditionell und nur im deutschen Sprachraum etwas miteinander zu tun. Stattdessen ist, kurz gesagt, nach de Saussure ein Zeichen etwas Wahrgenommenes wie ein Laut, eine Geste oder sonst ein Symbol, und ein derartiges Symbol weckt, weil es als gemeintes Symbol interpretiert wird, in dem wahrnehmenden Menschen eine kulturell und sozial angeeignete, eine erlernte Vorstellung. Ein Bild von einigen Männern mit Waffen, die in ein Haus eindringen, ist ein Zeichen, und in Verbindung mit dem Wort(-Zeichen) ›Terrorist‹ entsteht eine ganz andere Vorstellung im Beobachter als in Verbindung mit dem Wort(-Zeichen) ›Freiheitskämpfer‹ (HARTLEY 1990). Der Sinn von Zeichen und Texten, worunter wir Zeichenfolgen verstehen, entsteht also durch den hinzugefügten Kontext, wer immer ihn hinzufügt, wobei es prinzipiell notwendig ist, einen solchen Kontext hinzuzufügen, damit etwas Sinn macht. Es gibt also keine Terroristen oder Freiheitskämpfer, sondern es werden bestimmte Menschen in bestimmten Zusammenhängen so bezeichnet oder, allgemeiner, sprachlich so inszeniert. Das Zeichen ›Terrorist‹ ist, wie alles andere auch, ein Teil aller sprachlich auf spezifische Weise kontextualisierten Wirklichkeit, und dieser Kontext legt fest, wie man auf diesen Begriff zu reagieren, wie man ihn zu ›lesen‹ hat.

Denn alles in Sprache Ausgedrückte setzt immer nur einen Rahmen, der gefüllt werden muss. Alles in Sprache Ausgedrückte ist eigentlich nie mehr als partielle, abstrakte Bestimmung. *Der Sinn von Gesprochenem hängt deshalb von Perspektive und Standpunkt dessen ab, der etwas ausdrückt, und umgekehrt gewinnt jeder Text seine Bedeutung für den Zuhörer oder Leser erst durch sein Hinzufügen weiterer Kontexte*: »texts are made by their readers«, so fassen die Cultural Studies diesen Sachverhalt zusammen (vgl. auch WILLIAMS 1958, 1981). Sofern also unser Wissen sprachlich ist, ist es notwendig, einerseits Sprache und andererseits die konkrete Bedeutung des in ihr Gesagten auch im Forschungsprozess zu reflektieren.[22]

22 Das lässt sich, was die Sprache angeht, auch aus der so genannten Sapir-Whorf-Hypothese ableiten, die in ihrer einfachsten Form besagt, dass die Strukturen unseres Denkens und Wahrnehmens von den Strukturen unserer Sprache präformiert sind (WHORF 1963).

Im Lichte dieser Überlegungen kann man also sagen, dass jede Sozialforschung kommunikativ angelegt sein muss: Nur wenn ich mit den anderen Menschen rede und mich mit ihnen verständige, kann ich verstehen, welchen Sinn sie ihrem Handeln beimessen, auf welche Bedeutungszuweisungen hin sie etwas tun.

Diese Aussage nimmt dabei auch auf einen alten Gegensatz Bezug, der in den Sozialwissenschaft schon immer eine Rolle gespielt hat: Nämlich, dass Menschen sich in ihrem Alltag nicht verhalten, sondern dass sie handeln. Was damit gemeint ist, macht man sich am besten klar, wenn man sich der Frage methodisch nähert: Wenn ich wissen will, wie Gesellschaft, Kultur, Alltag funktionieren, muss ich das Geschehen empirisch untersuchen. Die Frage ist nun, ob es ausreicht, das Geschehen empirisch zu erheben, indem ich einfach Beobachtungen anstelle und quasi von einer äußeren Beobachtungsposition aus festzustellen versuche, was geschieht. Das so beobachtete Geschehen ist, sofern es sich auf Aktivitäten von Menschen bezieht, Verhalten: Ich nehme – von meinem Standpunkt aus – wahr, was geschieht, und interpretiere das. Die Gegenposition wäre die These, dass ich dann zwar sehen kann, was geschieht, aber es nicht wirklich verstehen kann. Tiere verhalten sich, und ihre Existenz ist hinreichend beschrieben, wenn ich beobachte, was sie fressen, wie sie aufwachsen, sich paaren, sich bewegen, weil es ihre Natur ist, die im Wesentlichen festlegt, wann, wie und unter welchen Bedingungen sie das tun.

Demgegenüber handeln Menschen auf der Basis von Sinn und Bedeutung. Ein eindrückliches Beispiel dafür führt der Sozialanthropologe Geertz (1981) aus: Wenn sich zwei Jungen mit dem Lid des rechten Auges zuzwinkern, so mögen dies identische Bewegungen sein, obwohl es bei dem einen ein unwillkürliches Zucken, bei dem anderen ein heimliches Zeichen sein kann. Das Zwinkern des zweiten könnte aber auch eine Parodie auf das unwillkürliche Zucken des ersten sein. Vielleicht ist es aber auch ein Vortäuschen einer gemeinsamen, geheimen Vertraulichkeit für einen Beobachter. Damit sind die Interpretationen, was diese Bewegung bedeutet, noch längst nicht erschöpft.

Durch Beobachtung allein ist in der aktuellen Situation nicht herauszufinden, was nun wirklich der Fall ist. Denn Menschen handeln, und das sind die entscheidenden Schlüsselbegriffe in diesem Zusammenhang, auf der Basis von Sinn und Bedeutung, in einer symbolischen Welt, in der diese Symbole eben auf Sinn und Bedeutung verweisen. Dieses Konzept geht vor allem auf die berühmte Definition Max Webers (1978) zurück, was man unter Handeln und sozialem Handeln verstehen sollte, und findet sich in elaborierterer Form in den Arbeiten George Herbert Meads (1973). Und diesen subjektiv gemeinten Sinn, der sich im sozialen Handeln welcher Art auch immer ausdrückt, kann man nur auf der Basis von Kommunikation mit den Menschen verstehen.[23]

Das folgende komplexere Beispiel kann diese Überlegungen verdeutlichen. Eine Staatsgrenze ist eine soziale Institution, die wir in unserem Handeln einerseits berücksichtigen, andererseits selbst herstellen. Wir nehmen unseren Pass mit, wenn wir beabsichtigen, eine Staatsgrenze zu überschreiten, die nicht innerhalb der EU liegt. Wir akzeptieren, dass wir gegebenenfalls um Eintritt bitten müssen, wenn wir ein Visum brauchen oder, wie derzeit in Russland, eine Einladung. Wir akzeptieren, dass unser Gepäck durchsucht wird und dass wir Auskunft geben, wo wir wohnen werden, wie derzeit in den USA. Wenn wir also umgekehrt in einem Gedankenexperiment annehmen, dass jemand nicht weiß, was eine Staatsgrenze ist, er aber herausfinden will, warum Mitteleuropäer bei manchen Reisen einen Pass einstecken, bei anderen aber nicht, so haben wir hier ein typisches Phänomen vor uns, dessen Erforschung interessant zu sein scheint. Im Laufe der Forschungsarbeit wird sich dann herausstellen, dass der eigentliche Forschungsgegenstand die Staatsgrenze, der Staat oder das Verhältnis von Staaten zueinander und zu ihren Bürgerinnen und Bürgern ist. Um diesen Sachverhalt zu untersuchen, muss ich mich offensichtlich mit vielen Dingen auseinander setzen. Ich muss die Menschen fragen, warum sie einen Pass einstecken und was sie von einer Grenzkontrolle halten, ich muss die Grenzer fragen, wie sie die Dinge sehen und was das für sie bedeutet, ich muss vielleicht illegale Einwanderer fragen oder Politiker, die die Existenz einer solchen Grenze begründen. Natürlich kann ich dazu auch Beobachtungen anstellen oder ein Experiment durchführen, indem ich versuche, ohne Pass über die Grenze zu kommen. Auf meiner Seite der Grenze kann ich dabei

23 Das soll natürlich in keiner Weise bedeuten, dass die Methode der Beobachtung deswegen unwichtig ist. Beobachtungen haben im Gegenteil die wichtige Besonderheit, dass sie einen direkten Zugang zum Geschehen ermöglichen. Sie müssen aber immer gekoppelt werden mit weiteren Datenerhebungsverfahren, wenn sich die Beobachtung nicht darauf beschränken soll, Geschehen vom Bezugssystem des Beobachters aus zu begreifen: Wenn ich wissen will, welchen Sinn ein Beobachteter selbst mit seinem Handeln verbindet, bin ich im Allgemeinen auf seine Aussagen angewiesen und muss ihn fragen. Ausnahmen davon bestehen manchmal darin, dass man Sinn durch Identifikation und Rollenübernahme erschließen kann. Dann muss man diese Vermutungen aber sorgfältig überprüfen.

auf die gemeinsamen kulturellen Deutungsmuster und die gemeinsame Sprache zurückgreifen, um derartige Untersuchungen durchzuführen. Die Menschen auf der anderen Seite einer Grenze zu befragen ist schon schwieriger, erst recht, wenn sie eine andere Sprache sprechen. Die Mauer zwischen Israel und den palästinensischen Siedlungsgebieten, die Mauer zwischen Nord- und Südkorea oder die zwischen Mexiko und den USA ist noch sehr viel schwieriger zu überwinden. In keinem Fall kommt man ohne ein breites Verständnis von kultureller und sozialer Wirklichkeit aus, wenn man andere verstehen will, und das kann man nur durch Kommunikation mit Menschen der anderen Kulturen erwerben – wobei dieses Erwerben eben auch im Laufe des Forschungsprozesses möglich ist.

Wenn qualitative Forschung also darauf abzielt, diesen Konstruktionsprozess ›dicht‹ im Sinne von Geertz zu beschreiben und theoretisch fruchtbar zu reproduzieren und dabei auch den Sinn sozialen Handelns der beteilgten Menschen zu berücksichtigen, *dann ist Kommunikativität nicht nur ein Grundkonzept, das sich in allen Ergebnissen niederschlägt, sondern auch ein zentrales Konstruktionsprinzip von Beschreibung und Theorie,* wie wir bereits gesehen haben.

Daraus lässt sich nun eine weitere, für empirische Forschung grundlegende Schlussfolgerung ziehen, die den Wunsch nach Objektivität von Forschung obsolet macht. Wir hatten ja schon in 1.5 auf die Tatsache hingewiesen, dass jedes Messen als die Basisoperation quantitativer Forschung verlangt, dass das messende Subjekt vom gemessenen Objekt unabhängig ist, sonst wäre das gemessene Ergebnis ja keine Eigenschaft des Objekts. Der quantitativ orientierte Forscher betrachtet diese Wirklichkeit deshalb (zumindest für die Dauer des Messvorgangs) notwendigerweise als von ihm und seiner Sprache und Kultur Unabhängiges und will deren Merkmale objektiv feststellen. In der Perspektive qualitativer Forschung ist das anders, weil es immer eine gemeinsame kulturelle und soziale Wirklichkeit geben muss, durch die Forscher und Untersuchte miteinander verbunden sind und in Zusammenhang stehen, durch die sie aber auch überhaupt erst kommunizieren können. Eine unabhängige, objektive Wirklichkeit, die man messen kann, existiert in diesem Sinne also nicht – ganz im Gegenteil: *Denn nur, weil Forschungsperson und Befragte/Beobachtete sich prinzipiell verstehen und verständigen können und so der zu untersuchende Gegenstand ebenso wie die Forschungsperson Teil eines gemeinsamen sozialen und kulturellen, also sprachlich vermittelten und vermittelbaren Zusammenhangs sind, ist Sozialforschung überhaupt möglich.* Der Wunsch, davon zu abstrahieren, wie es die messende Forschung tut, ist im Allgemeinen irreal, kann aber als Reduktionsverfahren natürlich in ausgewählten, zu begründenden Fällen sinnvoll sein.

Statt von einer objektiv vorhandenen Wirklichkeit, die auch subjektunabhängig beschrieben und theoretisch erfasst werden kann, wie es die quantitative Forschung tun will, *geht die theoriegenerierende Forschung ebenso wie die qualitative Forschung im Allgemeinen von einer sprachlich, also sozial konstituierten Wirklichkeit aus*, wie sie etwa Berger/Luckmann (1980) in ihrem wichtigen Buch theoretisch rekonstruieren.

Wie aber funktioniert dann qualitative oder theoriegenerierende Forschung, wenn es eine solche abbildende Wahrheit gar nicht geben kann? Eine Antwort darauf findet man, wenn man der Frage nachgeht, woher wir denn überhaupt wissen, dass Erkenntnis möglich ist, und woher die wissenschaftlichen Verfahren stammen, die wir brauchen: Sie stammen aus dem Alltag der Menschen, wie wir im nächsten Teilkapitel genauer begründen werden.

Vorher aber noch eine kurze Zusammenfassung. *Wir wollen abschließend festhalten, dass Kommunikation zugleich Voraussetzung und Mittel theoriegenerierender Forschung ist. Der Mensch lebt in einem symbolischen Universum, das er im Prozess seines Aufwachsens erlernt hat und in seinem Alltag, seinem Handeln und seiner Kommunikation weiter entwickelt. Dieses Handeln und Kommunizieren kann zwar auch als Verhalten von außen untersucht werden, ist aber Handeln auf der Basis von Sinn und Bedeutung. Deshalb ist alles Wissen, Denken und Erleben sprachlich und, allgemeiner, kommunikativ vermittelt und kann nur durch Rekonstruktion verstanden werden, wobei die Kommunikation zwischen Forscher und Erforschtem die zentrale Ebene jeder Datenerhebung sein muss.*

2.2 *Wissenschaftliche Methoden und Verfahren als Ausdifferenzierung von Alltagsverfahren*

Hier wollen wir nun im nächsten Schritt der Frage nachgehen, woher wissenschaftliche Methoden und Verfahren kommen und woher wir wissen, dass damit Erkenntnis möglich ist. Die Antwort ist eigentlich ganz einfach: *Wissenschaftliche Verfahren sind Ausdifferenzierungen und Weiterentwicklungen der Verfahren alltäglicher Erkenntnis.* Und deswegen wissen wir auch, warum wissenschaftliche Verfahren, richtig angewandt, funktionieren: Weil sie sogar in ›schlechterer‹, also in Alltagsform zu praktisch brauchbaren Ergebnissen führen. Nicht zu in letzter Instanz unbezweifelbar wahren und für alle Zeiten gültigen Ergebnissen, aber eben zu für das Alltagshandeln brauchbaren Einsichten. Aus dieser Tatsache lassen sich dann auch, wie wir sehen werden, handlungspragmatisch begründbare Kriterien für die Art, die Qualität und die Brauchbarkeit erfahrungsbasierter Theorie entwickeln.

Zwei Aspekte sollen hier genauer dargestellt werden: Einmal ist der Prozess des Erarbeitens von Wissen in Alltag wie Wissenschaft *komparativ* angelegt (wobei hier nicht interkulturell vergleichend, sondern fallvergleichend gemeint ist). Man beginnt mit einem nicht ausreichenden Wissen und entwickelt daraus mit Hilfe von Vergleichen besseres Wissen. Forschung ist ein Prozess, der von einem Ausgangswissen zu einem verbesserten Wissen führt, indem wir das, was wir schon wissen, mit dem in Bezug setzen und vergleichen, was wir an neuen Informationen gewinnen. Fertig ist man dann, wenn man eine Antwort hat, die handlungsfähig macht. Das ist im Alltag wie im Fall theoriegenerierender Forschung das ganze Geheimnis brauchbarer Erkenntnis – wobei ›handlungsfähig‹ in Alltag und Wissenschaft freilich etwas Unterschiedliches bedeutet. Ein Missverständnis sollte deshalb vermieden sein: *Dass wissenschaftliche Verfahren von Alltagsverfahren abgeleitet sind, heißt nicht, dass Alltagsverfahren wissenschaftlich sind.*

Um all das zu verdeutlichen, beginnen wir mit einem kleinen Beispiel. Nehmen wir an, Sie erhalten ein Stipendium für ein Semester an der Universität von Merida in Mexiko. Man stellt Ihnen sogar ein kleines Appartement in der Stadt zur Verfügung, in dem Sie wohnen können. Sie packen Ihre Sachen und fliegen nach Cancun, fahren von dort mit dem Schnellbus nach Merida und beziehen Ihr Appartement. Natürlich haben Sie ein wenig oder vielleicht sogar viel Spanisch gelernt, Sie haben sich ein paar Reiseführer besorgt, sich einiges über Ihre neue Uni im Internet ausdrucken lassen. Und da sitzen Sie nun.

Sie müssen nun nicht nur Ihr Studium organisieren, sondern sich auch als Bürgerin oder Bürger in Ihrer neuen Umgebung zurechtfinden. Sie stehen also vor der Aufgabe, Ihre neuen Lebensbedingungen kennen zu lernen und ihr Leben darin zu gestalten – Alltagsaufgaben also, die aber in der neuen Umgebung so ganz alltäglich nicht sind. Zum Beispiel müssen Sie herausfinden, wie die Müllabfuhr in Merida funktioniert. Sie wollen natürlich darauf achten, dass Sie mit Ihrem Müll in ihrem neuen Gastland umweltschonend umgehen. Sie müssen deshalb feststellen, was in Merida überhaupt als Müll gilt und was von wem wiederverwertet wird, ob es getrennte Sammelsysteme für verschiedene Müllsorten gibt und wie diese Müllsorten definiert werden, ob es feste Abholtage gibt, ob man den Müll in einem Mülleimer vor die Tür stellt oder ob dann hinterher vielleicht der ganze Mülleimer weg ist. Viele Aufgaben also, mit denen Sie sich in Ihrem neuen Alltag beschäftigen müssen, allein um mit dem Müllproblem fertig zu werden.

Aber Sie werden im Allgemeinen die damit verbundenen Probleme lösen. Denn für solche Aufgaben verfügen wir im Alltag über eine Reihe von hilfreichen ›Forschungsstrategien‹. Es liegt zum Beispiel nahe, die neuen Nachbarn zu fragen, ob und wann überhaupt Müll abgeholt wird und ob das immer zur gleichen Zeit passiert. Sie werden Ihre Nachbarn vielleicht auch einfach nur beobachten, um herauszufinden, wie die das machen. Wichtig ist es auch in Erfahrung zu bringen, ob man dafür eigentlich etwas bezahlen muss, und wenn ja, wie viel und an wen. Sie versuchen vielleicht auch, bei der Müllabfuhr oder der Stadtverwaltung anzurufen, oder Sie fragen die Müllarbeiter, denen Sie zufällig begegnen. Vielleicht merken Sie dabei aber auch, dass es gar keine organisierte Müllabfuhr gibt, dann müssen Sie sich etwas anderes überlegen.

Kurz, sie machen auf einer Alltagsebene das, was man in der empirischen Forschung auf einem anderen Niveau auch macht: Sie wollen etwas herausfinden, was sie nicht wissen, und dazu befragen Sie zunächst einmal *mehrere ›Experten‹ unterschiedlicher Art.* Dabei sind ›Experten‹ im Alltag nichts anderes als all die Leute, die mit dem Problem etwas zu tun haben und deshalb dafür kompetent sind. Deren Kompetenz ist dabei ganz unterschiedlich: Ihre Nachbarn haben einen anderen Blick und ein anderes Wissen vom Müll und von den Regeln und Problemen seiner Abholung als beispielsweise die Mitarbeiter der Stadtverwaltung, die Mitarbeiter der Müllabfuhr oder die Menschen, die vielleicht von der Müllverwertung leben. Wenn Sie von ihnen Auskunft bekommen, ist das eine Form der Datenerhebung, die Sie mit Ihrem ›Instrument‹, nämlich einer oder mehreren Fragen, hervorgerufen haben.

Umso besser, wenn Ihnen die Nachbarn, die Leute von der Müllabfuhr und vielleicht die Stadtplaner von der Verwaltung die Sache, um die es geht, aus ganz unterschiedlichen, vielleicht sogar einander widersprechenden Perspektiven schildern und Ihnen unterschiedliche Ratschläge geben. Meistens ist es nicht so, dass die Leute zu dumm oder zu unehrlich sind, um die Wahrheit zu sagen, wie es Sozialforscher oft annehmen. Vielmehr geben sie im Allgemeinen deshalb unterschiedliche Auskünfte, weil sie selbst auch ganz unterschiedliche Sichtweisen vom in Frage stehenden Problem, also zum Beispiel dem Müll, haben. Die Stadtplaner erklären Ihnen vielleicht, wie es gedacht ist mit der Müllabholung, und dass Sie an verschiedenen Tagen verschiedene Tüten mit verschiedenen Inhalten vor die Tür stellen sollen. Die Müllleute erklären Ihnen vielleicht, warum das alles nicht klappt, was sich die Planer da ausgedacht haben, und wo die eigentlichen Probleme mit dem Müll liegen. Und Ihre Nachbarn helfen Ihnen vielleicht dabei, ihren Müll trotzdem loszuwerden, auch wenn die Müllabfuhr nicht am angekündigten Tag kommt, weil sie schon seit geraumer Zeit mit diesem Problem beschäftigt sind und eine praktikable Lösung finden mussten.

Sie Ihrerseits stehen nach der Datenerhebung vor dem Problem, die verschiedenen Informationen auszuwerten und daraus eine Lösung zu entwickeln. Sie versuchen also die Antworten zu verstehen und einzuordnen, zu kapieren, warum die einen dies und die anderen das sagen, und aus alldem eine vernünftige Lösungsstrategie für Ihr eigenes Problem zu entwickeln. Vielleicht reichen Ihnen die Daten noch nicht, um eine praktikable Antwort zu finden, Sie müssen also weitere Erhebungen durchführen. Vielleicht fragen Sie dann erst einmal noch andere Leute, oder Sie variieren Ihre Erhebungsmethoden, insofern Sie nicht nur offen fragen, sondern auch beobachten oder gezielt nachfragen. Nach einer solchen weiteren Datenerhebung werden Sie dann wieder versuchen, die unterschiedlichen Ergebnisse zu einer mehr oder weniger konsistenten Alltagserklärung zusammenzubringen. Sie werden dann auf der Basis Ihrer Schlussfolgerungen ausprobieren, ob Sie nun Ihren Müll loswerden – Sie testen also Ihr Ergebnis, ob es funktioniert. Wenn dabei irgendetwas nicht zu Ihrer Zufriedenheit verläuft, werden Sie weiterfragen, vielleicht andere Leute, oder sonst andere Lösungsschritte ausprobieren – weil Sie sonst auf Ihrem Müll sitzen bleiben.

Wir haben also im *Alltag* so etwas wie ›Forschungsfragen‹, die wir lösen müssen. Und jede solche Forschungsfrage definiert abstrakt einen ›Forschungsgegenstand‹, mit dem wir uns auseinander setzen und den wir Schritt für Schritt kennen lernen müssen, um unsere Forschungsfrage zu beantworten. Im Alltag heißt ›beantworten‹ im Allgemeinen, ein Problem praktisch zu lösen. Dazu erheben wir Daten und werten sie aus. Diese Datenerhebungs- und Auswertungsschritte finden effektiverweise im Rahmen einer ›Forschungsstrategie‹ statt, die wir mehr oder weniger bewusst gelernt haben. Sie dient dazu, Informationen zu sammeln, sie zu ordnen, zu überprüfen, daraus Schlussfolgerungen zu ziehen, diese noch einmal zu überprüfen und sie dann auszuprobieren. Wir sind erst dann fertig, wenn wir unsere Fragestellung als beantwortet betrachten können, weil wir eine funktionierende Lösung gefunden haben.

Das eben genauer beschriebene Beispiel soll *deutlich machen, dass wir im Alltag bestimmte Datenerhebungs- und Auswertungsverfahren durchführen, die uns helfen, Alltagsfragen zu beantworten. An derartige Alltagsverfahren knüpfen die Methoden und Verfahren der Wissenschaft an – sie sind nicht von irgendwelchen Genies völlig neu erfunden worden oder vom Himmel gefallen. Auch in der Wissenschaft geht man von Forschungsfragen aus und definiert Forschungsgegenstände, die untersucht werden sollen. Dazu verwendet man vereinbarte und von der Wissenschaftlergemeinschaft akzeptierte Forschungsverfahren. Sie sind im Gegensatz zu Alltagsverfahren natürlich nicht primär auf praktische, sondern auf deskriptive und theoretische Lösungen hin ausgerichtet, von denen aus man dann gegebenenfalls praktische Handlungsschritte ableiten kann. Alle diese wissenschaftlichen Datenerhebungsmethoden und Forschungsverfahren wurzeln aber in diesen vorgängig erprobten und bekannten Alltagsverfahren.* Die Methoden der *Beobachtung, der Befragung, der Inhaltsanalyse und des Experiments usw.* nutzen wir in Alltag wie in Sozialwissenschaft zur *Datensammlung*. Wir werten die *Ergebnisse* dann mit dem *Ziel einer Lösung des* Problems, um das es geht, bzw. zur *Herstellung von Beschreibungen und Theorien* aus. Wir beschäftigen uns mit *Auswahlverfahren*, wenn wir darüber nachdenken, wen wir fragen oder beobachten, um brauchbare Informationen zu erhalten. Wir *erkunden Sachverhalte, interpretieren und bewerten Aussagen*, versuchen, *Widersprüche aufzuklären* und *allgemeine Schlussfolgerungen zu ziehen*, wir *testen und verbessern erste Ergebnisse*: in der Wissenschaft wie im Alltag.

Alle Forschungsmethoden und -verfahren wurzeln also in unserem Alltag. Das darf aber natürlich – wir sagten das bereits – nicht so verstanden werden, dass wir in der Wissenschaft mit dem auskommen, was wir im Alltag gelernt haben und dort praktizieren. Denn Wissenschaft begnügt sich prinzipiell nicht mit praktisch brauchbaren Lösungen, sondern erhebt weiter gehende *Geltungsansprüche, will Theorie und damit allgemeiner gültige Aussagen und Texte erzeugen, die nicht von Zufälligkeiten oder situativen Besonderheiten abhängen sollen.* Allgemeiner gesagt besteht ein Konsens darüber, dass man in der Wissenschaft im Gegensatz zum Alltag systematisch vorgehen und sein Vorgehen offen legen, begründen und nachvollziehbar machen muss. Es gibt genaue Regeln, wie man vorzugehen hat, und man muss die richtige Vorgehensweise nicht nur finden, sondern sie auch begründen. Im Alltag geht es um das Lösen konkreter Probleme, in der Wissenschaft um die systematische Beschreibung von Sachverhalten in den für sie relevanten Kontexten, darauf aufbauend um allgemeine und gesicherte Theorien und schließlich auch um deren systematische Anwendung. Wissenschaft überprüft ferner ihr Vorgehen und ihre Theorien immer wieder, setzt neues Wissen in Bezug zu bereits vorhandenem Wissen und gibt sich auf Dauer nicht mit Antworten auf Teilfragen zufrieden, sondern versucht möglichst große Wirklichkeitsbereiche deskriptiv und theoretisch zu erfassen. Wissenschaft abstrahiert ihr Wissen immer weiter, beurteilt es an Kriterien, die etwa aus der formalen Logik und der Dialektik stammen, und verfügt, etwa mit Überlegungen zur Gültigkeit von Ergebnissen, auch über eine Qualitätskontrolle. Mindestens diese Bedingungen müssen erfüllt sein, damit man für die Ergebnisse forschenden Handelns Gültigkeit beanspruchen kann. Denn nur dann kann ein anderer Wissenschaftler das, was man gemacht hat, wenigstens im Prinzip nachvollziehen und sich so ein Bild davon machen, was die Ergebnisse wert sind.

Natürlich gibt es im Rahmen der einzelnen Forschungsrichtungen weitere wesentliche Unterschiede zu den Erkenntnisverfahren des Alltags. Anders ausgedrückt: Die Alltagsverfahren sind für den wissenschaftlichen Gebrauch weiterentwickelt worden, und dabei haben sie sich ausdifferenziert. Denn die quantitativ arbeitenden Forscher haben beispielsweise die Alltagsmethode der Befragung in eine andere Richtung weiterentwickelt als qualitativ orientierte Forscher – die einen zielen auf Standardisierung und Situationsunabhängigkeit, die anderen interessieren sich für Kontexte. Aber dennoch ist der *Alltag die Basis aller Forschungsverfahren*, und nur weil Vorformen dieser Verfahren im Alltag tatsächlich auch funktionieren, macht es Sinn, sie in die Wissenschaft zu übertragen (KLEINING 1995).

Wenn also wissenschaftliche Verfahren durch Spezialisierung, Ausdifferenzierung etc. aus Alltagsverfahren entstehen, ist es natürlich wichtig, sich klarzumachen, in welche Richtung diese Prozesse weisen. Und an dieser Stelle entsteht der Unterschied zwischen qualitativen und quantitativen Verfahren – die Ausdifferenzierung ist hier jeweils anders angelegt.

Qualitativ arbeitende Forscher versuchen vor allem, die Konstitution von Sinn und Bedeutung der Befragten zum Untersuchungsthema zu verstehen, wie wir gesehen haben – was ein soziales Phänomen, was ein kultureller Forschungsgegenstand für die an seiner Existenz beteiligten Menschen bedeutet, versteht man als Forscher aber nur, wenn man das Bezugssystem der Befragten kennen lernt und begreift, in welcher Perspektive und in welchen Zusammenhängen sie ein Thema behandeln und einordnen, und wie sie vor diesem Hintergrund darüber denken und sprechen. Qualitative Befragungen oder Beobachtungen interessieren sich dementsprechend nicht nur für die eigentliche, eng gefasste Antwort, sondern immer auch für die Ermittlung der für die Befragten relevanten Deutungskontexte. Das kann auf unterschiedliche Weise geschehen – ein narratives Interview erzeugt beispielsweise andere Daten als ein Leitfadeninterview, weil es beinhaltet, dass der Befragte erst einmal alles sagt, was ihm wichtig ist. Und eine Gruppendiskussion erzeugt wieder andere Daten, weil ein Teilnehmer im Gegensatz zu einem Einzelinterview immer damit rechnen muss, dass seine Meinung hinterfragt wird. Für jede dieser Interviewformen, die ja eine Form kontrollierter Kommunikation sind, gibt es entsprechend Vorschläge oder Vorschriften, wie man dabei vorzugehen hat und wo die spezifischen Einsatzgebiete sind.

Quantitativ orientierte Fragesteller dagegen stellen ihre Fragen bekanntlich am liebsten so, dass man nur in vorgegebenen Kategorien antworten kann. Denn dann haben sie Antworten, die über verschiedene Befragte hinweg vergleichbar sind – 17 Jasager, 22 Neinsager und der Rest weiß nicht genau. Sie interessieren sich weniger für die Kontexte des Handelns der Einzelnen als für vergleichbare Antworten, die sie zu Gruppen zusammenfassen können. Und das müssen sie tun, denn nur solche Daten kann man dann statistisch auswerten und so eine Aussage über die Realität erhalten.

Was haben wir nun gewonnen, wenn wir verstehen und wissen, dass wissenschaftliche Verfahren Weiterentwicklung von Alltagsverfahren sind? Zumindest dreierlei:

- *Forschung als Wissenserwerb ist im Alltag wie in der Wissenschaft ein Prozess, der bei einem Vorwissen beginnt und zu besserem Wissen führt.*
- *Forschung als Wissenserwerb verläuft im Alltag wie in der Wissenschaft komparativ: Er beginnt immer mit einem wie auch immer gearteten Vorverständnis, das im Forschungsprozess verbessert wird. Dabei entwickelt sich das Wissen durch den Vergleich: wir vergleichen das je Vorhandene mit dem, was wir durch neue Datenerhebungen lernen, und entwickeln das Vorwissen weiter.*
- *Forschung als Wissenserwerb ist problembezogen praktisch: Der Erwerb von Wissen durch Forschung zielt nicht auf Wahrheit, sondern darauf, dass das Wissen, das wir brauchen, im Hinblick auf das Ausgangsproblem, auf die Ausgangsfrage eine hinreichende Antwort liefert – also in die Wissenschaft distribuiert und dort im Diskurs bewertet wird, und zwar so, dass man darauf aufbauen bzw. das umsetzen kann.*

Zusammenfassend können wir also bis hierher die folgende Grundannahme formulieren: Alle Methoden und Verfahren der Wissenschaft (ganz gleich, ob quantitativ oder qualitativ) sind aus dem alltäglichen Handeln der Menschen abgeleitet. In Alltag wie in Wissenschaft geht man im Allgemeinen von einem ›Phänomen‹ (zu viel Müll) und einer darauf bezogenen ›Forschungsfrage‹ (wie beseitigt man den Müll, wie beschreibt man das Phänomen in seinen kulturellen und sozialen Bezügen, wie entwickelt man eine Theorie des Müllproblems) aus, über die sich ein ›Forschungsgegenstand‹ als zunächst unbekannter, abgegrenzter Realitätsbereich konstituiert. Diesen muss man für sich und in seinen Kontexten untersuchen, um die Forschungsfrage zu beantworten. Dafür gibt es unterschiedliche Methoden und Verfahren.

Forschen ist so gesehen eigentlich ein Prozess von aufeinander bezogenen, kommunikativ angelegten Handlungen im sozialen Feld – wir fragen und beobachten, wir experimentieren und versuchen zu verstehen, was passiert, wir vergleichen und beurteilen Ergebnisse und ziehen Schlussfolgerungen aus ihnen, wir testen gewonnene Einsichten, ob sie richtig sind und wofür sie gelten und wofür nicht. Forschung ist also insoweit ein offener Prozess, in dessen Verlauf wir unser Wissen aktiv erweitern und unser Denken dem ›Forschungsgegenstand‹ anpassen, indem wir von unserem Vorverständnis aus Theorien entwickeln, bis wir ›fertig‹ sind.

2.3 *Der Pragmatismus als Basis theoriegenerierender Forschung*

Dieses Teilkapitel soll mit einigen vertiefenden Hinweisen deutlich machen, dass es für die bisherigen Überlegungen auch eine wissenschaftstheoretische Begründung gibt, nämlich die Philosophie des Pragmatismus. Dieser soll hier aber nur in einigen Grundlinien vorgestellt werden, soweit es eben im vorliegenden Zusammenhang zweckmäßig ist. Die zentrale These dabei ist, dass *theoriegenerierende Forschung sich in ihrer Art und ihrem Vorgehen pragmatisch begründen lässt.* Dabei bedeutet ›pragmatisch‹, dass Wissen einen realen Bezug zu den kommunikativen und den Handlungspraktiken der Menschen hat und haben muss, dass menschliche Praxis ein wesentliches, kulturell definiertes Kriterium für Wissenschaft ist und dass wissenschaftliche Aussagen sich dementsprechend auf das soziale und kulturelle Zusammenleben der Menschen richten – darin liegt ihre Bedeutung, und darin liegt auch ihre Rechtfertigung.

Um zu verstehen, was damit gemeint ist, muss man sich einfach wieder am menschlichen Alltag orientieren. Im Alltag verfügt man über Wissen, das man praktisch erlernt hat und mit dem man umgeht – oft, ohne es weiter bedacht zu haben. Das ist so lange möglich, bis man in irgendeinem Fall plötzlich zu keinen brauchbaren Ergebnissen mehr kommt, sich dieses Wissen also nicht mehr bewährt. Bereits vorhandenes Wissen bewährt sich dann nicht mehr, wenn jemand es plausibel und empirisch gestützt in Frage stellt, wenn sein Anwendungsbereich sich verändert und nicht mehr stimmt, wenn neue Anwendungsbereiche berücksichtigt werden müssen oder wenn dieses Wissen für neue Zwecke nicht mehr hinreichend und genau genug ist. Neues Wissen in pragmatischer Hinsicht zu entwickeln heißt dann, dass wir Ideen, Theorien, Wissen finden müssen, die unser altes Wissen erweitern und für das, was wir tun wollen, hinreichend sind. Das ist eine der wesentlichen Grundlagen der Philosophie des Pragmatismus. In diesem Fall, so meint William James, einer der Begründer des Pragmatismus, versuchen wir im Alltag, den alten Vorrat an Wahrheiten mit einem Minimum an Modifikation zu ergänzen, sodass die neue Erscheinung jetzt aber ebenfalls von ihnen umfasst und damit handhabbar wird (1994: 29). Dementsprechend bilden die menschlichen Praktiken das entscheidende Kriterium, wenn wir neues Wissen, eine neue Theorie akzeptieren, und nicht ein wie immer hin- und hergewendeter Begriff von Wahrheit.

Der Pragmatismus ist eine der wenigen in den USA und Kanada erarbeiteten Richtungen der Philosophie und Erkenntnistheorie, der aber nicht, wie bereits oben argumentiert, mit dem Utilitarismus verwechselt werden darf, der auf einen direkten, messbaren Nutzwert zielt.

Nach Diaz-Bone und Schubert (1996), auf die ich mich in den folgenden Teilen meistens beziehe, geht der Pragmatismus einerseits auf den Mitbegründer der Semiotik, Charles Sanders Peirce zurück. Der beschäftigte sich mit der Frage, ob es eine Methode gebe, mit der man die Bedeutung von Zeichen, beispielsweise Begriffen, bestimmen könne. Damit meinte er so etwas wie reale oder gedachte Experimente, bei denen man »auf die unter einen Begriff fallenden Objekte bestimmte Handlungen« (HORSTMANN 1994:9) ausübt und die wahrnehmbaren Phänomene bestimmt, die Folgen dieser Handlungen sind – darin sei dann die Bedeutung eines Zeichens verborgen. Bedeutung ist damit nicht irgendetwas Gedachtes, zu dem Begriff von außen Hinzugefügtes. Bedeutung ist vielmehr darin angelegt, was man mit den Objekten, die zu einem Begriff gehören, tun kann und üblicherweise tut. Die Bedeutung eines Fußballs liegt beispielsweise darin, dass man mit ihm Fußball spielen kann – eine im Alltag ganz unproblematische Annahme.

In Fortführung und Erweiterung von Peirce verband nun William James diesen Gedanken mit seiner Handlungstheorie und gelangt so zu einer eigenständigen Erkenntnis- und Wissenschaftstheorie, die freilich unabgeschlossen geblieben ist. Den zentralen Bezugspunkt von James machen die Alltagspraktiken der Menschen aus. James wendet sich damit in gewisser Weise gegen die Philosophiegeschichte – er operiert nicht mit metaphysischen Bedingungen und es geht ihm auch nicht um Konzepte wie ›Wesen‹ und ›Erscheinung‹. Vielmehr muss sich seiner Meinung nach Wissen in den konkreten Alltagspraktiken der Menschen bewähren.

In Anlehnung an Peirce sagt James, »daß wir, um den Sinn eines Gedankens herauszubekommen, nichts anderes tun müssen, als die Handlungsweise bestimmen, die dieser Gedanke hervorzurufen geeignet ist. Die Handlungsweise ist für uns die ganze Bedeutung dieses Gedankens. [...] Um also vollkommene Klarheit in unsere Gedanken über einen Gegenstand zu bringen, müssen wir nur erwägen, welche praktischen Wirkungen dieser Gegenstand in sich enthält, was für Wahrnehmungen wir zu erwarten und was für Reaktionen wir vorzubereiten haben. Unsere Vorstellung von diesen Wirkungen, mögen sie unmittelbare oder mittelbare sein, macht dann für uns die ganze Vorstellung des Gegenstandes aus, insofern diese Vorstellung überhaupt eine positive Bedeutung hat« (JAMES 1994:18).

Das heißt, dass die Vertreter des Pragmatismus nicht meinen, dass Wissen Abbildcharakter hat. Sie meinen auch nicht, dass Wahrheit etwas ist, das einem Gebäude von Sätzen und Aussagen zukommt. Sie argumentieren stattdessen mit der Tatsache, dass soziales Handeln (und damit forschendes Handeln) ein Prozess ist, dessen Qualität sich am Alltag der Menschen entscheidet. Der Pragmatismus grenzt sich also ab von dem schlichten positivistischen Verständnis von der Wahrheit einer Aussage als feststellbar durch Vergleich mit der Wirklichkeit und weiteren Abbildtheorien. Es gibt danach keine unmittelbare Korrespondenz zwischen einer Aussage und einem außersprachlichen Sachverhalt, weil es keine außersprachlichen Sachverhalte gibt. Wahrheit ist auch nichts Substanzielles, das einer Aussage innewohnt.

Vielmehr sind all dies erkenntnistheoretische Annahmen, die ebenso in logische Widersprüche führen wie die Hoffnung Poppers, man könne das mit unmittelbar einsichtigen Basissätzen umgehen (DIAZ-BONE/

SCHUBERT 1996:82). Wissenschaftliche Ergebnisse müssen sich folglich anders, nämlich durch die Praxis und damit auch durch die Praxis des Wissenschaftlers, rechtfertigen.

Über das Verhältnis des Pragmatismus zu der nicht nur vom Positivismus behaupteten Annahme einer Abbildung von Wirklichkeit in eine sprachlich formulierten Theorie und einer darauf bezogenen Definition von Wahrheit lässt sich also zu Recht sagen: »Pragmatisten sind überzeugt, daß es sich hier um unbrauchbare Metaphern für Wahrheit u. Erkenntnis handelt« (BIERI 1984: 149). Stattdessen setzen Pragmatisten an der handelnden Person an, »die ihre Meinungen in einem Handlungskontext ausbildet u. danach bewertet, wie weit sie ihm bei der Bewältigung der Realität helfen« (BIERI 1984: 149). Eine pragmatische Wissenschaftstheorie zielt also auf einen Erklärungszusammenhang, der brauchbar und deshalb zumindest kommunikativ vermittelbar ist, und der an handlungsrelevanten Repräsentationen ansetzt. Der Pragmatismus orientiert sich damit an einem nicht substantiellen Wahrheitskonzept, das den Wahrheitsbegriff von als unproblematisch angenommenen Alltagspraktiken übernimmt, insofern es auf die Durchführung konkreter, insbesondere sozial bezogener Handlungen ankommt.

Denn wir akzeptieren im Allgemeinen im Alltag, dass wir etwas für wahr halten, wenn wir es auf dieser Basis vernünftig gebrauchen (können). James (1994: 81) nimmt dafür das Beispiel einer Wanduhr. Niemand überzeugt sich davon, dass in einer Wanduhr tatsächlich ein korrekt laufendes Uhrwerk oder überhaupt ein Uhrwerk seinen Dienst tut, obwohl erst das die Sache zur Uhr macht. Im Alltag verifizieren wir dennoch, dass es sich um eine Uhr handelt, weil wir den Gegenstand als Uhr gebrauchen. Und weil das im Allgemeinen, sofern es sich nicht beispielsweise um ein Kinderspielzeug handelt, ja auch funktioniert, haben wir hier eine alltagspraktische Verifikation:

»Wahre Vorstellungen sind solche, die wir uns aneignen, wirksam machen, erhärten und verifizieren können. Falsche Vorstellungen sind solche, bei denen wir dies nicht können« (James, zitiert nach DIAZ-BONE/SCHUBERT, 1996:85, ohne Hervorhebung). »Wahrheit ist für die pragmatische Auffassung vielmehr ein Prozeß, da die Wahrheit einer Idee oder Vorstellung nicht deren zutreffende Abbildung der Welt ist, sondern deren Eigenschaft, sich in der Welt umsetzen zu lassen und mit ihr die Welt gestalten bzw. sich ihr anpassen zu können.« (DIAZ-BONE/SCHUBERT 1996:85/86).

Wahrheit ist also in pragmatischer Perspektive keine Eigenschaft einer Aussage, sondern das Ergebnis eines Verifikationsprozesses, der sich an den Handlungspraktiken der Menschen in Bezug auf die Wirklichkeit orientiert.

In der Wissenschaft müssen wir freilich genauer als im Alltag vorgehen. Aber auch da müssen wir nicht unbedingt einen Uhrmacher bemühen um festzustellen, ob etwas eine Uhr ist. Vielmehr können wir auch beobachten, wie Menschen mit diesem Etwas umgehen. Wir fragen sie auch nicht nach ihren Vorstellung und Meinungen, die sie von einer Uhr haben, sondern nach ihren Umgangsweisen mit dieser Uhr, nach ihren Praktiken und den damit verbundenen Vorstellungen und Gefühlen. Dann können wir herausfinden, wie Menschen diese ganz konkrete Uhr an diesem Platz unter den gegebenen spezifischen Bedingungen verwenden. Und darüber werden wir herausbekommen, welche Bedeutung eine Uhr für sie gesellschaftlich und persönlich hat und welche Bedeutung Zeit und Zeitmessung für Gesellschaft hat. Die Wahrheit dieser Einsicht ist letztlich das Ergebnis eines Konstruktionsprozesses von Theorie, wenn er zu brauchbaren Einsichten führt, und das ist dann der Fall, wenn er alle möglichen Handlungsperspektiven umfasst und diese auf Gemeinsamkeiten hin untersucht werden. *Deshalb ist die oben gemachte Annahme, dass der zirkuläre Forschungsprozess irgendwann zu Ende ist, weil man nichts Neues mehr findet, ein pragmatisches Wahrheitskriterium.*

Der Pragmatismus wie auch die theoriegenerierende Forschung gehen zudem beide davon aus, dass alles Erkennen komparativ ist. Jede Erkenntnis entsteht ja als Einschränkung und gleichzeitig Überwindung vorher vorhandener Erkenntnis und hat damit eine Vergleichsstruktur. Was verglichen wird – ob interdisziplinär, interkulturell, verfeinernd, reduzierend –, ist dabei irrelevant, solange es weiter hilft. Neues Wissen können wir also letztlich nur komparativ gewinnen. Deshalb ist Wahrheit über das obige pragmatische Kriterium hinaus ein Verhältnis zwischen einer akzeptierten Theorie und daran anknüpfenden Aussagen (und wird deshalb von der Wissenschaftlergemeinschaft im Diskurs geklärt).

Genau dieser Standpunkt ist für die theoriegenerierende Forschung ein wunderbarer Ausgangspunkt. Eine ›Wahrheitstheorie‹ der theoriegenerierenden Forschung könnte dementsprechend darin bestehen, eine handlungsbezogene und prozessuale Theorie der Wahrheit zu definieren: Eine Aussage in einer neuen Perspektive ist in Bezug auf einen Forschungsprozess wahr, wenn sie die bestehende Theorie entweder nicht verändert oder sie ›sinnvoll‹ weiter entwickelt. Denn eine zusätzliche, in neuer Perspektive gewonnene Aussage kann einmal zu einer vorhandenen Theorie nichts beitragen, weil diese Aussage schon im Rahmen der vorhergehenden maximalen Variation der Perspektiven berücksichtigt wurde. Dann ist sie wahr. Oder sie ist eine substantielle Erweiterung und trägt damit zu einer Erweiterung der Theorie bei. Dann ist sie ebenfalls wahr, weil sie in Bezug auf die neue Theorie wahr ist. Oder aber sie erfüllt keine der beiden Bedingungen. Dann definieren wir sie als nicht wahr – immer bezüglich des Forschungsprozesses. Man könnte ergänzend sagen, dass eine Aussage generell unwahr ist, wenn es keinen Forschungsprozess gibt, in Bezug auf den sie wahr ist; insbesondere ist dann ein Bewertungsdiskurs in der damit befassten Wissenschaft nicht möglich. Aber in dieser Hinsicht muss noch viel differenzierter weitergedacht werden, was hier nicht geschehen kann.

2.4 *Die Organisation menschlichen Erlebens: Experten, Perspektivität und Praktiken*

Die sich an die bisherigen Überlegungen dieses Kapitels anschließende Frage ist die folgende: Wenn Sozialforschung am Erleben der Menschen, an deren Sinnkonstitution und deren Mitteilungen ansetzt – worauf genau beruht dieses Wissen, wie ist es organisiert und wie wird es mitgeteilt? Auch diese Frage ist wieder ›dual‹, insofern sie sich auf das Wissen der Befragten wie auch auf das Wissen der Forscherinnen und Forscher bezieht.

Theoriegenerierende Forschung muss erheben, was die Menschen im Hinblick auf den Forschungsgegenstand denken, tun, erleben, fühlen – sie muss in diesem Sinn zunächst einmal festhalten, was die Menschen tun oder sagen, und darüber hinaus aber auch rekonstruieren, in welchem Sinnzusammenhang das geschieht und mit welchen Bedeutungselementen die untersuchten Menschen ihr Handeln und Kommunizieren verbinden. Dazu bedient sich qualitative Forschung spezifischer Erhebungsmethoden, die auf Kommunikation beruhen. Wie solche Erhebungsmethoden angewandt werden und welche genau in einem spezifischen Fall die richtigen sind, damit werden wir uns noch beschäftigen, wenn wir die einzelnen Verfahren genauer behandeln. Grundsätzlich müssen wir hier aber *klären, wie das Wissen und Erleben der Menschen, das erhoben werden muss, organisiert ist und worauf es beruht, damit dann operative Regeln der Datenerhebung und -auswertung vernünftig formuliert werden können.*

Beginnen wir die dazugehörigen Überlegungen wieder mit einem Beispiel. Nehmen wir an, wir wollen uns mit dem Forschungsgegenstand ›Schule‹ beschäftigen, und gehen in diesem Zusammenhang einer bestimmten Forschungsfrage nach. Dann ist zunächst wichtig im Blick zu haben, dass eigentlich fast alle Menschen einer modernen Gesellschaft eine Vorstellung von Schule haben. Die Art dieser Vorstellungen müssen wir erheben, weil das für unsere Frage offensichtlich von Bedeutung ist. Hier ist die erste Überlegung angesiedelt: Dementsprechend sind alle Menschen wichtig, die über den Forschungsgegenstand, hier also über die Schule, Auskunft geben können: Die Lehrer, die Schülerinnen und Schüler, die Eltern der Kinder, die ehemaligen Schüler und so weiter. Sie alle sind, und das ist der erste wichtige Begriff dieses Teilkapitels, *Experten* für ›Schule‹ und werden dementsprechend im Forschungsprozess auch als Experten befragt.[24]

Jede dieser Gruppen hat nun spezifische Erfahrungen mit Schule, weil sie eine unterschiedliche Position zur Schule haben. Das drücken wir durch die zwei weiteren Begriffe der *Perspektive auf den Forschungsgegenstand* aus, die auf den darauf bezogenen alltäglichen *Handlungs- und Kommunikationspraktiken der einzelnen Menschen aus der jeweiligen Gruppe* beruht.

Wir befragen oder beobachten also in Form von Fallstudien Vertreter der bezüglich des in Frage stehenden Sachverhalts verschiedenen relevanten Gruppen, in diesem Fall also verschiedene Akteure wie Schüler, Lehrer, Eltern etc., die für das Funktionieren der Schule wichtig sind. Ihr Denken und Wissen beruht auf ihren praktischen und ihren kommunikativen Erfahrungen, auf ihrem alltäglichen Handeln und Kommunizieren im Hinblick auf Schule – dafür benutzen wir den Begriff der Kommunikations- und Handlungspraktiken. Dadurch haben sie bestimmte Haltungen zur Schule, die ihre Sichtweise und ihre Perspektive auf die Institution Schule prägen. Diesen im Handeln und Kommunizieren angelegten Perspektiven und Standpunkte der Experten muss Forschung im Zusammenhang mit den alltäglichen Kommunikations- und Handlungspraktiken rekonstruieren und deshalb die unterschiedlichen, empirisch feststellbaren Perspektiven erheben und daraus auf den Forschungsgegenstand schließen.

Natürlich sind diese drei Konzepte ›Experte‹, ›Perspektivität‹, ›Praktiken‹ nicht die einzigen, die wichtig sind. Zum Beispiel sind in den Aus-

24 Natürlich wird nur eine Auswahl ›typischer‹ Vertreter praktisch untersucht – wie diese bestimmt ist, werden wir bei der Darstellung der einzelnen Verfahren noch sehen.

sagen, die die Befragten machen, immer auch ideologische Aspekte von Bedeutung – Positionen zur Schule mögen von politischen, religiösen oder sonstigen Erfahrungen, vielleicht auch von den Medien abhängen. Über diese immer zu berücksichtigenden Zusammenhänge und Probleme hinaus bilden aber die drei Konzepte von Experte, Perspektivität und Praktiken den zentralen Hintergrund dafür, wie man mit Befragten umgeht.

Für die Datenerhebung im Rahmen theoriegenerierender Forschung sind dementsprechend die folgenden drei Aussagen von fundamentaler Bedeutung:

- *Soziale und kulturelle (Forschungs-)Gegenstände werden von Menschen hergestellt bzw. sie handeln in Bezug darauf. Deswegen sind alle daran Beteiligten auf ihre Weise Experten für diese Gegenstände. Sie müssen als Experten angesprochen werden und es müssen ihre Handlungskontexte berücksichtigt werden.*
- *Soziale und kulturelle (Forschungs-)Gegenstände sind weniger durch das, was die Menschen denken und meinen, bestimmt als durch das, was sie tun, wie sie es tun und wie sie darüber kommunizieren. Sie entstehen also durch die sozialen und kulturelle Praktiken. Diese Praktiken müssen zur Aufklärung des in Frage stehenden Sachverhalts rekonstruiert und bei der Generierung von Theorie berücksichtigt werden. Meinungen und Ansichten bilden demgegenüber eher einen Denkzusammenhang, der auf die Gesellschaft und deren Orientierung verweist.*
- *Die Sichtweisen, wie Menschen soziale und kulturelle (Forschungs-)Gegenstände betrachten und beurteilen, wurzeln in diesen Handlungs- und Kommunikationspraktiken. Sie sind für die Menschen in handlungsleitenden Perspektiven organisiert und an spezifische Standpunkte geknüpft – sie sind in diesem Sinn stets einseitig. Das ist in Anlage und Durchführung der Studie und bei der Auswertung der Daten zu berücksichtigen.*

Diese drei Ebenen sollen nun genauer besprochen werden.

Die Befragten sind die Experten: Offensichtlich ist es nahe liegend, Menschen, die mit einem vom Forscher definierten ›Forschungsgegenstand‹ zu tun haben, als Experten dafür zu betrachten. Mit ›Experte‹ ist dann nicht unbedingt das gemeint, was man landläufig im Alltag so nennt – Experten für eine Fernsehserie sind im hier gemeinten Sinn beispielsweise die Schauspieler, die Produzenten, die Programmdirektoren, aber auch die Zuschauer, die Fans und auch die, die die Serie nicht ausstehen können. Weiter die Programmbeobachter der Konkurrenzsender und die, die zwar schon davon gehört haben, aber gar keinen Fernseher besitzen. *Experten sind also alle, die eine eigene, handlungsrelevante Perspektive auf den in Frage stehenden Sachverhalt haben, auf den die Forschungsfrage sich bezieht. Im Rahmen theoriegenerierender Forschung steht die Erhebung dieses Wissens derartiger Experten im Vordergrund.*

Prinzipiell heißt das aber natürlich nicht, dass alles, was Experten sagen, wahr ist. Sie sagen meist das, was ihrer Ansicht nach wahr ist. Was sie auf Fragen antworten, kann vergleichsweise oberflächlich bleiben und Meinung, Ansicht, Einstellung sein. Es kann auch den Versuch umfassen, die Untersuchung zu beeinflussen. Die Antwort kann zudem sozial erwünscht, subjektiv unwahr oder nur teilweise wahr sein. Der Antwort kann aber auch das Bemühen zugrunde liegen, von den alltäglichen Handlungs- und Kommunikationspraktiken aus Hintergründe der eigenen Umgangsweisen zu beschreiben – das wäre besonders wünschenswert und erhellend. Was immer die Leute aber sagen – es muss in der Auswertung berücksichtigt werden. Man kann im Rahmen theoriegenerierender Forschung keine Aussagen und Daten als irrelevant auf die Seite legen.

Wissenschaftliche Forschung fragt also deshalb Experten, weil sie als einzige kompetent dafür sind, was sie selbst mit einem Phänomen machen. Aber die Herstellung einer Theorie, in die die Perspektiven und Standpunkte vieler oder aller wichtigen Experten eingehen, obliegt dem Wissenschaftler in seiner Auswertung. Er oder sie müssen die Antworten bewerten, beurteilen, analysieren und daraus eine Theorie generieren.

Praktiken als Erfahrungsbasis: Worin besteht nun das Expertenwissen der Experten und worauf gründet es? Dazu ist es wichtig, verschiedene Arten von Wissen voneinander zu unterscheiden, und zwar im Hinblick auf die Art und Weise, wie es erhoben wird. Einmal haben Experten Ansichten, Meinungen und Einstellungen gegenüber dem Phänomen oder dem Forschungsgegenstand, um den es geht, und im Hinblick auf das, was sie gefragt werden. Dabei verstehe ich hier unter Einstellungen und Meinungen etc. mehr oder weniger reflektierte Bewusstseinsinhalte, die für sich stehen und sprachlich ausgedrückt dann bestimmte Aspekte von Forschungsgegenständen beschreiben, dabei aber dem Gegenstand im Sinne Hegels äußerlich bleiben. Diese Ansichten, Meinungen und Einstellungen der Menschen beruhen zwar auf ihren Erfahrungen. Erfahrungen können allerdings ganz unterschiedlich sein – sie können zum Beispiel durch die Medien vermittelt oder beeinflusst sein, und die darauf gründenden Meinungen können dann eine Art jederzeit abrufbares Oberflächenwissen sein – ich habe Ansichten, Meinungen und Einstellungen zu diesem und jenem, die ich äußern kann, wenn ich danach gefragt werde.

Aber unser Wissen beschränkt sich nicht auf solches Oberflächenwissen. Menschen, die Experten sind für einen Sachverhalt, mit dem sie zu tun haben, kennen auch Hintergründe und Einordnungen. Sie können auch wesentliche kulturelle und soziale Kontexte benennen und über die soziale und kulturelle Bedeutung von Sachverhalten argumentieren. Dieses tiefer gehende Wissen gründet in ihren alltäglichen Handlungserfahrungen mit dem Forschungsgegenstand und in ihren damit verbundenen Kommunikationserfahrungen. Sie basieren also insbesondere nicht einfach nur auf Erlebnissen, sondern in verarbeiteten Erlebnissen im Umgang mit dem, was den Forschungsgegenstand ausmacht. Wichtig sind also das vorhandene Wissen aller Art, der mehr oder weniger bewusste, aber faktische und alltägliche, aus kreativen und habituellen Handlungsweisen zusammengesetzte Umgang und die darüber und dabei stattfindende Kommunikation. Für dieses handlungsbezogen erworbene und in Handlungserfahrungen abgelegte und gespeicherte Wissen benutzen wir den Begriff des in *Handlungspraktiken gründenden Wissens*.[25]

Mit diesem praxisbezogenen Wissen sind also insbesondere gedankliche Repräsentationen gemeint, die mit dem Alltag der beteiligten Person sowie seinen bzw. ihren Erfahrungen breit vernetzt sind. Beispielsweise hat ein Lehrer ebenso wie eine informierte Schülerin oder ein informierter Schüler oder die Eltern Einstellungen zur Schulpolitik, in die beispielsweise deren Parteipräferenzen eingehen. Diese Ansichten und Meinungen kann ich auch mit standardisierten Fragebögen erheben. Daneben hat ein Lehrer aber auch einen Alltag, in dem sich sein Handeln im Rahmen seiner Arbeit auf die Schule bezieht und in dem er auch über die damit zusammenhängenden Sachverhalte kommuniziert und denkt. Wenn der Lehrer nun Auskunft zur Schulpolitik gibt, so äußert er entweder einfach nur Einstellungen, Meinungen und Ansichten oder er reflektiert seine alltäglichen Praktiken und Kommunikationsweisen und deren Bedingungen und die darüber stattfindende Kommunikation und leitet daraus eine Antwort ab.

Es muss deshalb *zwischen Einstellung, Meinung oder Ansicht eines Experten zu einem Forschungsgegenstand und seiner auf seine Lebenswirklichkeit, seine soziale Lage und seine Biographie gegründeten Beziehung zu einem Gegenstand unterschie-*

25 Praktiken beinhalten insbesondere auch soziale und kulturelle Kommunikations- und Handlungsbedingungen, beispielsweise inkorporierte Macht- und Gesellschaftsverhältnisse, wie sie Elias, Foucault oder Bourdieu beschreiben.

den werden. Ein Lehrer hat eine Meinung zur Schulpolitik, aber auch eine Reihe von auf seinen Erfahrungen beruhenden praktischen Kommunikations- und Handlungsweisen und Wissensbeständen in Bezug auf schulische Fragen, ebenso ein Arbeiter zu dem Produkt seiner Arbeit, ein Börsenspekulant zum Geld. Und daran (und nicht so sehr an den Meinungen darüber) ist theoriefindende Sozialforschung interessiert, um vollständige und relevante Beschreibungen und darauf beruhende Theorien zu generieren. Denn erst dadurch werden soziale und kulturelle ›Gegenstände‹ theorierelevant beschreibbar. Zwar leisten natürlich auch die Ansichten, Meinungen und Einstellungen dafür einen Beitrag, aber einen, der eben mehr auf die Position einer Person in der Gesellschaft verweist.[26]

Selbst wenn also ein Befragter ehrlich und nach bestem Wissen antwortet, so ist seine Antwort nur ein Teil der Sache, die der kontextsensiblen Interpretation und Einordnung durch das Forschungsteam bedarf, schon deshalb, weil es ganz unterschiedliche Praktiken und Einschätzungen darüber geben mag.

Zusammenfassend kann man sagen, dass es der theoriegenerierenden Sozialforschung nicht primär darum gehen kann, sich mit (oberflächlichen) Einstellungen und Meinungen zu beschäftigen. Sie interessiert sich vielmehr für menschliche Kommunikations- und Handlungspraktiken und damit verbundenen, kontextuell eingebetteten gedanklichen Repräsentationen, weil die im Alltagsleben handlungsrelevant und damit auch relevant für die Konstitution der Forschungsgegenstände sind.

Perspektiven als Organisation von Wissen: Jedes Erleben setzt ebenso wie jedes Handeln und Kommunizieren einen spezifischen Standpunkt und eine spezifische Perspektive voraus, in der man auf die Welt und auf das sieht, was der Fall ist. Das ist räumlich, zeitlich und sozial klar: Ich befinde mich immer räumlich auf einem bestimmten Punkt meiner Welt und betrachte von dort aus meine Umwelt. Ich erlebe alles, was ich erlebe, zu einem bestimmten Zeitpunkt. Ich habe zu dem, was sozial und kulturell um mich herum passiert und was ich erlebe, eine bestimmte Position. Diese habe ich erlernt, wobei es auch von meinem Platz in der Gesellschaft abhängt, welche Standpunkte und Sichtweisen mir zugänglich sind: Der Finanzminister sieht in einem 100-Euro-Schein etwas anderes als die anderen Menschen. Der Aktionär versteht die Fabrik anders als der Arbeiter, Männer und Frauen haben ganz unterschiedliche Erlebniswei-

26 Das schließt natürlich nicht aus, dass man sich in spezifischen Untersuchungen mit der Frage beschäftigt, warum in manchen Fällen Alltagspraktiken und darauf beruhende Haltungen sich von Einstellungen und Meinungen unterscheiden.

sen und leben in ganz unterschiedlichen Welten, und von verschiedenen Kulturen werden verschiedene Dinge ebenfalls anders beurteilt. Wenn ich etwa einen materiellen Gegenstand sehe, sehe ich nur die mir zugewandte Seite und muss mir den Rest erschließen, indem ich ihn aufgrund meiner Erfahrung hinzudenke oder indem ich um den Gegenstand herumgehe und dabei Standpunkt und Perspektive wechsle.

Das gilt entsprechend, wenn ich den Zeitpunkt meines Erlebens variiere, um so zu verstehen, wie ein Phänomen geworden ist, aber auch, wenn ich soziale und kulturelle Bedingungen und Kontexte von Erleben verändere. Unter der Bedingung, dass sich Menschen als Experten zu einem Forschungsgegenstand und einer disziplinären Forschungsfrage äußern, ist deshalb der Begriff der Perspektive zentral, in der sie das tun.

Perspektive meint dabei die jeweilige Organisation der Wahrnehmung bzw. des Erlebens der Welt von einem Standpunkt aus. ›Perspektive und Standpunkt‹ sind damit Grundgegebenheiten, von denen aus ein Mensch etwas erlebt und verarbeitet, in denen sie oder er Erfahrungen machen und die dementsprechend auch Wissen und Erkenntnis organisieren.[27] Wissen, das in Praktiken gründet, ist also perspektivisch organisiert. Es bleibt im Allgemeinen wissenschaftlichem Wissen vorbehalten, Theorien zu entwickeln, die einzelne Handlungsperspektiven umgreifen.

Aus diesen Überlegungen läßt sich nun eine weitere wichtige Grundeigenschaft theoriegenerierender Forschung ableiten: *Sie zielt darauf ab, einen Forschungsgegenstand deskriptiv und theoretisch im Hinblick auf eine Forschungsfrage zu erfassen. Dazu befragen wir Experten, die diesen Gegenstand aus ihrer sozialen und kulturellen Praktiken kennen und darüber Auskunft geben. Ihr Wissen und ihre Beurteilungen sind in Perspektiven gefasst und von Standpunkten abhängig, es gründet in Kommunikations- und Handlungspraktiken.*Verstehen wir den Forschungsgegenstand als etwas, das verschiedene Eigenschaften und auch verschiedene ›Seiten‹ im Raum hat, so liegt es nahe, die so gesammelten Daten als Daten zu betrachten, die den Gegenstand von verschiedenen Seiten beschreiben und theoretisch gerichtet beleuchten. *Verschiedene Experten sehen ganz unterschiedliche Seiten eines Gegenstandes* – der Schmuggler sieht die Grenze anders als der Zöllner oder der Normaltou-

27 Für ›Standpunkt und Perspektive‹ lässt sich auch der Begriff der Situation einführen: Jeder Mensch befindet sich zu jeder Zeit seines Lebens in einer von ihm selbst mitkonstituierten Situation. Situation dient dabei als Interpretationsrahmen für das, was ich wahrnehme. In der Situation habe ich einen spezifischen Standpunkt und eine Perspektive auf das, was geschieht, und ich präsentiere mich selbst in einer Rolle (MEAD 1973, KROTZ 2001, MARKOWITZ 1979, BUBA 1980).

rist. Und Politiker, die die Grenzen abschaffen wollen, haben wieder eine andere Perspektive darauf. Forschung, die den Gegenstand umfassend beschreiben und theoretisch fassen will, zielt deshalb darauf ab, den Gegenstand von allen Seiten, also auf der Ebene der in Handlungspraktiken wurzelnden Perspektiven zu begreifen.[28]

ABBILDUNG 4

Unterschiedliche Perspektiven auf einen Sachverhalt

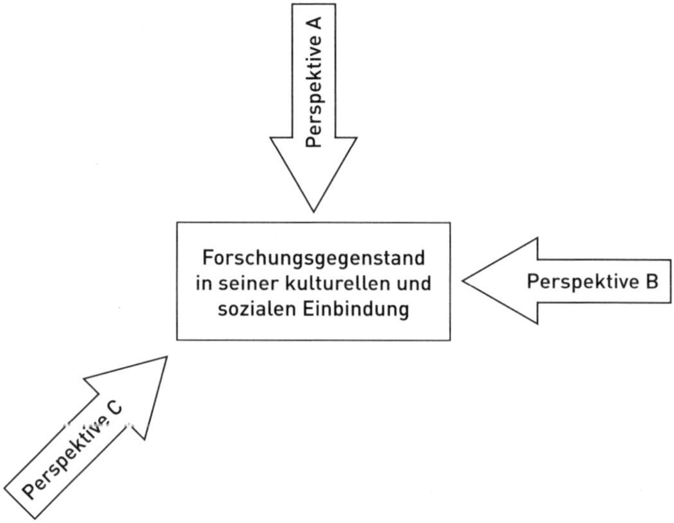

Im theoriegenerierenden Forschungsprozess werden also alle *relevanten* Einzelbeschreibungen des Forschungsgegenstandes in den jeweiligen verfügbaren Perspektiven der Experten erhoben, die auf verschiedenen Praktiken beruhen. Theoriegenerierende Forschung muss dann dieses in unterschiedlichen Praktiken gründende und in unterschiedlichen Perspektiven aufgehobene Wissen zusammenbringen, um die Partikularität der Sichtweisen, die sich in den Daten ausdrückt, zu überwinden und den Forschungsgegenstand als Ganzes zu erfassen.

28 In einem Wechsel der Ausdrucksweise kann man das auch so sagen, dass jede Perspektive und Sichtweise eines Forschungssubjekts auf einen sozialen Forschungsgegenstand zu einer oder mehreren, wie es Marx und Hegel ausdrücken würden, abstrakten Bestimmungen führt.

Die Frage ist freilich jetzt noch, was eigentlich genau relevant heißt. Und auch, wie die einzelnen theoriegenerierenden Verfahren dieses Problem lösen (nämlich auf unterschiedliche Weise). Wir werden dies in Teil II dieses Buches bei der Vorstellung der verschiedenen Verfahren behandeln.

2.5 *Formale Logik und Dialektik als Hilfswissenschaften für theoriegenerierende Forschung*

Wir haben in diesem Kapitel bisher unter anderem die Rolle von Sprache und Kommunikation beleuchtet. Wir haben auch einige Basisüberlegungen dazu entwickelt, worauf Wissen gründet, wie es organisiert ist und wie man es abfragen kann. In diesem ergänzenden Abschnitt geht es nun darum, die Rolle der Formalen Logik und die Rolle der Dialektik im Rahmen theoriegenerierender Forschung zu besprechen. Hier handelt es sich um Hilfsmittel für die Entwicklung und Formulierung von Theorien im Rahmen theorierelevanter Forschung. *Man kann sich aber auf die Nützlichkeit der Formalen Logik alleine nicht verlassen, weil sie in die Irre führen kann,* wie ich gleich zeigen werde. *Deshalb ist es notwendig, sich auch mit der Dialektik zu beschäftigen – als System des Denkens in Prozessen und Veränderungen, und als Prinzip der sich entwickelnden Wirklichkeit. Beides zusammen kann dann als ein wichtiges Hilfsmittel der theoriegenerierenden Forschung benutzt werden.*

Beschäftigen wir uns zunächst mit der *Formalen Logik*. Ihr werden in methodologischen Debatten zwei Rollen zugewiesen. Einmal wird behauptet, dass Formale Logik die Wissenschaft des korrekten Schließens sei und sich demnach auch Forschungsverfahren an die Regeln und Einordnungen dieser Logik halten müssten. Zum anderen heißt es, dass aufgrund der Logik des richtigen Schließens Folgerungen aus bewährten theoretischen Aussagen auch bewährte theoretische Aussagen sind, dass also die Struktur einer Theorie immer logisch sein muss. Beide Überlegungen sind aber falsch, wie ich im Folgenden zeigen werde.

Beginnen wir mit dem ersten Problem. Hier muss man an den beiden Begriffen induktiv und deduktiv ansetzen. Diese beiden aus der Logik stammenden Ausdrücke beziehen sich auf die Frage, wie man Erkenntnis gewinnt. Sie treffen auf folgenden Typus von Fragestellungen zu: Wir haben eine allgemeine logische Regel ›aus A folgt B‹, wobei A und B logische Teilaussagen sind, die sich auf empirisch feststellbare Einzelfälle beziehen. Ein Beispiel für eine solche Regel ist der in diesem Zusammenhang häufig angeführte Satz: »Wenn es regnet, ist die Straße nass.«

Von *Deduktion* sprechen wir, wenn wir nicht nur wissen, dass diese Regel richtig ist, sondern auch noch mindestens eine gültige Aussage der Form A haben. Dann kann man nämlich unter Verwendung der obigen allgemeinen Regel schließen, dass auch B zutrifft. Wenn wir also empirisch die Gültigkeit von A feststellen: »Es regnet«, so können wir, wenn die obige Regel gilt, daraus logisch zwingend ableiten, dass B gilt, also die Straße nass ist. Deduktion liegt vor, wenn man aus einer Regel und einer Prämisse, im Falle der Erkenntnis einer empirischen Tatsache eine logische Schlussfolgerung zieht.

Derartige deduktive Schlüsse sind natürlich logisch zwingend. Wir können auch in einem konkreten Fall feststellen, ob es regnet. Die Frage ist aber, woher man weiß, dass die Regel aus ›A folgt B‹ gilt. Dafür gibt es im Prinzip nur zwei Möglichkeiten. Entweder man prüft in allen Fällen von Regen nach, ob die Straße danach nass ist. Das geht aber nicht, weil ›alle Fälle‹ auch alle früheren und alle zukünftigen Fälle umfassen muss, sonst wäre die Regel ja nicht generell gültig. Das kann man also vergessen, weil man so etwas nicht begründen kann. Oder man leitet die Regel aus einer allgemeineren Regel ab – was aber nur ein weiteres Problem erzeugt, nämlich, woher man denn nun die allgemeinere Regel kennt. So sind deduktive Schlüsse im Bereich der Formalen Logik und Mathematik hilfreich und wichtig, aber in Bezug auf empirische Tatsachen helfen sie nicht weiter, weil es sie nicht gibt.

Demgegenüber liegt ein *induktiver Schluss* vor, wenn man eine Regel aus einigen empirischen Fällen ableitet, sie also auf alle entsprechenden Fälle verallgemeinert. Wir haben bereits oben argumentiert, dass solche induktiven Schlüsse letztlich nur mehr oder weniger plausible Vermutungen sind, weil man einfach nie alle nassen Straßen der Welt untersuchen kann und es von daher nie eine induktiv bewiesene Regel geben kann – es sei denn, sie ist eigentlich trivial und von der Form »Es gibt etwas«. Induktion garantiert also keine Wahrheit, ist aber trotzdem das zentrale Schlussverfahren in jeder Art von Natur- und Sozialforschung, wenn man sie von der Formalen Logik her betrachtet. In einer formallogisch fundierten Perspektive sind alle allgemeinen Aussagen, ganz gleich, ob sie auf qualitativen Fallstudien oder auf statistische Untersuchungen beruhen, induktiv und nie deduktiv. Von daher ist die Formale Logik hilfreich, um mathematische Sätze zu beweisen, aber die Gültigkeit empirischer Forschung muss man anders begründen.[29]

Dementsprechend kann man sagen, dass in einer formallogischen Sichtweise letztlich alle empirischen Verfahren auf induktiven Schlussweisen beruhen, wenn sie allgemeine Aussagen zu machen beabsichtigen. Das gilt beispielsweise für die quantitative Forschung, die ihre allgemeinen Aussagen mit Wahrscheinlichkeiten begründet und damit auch im Bereich der Plausibilität bleibt, aber auch für die qualitativen Ansätze, sofern sie allgemeine Aussagen machen.

Allerdings kann man das Vorgehen von Forschung auch aus anderen Perspektiven betrachten und dann besser begründen. Beispielsweise unterstellen Psychoanalyse oder andere hoch theoriegeladenen Ansätze, die aber trotzdem auch empirische Forschung betreiben, die Gültigkeit spezifischer Regeln für bestimmte Gegenstandsbereiche. Im Fall theoriegenerierender Forschung ist dieser Weg natürlich nicht möglich. Hier muss man vielmehr von einem anderen Bezugssystem her argumentieren, um nicht in die von der Formalen Logik erzwungene Alternative von induktiv vs. deduktiv zu geraten. Diese Unterscheidung geht von festen, bestehenden Aussagen aus, die zu konkreten, davon unabhängigen Geschehnissen in Beziehung stehen. Es gibt aber kein Verfahren, wie wir oben schon argumentiert haben, mit dem man feststellen kann, ob eine sprachlich gefasste Aussage mit einem ›Fakt‹ oder einer Regel der Wirklichkeit übereinstimmt. Die ganzen Überlegungen, ob eine Einsicht induktiv oder deduktiv ist, sind deswegen irreführend, denn die Wirklichkeit und die Aussagen über die Wirklichkeit sind nicht voneinander unabhängig, wie es die Formale Logik eigentlich verlangt.

Deswegen wird im Fall der theoriegenerierenden Forschung anders argumentiert. Statt von der Dichotomie aus sprachlichen Aussagen und Zuständen der Wirklichkeit wird von der Theorie- und Wissensgenerierung als Prozess ausgegangen: Wissen entsteht durch die Verbesserung von vorher vorhandenem Vorwissen, wobei die Methode des kontinuierlichen Vergleichs verwendet wird. Die empirische Untersuchung einzelner Fälle führt zu Aussagen über diesen Fall. Diese Aussagen werden mit den Aussagen des bereits vorher bestehenden Wissens verglichen und führen zu dessen Modifikationen: Es entsteht besseres Wissen, insofern jetzt auch ein weiterer Typus in den Aussagen berücksichtigt wird. In dieser Betrachtungsweise ist die Frage, ob es sich um induktive oder deduktive

29 Das Verfahren, das an diese Überlegungen eigentlich anknüpft und die Dinge retten soll, ist das Verfahren der Abduktion, wie es zum Beispiel Reichertz (2000) vertritt. Wir argumentieren hier aber in eine andere Richtung.

Schlussweisen handelt, nicht relevant, weil der Prozess des systematischen Entwickelns von Wissen aus vorher vorhandenem Wissen im Vordergrund steht. Anders ausgedrückt: Die Differenz zwischen Induktion und Deduktion ist eine abstrakte Differenz, die von stationären und stabilen Sachverhalten ausgeht; theoriegenerierende Forschung ist jedoch ein Prozess, in dem diese abstrakte Differenz nicht von Belang ist.

Hinter dieser Argumentation steht die bereits begründete These, dass Theorien in der Perspektive der qualitativen Forschung immer sprachlich gefasste Darstellungen komplexer Zusammenhänge sind, die im Hinblick auf erhobene Daten den Forschungsgegenstand in seiner Struktur und als Prozess beschreiben, und nicht Sammlungen von einzelnen Aussagen oder Hypothesen. Der Bezug von versprachlichtem Wissen in Beschreibungen und Theorien zu den Sachverhalten, um die es geht, findet deswegen nicht auf einer Ebene statt, die eine Kongruenz zwischen Wissen und Wirklichkeit sein soll. Stattdessen entsteht dieser Bezug aus dem Bezug neuen Wissens zu dem vorher vorhandenen Vorwissen und der Brauchbarkeit des neuen Wissens, um Fälle zu erklären. Ebenso wie jedes Vorwissen sind erhobene Daten wahr oder nicht wahr, sie haben aber durch ihre Konstruktion einen Bezug auf den Forschungsgegenstand, um den es geht. Deshalb spielen sie für die Theorie, die wir konstruieren wollen, eine wichtige Rolle, insofern die daraus zu gewinnenden Aussagen mit den Aussagen aus dem Vorwissen verglichen werden und dieses dann entsprechend modifiziert wird. In Bezug auf die Daten ist eine Theorie dementsprechend entweder angemessen bzw. die Theorie deckt den Fall ab. Oder sie passen nicht zu der bis dahin entwickelten Theorie, also müssen wir die Theorie modifizieren, erweitern, den neuen Verhältnissen anpassen. Dadurch erhalten wir eine bessere Theorie. *Kurz gesagt, die Entwicklung von Theorie bemüht nicht die Regeln der Logik, sondern findet als komparativer, also Fälle vergleichender Prozess statt und rechtfertigt sich darüber. Man kann darüber hinaus sagen, dass die komparative Konstitution von Beschreibung und Theorie sowohl deduktive als auch induktive Schlussfolgerungen beinhaltet, dass sowohl Schlüsse als auch Tests stattfinden, dass aber die Kriterien für deren Qualität nicht auf der Formalen Logik beruhen, sondern immer am empirischen Sachverhalt überprüft werden.*

An einem schlichten Beispiel aus dem Alltag erläutert: Wenn wir wissen wollen, was ein Auto ist, sollten wir die Leute fragen, die damit etwas zu tun haben. Also Besitzer von großen und von kleinen Autos – und was wir daraus schließen, sollte auch für Besitzer mittlerer Autos gelten. Wir schließen dabei explizit nicht von einzelnen Fällen auf einige andere oder gar alle Fälle. Sondern wir formulieren datengestützt eine Theorie, die für beide Autogrößen gilt, und behaupten, dass diese Theorie unabhängig davon gilt, wie groß das Auto ist – was wir freilich dann mit weiteren Fällen testen müssen. Wenn wir den Geltungsbereich dieses Aussagenzusammenhangs, den wir so erhalten, erweitern wollen, müssen wir die Theorie fortentwickeln – zum Beispiel ausdifferenzieren, indem wir die Befragten nicht nur nach der Größe der Autos differenzieren, sondern zum Beispiel auch nach dem Motortyp. Eine Ausgangsthese könnte ja sein, dass auch der Motor für ein Auto eine gewisse Rolle spielt. Wir sollten dann die Leute, die wir fragen, was ein Auto ist, auch danach aussuchen, dass Besitzer von verschiedenen Motortypen beteiligt sind. Ein derartiges komparatives Verfahren ist plausibel und wegen der Probleme der Formalen Logik mit der Wirklichkeit nicht kritisierbar. *Theoriegenerierende Forschung ist also positiv durch ihr komparatives, datengestütztes Vorgehen charakterisiert.*

Anders ausgedrückt, lässt sich dies auch so formulieren, dass theoriegenerierende Forschung nicht davon ausgeht, dass die durch formale Logik beschreibbaren Strukturen den Forschungsgegenstand entscheidend und ausschließlich prägen. Diese Annahme hängt eng mit der *zweiten Rolle der Formalen Logik* zusammen, die dieser Wissenschaft in der Diskussion um Methoden und Verfahren zugeschrieben wird. Nämlich, *dass die Wirklichkeit eigentlich logisch strukturiert sei und dass sich dementsprechend wissenschaftliche Theorien in ihrer Form und darüber auch in ihrem Inhalt den Regeln der Formalen Logik unterwerfen müssen, wenn sie vernünftig sein wollen.* Damit wollen wir uns nun beschäftigen.

Die These, die wir begründen wollen, ist die folgende: Formale Logik kann nicht das zentrale und einzige Kriterium für die Qualität von Theorie sein. Die ausschließliche Orientierung an der Formalen Logik ist vielmehr eine Reduktion, die durch ihre Ausschließlichkeit in die Irre führen kann, wie man an einfachen Beispielen zeigen kann.

Zum Beispiel gilt: Der deutsche Bundeskanzler ist ein Mensch – eine wohl unbestrittene Tatsachenaussage. Ebenso scheint die logische Aussageform: »Der Vater eines Menschen ist ein Mensch« korrekt, und angewandt auf die Aussage über den Bundeskanzler ergibt sich, dass sein Vater ein Mensch ist, dass dessen Vater ein Mensch ist und so weiter. Damit ist aber schon deutlich, dass hier viele richtige Aussagen hintereinander zu einer falschen führen: Die These von Darwin mit der Evolution der Arten wäre glatt widerlegt.

Die Formale Logik, so macht das Beispiel deutlich, kann die komplexe Realität alleine nicht erfassen. Es bedarf vielmehr zusätzlicher, also außerlogischer Überlegungen. Man muss aus inhaltlichen Gründen festlegen, dass man den obigen Schluss nur ein paar Mal hintereinander anwenden darf. Das heißt, man muss gewonnenes Wissen immer wieder mit Theorien anderer Art und mit empirischen Daten aller Art vergleichen, um nicht logisch produzierten Artefakten und Fehlschlüssen aufzusitzen. Deshalb sind die Formale Logik und die Mathematik Hilfsmittel, aber keine letztendlichen Kriterien für die Qualität einer Theorie.

Allgemeiner kann man zur konstruktiven Kritik auf die fundamentalen Prinzipien verweisen, die die Formale Logik und, daran anschließend, die Mathematik über die Wirklichkeit implizieren (KLAUS 1972, KLAUS/BUHR 1972, BOCHENSKI 1980) und die die Dialektik Hegels und Marx' herausarbeiten. Logik und Mathematik unterstellen erstens, dass etwas mit sich selbst identisch ist. Sie nehmen zweitens implizit an, dass etwas verschieden von seinem logischen Gegenteil ist. Und sie gehen drittens davon aus, dass etwas Bestimmtes einem anderem entweder gleich oder nicht gleich ist, eine weitere Möglichkeit aber nicht existiert (»Tertium non datur«).

Diese altbekannten Gesetze, die für die Formale Logik grundlegend sind, definieren, wie sich Formale Logik und darauf gründende Mathematik zur Wirklichkeit verhalten: In ihnen ausgedrückte Sachverhalte gehen von einer Welt von unabhängigen und unveränderlichen Objekten aus und liefern bezüglich des ›Wirklichen‹ abstrakte und in Bezug auf die Wirklichkeit funktionale Bestimmungen. Formale Logik und Mathematik konstituieren folglich abstrakte und funktionale Modelle von Ausschnitten der Wirklichkeit. Diese beschreiben die Wirklichkeit aber nur in einer reduktiven Art, weil sie nur Abstraktionen sind (KROTZ 1990).

In manchen Fällen kann es natürlich trotzdem hilfreich sein, solche formallogisch-mathematischen Modelle zu verwenden, etwa wenn komplexe Situationen theoretisch modelliert werden sollen. Man muss jedoch stets mitdenken, dass diese Modelle Reduktionen sind. Denn die Grenzen, in denen Logik und Mathematik vernünftig anwendbar sind, kann man nicht aus der Logik und der Mathematik ableiten.

Mindestens vier *Ungültigkeitsbedingungen* lassen sich für logisch-mathematische Abstraktionen formulieren, wobei diese vier Ungültigkeitsbedingungen sich aus einem dialektischen Verständnis von sozialer und kultureller Wirklichkeit ergeben.

- Erstens fehlt der Formalen Logik und Mathematik ein Zeitbegriff. Das Denken in formallogisch konstruierten Modellen ist folglich nicht prozessual, sondern setzt eine zeitliche Konstanz voraus: Denn die Identität von etwas mit sich selbst ist nur gegeben, wenn man alle Veränderungsprozesse in der Zeit ausschließt (BOCHENSKI 1980, HEGEL 1980). Dementsprechend ist die Wirklichkeit als Prozess kein Thema für die Logik, wie schon Bertrand Russell explizit klargemacht hat (1975, 1979): Der Pfeil fliegt nicht, sondern die Beschreibung mit Hilfe der Differentialrechnung begreift ihn als zu verschiedenen Zeiten an verschiedenen Orten. *Die Dialektik hingegen konstituiert die Welt als einen Prozess.*
- Zweitens können logisch-mathematische Operationen auf formallogischen Begrifflichkeiten zu Aussagen führen, die in Widerspruch zur Realität stehen, wie wir oben gesehen haben. Wenn man von einem Sandhaufen ein Korn wegnimmt, bleibt ein Sandhaufen übrig. Im logischen Sinn bleibt der Sandhaufen deshalb ewig, weil die Regel, dass ein Sandhaufen, von dem ein Sandkorn entfernt ist, ein Sandhaufen bleibt, wohl immer gültig ist. Dennoch verschwindet der Sandhaufen, wenn man nur lange genug einzelne Sandkörner wegnimmt: Hier kann eine formallogische Begrifflichkeit den Umschlag von quantitativen Veränderungen in qualitative Unterschiede nicht angemessen erfassen. *In der Sichtweise der Dialektik verändert sich die Welt in ihrem Werden einerseits allmählich, dann aber immer auch radikal, durch einen qualitativen Umschlag, und genau der ist mit Formaler Logik und Mathematik nicht mehr begreifbar.*
- Drittens gibt es in der Realität und in der Dialektik ein Problem mit dem logischen »Tertium non datur«. Denn in der Wirklichkeit ist es ohne weiteres möglich, dass sich Aussagen, die Aussagen über die Realität sind, widersprechen, weil abstrakte Bestimmungen in nichtlogischen Beziehungen zueinander stehen können. Deshalb kommt hier eine weitere Besonderheit der Dialektik zum Tragen, nämlich der dialektische Widerspruch als einerseits treibendes Element der Wirklichkeit, andererseits als treibendes Element des Denkens und Erkennens. Marx erläutert dies bekanntlich anhand der Analyse der Ware im Kapitalismus (MARX 1961): Sie hat einerseits Tausch-, andererseits Gebrauchswert. Damit sie einen Gebrauchswert hat, also genutzt wird, muss sie zunächst getauscht werden, also ihren Tauschwert realisiert haben. Damit sie einen Tauschwert hat, muss sie einen Gebrauchswert haben, sonst wird sie nicht getauscht. Das eine setzt also das andere voraus – logisch ist das nicht, aber es funktioniert trotzdem. *In der*

Sprechweise der Dialektik steht dahinter die These, dass es Widersprüche gibt, an denen sich die soziale Wirklichkeit bricht und verändert.

- Und schließlich viertens bezieht sich die Formale Logik letztlich immer auf abgetrennte, oft hierarchisch zueinander stehende Objekte und hat keine Möglichkeit, das, was in einer dialektischen Sprechweise Totalität heißt, angemessen zu berücksichtigen. Jedes Phänomen muss aber immer auch in seinem Bezug zum Ganzen gesehen werden, wenn man es realistisch erkennen möchte. Die Totalität konstituiert immer auch eine mögliche Sichtweise, wie es Adorno und Horkheimer (1971) zum Beispiel in ihrer Kulturanalyse vorgeführt haben. *Im Sinne einer dialektischen Formulierung lässt sich in dieser Beziehung sagen, dass es nicht nur auf die Sachverhalte, sondern auch in gleichem Maße auf ihre Kontexte ankommt.*

Die damit umrissenen vier Grundprobleme logischen Denkens im Verhältnis zur sich wandelnden Wirklichkeit sind nicht aufhebbar und verweisen auf die Dialektik sowohl als Denksystem wie auch als Entwicklungsprinzip der sozialen und kulturellen Wirklichkeit. Hierauf kann nicht genauer eingegangen werden. Es wird hier nur auf die einschlägige Literatur verwiesen – etwa Röd 1974 oder Wuchterl 1977, der die Dialektik im Vergleich mit methodologisch anders begründeten Verfahren untersucht. Wir werden auf die Bedeutung von Widersprüchen aber in Kapitel 5 zurückkommen.

Alle drei Ansätze, die Formale Logik, die Mathematik und die Dialektik können als Hilfsmittel für Forschungsverfahren dienen. Aber diese Hilfsmittel müssen dosiert und kontrolliert eingesetzt werden und dürfen nicht vorrangig bestimmen, was zu tun ist. Das soll kein Freibrief dafür sein, sich über die Regeln der Formalen Logik locker und nach Bedarf hinwegzusetzen. Es soll aber auch dem umgekehrten Fehler vorbeugen, nämlich der durch nichts gerechtfertigten Annahme, dass Aussagen, die den Regeln der Formalen Logik folgen, ausreichen, um die Wirklichkeit sinnvoll zu beschreiben.

Zusammenfassend lässt sich sagen, dass die Formale Logik die kulturelle und soziale Wirklichkeit auf eine statische und hierarchische Welt reduziert. Die daran bzw. an der Mathematik orientierte Sozialforschung reproduziert dementsprechend die Welt auch so. Insofern bedarf es heute mehr denn je eines dialektischen, prozessualen Verständnisses von Wirklichkeit als Werden, weil wir nicht in stabilen Begrifflichkeiten, sondern in flüssigen Prozessen denken müssen. Jeder Zustand, jede Struktur ist nichts als ein Durchgangsstadium, und wir können einen Gegenstand nur verstehen, wenn wir ihn als momentane Erscheinung eines Prozesses in seinem Bezug zum Ganzen rekonstruieren. Aber auch die Dialektik als eine Art Logik sich entwickelnder Prozesse muss ein Hilfsmittel bleiben – eine Theorie ist nicht nur deshalb falsch, wenn sie die Dialektik nicht beschwört.

2.6 *Zusammenfassungen und Ergänzungen*

Dieses zweite Kapitel war sicherlich nicht immer einfach zu lesen. Es war aber auch nicht verzichtbar. Wir wollen deshalb in diesem abschließenden Absatz die wichtigsten Erkenntnisse zusammenfassen und einige ergänzende Punkte ansprechen.

- *Die Forschungsverfahren der Wissenschaft gründen im Alltag der Menschen und sind daraus durch Abstraktion, Spezialisierung und Systematisierung gewonnen. Dies gilt insbesondere auch für die theoriegenerierende Forschung, die an Phänomenen und Forschungsfragen ansetzt und sich als rekonstruktiv versteht. Wissenschaftstheoretisch lässt sie sich durch den Bezug auf den Pragmatismus von Peirce, James und Dewey begründen.*
- *Theoriegenerierende Forschung versteht sich als prozessual und geht komparativ vor*: Die Entwicklung neuer Theorien ist immer ein vergleichend angelegter Prozess, der nach spezifischen Regeln stattfindet. Sie beginnt mit dem vorhandenen Vorwissen, das als nicht ausreichend erscheint und deshalb verbessert und weiterentwickelt werden muss. Der Prozess der Wissensentwicklung ist deshalb *prinzipiell komparativ, weil er mit einem Vergleich zwischen einem neuen Phänomen und dem alten Vorwissen beginnt und weil dabei vor allem und in erster Linie Wissen mit anderem Wissen verglichen wird.* Daraus entsteht neues, adäquateres Wissen. Niemals also beginnen wir am Punkt null und auch nicht begriffs- und theorielos bei der reinen Wirklichkeit.
- *Theoriegenerierende Forschung beruht entscheidend auf Kommunikation als Voraussetzung wie auch als Mittel*: Ihr wichtigstes Instrument ist die Auseinandersetzung mit den in Handlungs- und Kommunikationspraxen gründenden Erfahrungen der Menschen, die etwas mit der Forschungsfrage und dem Forschungsgegenstand zu tun haben. Theoriegenerierende Forschung findet im Forschungsfeld in der ›Wirklichkeit‹ und in Interaktion mit anderen Menschen statt. Denn um diese Erfahrungen kennen zu lernen und berücksichtigen zu können, müssen wir mit den anderen Menschen kommunizieren. Theoriegenerierende Forschung ist von daher ein breiter, kommunikativer Prozess. Basis dafür sind die Antworten der ›Experten‹ für den in Frage stehenden Sachverhalt, und

es geht darum, in Bezug darauf eine Theorie zu finden, die zu den Antworten passt (wobei wir noch genauer diskutieren werden, was in diesem Zusammenhang mit passen gemeint ist).

Ergänzend sollen drei Fragen kurz beantwortet werden, auf die wir gelegentlich zu sprechen gekommen sind.

Einmal soll auf die Frage nach der Ethik und den gesellschaftlichen Bedingungen und insbesondere auf den Verwertungszusammenhang von Forschung hingewiesen werden: Insofern Forschen eine Form sozialen Handelns ist, gibt es dafür nicht nur Regeln, die uns sagen, wie man zu richtigen Ergebnissen kommt, sondern auch moralische und ethische: Was darf ich mit anderen Menschen machen, um zu meinen Theorien zu kommen? Darf ich lügen und betrügen, darf ich Menschen zwingen oder gefährden, wie weit darf ich in ihren privaten Bereich eindringen? Darf man zum Beispiel in einem Chat im Internet das Gesagte mit einem geeigneten Computerprogramm systematisch und umfassend protokollieren und dann auswerten? Wer diese Frage mit ja beantwortet, muss vielleicht auch die Frage mit ja beantworten, ob man mit einer Wanze die Gespräche der Menschen in einer öffentlichen Kneipe systematisch aufzeichnen und auswerten darf – und das darf man nicht.

Was man unter ethisch sauberem Forschen verstehen sollte, findet sich in den Ethikrichtlinien der großen wissenschaftlichen Vereinigungen und Institutionen. Die Deutsche Gesellschaft für Publizistik und Kommunikationswissenschaft (DGPuK) oder die Deutsche Gesellschaft für Soziologie (DGS) haben z.B. derartige Richtlinien aufgestellt. Die DGS verfügt auch über einen Ethikausschuss, bei dem man sich beklagen kann – oder bei dem man verklagt wird.

Natürlich spielt auch der Verwertungszusammenhang von Forschung eine Rolle. Forschung und ihre Ergebnisse finden immer in einem gesellschaftlichen Umfeld statt, das immer auch durch Macht und Ungleichheit strukturiert ist. Deswegen muss man sich nicht nur über ethische Normen Gedanken machen, sondern auch darüber, wem welche Forschung dient. Wie immer man das entscheidet dass man darüber nachdenkt, ist aber notwendig.

Die zweite, wiederholt angesprochene Frage beschäftig sich damit, ob theoriegenerierende Forschung kritisch ist: Die Antwort lautet in diesem Fall, dass es keine in sich und aus sich heraus kritische Verfahren gibt. Jedes Verfahren kann auch affirmativ in einem administrativen oder ökonomischen Interesse verwendet werden. Es gibt aber ein kritisches Bewusstsein, das die Generierung von Theorie in Bezug zu den gesellschaftlichen Verhältnissen setzt. Damit wird jedes Verfahren zu einem potenziell kritischen, weil alles, was wir wissen, von unserer gesellschaftlichen Position abhängt.

Die dritte offene Frage ist schließlich, ob Theorie mittels theoriegenerierender Forschung entdeckt oder erfunden wird. Die Frage, die damit zusammenhängt, ist die Frage danach, ob Wissenschaft die Realität abbildet oder dazu beiträgt, sie zu konstituieren. Sie stellt auch die Frage, wie sich Aussagesysteme auf die Wirklichkeit beziehen.

Manche Wissenschaftlerinnen und Wissenschaftler meinen, es gebe unabhängig von ihren Theorien und ihrem Wissen eine Wirklichkeit, und die wollen sie in ihren Theorien abbilden. Andere meinen, dass Theorien immer Konstrukte sind, mit deren Hilfe wir unsere Wirklichkeit erklären und verstehen und, vor allem, erst konstituieren, weil wir damit ihre sprachlich strukturierte Form modifizieren. Diese Frage muss hier deshalb nicht entschieden werden, weil theoriegenerierende Forschung sowohl in einem abbildorientierten als auch einem konstruktivistischen Zusammenhang verwendet werden kann.

3. Theoriegenerierende Forschung als praktischer Prozess

Überblick

Kapitel 3 beschreibt die theoriegenerierende Forschung als praktischen Prozess forschenden Handelns. Es geht also um das ›wie‹ theoriegenerierender Forschung. Das heißt, es sollen nun die Basisregeln dieser Art von Forschung dargestellt und begründet werden, die für alle drei in Teil II genau besprochenen Verfahren der Theoriegenerierung wichtig sind.

- In Abschnitt 3.1 behandeln wir den Weg vom Phänomen, das zur Forschungsfrage veranlasst, zur Beschreibung des Gegenstands und die Theorie über ihn, sodass die Forschungsfrage beantwortet ist. Das ist nur möglich, wenn der Gegenstand, dessen Beschreibung und Theorie man erarbeiten will, offen ist und im Prozess der Untersuchung immer wieder neu definiert wird und so allmählich als das erkannt wird, was er ist. Theoriegenerierende Forschung ist dann beendet, wenn der Gegenstand in seiner Art, seiner Struktur, seiner Entstehung und Entwicklung und in seinen kontextuellen Zusammenhängen bestimmt und bekannt ist. Bis dahin muss man sein Wissen immer wieder revidieren: Der Gegenstand ist offen, Erkenntnis ist immer vorläufig, ganz gleich, wie sie gewonnen wurde.
- Der Weg vom Phänomen zur Definition und Erkenntnis des Forschungsgegenstands entspricht dem Lernprozess von Forscherin und Forscher von ihrem Vorwissen zu einem empirisch gesicherten theoretischen Wissen. Diesen Weg werden wir in 3.2 darstellen. Dabei ergibt sich, dass es für theoriegenerierende Forschung unabdingbar ist, dass der Forscher – komplementär zur Offenheit des Gegenstands – ebenso offen sein muss für das, was er in seinen Daten findet, auch wenn es seinen vorhan-

denen Annahmen widerspricht. Die Forschungsperson muss ihr Denken den Erkenntnissen anpassen, indem sie ihr Vorwissen mit den Einsichten aus den erhobenen Daten vergleicht und es daran anpasst. Qualitative Forschung ist auf Grund dieser beiden Offenheitsbedingungen prozessual und komparativ, weil neues Wissen im Erkenntnisprozess durch die Überprüfung und Verbesserung bereits vorhandenen Wissens entsteht.

- Damit lässt sich das Vorgehen des Forschers im Rahmen theoriegenerierender Forschung metaphorisch als Dialog mit der Wirklichkeit verstehen. Diese gleichsam operative Grundregel wird in Teilkapitel 3.3 expliziert. Auf der Basis seines Vorwissens konstruiert bzw. sammelt der Forscher anhand verschiedener Fälle Daten, die er auswertet. Die Ergebnisse dieser Operation vergleicht er mit dem Vorwissen bzw. mit dem bereits vorhandenen Wissen, woraus weitere Fragen und Datenerhebungen entstehen: Der Forschungsprozess wird so als Forschungsspirale kenntlich – die Forschungsperson tritt immer aufs Neue in den Dialog mit der Wirklichkeit und mit dem bis dahin gesammelten Wissen – bis die Theorie entwickelt ist.
- Damit können wir uns in Abschnitt 3.4 eher konkreten Regeln des Umgangs mit Daten zuwenden, wobei wir uns auch hier auf Aussagen beschränken, die für alle theoriegenerierenden Verfahren gelten. Dabei knüpfen wir an Unterkapitel 1.1 an, wonach jede empirische Forschung aus der Erhebung von Daten und aus der Auswertung von Daten besteht. Vor diesem Hintergrund beschäftigen wir uns mit den Basisregeln der Datenerhebung, wobei diese als kommunikativer Prozess vor dem Hintergrund eines gemeinsamen sozialen und kulturellen Bezugssystems konzipiert ist. Zudem beschäftigen wir uns mit Formen der Protokollierung von Daten.
- Im Anschluss daran stellen wir in Teilkapitel 3.5 Basisregeln zur Dateninterpretation vor – sozusagen das, was man, wenn man vorsichtig ist und das eigenen Handeln kritisch reflektiert, mit allen im Forschungsprozess berücksichtigten Daten machen kann. Zwar hat jedes der in Teil II vorgestellten Verfahren seine eigenen Regeln, aber dennoch gibt es in dieser Hinsicht eine Reihe von gemeinsamen Interpretationstechniken.

Lernziel dieses Kapitels ist es also, sich mit theoriegenerierender Forschung als Prozess regelgeleiteten sozialen Handelns auseinander zu setzen. Dabei sind die beschriebenen und diskutierten Regeln für alle drei in Teil II genauer vorgestellten Verfahren der Grounded Theory, der Heuristischen Sozialforschung und der Ethnographie auf dieser Ebene ähnlich. Sie sollten nach der Lektüre wissen, welche Bedingungskonstellationen theoriegenerierende Forschung charakterisieren: Offenheit von

Gegenstand und Forscher und Forschung als Dialog mit der Wirklichkeit auf ganz verschiedenen Ebenen, wobei das Gesamtvorgehen spiralförmig angelegt ist. Und Sie sollten die vorgestellten elementaren Überlegungen zur Datenerhebung und -auswertung verstanden haben.

3.1 *Vom Phänomen zur Beschreibung und zur Theorie: Die Offenheit des Forschungsgegenstandes*

Hier geht es zunächst darum darzustellen, wie man im Rahmen theoriegenerierender Forschung vom unbekannten Phänomen aus zu Beschreibung und Theoretisierung des Forschungsgegenstands gelangt. Dabei setzen wir an den Abschnitten 1.1 und 1.2 an, wo wir als die grundlegenden Schritte empirischer Forschung Vorwissen, Datenerhebung, Datenauswertung sowie die Kommunikation in die Wissenschaft identifiziert hatten.

Mit *Forschungsprozess* ist dann das fortlaufende forschende Handeln gemeint, das sich in verschiedene Phasen unterteilen lässt. Im Verlaufe dieses Prozesses entwickelt das forschende Subjekt sein anfängliches Vorwissen von dem Phänomen, um das es geht, hin zur Beantwortung der Forschungsfrage durch die erarbeitete Beschreibung des Forschungsgegenstands und seiner Theorie:[30] Dieser Prozess wird dabei als reflektierender und dokumentierter Prozess des Lernens über die Wirklichkeit verstanden, der im Kontakt mit der Wirklichkeit stattfindet. Die Regeln korrekten Forschens können dabei durchaus verletzt werden, wenn es dafür gute, zum Beispiel inhaltliche Gründe gibt, die dann aber auch dokumentiert werden müssen.

Jeder Forschungsprozess beginnt, so hatten wir in 1.1 deutlich gemacht, entweder mit einem *beobachteten Phänomen*, das genauer untersucht, das systematisch beschrieben und zu dem eine Theorie entwickelt werden soll, oder mit einer *Forschungsfrage*, die aus praktischen, theoretischen oder anderen Gründen gestellt wird und zu beantworten ist. Dabei hängen Phänomen und Frage natürlich eng zusammen.

Mit dem Ausdruck ›*Phänomen*‹ meinen wir eine empirisch feststellbare Besonderheit, etwas, das aufgefallen ist oder auffallen sollte, etwas, was eine Forschungsfrage aufwirft – die Tatsache, dass es immer mehr Fernsehapparate an öffentlichen Plätzen, in Kneipen und Schaufenstern,

30 Diese Aussage ist unabhängig davon gültig , ob man von Wissenschaft als Abbild oder Wissenschaft als Struktur der Wirklichkeit ausgeht.

Bahnhöfen und U-Bahnen, Schuhgeschäften und Hotelfoyers gibt, dass die Scheidungsrate in allen industrialisierten Ländern steigt oder dass das jahrzehntelange Morden im Sudan nicht aufhören will. Ein anderes Beispiel setzt noch deutlicher am Alltag an und führt doch weit in wichtige Gesellschaftstheorie: Wir beobachten, wie sich zwei Menschen wegen eines Geldstücks, das auf der Straße liegt, streiten – das ist das auffällige Phänomen. Wir stellen uns die Forschungsfrage, warum sie das tun und was genau das ist, worum sie sich streiten. Wir sind damit relativ schnell bei der Frage gelandet, was Geld ist und welche Rolle es in unserer Kultur und Gesellschaft spielt: Das ist der hoch komplexe Forschungsgegenstand, den man da untersuchen muss, wenn man das Ausgangsphänomen verstehen und praktisch angehen will.

Forschungsfragen sind dann also Fragen, die dieses Phänomen in einen sozialen und kulturellen Zusammenhang stellen und es im Rahmen einer Disziplin erforschbar machen: Warum gibt es Fernsehen im öffentlichen Raum und wer nutzt das wie? Wieso und im Einklang mit welchen kulturellen und gesellschaftlichen Prozessen entwickelt sich die Scheidungsrate in industrialisierten Ländern? Warum zerfallen die staatlichen und gesellschaftlichen Institutionen im Sudan immer weiter und wie kann man das ändern?

Ein sozialwissenschaftlich zu untersuchendes Phänomen kann dabei durchaus ein Alltagsphänomen sein. Aber eine Forschung einleitende Forschungsfrage wird sich von einer Alltagsfrage unterscheiden und nicht irgendeine Frage sein. Denn eine Forschungsfrage muss hinreichend präzise und insbesondere so gestellt sein, dass sie den Forschungsprozess anleitet und dem Forscher einer Richtung gibt. Sie wird dementsprechend immer im Rahmen einer wissenschaftlichen Disziplin gestellt und in angemessenen Begriffen formuliert, deren Tauglichkeit gleichwohl im Forschungsprozess hinterfragt werden kann. Zudem entscheidet schon die Fragestellung mit darüber, wie eine Antwort aussehen kann. Insofern muss auch die Forschungsfrage reflektiert werden. Sie muss andererseits aber auch so präzise gestellt sein, dass sie als Kriterium taugt, um zu entscheiden, wann die empirische Untersuchung abgeschlossen ist. Eine genaue Formulierung der Forschungsfrage ist auch deswegen wichtig, weil es bei wissenschaftlicher Forschung nicht nur um die Lösung eines praktischen Problems geht, sondern um die Herstellung von Theorie, die sich in die Theorievorräte einer Wissenschaft einordnen lassen muss.

Hinter den sozialen, kulturellen, ökonomischen, medialen und sonstigen Phänomenen, die die verschiedenen Sozialwissenschaften empirisch untersuchen und zu denen wir Forschungsfragen stellen, stehen soziale und kulturelle Prozesse, die diese Phänomene auslösen. Die Forschungsfrage bezieht sich dann natürlich nicht alleine auf das festgestellte Phänomen als singuläre Angelegenheit, sondern auch auf seine Bedingungen und Hintergründe, auf seine Kontexte und Besonderheiten – nur dann stellt man ja eine Frage, die auf eine Theorie zielt. Phänomen und Forschungsfrage sind auch selbst Teil von Kultur und Gesellschaft, und deshalb ist in jeder empirischen Forschung nicht nur das bereits genannte Problem des Verwertungszusammenhangs, sondern auch das Problem der Ideologie von Bedeutung: Wir denken über manche Dinge systematisch verblendet, auch wenn wir wissenschaftlich akzeptierte Forschungsfragen zu stellen und Phänomene objektiv zu erkennen meinen. Dagegen hilft, wie bereits in 2.6 angesprochen, nur ein kritisch reflektierter Forschungsprozess.

In diesem Zusammenhang können wir weiter sagen, dass es zu ein und demselben Phänomen unterschiedliche Forschungsfragen geben kann, wobei diese Unterschiede auf verschiedenen Ebenen liegen können.

- Eine *erste Dimension für unterschiedlich gerichtete Forschungsfragen liegt in der Ideologie*: Das wird zum Beispiel deutlich am Konzept der so genannten ›digitalen Spaltung‹ – also der vermuteten Spaltung von Gesellschaft durch das Vordringen von Computer und Internet und den ungleich verteilten Zugangsmöglichkeiten zu dieser Technologie. Wenn man die Ursachen dafür vor allem in der fehlenden Medienkompetenz der Menschen sieht, privatisiert man das Ausgangsphänomen zunächst einmal. Man kann auch behaupten, man könne es lösen, indem man die Schulen mit erheblichen staatlichen Mittel mit Computerräumen und Internetanschlüssen ausstattet. Was dabei aber entsteht, sind primär staatlich subventionierte Absatzmärkte für Computer- und Softwarehersteller, für Provider und Netzanbieter. Das gilt jedenfalls dann, wenn eine pädagogische Verwendung dieser Techniken im Unterricht nicht möglich ist, weil es weder sinnvoll begleitete Anwendungen noch didaktische Mittel oder entsprechend weitergebildete Lehrerinnen gibt. Man könnte stattdessen auch auf Bildungdisparitäten oder die Einkommensverteilung verweisen, auf die Unterschiede zwischen Mann und Frau oder Alt und Jung, was den Bedarf an Unterstützung angeht. Man könnte auch sozialpolitisch argumentieren und die Nutznießer zu mehr sozialer Verantwortlichkeit veranlassen.

- Eine *zweite Dimension, in der sich Forschungsfragen unterscheiden können, ist im geplanten Verwertungszusammenhang* angelegt. Wenn ein Banker auf die Frage stößt, was es bedeutet, dass die Verschuldung von immer mehr Haushalten immer mehr steigt, so wird er sich vor dem Hintergrund seines Jobs anders damit auseinander setzen als der Sozialarbeiter, der sich mit bankrotten Familien beschäftigen muss, auch wenn ihre Perspektiven letztlich nicht unvereinbar sein müssen.
- Drittens gibt es *disziplinäre Unterschiede in der Formulierung von Forschungsfragen*: Digitale Spaltungen ließen sich ökonomisch durch Verbilligung der Geräte, politisch durch ein Grundrecht auf Zugang zum Internet, per Einkommensumverteilung oder auch per Bildungsangebote bekämpfen. Was davon am besten ist, kann man mit dem Formulieren einer Forschungsfrage beeinflussen – verschiedene Disziplinen können hier auch zu unterschiedlichen Antworten kommen.
- Eine *vierte Ebene von Unterschieden liegt auf der Ebene der Erhebungsmethoden und Forschungsverfahren*: während die quantitative Forschung im Zusammenhang mit der Frage nach der digitalen Spaltung über die Verbreitung der digitalen Medien in der Bevölkerung und deren Entwicklung forscht, setzt sich dic qualitative Forschung vielleicht mit der Frage auseinander, wie die Menschen über die digitalen Medien sprechen und sie nutzen, oder damit, für wen sie eigentlich einen Vorteil bieten und für wen nicht.
- Eine fünfte Ebene schließlich liegt in der Möglichkeit, Forschungsfragen im Hinblick auf *verschiedene handlungsrelevante Perspektiven auf den Forschungsgegenstand bzw. auf verschiedene theoretisch orientierte Überlegungen* zu formulieren – je nachdem, was ich unter ›Öffentlichkeit‹ verstehe, werde ich zu anderen Ergebnissen kommen, wenn ich nach der politischen Bedeutung der digitalen Spaltung frage.

Im Hinblick auf den Forschungsprozess kann man sagen, dass die Phänomene, mit denen sich die Sozialforschung beschäftigt, *gesellschaftlich bzw. kulturell konstituierte Phänomene sind. Das darf man im Laufe des Forschungsprozesses nicht vergessen, wenn man eine brauchbare Theorie herstellen will.* Wenn man beispielsweise von dem Phänomen des schnellen Erfolges des Fernsehens in den fünfziger und sechziger Jahren ausgeht, so kann man den damit angesprochenen Forschungsgegenstand nur dann verstehen und beschreibend sowie theoretisch fassen, wenn man die dahinter stehenden gesellschaftlich geprägten Bedürfnisse der Menschen berücksichtigt. Dazu gehören der Zugang zu neuen Formen mediatisierter Erfahrungen und das sich Einlassen auf das Geschehen in der Welt im privaten Raum. Natürlich waren aber auch die Werbung und die Marketingstrategien von Bedeutung. Bei dem damaligen Stand ist das Fernsehen nicht stehen geblieben – Aussagen über sein Verhältnis zu Kultur und Gesellschaft fallen heute anders aus. Fernsehen ist zu einem durchökonomisierten Medium geworden, das im großen Ganzen erwartbar versucht, die medialen Erfahrungsweisen der Menschen zu monopolisieren und auszunutzen. Auch das ist ein Hintergrund dafür, dass heute das Internet sich als Kommunikationsraum durchsetzen kann, in dem derzeit noch mehr möglich ist als im Fernsehen. Alle diese Entwicklungen als Phänomene sind in Kultur und Gesellschaft verankert und haben eine Bedeutung für die Menschen, die davon betroffen sind. Diese in den von den Individuen herangezogenen Interpretationskontexten entwickelte Bedeutung muss herausgearbeitet werden, damit das ›Wesen‹ des Phänomens deutlich wird, damit sich das Phänomen zu einem am Ende erkannten Forschungsgegenstand entwickeln lässt, den man theoretisch beschrieben hat und theoretisch erfasst und eingeordnet hat.

Forschung bezieht sich also auf ein (oder mehrere) Phänomene und eine darauf gerichtete Forschungsfrage. Sie ist Teil einer wissenschaftlichen Disziplin, die das Phänomen kontextualisiert. Im Forschungsprozess wird deutlich, dass hinter dem Phänomen ein gesellschaftlich bzw. kulturell bestimmter Forschungsgegenstand verborgen ist, den man vom Phänomen aus kennen lernen will und den man deshalb untersucht. Und wie wir bereits ausführlich in den Abschnitten 1.2 und 1.6 erläutert haben, zielt das Vorgehen wissenschaftlicher Forschung auf eine Beschreibung und eine Theorie über den Forschungsgegenstand, mit dem man die Forschungsfrage beantwortet, indem man das Phänomen erklärt/versteht.

Damit können wir diesen Prozess folgendermaßen visualisieren:

ABBILDUNG 5

Vorstellungen von der Wirklichkeit im Forschungsprozess

Abbildung 5 beschreibt den Forschungsprozess auf der Ebene gegenständlicher Vorstellungen. Sie ergänzt damit Abbildung 1, die den Forschungsprozess auf der Ebene forschenden Handelns beschreibt: empirische Forschung beginnt danach mit einem anfänglichen Vorwissen, besteht aus Datenerhebung und -auswertung und endet mit der Vermittlung der Ergebnisse in die wissenschaftliche Community. Das wahrgenommene Ausgangsphänomen und die Forschungsfrage knüpfen am Vorwissen an und werden im Forschungsprozess auf der Grundlage von Datenerhebung und -auswertung modifiziert und weiterentwickelt. Die gültige Bestimmung des Forschungsgegenstandes, seine Beschreibung und seine Theoretisierung sind die Ziele, die durch Datenerhebung und -auswertung realisiert werden.

Wichtig ist, dass wir in einer pragmatischen Sichtweise nicht vom Forschungsobjekt, sondern vom Forschungsgegenstand sprechen. Ein Objekt ist etwas, das als eigenständig und in seiner Existenz als unabhängig gedacht wird. Das ist die Ausgangsvorstellung der quantitativen Sozialforschung, aber nicht die der qualitativen. Sie beschäftigt sich mit Gegenständen – ein Gegenstand ist im Unterschied zum eigenständigen Objekt ein Art soziales und kulturelles ›Gegenüber‹, etwas, das ich ins Auge fasse und definiere, etwas, das mir ›entgegensteht‹, insofern es nicht nur ein Objekt in meiner eigenen Vorstellung ist. Ich behandle im Forschungsprozess diesen Gegenstand nicht als Ding für sich, sondern in seinen Beziehungen zu anderen Gegenständen, zu Kultur und Gesellschaft, zu der ich auch selbst gehöre. Und ich muss diesen Gegenstand kennen lernen – ich weiß nicht, ob ich ihn vorab schon richtig bestimmt habe, wie es die Rede vom Forschungsobjekt unterstellt.

Wir können aus diesen Überlegungen eine wichtige Schlussfolgerungen ziehen: *Nicht nur die Forschungsfrage und das zu untersuchende Phänomen sind vorläufig, sondern auch der Forschungsgegenstand, den es zu beschreiben und theoretisch zu fassen gilt. Für alle drei Entitäten theoriegenerierender Forschung ist es möglich, dass sie modifiziert werden müssen, weil die ersten Konzeptualisierungen falsch sein können.*

Dafür gibt es mehrere Gründe. Erstens gilt diese Behauptung gewissermaßen trivialerweise, weil jeder soziale und kulturelle Gegenstand in sich ein zeitabhängig sich entwickelnder Prozess ist. Beispielsweise ist so etwas wie ein Computer oder ein Fernsehgerät heute etwas anderes als vor zwanzig Jahren, nämlich in seiner sozialen und kulturellen Bedeutung und damit als sozialer Gegenstand.

Ein zweiter Grund liegt darin, dass der Forschungsgegenstand zwar immer durch die Forschungsfrage umrissen ist. Aber der Prozess der theoriegenerierenden Forschung muss erst noch herausfinden, ob die Fragestellung sinnvoll ist und ob das, was als Ausgangsphänomen definiert wurde, am Ende immer noch im Zentrum von Beschreibung und Theorie steht. Zum Zeitpunkt der ersten Festlegung des Forschungsgegenstandes weiß der Forscher nicht, ob das, was er als Forschungsgegenstand zu rekonstruieren versucht, wirklich der Forschungsgegenstand ist, weil er die relevanten sozialen und kulturellen Kontexte weder kennt noch versteht. Insofern sind solche Festlegungen im Rahmen theoriegenerierender Forschung notwendigerweise vorläufig: Wenn ich am obigen Beispiel untersuchen will, warum sich zwei Menschen streiten, kann ich mich zunächst auf das direkt Sichtbare, etwa auf ihre Emotionen konzentrieren. Ich werde dann aber im Laufe der Untersuchung merken, dass der Streit auf die Bedeutung von Geld, also auf eine ökonomische Dimension, verweist, die ich durch die Untersuchung von Emotionen alleine nicht verstehen kann. Es kommt dementsprechend häufig vor, dass sich der Forschungsgegenstand im Laufe der Forschung verändert. Auf dieses Problem hat vor allem Kleining (1982) verwiesen: Erst die Untersuchung insgesamt liefert eine tragfähige Antwort auf die Forschungsfrage und ermöglicht es, das Ausgangsphänomen zu verstehen. Und erst am Ende der Untersuchung ›kenne‹ ich den Forschungsgegenstand: *Was der Forschungsgegenstand in seiner Abgrenzung und in seinen relevanten Kontexten ist, ist damit ein Teil der Entwicklung seiner Beschreibung und der darauf bezogenen Theorie.*

Ein dritter Grund lässt sich aus dem Theorieverständnis theoriegenerierender Forschung ableiten, das wir in 1.6 beschrieben haben: Theorie ist ein verstehbar rekonstruierter, dichter und allgemeiner Textzusammenhang für einen empirischen Sachverhalt, den ich finden muss, den sie in seinen relevanten Kontexten beschreibt und als Struktur und Prozess fasst. Und diese Theorie habe ich erst gefunden, wenn ich alle in Frage stehenden Daten analysiert habe. Deshalb kann man von einer *Schlussstein-Metapher theoriegenerierender Forschung* sprechen. Ebenso wie in einer aus einzelnen Steinen gebauten Kuppel einer mittelalterlichen Kirche bedarf es zunächst eines Gerüsts, das in den einzelnen Bauabschnitten das Dach hält. Erst wenn auch der letzte Stein, eben der Schlussstein, eingesetzt ist, trägt sich die Kuppel selbst, und das stützende Gerüst kann verschwinden. Damit erst verstehen wir, was der Forschungsgegenstand ist, der durch die so vervollständigte Theorie beschrieben und theoretisch begriffen ist: ein Erklärungszusammenhang, der die Gesamtheit der entsprechenden Sachverhalte fasst, die er zu fassen beabsichtigt.

Wir fassen zusammen, dass Forschungsfrage und Gegenstandsvorstellung ebenso wie der Forschungsgegenstand und gar die zu entwickelnde Beschreibung und Theorie etwas im Forschungsprozess Veränderbares sind; sie sind bis zum Ende des Prozesses der Konstitution von Theorie stets vorläufig.

Das lässt sich auch an empirischen Studien kleiner und großer Art gut illustrieren. Beispielsweise kann man den deutschen Nationalfeiertag, den 3. Oktober, als ein Phänomen begreifen, das zur Forschung anregt. Wieso und von wem wurde, so vielleicht eine sich darauf richtende Forschungsfrage, der frühere Nationalfeiertag der BRD, der 17. Juni, der des Befreiungskampfs der Ostdeutschen von 1953 gedachte, abgeschafft, und wieso wurde gerade der 3. Oktober der neue Feiertag, der stattdessen einen Verwaltungsakt feiert? Welche Bedeutung hat dieser neue Feiertag für das deutsche Volk, wie werden die Feiern anlässlich dieses Feiertags inszeniert, was genau feiern sie? Und was hat sich aus diesem Feiertag ergeben? Viele Forschungsfragen, denen man in entsprechend angelegten Projekten nachgehen kann. Forschungsgegenstand ist in diesem Fall das Phänomen »Deutscher Nationalfeiertag«, aber auch sein zu Stande kommen und seine Bedeutung. Diesen Feiertag kann ich untersuchen, aber nicht als ein mir fremdes Objekt, mit dem ich nichts gemeinsam habe, sondern als ein Phänomen, das vor spezifischen kulturellen und gesellschaftlichen Entwicklungen und damit verbundenen Deutungsmustern stattfindet, auf die auch ich als Forscher bezogen bin. In diesem Sinn beschäftigt sich theoriegenerierende Forschung mit Gegenständen.[31]

3.2 *Vom Vorverständnis zum Wissen: Die Offenheit von Forscherin und Forscher*

In 3.1 haben wir den theoriegenerierenden Forschungsprozess dadurch charakterisiert, was untersucht und was dabei im Forschungsprozess fixiert wird. Nun wollen wir umgekehrt der Frage nachgehen, was das

31 Es stellt sich (vgl. dazu KROTZ/WIEDEMANN 1991; FRÜH et al. 1998) bei der Untersuchung dann heraus, dass der Forschungsgegenstand »3. Oktober« für sich allein nicht verstanden werden kann. Zu diesem Forschungsgegenstand gehört die friedliche Revolution der Ostdeutschen von 1989, die an diesem Tag nicht gefeiert wird, der Kalte Krieg, die Macht der Medien und anderes.

für die Forschungsperson, das gegenüber der ›Wirklichkeit‹ handelnde Subjekt heißt, die diesen Prozess durchführt: *Der Forschungsprozess führt dann vom Vorverständnis zum Wissen.*

Wie wir bereits mehrfach betont haben, fängt kein Forschungsteam bei null an. Schon die freie Beschreibung des Phänomens und das Stellen einer Forschungsfrage drücken ein elementares Vorwissen aus. Wenn ich ein Tier sehe, das ich nicht kenne, werde ich es zunächst einmal mit Worten und Begriffen beschreiben, die mir etwas sagen: Es sieht aus wie ein Hund, hat aber Hörner, es ist eine Giraffe ohne langen Hals usw. Für diese Art des Transfers hat Alfred Schütz (1971) den Begriff der *Typisierung* verwendet, der das Alltagshandeln prägt, aber eigentlich auch den Transfer von Wissen von einem Sachverhalt auf einen ›ähnlichen‹ Sachverhalt in der Wissenschaft beschreibt. Wenn ich einen Menschen in Uniform sehe, typisiere ich ihn als Uniformträger und behandle ihn, wie es sich Uniformträgern gegenüber bewährt hat, zunächst unabhängig davon, ob er General oder Fahrstuhlführer ist. Wenn ich ein Phänomen erlebe und es einschätzen muss, ohne Genaueres darüber zu wissen, behelfe ich mich zunächst mit Analogien. Im Hinblick auf die Rezeption einer bewegten Internet-Seite gehe ich zunächst einmal davon aus, dass sie so ähnlich funktioniert wie die Rezeption einer Fernsehsendung. Es stellt sich dann im Verlaufe des Forschungsprozesses heraus, dass das nur zum Teil stimmt. Aber dafür ist der Forschungsprozess ja auch da – die analoge Annahme zu Beginn ermöglicht auf jeden Fall eine erste Formulierung, mit der der Forschungsprozess starten kann.

Allgemeiner können verschiedene Formen brauchbaren oder unbrauchbaren Vorwissens von Forschern vorliegen. Vorwissen kann auf Vorurteilen, äußerlichen Meinungen, Attributionen, Ansichten und Grundhaltungen beruhen. Es kann sich dabei auch um bereits vorliegende wissenschaftliche Einsichten handeln. Und es kann im Laufe des theoriegenerierenden Forschungsprozesses aus bereits gewonnenen empirischen Ergebnissen bestehen. Das Vorwissen der Forscher kann ferner durch all die Ebenen beeinflusst sein, die wir im vergangenen Teilkapitel im Hinblick auf die Forschungsfrage thematisiert haben – durch Ideologie und Zweck, Disziplin und methodologische Vorstellungen, verschiedene Praktiken und Perspektiven. Das Vorwissen kann aber auch auf Analogieschlüssen beruhen, wie es die oben erwähnten Typisierungsprozesse sind.

Jedes Vorwissen ist im Allgemeinen von impliziten kulturellen Grundannahmen geprägt. Beispiele, wie tief das gehen kann, sind in

ABBILDUNG 6
Vom Vorwissen zum Wissen

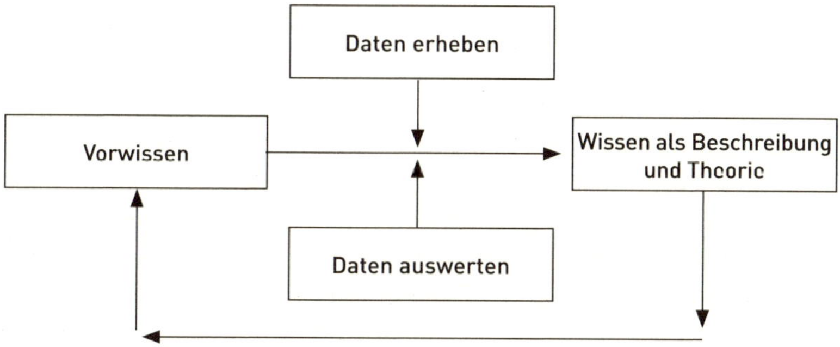

dem Aufsatz von Methan und Wood (1976) beschrieben, die sich mit dem afrikanischen Volk der Azande beschäftigen. Bei einem ihrer Rituale, so berichten sie, wird die Rinde eines Baums geweiht und Hühnern vorgelegt, die sie fressen und daran sterben oder nicht, was dann als Orakel dient. Die abendländische Sichtweise verlangt natürlich, dass man in diesen Fällen die Baumrinde auf giftige Stoffe untersucht: Die erste allgemeine Grundannahme ist einerseits das Kausalitätspostulat – das Sterben der Hühner muss eine Ursache haben. Die zweite allgemeine Grundannahme ist das Primat der Materie: Die Weihe kann die Rinde in ihrer chemischen Zusammensetzung nicht verändern. Beide Annahmen erscheinen den Abendländern in ihrer griechisch-römischen Denktradition als ›natürlich‹ und nicht weiter begründungsnotwendig. Die Azande verfügen demgegenüber über eine andere Sichtweise der Welt, und es würde ihnen nie in den Sinn kommen, von den Eigenschaften der Baumrinde auf das Sterben der Hühner zu schließen.

Der theoriegenerierende Forschungsprozess besteht nun gerade darin, dieses Vorwissen durch Datenerhebung und komparativ angelegte Auswertungen zu verbessern, eine umfassende und genaue Beschreibung zu erarbeiten und so das Vorwissen zu einer Beschreibung und Theorie fortzuentwickeln. Dafür sind die empirischen Schritte und die daraus gewonnenen theoretischen Einsichten da.

Der so beschriebene Forschungsprozess verlangt natürlich vom Forschungsteam, dass es dieser Bewegung der Forschung folgt. Es muss in diesem Forschungsprozess sein inhaltliches wie auch sein konzeptionelles Denken an die Entwicklung der Forschung und die je erarbeiteten Zwischenergebnisse anpassen. Zentrale Voraussetzung für eine Forschungsperson ist dementsprechend, dass das Forschungsteam und seine Mitglieder eine grundsätzliche Offenheit im Umgang mit ihrem Vorwissen, mit den jeweiligen Daten, mit der Deskription und auch den Theorieelementen, die gesammelt und konstruiert werden, praktizieren und dementsprechend flexibel sind (vgl. HOFFMANN-RIEM 1980, WITT 2003). Denn nur dann können sich Forscherin oder Forscher zur Konstruktion neuer Theorien auf die Realität der anderen einlassen. *Daraus lässt sich die Regel für theoriegenerierende Forschung ableiten, dass die beteiligten Forschungspersonen das eigene Handeln, seine Voraussetzungen und seine Ergebnisse im Forschungsprozess ständig umfassend reflektieren, und das heißt insbesondere auch: immer wieder an den Daten überprüfen.* Nicht nur der Gegenstand ist vorläufig, sondern auch das Ergebnis, das in einer Reihe von Zwischenergebnissen entsteht, die verworfen und weiter entwickelt werden. Weil sich in diesem Prozess das Wissen des Forschers und oft auch seine Position zu dem Forschungsgegenstand verändern, weil theoriegenerierende Forschung immer auch einen kontinuierlichen Lernprozess des Forschers impliziert, müssen die Mitglieder jedes Forschungsteams dafür offen und bereit sein, ihre Verständnismuster zu verändern.

Diese Offenheit darf aber nicht mit Beliebigkeit oder der Anpassung der Basisdaten und der Ergebnisse der Forschung an die eigenen Vorannahmen verwechselt werden – es geht vielmehr um die Offenheit im Denken. Wenn der Forscher im Fall theorierelevanter quantitativer Forschung Hypothesen testet, darf er sie während des Testvorgangs natürlich nicht verändern, bis der beendet ist und eine Bewertung stattgefunden hat. Natürlich testet man auch im Fall theoriegenerierender Forschung einzelne Aussagen und Theorieteile wie auch die Theorie im Ganzen, und dann gilt eine entsprechende Regel. Insbesondere sucht man dann gezielt nach Fällen, die die bisher entwickelten Aussagen widerlegen und so zu einer Präzisierung beitragen. Aber dies sind erst Testschritte, die nach der eigentlichen Theorieentwicklung kommen, und in dieser Theorieentwicklung liegt das besondere dieser Verfahren: Man entwickelt Theorien, die empirische Fälle erklären bzw. rekonstruieren und verstehbar machen. Dazu muss man theoretische Aussagen auf die zu berücksichtigenden empirischen Fälle zuschneiden und sie so konzipieren, dass sie für die Fälle, über die ich Daten gesammelt habe, ›passt‹.

Die Forderung nach Offenheit der Mitglieder des Forschungsteams lässt sich über die bisherige allgemeine Formulierung hinaus als Anspruch präzisieren.

- Zunächst lässt sich sagen, dass sich aus der Forderung nach Offenheit Kriterien bezüglich der Gestaltung des Forschungsprozesses ableiten lassen: Das Ziel des Forschungsprozesses ist durch die Forschungsfrage festgelegt. Aber wie es gefunden wird und in welcher Richtung vom Ausgangspunkt es tatsächlich liegt, muss sich erst herausstellen. Notwendigerweise gilt deshalb, dass jedes Wissen bis zum Setzen des Schlusssteins und dem Formulieren der datenbezogenen Theorie nur vorläufig ist und immer wieder neu geordnet und reinterpretiert werden kann und muss – und zwar im Forschungsprozess selbst, nicht danach. Der Forschungsprozess sollte also so angelegt sein, dass diese Offenheit unterstützt wird. Hierzu können verschiedene Maßnahmen gehören: Es sollte, wenn möglich, ein gleichberechtigtes Team forschen, nicht nur eine Person oder ein hierarchisch strukturiertes Team. Gut wäre es auch, alles zu variieren, was variierbar ist, um möglichst unterschiedliche Einblicke zu bekommen.[32] Man sollte also unterschiedliche Erhebungsmethoden benutzen, unterschiedliche Forschungspersonen einsetzen, unterschiedliche Teilfragestellungen voneinander getrennt untersuchen, unterschiedliche theoretische Bezüge zu Rate ziehen. Zwischenberichte sollten von unterschiedlichen und unterschiedlich kompetenten Personen aus unterschiedlichen Perspektiven gelesen und kritisiert werden. Und schließlich sollten die Forschungspersonen ein Feldtagebuch führen, um den eigenen Lernprozess zu dokumentieren. Im Detail hängt die Umsetzung dieser Forderungen natürlich von den konkreten Forschungsbedingungen ab.
- Darüber hinaus lässt sich sagen, dass die Forderung nach Offenheit von Forschungsteam und Prozess die Frage nach den persönlichen Eigenschaften der Forschungspersonen und deren Bereitschaft ist. Offenheit den Daten gegenüber muss unter Umständen auch gegen eigene Überzeugungen gewährleistet sein – was nicht unbedingt einfach ist: Je weniger ein bestimmtes Resultat in eine bereits erarbeitete Übersicht passt, desto eher neigt man dazu, es zu ignorieren. Weitere Hürden bei dem Bewahren von Offenheit beschreibt der Text von Otmar Hagemann (2003): Je besser sich eine Forschungsperson in einem thematischen Gebiet auskennt, desto schwieriger ist es, offen zu bleiben für das, was die Daten antworten.

Das Kriterium der Offenheit stellt im Übrigen die Frage danach, wie man es mit der bereits vorliegenden wissenschaftlichen Literatur hält. Soll man, wie im Fall quantitativer Forschung eigentlich verlangt, die

32 Flick (1998) würde hier von Triangulierung sprechen.

gesamte einschlägige Literatur lesen, was im Zeitalter der Informationsgesellschaft in vielen Fällen als kaum möglich erscheint, um Hypothesen zu entwickeln? Die Ethnographie verlangt ebenfalls die Kenntnis der einschlägigen Literatur, aber nicht zur Bildung von Hypothesen, sondern um die Kontaktaufnahme mit der fremden Kultur und dann die Forschungsarbeit zu erleichtern (vgl. hierzu Kapitel 6). Die Praktiker der Grounded Theory sind in dieser Frage unterschiedlicher Meinung (vgl. hierzu Kapitel 4). Demgegenüber wird im Rahmen der Heuristischen Sozialforschung explizit verlangt, man solle sich im Vorfeld entdeckender bzw. konstruierender Forschung *nicht mit wissenschaftlichen Schriften* beschäftigen, sofern es die zum Thema gibt, weil sie nur in bereits vorhandene Theorien locken (vgl. hierzu Kapitel 5).

Diese Befürchtung stimmt und stimmt doch zugleich nicht. Es stimmt, dass die bereits vorhandenen Theorien in die falsche Richtung weisen können, wenn man sie als wahr begreift. Im Rahmen theoriegenerierender Forschung kann man vorhandenes theoretisches Wissen aber auch als Weiterentwicklung eines intuitiven oder aus dem Alltag gewonnenen Vorwissens zu Rate ziehen. In diesem Fall, und darauf hat zum Beispiel Witt (2003) hingewiesen, muss der Blick in einige Bücher nicht immer schaden – man kann sich von Theorien auch anregen lassen. Als Wahrheit dürfen sie freilich nicht missverstanden werden, sonst kann man die Generierung neuer Theorien einstellen.

Diese Überlegungen hängen offensichtlich mit dem generellen Problem zusammen, dass man immer ein *Vorverständnis von einer Sache* hat, wenn man sich mit ihr beschäftigt – sonst könnte man keine Forschungsfrage formulieren. *Wie genau verträgt sich nun dieses notwendige eigene Vorverständnis mit der notwendigen Offenheit?* Es ist offensichtlich, dass die Existenz eines Vorverständnisses Offenheit nicht verhindern muss. Dennoch wird manchmal die notwendige Offenheit so verstanden, als ob man dieses Vorverständnis ignorieren müsse, dass man so tun müsse, als habe man kein Vorverständnis. Das ist aber genau der falsche Weg, denn das ist weder möglich, noch ist es angemessen. Es ist nicht möglich, weil sich gerade das unterdrückte Wissen dann doch wieder einen Weg in die Theorie bahnt, die es herzustellen gilt. Und es ist nicht angemessen, weil nur das Vorverständnis einen Start der Untersuchung ermöglicht – es darf aber den Prozess nicht dominieren.

Hier müssen Forscherin und Forscher im Rahmen theoriegenerierender Forschung eine *Balance* finden. Hilfreich ist dabei m.E. vor allem, ein

Forschungstagebuch zu führen. Wenn ich festhalte, mit welcher Perspektive ich starte, wie und wodurch sie sich ändert bzw. wo ich an ihr festhalte, habe ich es ein wenig leichter, mein Vorverständnis zu kontrollieren und zu merken, wo ich hängen bleibe, abbreche oder ob ich meine Meinung tatsächlich ändere. Und ich stelle zugleich fest, wo und aufgrund welcher Daten sich meine Meinungen ändern, was zur Konstruktion von neuen Theorien wie auch zu ihrer Begründung, aber auch zu ihrer plausiblen Vermittlung an andere hilfreich und notwendig ist.

Erwähnenswert ist, dass die Frage, wie in einem Forschungsprojekt Offenheit umgesetzt wird, zu einem *Kriterium für die Güte von theoriegenerierender Forschung* taugt. Das heißt, dass theoriegenerierende Forschung nur so gut ist, insofern sie offen und kommunikativ stattfindet. Das gilt für die Datenerhebung genauso wie für die Datenauswertung. In der Datenerhebung kann man Offenheit danach beurteilen, wie vielfältig die angewandten Methoden und Verfahren, die unterschiedlichen Befragten etc. sind. Man kann auch die Bereitschaft des Forschungsteams, unterschiedliche Theoriebezüge zu berücksichtigen, als Kriterium in Betracht ziehen oder versuchen herauszufinden, wie fixiert eine Forschungsperson oder ein Team auf die Forschungsfrage und ihren Forschungsgegenstand war und ob sie so relevante Kontexte übersehen haben.

Zusammenfassend können wir also sagen: Theoriegenerierende Forschung ist ein Prozess, in dessen Verlauf die Forschungspersonen ihr Vorwissen durch empirische Daten und deren Auswertung verbessern. Dieser Prozess ist komparativ angelegt, insofern Wissensbestände miteinander verglichen und so weiter entwickelt werden: Das findet mit jeder Datenerhebung und deren Auswertung statt. Dafür müssen die Mitglieder des Forschungsteams ihr Vorverständnis überwinden, also für neue Einsichten offen sein. Dazu kann die Organisation des Forschungsprozesses beitragen. Theoriegenerierende Forschung ist insgesamt prozessual, komparativ und verlangt eine Offenheit des Forschers, sonst wird er nur das finden, was er schon weiß.

3.3 *Forschung als Dialog: Die Spirale der wissenschaftlichen Erkenntnis*

Wir haben in den letzten beiden Paragraphen zwei Prozessebenen von Forschung beschrieben: Auf der einen konstituiert sich der Forschungsgegenstand in verschiedenen Formen, zunächst als Phänomen und Forschungsfrage, dann in Zwischenstufen auf der Ebene der Datenerhebung und -auswertung und zuletzt als Beschreibung und Theorie. Auf der anderen Ebene passt das Forschungsteam sein Denken den Daten an und überwindet sein Vorwissen. Wie sind nun die beiden in den Abschnitten 3.1 und 3.2 beschriebenen Ebenen verknüpft? Das ist das Thema des vorliegenden Absatzes – und *die Antwort ist, dass man den Forschungsprozess als Dialog verstehen und konzipieren muss: Theoriegenerierende Forschung ist ein fortlaufender Dialog des Forschungsteams mit dem Phänomen bzw. Forschungsgegenstand in der sozialen Wirklichkeit, mit den Daten und natürlich auch mit sich selbst und zur Selbstverständigung. Das soll nun erläutert werden.*

Der konkrete Forschungsprozess findet durch Datenerhebung und Auswertung von Daten statt, wie bereits in 1.1 herausgearbeitet. Der Forscher befindet sich dabei bei der Datenerhebung im *Forschungsfeld* (während er sich mit den erhobenen Daten dann tatsächlich oder nur symbolisch aus dem Forschungsfeld hinausbegibt, um die Daten auszuwerten).

Wir haben beschrieben, dass die Datenerhebung für theoriegenerierende Forschung kommunikativ angelegt ist und auf der Tatsache beruht, dass Forscher und Beforschte eine gemeinsame kulturelle und gesellschaftliche Basis besitzen, auf der sie sich hinreichend miteinander verständigen können. Das gilt nicht nur für Erhebungsmethoden direkter Art, also Interview oder Gruppendiskussion, sondern auch für Beobachtung oder die Interpretation von Texten, Symbolen oder Artefakten, weil deren Bedeutung ebenso wie der Sinn sozialen Handelns sich nur auf einer solchen gemeinsamen Basis erschließen kann.[33]

Nehmen wir an, wir wollten die Realität des Volkes der Agni in Westafrika erforschen und deren Sozialisationsverläufe kennen lernen. Ein solcher sozial bzw. kulturell determinierter Forschungsgegenstand verlangt, dass wir die Kultur dieses Volkes und insbesondere seine Sprache kennen lernen. Wir können zwar ohne Sprache beobachten, was da passiert, wir können vielleicht feststellen, dass kleine Kinder dort sehr lange gestillt, von ihren Müttern meist am Körper getragen und nie körperlich bestraft werden. Das sind Differenzen zu unserem Vorwissen, wie man mit Kindern umgeht, und so ein erster Schritt des Lernens. Was das alles aber für die Agni und deren Leben bedeutet, mit welchen Begründungen das so gemacht wird, warum mal diese und mal jene Frau das Kind trägt, welche Rolle die Väter spielen, warum Familien nicht zusammenwohnen und wieso sie trotzdem als Familien funktionieren

33 Dass dies eine Kerndifferenz zu quanitativer Forschung ausmacht, haben wir bereits in Kapitel 1 begründet.

(und was das genau heißt), all das können wir nicht herausfinden, wenn wir uns mit den Menschen dort nicht verständigen können. Deshalb ist das Erlernen von Sprache, aber auch das Erlernen von kulturellen Alltagspraktiken notwendig, um Kommunikationsfähigkeit herzustellen, wie es gerade das theoriegenerierende Verfahren der Ethnographie in den Vordergrund rückt.

Qualitative Forschung (und eigentlich jede Erkenntnis) kann also nur auf der Basis der Annahme geteilter sozialer und kultureller Realitäten, die eine hinreichend differenzierte und kontextbezogene Verständigung möglich machen, stattfinden. Und die für qualitative Forschung notwendige gemeinsame Verständigung ist nur möglich, wenn man miteinander kommuniziert. Deshalb ist Kommunikation nicht nur für den Menschen basal, wie wir in Teilkapitel 2.4 gesehen haben – der Mensch ist ein Animal symbolicum, wie das Ernst Cassirer (1994) gesagt hat, das in einer symbolisch konstruierten Welt lebt, die es nie verlassen kann. Das müssen Forschungsverfahren dann aber berücksichtigen: Kommunikation ist deshalb basal für den theoriegenerierenden Forschungsprozess. Denn sie stellt vor dem Hintergrund dieser gemeinsamen kulturellen Bezugsmuster das zentrale Mittel empirischer Datenerhebung dar und ist im Verstehen, im Darübersprechen, im Denken zentral und zudem auch das wichtigste Mittel der Auswertung. Denn auch der Auswertungsprozess muss sich ja kommunikativ auf die kommunikativ strukturierten Daten beziehen.

All dies verweist auf das, was sich im Falle theoriegenerierender Forschung als forschendes Handeln, als Dialog bezeichnen lässt, der auf mehreren Ebenen stattfindet. Unter *Dialog als Muster forschenden Handelns* verstehen wir eine Folge von Fragen und Antworten auf verschiedenen Ebenen, die den theoriegenerierenden Forschungsprozess prägen:

- Bei der Erhebung von Daten geht es um den Dialog der Forschungspersonen mit den Befragten bzw. um eine Art virtuellen Dialogs mit den handelnden Menschen, insofern die Forscher sie etwa teilnehmend beobachten und sich dabei in ihr Handeln hineindenken, um es von da aus zu verstehen.
- Bei der Dateninterpretation geht es um den Dialog der Forschungsperson mit den Daten: Ich frage immer danach, worauf die Daten antworten und in welche Bedeutungskontexte sie eingebunden sind. Und von der Forschungsfrage aus frage ich, was die Daten dazu als Antwort geben.

- Bei der Entwicklung von theoretischen Aussagen geht es um einen Dialog der Forschungspersonen mit den vorhandenen Beschreibungen und vorhandenen Theoriestücken, um ihre Bezüge zueinander und so ihre innere Ordnung zu finden.
- In allen Fällen ist das Denken der einzelnen Forschungsperson ein innerer Dialog eines Menschen mit sich selbst in seinen verschiedenen Standpunkten und Perspektiven. Ferner beruht die gemeinsame Arbeit eines Forschungsteams auf dem Dialog zwischen den Teilnehmern.
- Die Klärung des Vorwissens (und eventuell der Vorurteile) ist ebenso ein Prozess inneren Dialogs wie die Selbstbeobachtung im Hinblick auf ein Forschungstagebuch, in dem der eigene Lernprozess festgehalten wird – weil Veränderungen auch im Wissen immer erst einmal partiell sind und erst sukzessive erkennbar werden.
- Auch bei der Ergebnisvermittlung geht es um Dialog, insofern das Forschungsteam seine Arbeit präsentieren und auf Einwände angemessen eingehen muss – wer schreibt, tritt in einen Dialog mit seinen künftigen Lesern wie mit seinen absehbaren Kontrahenten.
- Schließlich liefert das Konzept des Dialogs ein Qualitätskriterium für die Güte theoriegenerierender Forschung: Gültig sind ihre Ergebnisse, insofern und solange sie nicht weiterentwickelt werden (vgl. hierzu detaillierter auch Kapitel 7).

In der Metapher vom Dialog[34] *drückt sich also die sukzessive Anlage theoriegenerierender Forschung aus, an der sich umgekehrt auch der praktische Forschungsprozess orientieren kann.* Auch darin unterscheidet sich theoriegenerierende Forschung von anderer Forschung.[35] Denn das hermeneutische Deuten beispielsweise beginnt mit einer Antwort und nicht mit einer Frage. Und ein quantitative arbeitender Sozialforscher beginnt damit, den Bereich von möglichen Antworten, die die Wirklichkeit geben kann, durch die Konstruktion seiner Instrumente zu beschränken.

Dementsprechend können wir das Vorgehen der theoriegenerierenden Forschung etwa gegenüber der linearen Strukturierung der quantitativen Forschung als spiralförmig beschreiben. Was das heißen soll, zeigt die Abbildung 7.

Theoriegenerierende Forschung startet also mit dem Vorwissen und der Forschungsfrage. Im Forschungsfeld erhebt der Forscher Daten,

34 Dialog umfasst Versuch und Irrtum, ist aber nicht in allen Fällen damit gleichzusetzen.

35 Wenn auch nicht von allen qualitativen Verfahren.

ABBILDUNG 7
Der Spiralprozess theoriegenerierender Forschung

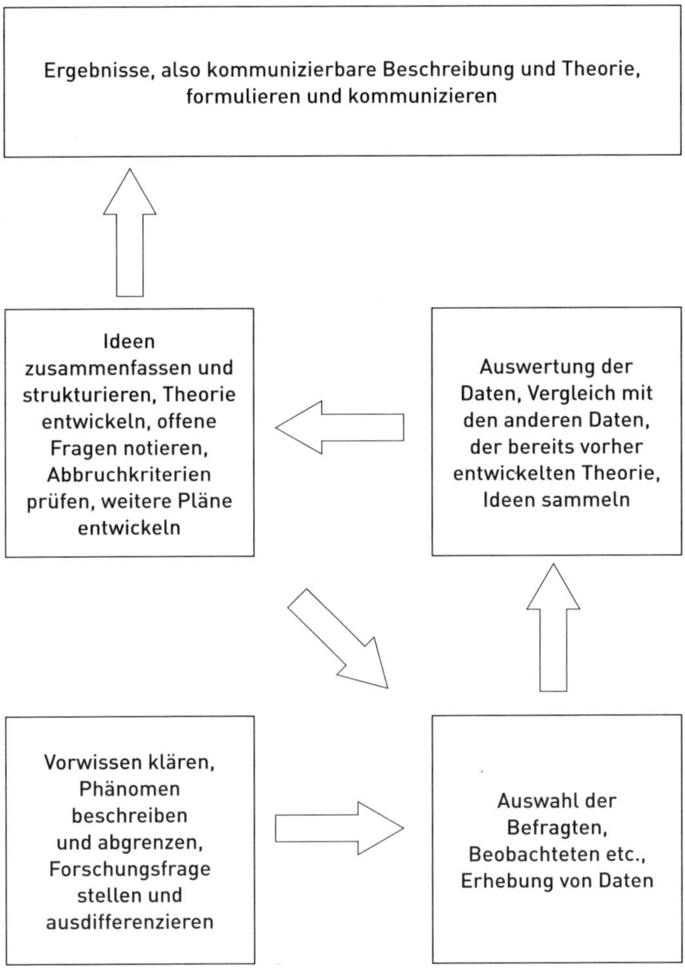

die er auswertet, um Theoriebausteine und um Ideen zu entwickeln. Liegen schon Theoriebausteine oder frühere Daten vor, müssen die Schlussfolgerungen aus den neuen Daten mit den vorliegenden Theoriebausteinen bzw. mit Schlussfolgerungen aus den früheren Daten verglichen und daraus weitere Schlussfolgerungen gezogen werden.

Sind die neuen Daten ausgewertet und mit den alten in Bezug gesetzt, so sollte der Forscher sein Wissen neu zusammenfassen und strukturieren, überlegen, wie weit er gekommen ist, offene Fragen notieren bzw. prüfen, ob er eventuell fertig ist oder ob weitere empirische Schritte notwendig sind und wie die aussehen sollen.

In der Regel wird der Forscher, nachdem er diesen Kreis einmal durchlaufen hat, mit seiner Theorie nicht zufrieden sein – er wird vielmehr weitere Forschungsschritte für notwendig halten, weitere Fallstudien betreiben, andere Leute befragen, Gruppendiskussionen veranstalten, beobachten, was passiert, Dokumente analysieren oder nach Gegenbeispielen suchen. Er erhebt also wieder Daten, wertet sie aus, vergleicht sie usw. – er durchläuft diesen Kreis immer wieder, bis seine Kriterien ihm sagen, dass er eine hinreichende Theorie entwickelt hat, die er im Moment nicht durch die Berücksichtigung weiterer Fälle anreichern kann. Dann schert er aus dem Kreis aus, fasst seine Ergebnisse und seine Darstellung seines Vorgehens zusammen und bringt sie in die wissenschaftliche Diskussion als wichtigste Autorität der Wissenschaft ein.

Auf der Basis der zu einem bestimmten Zeitpunkt gewonnenen Einsichten findet also kontinuierlich bzw. immer aufs Neue eine von den bisherigen theoretischen Einsichten geleitete Modifikation und Anpassung von Forschungsschritten statt. Die Ergebnisse und ihre Voraussetzungen werden kontinuierlich immer wieder neu aufeinander bezogen und weiter entwickelt. Insofern ist qualitatives Vorgehen im Allgemeinen *zirkulär, besser gesagt spiralförmig* angelegt, weil das Forschungsteam im Forschungsprozess immer wieder, dann aber auf einer höheren Ebene, zu den Ausgangsannahmen zurückkehrt und sie reformuliert. Dies gilt insbesondere auch deswegen, weil der Prozess der Herstellung von Theorie sich auf immer neue Fälle und Bedingungen einlassen und zudem Randbedingungen und Gültigkeitsbereiche herausfinden muss.

Wir verdeutlichen diese Überlegungen nun noch einmal anhand eines Beispiels. Wir gehen der Frage nach, warum manche Menschen sich im Internet Homepages aufbauen. Die Antwort auf diese Frage impliziert eine Reihe von unterschiedlichen Durchläufen des obigen Forschungskreises. In einem ersten Durchlauf befragt man zwei oder drei willkürlich ausgewählte Homepagebesitzer und wertet ihre Aussagen aus. Ergänzend macht es inhaltlich wie auch im Hinblick auf die Variation von Verfahren und Methoden Sinn, ihre Homepages zu analysieren: Was ist da zu lesen, welcher Aufwand wurde da betrieben, welche Maßstäbe sind erkennbar, deckt sich das mit den erklärten Zielen und Zwecken etc. Weitere Durchläufe auf der Spirale der Forschung sollten dann auf unterschiedlichen Variationsverfahren beruhen: Man sollte Leute mit besonders perfekter Homepage, mit besonders ausgefallenen Inhalten usw. befragen, aber auch Leute, die keine Homepage besitzen und auch keine wollen, Leute, die früher einmal eine hatten, das aber aufgegeben haben, Leute, die planen, sich eine Homepage zuzulegen. Ihre Antworten müssen je ausgewertet und das daraus entstehende theoretische Wissen miteinander sowie mit den vorher erarbeiteten Theorien verglichen werden. Wenn man am Ende über eine Theorie verfügt und ein oder zwei Durchläufe des Forschungskreises vollzogen hat, die keine neuen Erkenntnisse mehr erbracht haben, so ist es Zeit, den Forschungsprozess abzubrechen: Die gesuchte Theorie ist hergestellt.

Fassen wir zusammen: (Qualitative) Forschung ist nur möglich, insofern Forschungsperson und Forschungsgegenstand Teil einer gemeinsamen sozialen und kulturellen Wirklichkeit sind. Weil qualitative Forschungsverfahren grundsätzlich kommunikativ sind, kann man sich den konkreten Forschungsprozess als einen fortdauernden Dialog vorstellen, in dessen Verlauf man immer wieder neu Fragen an die Wirklichkeit stellt, also Daten erhebt, und dann versucht, diese Daten zu verstehen, also auszuwerten oder zu interpretieren. Alle dabei auftretenden Handlungsschritte, die in ihrem Zusammenspiel einen spiraligen Prozess der Erkenntnisgewinnung als Lernprozess erzeugen, lassen sich als Dialog verstehen.

3.4 *Was heißt: Daten erheben und protokollieren?*

Was kann man nun an dieser Stelle, also unabhängig von den einzelnen Verfahren theoriegenerierender Forschung, die in Teil II dieses Buches behandelt werden, über die Regeln der Datenerhebung sagen?

Trivialerweise muss zunächst einmal gelten, dass die Erhebung von Daten sich angemessen auf das zu untersuchende Problem beziehen muss. Weil Forschungsverfahren wie Interviews oder Gruppendiskussionen, Beobachtung oder Rollenspiel nur insofern plausibel angewandt werden können, als sie sich aus Alltagspraktiken ableiten lassen, kann man sagen: *Leitlinie der Erhebung und insbesondere der Befragung ist, dass man, wenn man etwas von einem anderen Menschen wissen will, danach fragen und das, was in einem weiten Sinn geantwortet wird, zur Kenntnis nehmen sollte.* Wir entwickeln also nicht wie im quantitativen Fall üblich zunächst Indikatoren, die dann auf theoretische Konzepte verweisen sollen, wenn sie von den Befragten bestätigt werden. Wir fragen auch nicht vorrangig nach Meinungen und Ansichten und bewerten das, was die Menschen uns im Interview sagen, auch nicht als bloße Meinungen und Ansichten, die wir akzeptieren, zurückweisen oder sonst beurteilen können.

Vielmehr gehen wir wie in Kapitel 2 begründet davon aus, dass die Befragten Experten für ihre Wirklichkeit sind, dass sich ihr Handeln in Bezug auf die Forschungsfrage alltagspraktisch auf ihre Lebenswelt bezieht, dass sie für ihre Handlungspraktiken kompetent sind und von da aus auch kompetent darüber berichten bzw. dafür Gründe angeben können. Das heißt explizit natürlich nicht, dass man jede Aussage als unbezweifelbar akzeptiert – der Wert von Aussagen ergibt sich ja im Auswertungsprozess aller Interviews insgesamt und aus der daraus entstehenden Theorie. Es heißt stattdessen, dass wir die Befragten in ihrer sinnhaltigen Konstitution von Alltag und damit verbundener Identität ernst nehmen und dass jedes Interview darauf abzielen muss, den Beitrag der Befragten zur Konstitution von Wirklichkeit im Hinblick auf die jeweilige Frage zu erheben. Es liegt folglich insbesondere nahe, Befragungen als Leitfrageninterviews zu führen, die Bezug zu der zu entwickelnden Theorie halten. Sie sollten deshalb vor allem auf den jeweiligen Befragten abgestimmt sein, ihm aber auch Raum lassen, seine eigene Sicht der Dinge deutlich zu machen. Insofern sind Interviews, die zur Generierung einer Theorie geführt werden, immer offen.

Insbesondere sind die Methoden der Datenerhebung im Rahmen theoriegenerierender Forschung, also Interview, Experiment oder Beobachtung ebenso wie Gruppendiskussion, Rollenspiel und auch Dokumentenanalyse etc., regelgeleitete kommunikative Handlungen. Jede solche kommunikative Handlung findet in einer sozialen Situation auf der Basis von wechselseitigen Rollendefinitionen statt. In diesen wechselseitigen Rollendefinitionen und in der Art, wie die Kommunikation stattfindet, wird dann das Verhältnis zwischen Forscherteam und Beforschten deutlich, in dem sich die Grundhaltung der Forschungsperson ausdrückt. Und zwar nicht auf einer abstrakten und wissenschaftstheoretischen Ebene, sondern praktisch: Dieses Verhältnis ist im Fall theoriegenerierender Sozialforschung notwendigerweise durch Offenheit sowie durch das Expertentum des Interviewten geprägt. Das heißt vor allem, dass der Befragte nicht auf vorherige Antwortkategorien festgelegt sein sollte, dass das Ergebnis einer Befragung nicht dadurch ›besser‹ wird, wenn der Interviewer so tut, als gäbe es ihn nicht, oder wenn er alle das Gleiche fragt. *Vielmehr ist der Prozess dialogisch angelegt, und damit er das ist, muss sich auch der Interviewer als individuelles Gegenüber kenntlich machen, ohne freilich den Befragten zu Aussagen inhaltlicher Art zu nötigen. Nachfragen oder die Bitte um Begründungen, sogar die Konfrontation mit ganz anderen Ansichten oder mit Konsequenzen aus dem, was gesagt wurde, all dies ist durchaus möglich. Die Art der Entstehung von Ergebnissen in einem Interview muss deshalb aber immer auch bei der Auswertung reflektiert werden.*

Jemanden zu befragen ist eine eigenständige Leistung besonderer Art, die nicht mit einer Alltagsbefragung verwechselt werden darf. Diese Leistung ist anspruchsvoll und sollte nicht unterschätzt werden. Da heißt es zum Beispiel, mit dem Problem von Nähe und Distanz und mit dem Problem umzugehen, dass man zu dem Sachverhalt vielleicht eine eigene Meinung hat und von daher dazu tendiert, das kritisch zu beurteilen, was der Befragte sagt. Neulinge stellen häufig keine klaren Fragen und neigen auch dazu, sich dem Befragten quasi anzubiedern und seine Aussagen für die absolute Wahrheit zu nehmen. Auf der anderen Seite droht die Gefahr, bestimmte und unerwünschte Ansichten nicht zuzulassen. Solche Probleme treten erst recht auf, wenn man es mit Menschen zu tun hat, mit denen man sonst nichts oder nicht viel zu tun hat.

Wie man gute offene Interviews führt, muss man also lernen. Dazu findet sich auch reichhaltige Literatur (vgl. z.B. LAMNEK 1988; FLICK/VON KARDOFF/STEINKE 2000 oder SCHOLL 2003). Man sollte sich natürlich situationsangemessen verhalten, das eigene Verhalten und dessen Auswirkungen beobachten und auf jeden Fall die Situation als eine Inszenierung begreifen, die veränderbar ist. Dabei bedeutet ›Inszenierung‹ natürlich nicht, dass man das Gespräch nicht ernst nimmt, sondern nur, dass sie eine bestimmte, gestaltbare Struktur hat. Die Fragen sollen klar und verständlich, möglichst nicht mit ja oder nein zu beantworten und auf das gerichtet sein, was man wissen will. Man sollte den Interviewten auch nicht abwürgen, wenn er sagen will, was ihm an der Sache eigentlich wichtig ist. Weiter gilt, dass sich die Fragen, die man jemandem stellt, von den Fragen unterscheiden, die man jemand anderem stellt, der die Dinge aus einer anderen Perspektive sieht: Fragen an Experten sind plausiblerweise individuell gerichtete Fragen, ebenso wie es die Antworten sein sollen. Im Übrigen stellt man spätestens bei der differenzierten und sensiblen Auswertung des Protokolls fest, wie ein Interview gelaufen ist, was gut und was schlecht war. Wenn man sich vorher keine oder die falschen Gedanken gemacht hat und im Gespräch das eigene Auftreten kontrolliert, wird das nachher schnell deutlich und ist auch ärgerlich, weil es das Interview entwerten kann.

Auf einige weitere Probleme soll im Folgenden kurz eingegangen werden.

- Ein häufiger Fehler vor allem von Anfängern liegt darin, dass sie nicht nach Praktiken des Alltags, sondern nach den Theorien ihres Interviewpartners fragen. Wenn ich beispielsweise das Forschungsziel habe, eine Theorie darüber aufzustellen, warum Menschen eigene Homepages im Internet aufbauen und sich darüber präsentieren, sollte ich meine Gesprächspartner bitten, dass sie beschreiben, was sie tun, warum sie das tun, wie sie dazu gekommen sind, und nicht so sehr, wie sie darüber denken, warum die anderen Menschen das machen. Und man sollte sie auch nicht unbedingt danach fragen, ob sie das tun, weil sie Egomanen sind und ein Persönlichkeitsdefizit haben, das sie damit kompensieren wollen, auch wenn das eine der Thesen sein mag, die man auf der Basis vorheriger Interviews verfolgt. Man kann von einem Befragten im Allgemeinen nicht erwarten, dass er seine Perspektive und seine Alltagspraktiken reflektierend überwindet, nur weil der Forscher so nett fragt. Es ist im Übrigen die Aufgabe des Forschers, aus den Daten eine Theorie zu entwickeln, und nicht die des Befragten. Der Befragte ist auch nicht die Person, die über die Theorienentwicklung des Forschers entscheidet, auch wenn man ihn durchaus mit Forschungsergebnissen konfrontieren und um einen Kommentar bitten kann. Es geht bei einer Befragung primär um die Darstellung der handlungsrelevanten Perspektiven und Praktiken der Interviewpartner – um sie zu erfahren, hat man sie ausgewählt.
- Ein umgekehrter Fehler besteht darin, dass der Befragte in der Rolle, die er im Alltag wie für die Untersuchung spielt, unterschätzt wird. Dies ist oft dann der Fall, wenn ich vom Befragten überhaupt nur wissen will, wie er sich verhält und was ihm unmittelbar an Hintergründen dafür zugänglich ist, etwa wenn ich schon über meine Theorie verfüge. In der findenden (und, allgemeiner, in der qualitativen) Sozialforschung muss man im Allgemeinen davon ausgehen, dass die Menschen wissen, wovon sie sprechen, und dass sie zugleich die Einzigen sind, die die Sinnkonstitution, die hinter ihrem Handeln steht, auch rekonstruie-

ren und erläutern können – und als Informanten dieser Klasse sollte man sie auch behandeln.

- Ein dritter Fehler ist es oft, wenn man sich darauf beschränkt, nur so genannte narrative Interviews zu führen: Man stellt eine Eingangsfrage und lässt den Befragten dann reden, bis er alles gesagt hat. Hinter diesem Vorgehen, das auf Fritz Schütze (1976) zurückgeht, steht meistens ein Missverständnis – das ergibt sich auch daraus, was wir bereits in Kapitel 1 über das narrative Interview gesagt haben. Schützes Vorgehen wird nämlich häufig so verstanden, dass es im Kern darauf abzielt, dass der Interviewer auf den Befragten keinen Einfluss ausüben will. Es wäre dementsprechend so etwas wie das qualitative Äquivalent eines quantitativen Fragebogens, von dem ja auch behauptet wird, es beeinflusse die Antwort nicht. Die Grundidee des narrativen Interviews von Schütze ist aber anders. Schütze geht methodisch von einer literaturwissenschaftlichen Erzähltheorie aus. Danach hat eine Erzählung eine bestimmte dramaturgische Struktur, die wir von einer Erzählung erwarten. Dementsprechend geraten Leute, die man erzählen lässt, im Prinzip immer in Erzählzwänge. Sie ergeben sich aus der Form einer Erzählung und sind unabhängig von den konkreten Inhalten. Zum Beispiel müssen alle für das Geschehen relevanten Akteure in die Erzählung eingeführt und beschrieben werden. Zum Beispiel muss am Ende der zentrale Konflikt gelöst sein. Um seine Zuhörer bei der Stange zu halten, muss ein Erzähler seine Geschichte also dramaturgisch sinnvoll aufbauen. Das bewirkt dann oft, dass er die Inhalte, die er berichtet, nicht mehr vollständig kontrollieren kann. Das narrative Interview ist dementsprechend eigentlich auf die ›Hervorlockung‹ von Aussagen hin angelegt und so eine interessante Möglichkeit, wenn man Dingen auf die Spur kommen will, die man besser nicht offen anspricht. Schütze hat sein Verfahren denn auch entwickelt, um herauszufinden, wie kommunalpolitische Entscheidungen getroffen werden.

Im Rahmen der theoriegenerierenden Sozialforschung fragt man die Leute also nach ihren Alltagspraktiken und Handlungsperspektiven und behandelt sie im Allgemeinen als Experten. Dazu ist es meist efffektiver, sie in Form eines Leitfadeninterviews zu befragen. Um es drastisch auszudrücken: Wenn ich wissen will, wie ich zum Bahnhof komme, muss ich mich nach dem Bahnhof erkundigen und nicht irgendeine Eingangsfrage stellen, um dann lange darauf zu warten, ob wohl eine Wegbeschreibung dabei herauskommt.

Wir haben uns bisher hauptsächlich mit Interviews beschäftigt, der sicherlich wichtigsten Form von Datenerhebung für die theoriegenerierende Forschung. Ebenso können aber auch Gruppendiskussionen, Beobachtungen, die Analyse von Dokumenten oder Artefakten sowie Experimente, Rollenspiele, vertiefende Fallstudien und weitere Methoden angewandt werden, um Daten zu erheben. Jede dieser Datenerhebungsmethoden hat ihre eigene Bedeutung und dementsprechend ihre spezifischen Anwendungsfelder. Hier sollen zu einigen zum Teil sonst eher selten berücksichtigten dieser Methoden einige knappe Anmerkungen gemacht werden.

Gruppendiskussionen (z.B. PAUS-HAASE et al. 1999) gehören zu den häufig eingesetzten Verfahren der Datenerhebung. Sie können unterschiedlichen Zwecken dienen, wie Bohnsack (2000) deutlich macht. Gruppen sind immer auch ein sozialer Erfahrungsraum, in dem die Teilnehmer auf Kritik gefasst sein und ihre Meinungen begründen können müssen. Deshalb können hier besonders gut Kommunikationsprozesse beobachtet werden, die zu kollektiven Meinungsbildungsprozessen führen. Gruppendiskussionen können im Übrigen auf unterschiedliche Weise angelegt sein – offen, fokussierend, ermittelnd, mit einem Themenangebot oder mit anderen Zielen.

Beobachtungen (z.B. KROTZ 2001) finden im Rahmen theoriegenerierender Forschung im Allgemeinen als teilnehmende Beobachtungen statt. Die Besonderheit von Beobachtungen liegt darin, dass hier Geschehen in den Forschungsprozess einfließt, das von Seiten des Beobachteten nicht direkt sprachlich vermittelt und überlegt ist. Hier ist es aber auch wichtig, im Blick zu haben, dass Beobachtungen zunächst nur zeigen, was geschieht. Um sie im Rahmen theoriegenerierender Forschung brauchbar durchzuführen, kommt es aber immer auch auf den Sinn des Handelns an, den die Beobachteten mit ihrem Handeln verbinden. Um diesen Sinn zu erschließen, muss mandie Leute dazu befragen. In manchen Fällen kann man ihn auch durch Identifikation und Alltagspraxis in dem je vorgegebenen kulturellen Rahmen rekonstruieren, muss derartige Ergebnisse natürlich dann aber durch weitere Untersuchungen rekonstruieren. Im Gegensatz zu Beobachtungen im quantitativen Paradigma sind sie also im Rahmen theoriegenerierender Forschung in der Regel offen und unstrukturiert, oft auf einen längeren Zeitraum hin angelegt und häufig gekoppelt mit Interviews und Nachfragen. Deshalb ist es übrigens auch falsch, wie wir weiter hinten noch genauer begründen werden, Ethnographie als eine Langzeitbeobachtung zu begreifen: Ethnographen sind in der Regel lange Zeit in ihrem Forschungsfeld und beobachten auch teilnehmend, aber sie nutzen auch Interviews, Dokumentenanalyse etc. und versuchen zudem, ihr Wissen von einer fremden Kultur durch ihren Alltag in dieser Kultur zu prüfen.

Rollenspiele (SADER 1986) setzten an spezifischen Situationen an, die die Protagonisten erlebt haben, kennen oder sich vorstellen können, wobei Situationen hier Sinneinheiten umfassen, auf die es der theoriegenerierenden Sozialforschung ankommt. In Rollenspielen kann man die Zeit verändern, indem man sie verlangsamt oder anhält, aber auch beschleunigt. Man kann Räume vergrößern und verkleinern und von einem Platz zum anderen springen. Es können auch soziale Positionen und Perspektiven und deren Kontexte variiert werden. Sie können natürlich auch ganz einfach nur beobachtet und als Handlungsfolge interpretiert werden. Sie benötigen spezifische Einstimmungsverfahren und ermöglichen es einem erfahrenen Rollenspielleiter, mit spezifischen Techniken komplexe Erfahrungen und Handlungspraktiken zum Vorschein zu bringen. Sie dienen also der Rekonstruktion von Handeln und Erleben, können aber beispielsweise auch auf Hintergründe oder Erwartungen zentriert werden, auf die spezifische Konstitution von Wirklichkeit gerichtet sein etc.

Qualitative Experimente schließlich (KLEINING 1984) bestehen im Sinne einer Forschung als Dialog darin, in die Wirklichkeit gezielt einzugreifen und zu sehen, was dann passiert. Auch dafür werden noch Beispiele angeführt. Natürlich gibt es weitere Datenerhebungsmethoden, auf die zum Teil an weiteren Stellen eingegangen wird.

Die für den Forschungsprozess bedeutsame Frage ist dann weiter, wie man solche Datenerhebungen sinnvoll *protokolliert*. Dabei sollen drei Fälle voneinander unterschieden werden: Im ersten Fall werden Gespräche, etwa Interviews oder Gruppendiskussionen aufgezeichnet. Das kann per handgeschriebenem Protokoll währenddessen oder danach aus der Erinnerung geschehen. Gespräche können auch mit Tonband oder Videokamera aufgezeichnet und dann transkribiert werden. In beiden Fällen muss natürlich auch festgehalten werden, unter welchen Bedingungen die Gespräche stattgefunden haben. Im Falle von Beobachtungen, Experimenten oder Rollenspielen geht es nicht oder nicht so sehr um das gesprochene Wort (das gegebenenfalls aufgezeichnet und transkribiert werden kann). Hier empfehlen wir ein Notieren in Form von Erzählungen oder als Theaterstücke, in denen Akteure, Handlungsfelder, Themen und eine klare zeitliche Reihenfolge des Geschehens die Leitlinie bilden. Diese Formen haben sich in einer Reihe von Forschungsprojekten bewährt. Im dritten Fall liegen schriftliche Daten vor – etwa Dokumente, die interpretiert werden sollen. In allen Fällen ist es im Rahmen theoriegenerierender Forschung auch wichtig, die Einfälle, Ideen und Thesen, die dem Forscher während der Beobachtung oder danach in den Sinn kommen und plausibel erscheinen,[36] festzuhalten.

Welche Aufzeichnungsmethode man nutzt, hängt auch von der Forschungsfrage und dem Feldzugang etc. ab. Die Angst, etwas zu verpassen, ist meist eher größer als die plausible Basis für diese Angst. Das heißt, oft reicht es, gut zuzuhören und sich Notizen zu machen, die man möglichst zeitnah danach detailliert ausführt – das Wichtige und die wesentlichen Besonderheiten einer Perspektive werden dann schon deutlich. Denn sie tauchen, wenn sie theorierelevant sind, in der einen oder anderen Form auch in anderen Interviews immer wieder auf. Man kann aber natürlich auch Tonband- oder Videoaufnahmen machen.

Im Falle des Protokollierens von gesprochenen Texten, auf das wir uns jetzt konzentrieren, ist häufig die Rede von Mikrofonangst der Befragten, erst recht würden bei der Nutzung komplexerer Technik wie Videokameras Ängste wach. So entstehe eine künstliche Situation und die Ergebnisse seien dann unbrauchbar. Die Probleme mit solchen technischen Hilfsmitteln werden von quantitativ geschulten Anfängern, die dem Irrglauben nachhängen, der Forscher solle am besten unsichtbar sein, häufig überschätzt. In der Regel veranlasst ein Mikrofon bei Interviewpartnern aus den industrialisierten Ländern Mitteleuropas kaum dazu, etwas anderes zu sagen als sonst. Derartige Techniken sind heute so vertraut, dass ihr Einsatz und ihre Anwesenheit meist schnell vergessen werden, wie die meisten Untersuchungen zeigen. Ich habe jedenfalls noch nie von einer Untersuchung gehört, in der die Untersucher im Nachhinein auch nach einer sorgfältigen und sensiblen Auswertung zu dem Schluss gekommen sind, dass der Einsatz von Technik die Erhebung relevant beeinflusst hat. Hinzu kommt, dass es bei qualitativ angelegten Interviews ja gerade auch darum geht, Begründungen und Sinnzusammenhänge zu rekonstruieren, und das geht leichter, wenn man die Möglichkeit hat, noch einmal ›zurückzuspulen‹, also nicht nur auf die eigene selektive Erinnerung angewiesen ist.

Andererseits ist das natürlich kein Plädoyer dafür, sozusagen auf Vorrat alle Aufzeichnungsmöglichkeiten wahrzunehmen, die es gibt, also

36 Siehe auch die Kategorie der Memos in Kapitel 5.

etwa immer auch noch eine Videokamera mitlaufen zu lassen, quasi aus Sicherheitsgründen, ohne genaues Konzept, was man damit eigentlich machen will. Das führt nur zu vielen Daten, die dann doch nicht ausgewertet werden können, und so zu einer nur vermeintlichen Sicherheit. *Notwendig ist ein pragmatischer Mittelweg, der die Forschungsfrage und die Inhalte, aber auch die eigenen Ressourcen und Zwänge etwa zeitlicher Art im Blick behält.*

Eine derartige pragmatische Orientierung hilft auch bei der Antwort auf die Frage, wie man Gespräche und Interviews im Rahmen der theoriegenerierenden Forschung *transkribiert bzw. verschriftlicht*. Über Regeln der Protokollierung eines Interviews in geschriebenem Text gibt es in den verschiedenen qualitativen Forschungsrichtungen ganz unterschiedliche Vorstellungen. Strukturale Hermeneutiker oder Konversationsanalytiker beispielsweise verwenden meist ausgefeilte Notationssysteme, in denen man den Verlauf eines Gesprächs im Detail abbilden kann: Wie lange sind Pausen in der Folge der Worte, wo geht die Stimme rauf oder runter, wer fällt wem wann ins Wort und so weiter. Ausführliche Beispiele aus spannenden Forschungsprojekten finden sich zum Beispiel bei Ayass 1997 und Keppler 1994, es gibt aber auch darüber Bücher und Handlungsanweisungen.

Es kann auch im Fall theoriegenerierender Forschung wichtig sein, so genau zu protokollieren, beispielsweise dann, wenn die Forschungsfrage sich auf Interaktionsweisen bezieht, die sich auch in der Interviewsituation ausdrücken: Wenn ich zum Beispiel wissen will, wie Mitglieder verschiedener Jugendszenen miteinander kommunizieren, muss ich ihre Interaktionsmodi im Detail studieren. Und wenn ich dazu Gruppendiskussionen durchführe, fallen Erhebungssituation und Forschungsziel in besonderer Weise zusammen. Die meisten Projekte der theoriegenerierenden Forschung sind aber anders angelegt: Dann ist interessant, was die Informanten berichten, insofern sie über den Gegenstand sprechen, um den es geht, und nicht so sehr die Art, wie sie das tun. Im Allgemeinen erwartet man von den Befragten, dass sie ihre Sichtweisen äußern, aber auch ihre Praktiken und Perspektiven vor dem Hintergrund ihres Alltags darstellen. Was wir davon verwenden können, hängt meistens nicht entscheidend von der Art ab, wie etwas gesagt wird, etwa mit welchen Pausen und Betonungen, wie sie komplexe Notationssysteme zu erfassen versuchen, sondern vom manifesten Inhalt. Deshalb sind im Rahmen der Grounded Theory, der Heuristischen Sozialforschung und auch der Ethnographie meist Wortprotokolle oder einfache Verschriftlichungen von Tonbandaufnahmen üblich und ausreichend.

3.6 *Was heißt: Protokolle lesen und Daten auswerten?*

Nehmen wir nun an, dass wir ein Interview oder ein Gruppengespräch anhand eines Leitfadens durchgeführt haben und das Protokoll transkribiert vorliegt. Was tun damit? *Es wird zunächst mehrfach gelesen und dann systematisch ausgewertet bzw. ›interpretiert‹*. Mit welchem Ziel und wie dies geschieht, darin unterscheiden sich die verschiedenen, hier vorgestellten Verfahren der Grounded Theory, der Heuristischen Forschung und der Ethnographie, wie wir sehen werden. Dennoch gibt es einige Grundüberlegungen, die mit dem Umgang mit Transkripten bzw. Daten verbunden sind, auf die hier eingegangen werden soll.

Zunächst soll deutlich gemacht werden, was ›Auswerten‹ oder ›Interpretieren‹ nicht bedeutet:

- Es geht nicht um ein Auslegen eines Textes, wie man es vielleicht aus der Schulzeit vom Umgang mit Gedichten erinnert. Und es geht auch nicht so, dass man einfach etwas hineininterpretiert, erst recht nicht, ohne die eigene Argumentation zu überprüfen und überprüfbar zu machen.
- Interpretieren und Auswerten meint also auch nicht das, was die Hermeneutiker oder die Psychoanalytiker Deuten nennen. Wer deutet, wendet etwas Allgemeines auf etwas Spezielles an. Er teilt also mit, was ist, indem er es in einen von außen herangetragenen Kontext einordnet. Dadurch behindert er sich in dem Versuch, etwas Neues zu finden.
- Es geht dementsprechend auch nicht darum, vorhandene Theorien, die man etwa aus der wissenschaftlichen Literatur übernimmt, in einem Text wiederzufinden – dies wäre ein Verfahren des Tests, das in theoriegenerierenden Forschungsprojekten in bestimmten Fragen natürlich auch auftritt, aber beim Entwickeln der Theorie zunächst nicht im Vordergrund steht.
- Und es ist auch nicht das Ziel theoriegenerierender Forschung, sich möglichst kreative Ideen einfallen zu lassen, was man mit Daten alles machen kann. Man will vielmehr datennah Theorien entwickeln. Das heißt aber nicht, dass man nicht in spezifischen Phasen des Forschungsprozesses etwa in Art eines Brainstormings Ideen sammelt und auswertet. Solche Schritte sind in jedem Forschungsprozess möglich, aber auch dieser Typ der Auswertung von Daten ist nicht der Kern theoriegenerierender Forschung.

Was also heißt systematischer, auswertender Umgang mit einem transkribierten Interview? Zunächst wird man wie im Alltag auch den Text (im Allgemeinen mehrfach) lesen und zu verstehen versuchen, was im Detail und was insgesamt gemeint ist. ›Close reading‹ sagen die englischsprachigen Forscher dazu. Das ist nicht trivial – man kann Texte auch anders lesen, etwa als Stichwortgeber für eigene Ideen. Das sollte man in diesem Fall nicht tun, weil man so Handlungsperspektiven der Befragten nicht erkennen kann.

»Was gemeint ist« hat aber auch noch einen anderen Aspekt: Es hängt davon ab, was das Ziel der Forschung, was die Forschungsfrage ist. Es lohnt meist nicht, das Protokoll einer Gruppendiskussion danach auszuwerten, wie Leute etwas sagen, wenn man sich eigentlich dafür interessiert, was sie sagen. Und es kommt immer wieder vor, dass man Teile eines Protokolls nicht weiter berücksichtigt, wenn sie erst einmal nichts mit der Antwort auf die Forschungsfrage zu tun haben.

Es ist dagegen ein häufiger Fehler von Anfängern, die von der quantitativen Forschung herkommen, dass sie jede Einzelheit besonders behandeln, sie könnte ja noch wichtig werden. Natürlich geht es auch im Rahmen der theoriegenerierenden Forschung darum, genau und präzise mit Daten zu hantieren und sich nicht irgendetwas aus den Fingern zu saugen – aber das heißt eben immer auch, selektiv das in Bezug auf die Forschungsfrage Relevante zur Kenntnis zu nehmen und das unwichtige beiseite zu tun – beides ist eigentlich in jedem Interview zu finden.

Nachdem man sich einen ersten Überblick verschafft hat, wird man sich systematisch und konsekutiv mit einzelnen Sinneinheiten beschäftigen, aus denen das Interview zusammengesetzt ist. Dabei können wir in Anlehnung an Mayring (1995) drei Typen von Basisoperationen voneinander unterscheiden, die, vorsichtig eingesetzt, dazu beitragen können, die Daten im Hinblick auf die Forschungsfrage auszuwerten. Dabei meint Basisoperationen, dass es sich um verfahrensunabhängige Operationen handelt, die auch nicht immer in einer bestimmten Phase im Prozess der Auswertung durchgeführt werden müssen, aber eben in manchen Fällen hilfreich sind:

1. *Reduktionsverfahren dienen dazu, den Text sprechen zu lassen und seinen Kern offen zu legen:* Eine erste systematisch anwendbare und nachvollziehbare Strategie der Interpretation ist es, *ein Interview zu verdichten und auf seinen inhaltlichen Kern zu reduzieren.* In dieser Hinsicht sind verschiedene Strategien mit unterschiedlicher Bedeutung möglich. Unproblematisch ist es wohl,

Wiederholungen, Ähs und dergleichen wegzulassen – das ist mit *Verdichtung* gemeint. Das ist möglich, weil es in der theoriegenerierenden Forschung darum geht, dass der Interviewte etwas zu dem Forschungsgegenstand und damit zu Inhalt und Kontexten, zu seinen Erfahrungen und Praktiken aus seiner Perspektive sagen soll. Neben derartigen *Auslassungen* kann man Aussagen in Interviews häufig auch *bündeln*, etwa, wenn man eng zusammenhängende Aussagen zusammenfasst. Bei diesem Zusammenfassen benutzt man häufig neue, allgemeinere Wörter, die oft Kategorien genannt werden. Wenn man zum Beispiel nach Gründen für Handlungen – etwa im Falle der Untersuchung von Homepages – fragt, bekommt man in den Antworten die verschiedensten Motive genannt, die man dann in Klassen oder Kategorien zusammenfassen kann. Und dass Motive genannt werden, ist auch ein, allerdings kein sehr überraschendes Ergebnis.

Neben den elementaren Reduktionsverfahren gibt es auch Reduktionsverfahren, die inhaltlich auf den Text Einfluss nehmen können; sie werden hier nur kurz angedeutet und weiter hinten imZusammenhang mit den vorzustellenden Verfahren der Grounded Theory, der Heuristischen Forschung und der Ethnographie besprochen. Von *Generalisation* oder *Integration* spricht man, wenn man logisch untergeordnete Aussagen weglässt, weil sie in allgemeineren Aussagen aufgehoben sind. Ferner kann man auch *Aussagen zusammenfassen*, die auf Gemeinsamkeiten verweisen – etwa, wenn verschiedene Befragte die gleiche Aussage machen oder zu einem Sachverhalte gleiche Perspektiven zum Ausdruck bringen.

Diese Verfahren dienen zwar einer Reduktion, sind aber zum Teil schon von inhaltlicher Bedeutung: Wenn ich beispielsweise mehrere Aussagen zusammenfasse und sage, dass sie Motive offen legen, so ist dies ein Abstraktionsschritt, der zur Generierung einer Theorie beiträgt. Das gilt auch, wenn ich Aussagen verschiedener Interviewter über einen Forschungsgegenstand als etwas verstehe, was nicht dem einzelnen Interviewten zuzurechnen ist, sondern dem Forschungsgegenstand selbst. Dies macht offensichtlich den Kernprozess der Theoriebildung aus; wir werden uns in Teil II noch ausführlich damit beschäftigen. *Die allgemeine Regel ist, dass man erst einmal das Unproblematische mit den Daten tun soll und erst dann zu den komplexeren Auswertungen übergeht.*

2. *Das Interpretationsverfahren der Anwendung vorhandener Kategorien auf neue, noch nicht berücksichtigte Texte spielt eine Rolle, wenn man Kategorien und deren Zusammenhänge überprüfen will*: Die oben genannten Reduktionsverfahren gehen davon aus, dass man im Text selbst Kriterien findet, wie

man ihn verdichten und strukturieren kann. Daneben ist es aber auch möglich, dass ich mit einem bereits vorhandenen Kategoriensystem an ein Interview herangehe.[37] Ziel ist es dann festzustellen, ob eine Sinneinheit unter eine vorgegebene Kategorie subsumiert werden kann. Wenn ich meine Theorie auf der Basis erster Interviews in dem oben eingeführten Kreisprozess schon ein Stück weit entwickelt habe und nun weitere Interviews mache, um herauszufinden, ob sie auch bei anderen Befragten funktioniert und unter welchen Bedingungen sie gilt, muss ich meine Kategorien immer wieder prüfen und testen. Auch wenn theoriegenerierende Forschung überwiegend mit dem Finden von Kategorien, mit dem Strukturieren von Texten arbeitet, weil sie ja Neues im Material finden will, so sind solche Überprüfungsprozesse gleichwohl wichtig.

3. *Das Interpretationsverfahren der Explikation schließlich dient dazu, unklare oder interessante Aussagen genauer zu untersuchen*: Es kann sein, dass ich eine oder mehrere Aussagen eines Interviews nicht verstehe, aber verstehen oder einordnen will. Dann ist es möglich, einen *explikativen Zwischenschritt* einzulegen. Das bedeutet, dass ich eine Sinneinheit im Zusammenhang mit einer anderen Sinneinheit besser verstehen kann, die im Interview vorher oder nachher, also an anderer Stelle steht. Dann muss ich freilich begründen, warum diese beiden Sinneinheiten zusammengehören.

Die hier kurz vorgestellten Arten, mit Daten umzugehen, lassen sich bei Mayring (1995) nachlesen. Mayring stellt auf gut nachvollziehbare und systematische Art eine Reihe von Techniken dar, die zum Prozess des ›Interpretierens‹ oder ›qualitativ Auswertens‹ gehören können. Er versteht diese Techniken aber als Interpretationsarten, die man auf ganze Interviews anwendet, bzw. er führt sie auf diese Weise ein. Man muss sich seiner Ansicht nach dafür entscheiden, ob man ein Interview verdichtend interpretiert oder explizierend. Dafür gibt es aber keinen Grund. Es handelt sich dabei eigentlich um allgemeine Interpretationstechniken, die man in unterschiedlichen Phasen des Forschungsprojekts oder bei der Interpretation ein und desselben Interviews anwenden kann, je nach Sachlage.[38]

37 Das ist der quantitative Normalfall: Ich weiß schon alles und will nur prüfen, ob eine Kategorie unter den gegebenen Bedingungen zutrifft. Im Rahmen der theoriegenerierenden Forschung tritt dies im Falle der Überprüfung gewonnener Theoriestücke auf.

38 Mayrings Ziel ist insgesamt auch nicht die Genese neuer Theorien wie hier, er listet vielmehr alle qualitativen Techniken auf, die man auf Daten anwenden kann, wobei er sich systematisch und zum Teil am quantitativen Vorgehen orientiert.

Eine Empfehlung an die Leser dieses Buches ist es, diese drei Interpretationsverfahren einmal an einem Beispiel auszuprobieren, bevor man weiterliest – am besten im Hinblick auf ein Interview, das Sie selbst geführt haben. Denn auch das muss man lernen. Zu den in Teil II dann genauer dargestellten Forschungsverfahren theoriegenerierender Art gehören, wie man sehen wird, eigene Auswertungstechniken und -regeln, die aber wesentlich einfacher anzuwenden sind, wenn man diese hier kurz skizzierten Techniken beherrscht.

Damit ist der allgemeine Teil des vorliegenden Buches abgeschlossen. Sie verfügen jetzt über ein hoffentlich angemessenes Basiswissen, wie man theoriegenerierende Forschung verstehen und in ihrer Besonderheit begründen kann. Wir können jetzt damit beginnen, die einzelnen Verfahren genauer darzustellen, sodass Sie zu eigenen Forschungsprojekten übergehen können, indem Sie diese Verfahren erproben und anwenden.

TEIL II
DIE VERFAHREN THEORIEGENERIERENDER FORSCHUNG: GROUNDED THEORY, HEURISTISCHE SOZIALFORSCHUNG UND ETHNOGRAPHIE

Der folgende Abschnitt dient der Überleitung. Es sollen hier einige fundamentale Überlegungen zur theoriegenerierenden Forschung wiederholt werden, um das Grundverständnis der Leserin/des Lesers zu festigen. Danach werden dann in den drei folgenden Kapiteln die drei Verfahren theoriegenerierender Forschung vorgestellt.

- Nach Klärung der allgemeinen Grundlagen in Teil I dieses Buches ist es nun in Teil II das Ziel, die drei wichtigsten Verfahren der systematischen und datengestützten Entwicklung kultur- und sozialwissenschaftlicher Theorien darzustellen. Dabei wird von einem handlungstheoretischen Grundverständnis ausgegangen. Dementsprechend wird Forschung als ein Prozess regelgeleiteten Handelns verstanden. Auf die jeweiligen Regeln haben sich die Wissenschaftlergemeinschaften oder ein Teil von ihnen geeinigt. Sie haben in einem diskursiven Prozess festgelegt, auf welche Weise empirische Forschung und die Konstitution wissenschaftlicher Theorien stattfinden muss, damit die Ergebnisse für ihre Wissenschaft und für den Diskurs der Wissenschaftler über ihr Forschungsfeld relevant sind oder sein können. Um diese Regeln und deren praktische Umsetzung geht es hier, insoweit sie auf die Herstellung neuer Theorien zielen.
- Die behandelten Verfahren zur Entwicklung neuer Theorien sind wissenschaftstheoretisch pragmatisch begründet und durch die Qualität

der damit erzeugten Ergebnisse legitimiert. Theoriegenerierende Forschung ist dabei eine, meist von einem Team durchgeführte *Form des regelgeleiteten sozialen Handelns* in Auseinandersetzung mit der sozialen und kulturellen Wirklichkeit mit dem Ziel der Herstellung von empirisch bezogenen Theorien. Die dafür relevanten Regeln sind aus dem Handeln der Menschen im Alltag gewonnen und systematisch für die Zwecke der Wissenschaft weiterentwickelt. Die so entwickelten datennahen Theorien werden nicht als überzeitlich und kulturübergreifend gültige Gewissheiten verstanden. Es sind vielmehr Textzusammenhänge, die den Forschungsgegenstand in seiner Besonderheit und zugleich seiner Allgemeinheit, in seiner Art und Struktur und in seinen kulturellen und sozialen Kontexten beschreiben und seine Funktionsweisen und Beziehungen darstellen. Die Verfahren der theoriegenerierenden Forschung in den Kultur- und Sozialwissenschaften rekonstruieren den Forschungsgegenstand damit als einen von Menschen gemachten Zustand, der sich in der Zeit weiter entwickelt. Dabei wird davon ausgegangen, dass soziale und kulturelle Phänomene und damit auch ›Forschungsgegenstände‹ durch die Handlungspraktiken der damit befassten Menschen zustande kommen. Umgekehrt ausgedrückt: Die Menschen sind ›Experten‹ für diesen Forschungsgegenstand, und durch die Rekonstruktion und Analyse ihrer handlungsrelevanten Perspektiven und ihrer alltagspraktisch fundierten Handlungsweisen hindurch kann der in Frage stehende Gegenstand rekonstruiert werden.

- Forschen findet gemäß diesen Regeln als Prozess statt, und dieser Prozess führt in abgrenzbaren Phasen von der Forschungsfrage, die immer auch einen ›Forschungsgegenstand‹ bestimmt und festlegt, zur Theorie, die entwickelt werden soll. Zu den Aufgaben des Forschungsteams zählen die Klärung und Reflexion des Vorwissens, die Datenerhebung, die Datenauswertung, die komparativ angelegte (Weiter-)Entwicklung von Beschreibung und Theorie sowie das Testen vorhandener Theoriestücke, schließlich die Reflexion und Bewertung der Ergebnisse. Dies führt entweder zu weiteren, theoretisch/empirisch begründeten Phasen der Datenerhebung oder zum Abbruch und der Konstitution des Forschungsergebnisses für die Wissenschaft. Dazu werden die Ergebnisse als Beschreibung und Theorie des Forschungsgegenstandes in einem Text zusammengefasst und kommuniziert, der von der jeweiligen Wissenschaft als Beitrag diskutiert und akzeptiert werden kann und soll.

• Diese Phasen und die damit bezeichneten Forschungsaktivitäten sind im Prinzip immer ähnlich und bestehen im Grunde aus einer geplanten Datenerhebung und deren vergleichender Auswertung. Dennoch gleichen sich je zwei Forschungsprozesse im Allgemeinen nicht. Denn Forschungsperson und -gegenstand müssen zur Entwicklung neuer Theorien dafür *offen sein und sich auf die empirischen Gegebenheiten einstellen können*. Deshalb sind Forschungsergebnisse auch nicht allein durch ein bloßes Befolgen der Regeln zu erlangen; die Forschungsperson muss der Fragestellung vielmehr auch *kreativ* gegenübertreten, wenn sie etwas Neues finden will: Qualitative Forschung ist aktiver und geplant durchgeführter Lernprozess der Forschungspersonen und -teams und kann auch nur sehr beschränkt in einzelne von Dienstleistern zu erbringende Handgriffe zerlegt werden. Forschung ist *in Teilen Handwerk, aber mit Routine allein nicht zu bewältigen*.

• Theoriegenerierende Forschung ist *kommunikativ*, insofern sie an den Perspektiven der Menschen ansetzt, die mit dem sozialen Gegenstand zu tun haben. Die Forschungsperson muss den sozialen Gegenstand, um den es geht, aus der Position derer betrachten, die mit dem Gegenstand in ihrem Alltag operieren. Das heißt im Allgemeinen: Sie werden befragt oder beobachtet, wobei auch Gruppendiskussionen, introspektive Techniken, Rollenspiele und andere Methoden der Datenerzeugung eingesetzt werden können. Alternativ dazu kann die Forschungsperson selbst mit dem sozialen Gegenstand operieren, wie es beispielsweise im qualitativen Experiment geschieht (KLEINING 1986): Die Forschungsperson registriert (oder lässt registrieren), wie sich der soziale Gegenstand verhält, wenn man etwas Spezifisches mit ihm macht. Ebenso können auch bereits vorhandene soziale und kulturelle Artefakte wie etwa Texte untersucht werden. All diese Erkenntniswege sind aber nur auf der Basis eines kommunikativ begründeten Einlassens der Forschungspersonen auf soziale und kulturelle Kontextbezüge möglich. Denn es geht immer um die themenbezogene kommunikative Auseinandersetzung mit kommunikativ konstituierter Wirklichkeit – nur dadurch sind Sinn und Bedeutung als Bedingung sozialen Handelns rekonstruierbar. Dabei treten Forscherin und Forscher der zu untersuchenden sozialen und kulturellen Wirklichkeit notwendigerweise nicht wie beim Messen als etwas Fremdes gegenüber, sondern gehen von einem *gemeinsamen kulturellen und sozialen Bezugsfeld* aus, ohne das Forschung nicht funktioniert und ohne das keine Kommunikation möglich ist.

Insofern sind Subjekt und Objekt von Forschung beide vom Forschungsprozess betroffen.

- Theoriegenerierende Forschung ist dabei *komparativ* angelegt. Die im Forschungsprozess erzeugten Daten werden in vergleichender Hinsicht untersucht, und zwar in Bezug zum je vorhandenen Vorwissen bzw. im Vergleich zu bereits vorhandenen Daten und den daraus bereits gewonnenen Erkenntnissen. Deshalb ist jede durch theoriegenerierende Forschung erarbeitete neue Erkenntnis eine Modifikation und Weiterentwicklung bereits vorher vorhandener Erkenntnisse, deren Gültigkeit dadurch zugleich eingeschränkt und präzisiert wird.
- Theoriegenerierende Forschung ist *integrativ*, insofern die verschiedenen existierenden handlungsrelevanten Perspektiven auf den sozialen Gegenstand variiert werden und dadurch in das Ergebnis eingehen, also – dialektisch ausgedrückt –im Ergebnis ›aufgehoben‹ sind.
- Theoriegenerierende Forschung ist *rekonstruktiv*, weil sie davon ausgeht, dass der in Frage stehende soziale Gegenstand durch die Analyse der erfragten, beobachteten oder selbst erprobten Handlungsweisen und Vorstellungen der Menschen in ihren verschiedenen Perspektiven *allein* erkannt und verstanden werden kann. Das heißt insbesondere, dass soziale und kulturelle Gegenstände in dieser handlungstheoretischen Perspektive durch das Handeln der Menschen erzeugt werden, wobei natürlich auch jeweils soziale und kulturelle Bedingungen struktureller Art eine Rolle spielen. Die Forschung folgt dieser Herstellung des Gegenstandes, indem sie sie aus den verschiedenen Perspektiven heraus nachvollzieht.
- Theoriegenerierende Forschung ist *empirisch* und findet im Forschungsfeld statt. Sie benutzt vorhandene Theorien vor allem, um die Forschungsperspektive breit anzulegen und um Startbedingungen definieren zu können. Sie ist im Weiteren dann aber an den handlungsleitenden Perspektiven der Experten orientiert. Dabei definieren Experten sich über ihren jeweiligen Standpunkt und ihre Perspektive, in denen sich ihre Erfahrungen und ihre Umgangsweisen mit dem Forschungsgegenstand organisieren und als Praxis ausdrücken (was sie von bloßen Einstellungen und Meinungen unterscheidet).
- Theoriegenerierender Forschung meint dementsprechend die *Herstellung einer datenbasierten Theorie als Textzusammenhang, die den Forschungsgegenstand in seiner Erscheinung, Art und Struktur darstellt und ihn in seinen Kontexten und Beziehungen als Prozess versteht und handhabbar macht.*

Die Regeln des richtigen Forschens dienen dafür als Hilfen. Bei diesen Konstruktionsprozessen gibt es Kriterien zur Beurteilung des Vorgehens und Kriterien zur Beurteilung des Resultats. Insbesondere ist es wichtig, ein Feld- bzw. *Forschungstagebuch* zu führen und auszuwerten, um die Entwicklung von Theorien als Lernprozess des Forschers bzw. der Forscherin zu dokumentieren und zu berücksichtigen. Weitere verfahrensspezifische *Kriterien* zur Beurteilung des Vorgehens und der Resultate bei der Anwendung der einzelnen Verfahren werden im Rahmen ihrer Darstellung aufgeführt. Zusammenfassend wird das Problem der Qualität theoriegenerierender Forschung im abschließenden Kapitel 7 noch einmal aufgenommen.

- Logik und Erkenntnistheorie, Dialektik und Pragmatismus sagen gleichermaßen, dass die Gültigkeit von (wissenschaftlichem) Wissen durch Denkoperationen alleine ebenso wenig begründet werden kann wie durch empirische Forschung, ganz gleich, welche Verfahren und Methoden man verwendet. Sinnvolles Ziel von Forschung ist deshalb die Konstitution von Theorien unter Einhaltung vereinbarter Regeln, wobei sowohl Regeln als auch Theorien kommunizierbar sind und der Wissenschaftlergemeinschaft auch kommuniziert werden und werden müssen. Diese entscheidet (zumindest idealerweise) in ihrem herrschaftsfrei angelegten und auf Argumente bezogenen Diskurs darüber, was davon Teil ihres akzeptierten Wissensbestands ist und was genauer untersucht werden muss. Allein über diesen Prozess und seine Begründung durch Argumente kann sich Wissenschaft als gesellschaftliche Institution auf Dauer rechtfertigen – auch gegenüber einer vorrangig an Verwendung interessierten Öffentlichkeit. Deshalb ist Forschung auch nie nur instrumentelle Beschäftigung mit einer als extern verstandenen Wirklichkeit, sondern vor allem und in erster Linie Teilnahme am wissenschaftlichen Diskurs und Sicherung dessen argumentativer Grundorientierung.
- In einer ergänzenden Perspektive kann man den Prozess der empirischen Forschung als einen Prozess beschreiben, der von der Fülle der Realität über abstrakte Kategorien und sonstige einseitig bezogene Zwischenergebnisse zu einer breiten, theoretisch fruchtbaren und praktisch verwendbaren, ›dichten‹ Beschreibung und Theoretisierung der Wirklichkeit führt. Dabei ist der *enge Datenbezug* generell das wichtigste Gütekriterium, und die Befolgung von Regeln macht die dafür getroffenen Entscheidungen transparent und kritisierbar.

Im Folgenden werden nun die Grounded Theory nach Glaser und Strauss, die Heuristische Sozialforschung nach Kleining und als übergreifende Forschungsstrategie die Ethnographie vorgestellt. Wir hatten diese bereits in Kapitel 2 kurz skizziert. Die ersten beiden wurden dort als eher taktische, problem- und fragebezogene Verfahren bezeichnet. Die Ethnographie wurde demgegenüber als breiter und strategisch angelegtes Regelsystem skizziert. Sie bildet einen Rahmen für Forschung, innerhalb dessen unterschiedliche Einzelverfahren verschiedener Art verwendet werden können. Wir werden auch detailliert begründen, warum dies der Fall ist: Die Ethnographie ermöglicht es insbesondere, die kommunikativen und kulturellen Grundlagen herzustellen bzw. zu sichern, auf deren Basis sie selbst wie auch die Heuristische Sozialforschung und die Grounded Theory erst funktionieren können.

Die beiden zunächst vorgestellten Verfahren der Grounded Theory und der Heuristischen Sozialforschung sind in ihrer inneren Logik, in ihren Grundlagen und sogar in einzelnen praktischen Schritten durchaus ähnlich. Insofern werden wir manche Überlegungen, die wir bei der Vorstellung der Grounded Theory detailliert anstellen, später bei der Vorstellung der Heuristischen Sozialforschung nur noch andeuten und auf die Ausführungen bei der Darstellung der Grounded Theory verweisen. Grounded Theory und Heuristische Sozialforschung unterscheiden sich aber auch in vielen Besonderheiten voneinander.

Verfahren funktionieren ja immer auch als Filter, welche Daten sie durchlassen und welche nicht, und welche Interpretationen bzw. Auswertungen dann wie theorierelevant durchgeführt werden können. Deshalb führen beide Verfahren in manchen Fällen zu unterschiedlichen, in anderen zu gleichartigen Theorien – stets werden aber ähnliche Grundstrukturen erkennbar werden. Das heißt nicht, dass das eine Verfahren besser oder schlechter ist als das andere. Man muss aber entscheiden, welches von ihnen in Bezug auf eine spezifische Fragestellung erfolgversprechender ist. Hintergrund dieser Tatsache ist, dass ein und dasselbe soziale und kulturelle Phänomen durch unterschiedliche theoretische Entwürfe rekonstruiert werden kann – was sich davon auf Gütekriterien auswirkt, wird in Kapitel 7 erläutert.

Bei der Darstellung der drei Verfahren werde ich ›in gewisser Hinsicht‹ selektiv vorgehen.

›In gewisser Hinsicht‹ heißt: Über die drei Verfahren, die vorgestellt werden sollen, sind viele Bücher geschrieben worden. Sie in einem Band vorzustellen heißt: selektiv Schwerpunkte zu setzen. Das geschieht hier mit dem Ziel, die Grundlinien der drei Verfahren so darzustellen, dass eine normale Studierende, ein normaler Studierender sie anwenden können. Wenn Sie das Buch gelesen haben: Stellen Sie eine Forschungsfrage, entscheiden Sie sich für eines der Verfahren und fangen Sie dann an, systematisch eine Theorie zu entwickeln, die Ihre Frage beantworten kann.

Dabei werden Sie, wenn Sie vor den Mühen der Praxis stehen, häufig merken, dass das, was Sie in diesem Buch hier gelesen haben, Ihre Fragen nicht alle beantwortet. Längst nicht. Aber es wäre eigentlich auch absurd, das zu erwarten. Wenn man sich auf Forschungsfeldern bewegt, die noch kaum untersucht sind oder die neuer Theorien bedürfen, wie Sie sie gerade entwickeln wollen, können Sie nicht erwarten, dass es eine Art Rezeptbuchwissen gibt, das Sie ohne viel nachzudenken anwenden können. Im Gegenteil – ohne Ihre Kreativität geht es nicht. Und Kreativität bedeutet in diesem Fall auch, dass Sie die im Prinzip verstandenen Grundregeln theoriegenerierenden Forschens auf den Spezialfall zuschneiden müssen, mit dem Sie zu tun haben – das Thema und die Zugangsprobleme zu Personen, die man befragen kann, die Frage, wie man Daten erhebt und die spezifischen Probleme löst, die es immer gibt, wie man weitere Befragte findet und wie man mit den Daten umgeht, wie man all die Einzelheiten zusammenbringt und wann man eigentlich fertig ist: All das und noch mehr müssen Sie in ihrem konkreten Fall lösen.

Aber das können Sie auch, wenn Sie die Grundprinzipien theoriegenerierenden Forschens verstanden haben. Dann werden Sie in einem solchen eigenen Projekt lernen sie anzuwenden. Sie werden so lernen, sie auch in ihrer Offenheit für vernünftig und brauchbar zu halten. Sie werden auch herausfinden, wo die Grenzen dieser Regeln sind und warum Sie sie vielleicht in manchen Einzelfällen verletzen müssen.

Methoden und Verfahren lernt man letztlich nur, wenn man sie anwendet und sie dadurch für sich mit Leben füllt, ihre Tragweite kennt, ihren Nutzen und ihre Grenzen. Dabei handelt es sich um einen Prozess des allmählichen Lernens, erst recht, wenn man *theoriegenerierende* Forschung lernen will, mit der man ja die vorgegebenen Schienen des Denkens über Dinge verlassen muss. Der immer wieder auftretende Wunsch, es möge doch festere Vorgaben geben, ist eher der Tatsache geschuldet, dass man sich Kritikern gegenüber gerne auf die Einhaltung von Regeln beruft. Aber solche themenunabhängigen Regeln kann es nur im Prinzip geben, wenn man nicht bei einem sehr schematischen Verständnis von Forschung stehen bleiben will – Sie müssen ihre Entscheidungen eben transparent machen und nicht formal, sondern inhaltlich begründen.

Statt auf Regeln als unanstastbare Leitlinien zu hoffen muss man sich im Prozess und des Entwickelns von Theorie mit den Regeln forschenden Handelns auseinander setzen, sie exemplarisch durch das Durchführen eines Projekts lernen und darüber auch eine inhaltlich fundierte Selbstsicherheit erwerben. Ein vertiefender Blick in die Originalschriften der Begründer der Verfahren theoriegenerierender Forschung ist aber immer wieder, auch, »wenn man es schon kann«, empfehlenswert. Die Offenheit des Lernprozesses beinhaltet freilich auch, dass man Fehler macht. Und wenn man neue Theorien entwickelt, so beinhaltet das auch als Möglichkeit, dass man auf Leute trifft, auch auf Professoren, die über die Ergebnisse nicht glücklich sind. Das ist hier ebenso möglich wie bei allen anderen wissenschaftlichen Prozessen. Aber besser mit einer guten und kreativen neuen Theorie anecken als sich mit dem zwanzigsten Test einer Hypothese zu beschäftigen, die dann doch nur ungefähr herauskommt, weil Sie Ihre Begriffe und Operationalisierungen anders angelegt haben als Ihr Vorgänger.

4. Grounded Theory: Die datennahe Generierung von Theorien

Überblick

In dem vorliegenden Kapitel geht es nun also darum, das erste der beiden ›taktischen‹ Verfahren der entdeckenden Sozialforschung so differenziert und anschaulich vorzustellen, dass es selbständig erprobt werden kann. ›Taktisch‹ hatten wir die Grounded Theory genannt, weil hier eine klare Forschungsfrage vorhanden sein muss (die sich freilich im Forschungsprozess verändern kann). Bei der folgenden Darstellung dieses grundlegenden und auch gut dokumentierten Verfahrens werden uns zahlreiche Überlegungen wieder begegnen, die wir in Teil 1 dieses Buches angestellt haben. Das liegt daran, dass wir uns bei der allgemeinen und prinzipiellen Darstellung, wie man bei theoriegenerierender Forschung vorgeht, an diesem Klassiker dieser Art Forschung orientiert haben.

- In Abschnitt 4.1 wird zunächst von der Entstehung und der Grundidee der Grounded Theory berichtet.
- Danach geben wir im Teilkapitel 4.2 einen Überblick darüber, wie das Verfahren der Grounded Theory funktioniert: Es handelt sich um einen präzise beschreibbaren Kreisprozess aus Datenerhebung, Auswertung und Theorieerarbeitung, der wiederholt durchlaufen wird.
- Dann werden wir die zentrale Auswertungsoperation der Grounded Theory, das so genannte ›Codieren‹ behandeln. Hinter diesem sich für Anfänger recht sperrig anhörenden Wort verbergen sich Verfahren der Selektion und Einordnung, Abstraktion, Systematisierung und Umordnung, die man so ähnlich auch aus dem Alltag kennt. Sie werden in Abschnitt 4.3 genauer beschrieben.

- Unterkapitel 4.4 beschäftigt sich dann mit einem weiteren wesentlichen und für die Grounded Theory charakteristischem Hilfsmittel, den so genannten Memos. Sie dienen dazu, Ideen zu sammeln und zu strukturieren, und sind deshalb zur Theorieentwicklung wichtig. Im Anschluss daran werden die verschiedenen Theorieformen beschrieben, die Ergebnis einer Grounded Theory sein können.
- Im Anschluss daran ist in Teilkapitel 4.5 die Frage zu diskutieren, nach welchen Überlegungen man Befragte sucht – das hat hier natürlich nichts mit repräsentativen oder zufallsgesteuerten Auswahlen zu tun. Vielmehr hat man bei der Anwendung der Grounded Theory zu jedem Zeitpunkt schon einige vorläufige Ergebnisse, und um die zu überprüfen und weiter zu entwickeln, muss man theoriegeleitet weitere Erhebungen planen: Glaser und Strauss sprechen deshalb vom »theoretical Sampling«. Wie man das macht und welchen theoriegenerierenden Sinn das hat, wird nach der Lektüre dieses Teils klar sein.
- Es folgen in Abschnitt 4.6 ergänzende Überlegungen, Anmerkungen und Hinweise.
- Der abschließende Punkt 4.7 beschäftigt sich mit Beispielen. Dabei geht es auch darum darzustellen, wie einzelne Schritte der Grounded Theory praktisch durchgeführt werden.

4.1 *Die Grundidee der Grounded Theory*

Das bis heute wichtigste Werk zur Grounded Theory ist das von ihren beiden Begründern Barney Glaser und Anselm Strauss (1967) publizierte Buch, mit dem sie ihre Überlegungen zusammenhängend vorgestellt haben.

Barney Glaser kommt aus der Schule von Paul F. Lazarsfeld, der uns schon in Kapitel 1 dieses Buchs begegnet ist und der in der ersten Hälfte des zwanzigsten Jahrhunderts einen wesentlichen Anteil an der Begründung der quantitativen empirischen Sozialforschung hatte.[39] Lazarsfeld und seine Mitarbeiter haben nicht nur in der Soziologie und Sozialpsychologie, sondern auch in der Kommunikationswissenschaft ihre Spuren hinterlassen – zum Beispiel durch die erste Panelstudie, in

39 Vgl. z.B. KROTZ 1983 sowie LANGENBUCHER 1990 mit weiteren Literaturhinweisen.

der sie wiederholt untersucht haben, wie sich politische Meinungen im Vorfeld einer Präsidentschaftswahl in den USA entwickelt haben: Aus diesem Material wurde dann die so genannte Theorie des ›Two Step flow‹ der Meinungsbildung entwickelt, die dann wiederum dazu beitrug, dass das Publikum der Massenmedien nicht mehr als passiv, sondern als aktiv angesehen wurde.

Bevor Lazarsfeld sich aber der quantitativen Forschung zuwandte, hat er zusammen mit einigen Mitarbeiterinnen und Mitarbeitern, insbesondere mit Maria Jahoda, eine großartige qualitative Studie vorgelegt, deren Lektüre man jedem Forscher nur empfehlen kann (JAHODA et al. 1980).

Anselm Strauss dagegen ist dem Symbolischen Interaktionismus zuzurechnen und orientierte sich an den sozialanthropologischen Erhebungsmethoden und Forschungsverfahren der so genannten ›Chicago School‹.[40] Damit wird heute eine Gruppe von Wissenschaftlern bezeichnet, die in den zwanziger Jahren des letzten Jahrhunderts an der Universität von Chicago arbeitete. Sie entwickelte damals zahlreiche neuartige qualitative Verfahren wie etwa die Biographieforschung und stellte sich auch durch die Anwendung ethnographischer Forschung gegen den damals vorherrschenden Trend zum Behaviourismus. Der Schwerpunkt und das Interesse der Chicago School lagen in der sozial und demokratisch engagierten Stadtforschung und damit zugleich auch in der Untersuchung von zusammenhängenden Volksgruppen – in der Einwanderungsstadt Chicago jener Jahre lebten die Menschen weitgehend in ethnisch strukturierten Ghettos, die mit dem berühmten Bild von den USA als ›melting pot‹ nicht viel zu tun hatten.[41]

Die beiden Konstrukteure begründen in ihrem gemeinsamen Werk ihr Ziel, ein theoriegenerierendes Verfahren zu entwickeln, mit ihrer Unzufriedenheit gegenüber der gängigen sozialwissenschaftlichen Praxis. Ihrer Meinung nach treiben viel zu viele Wissenschaftler viel zu viel

40 Die sozialwissenschaftliche Chicago School der zwanziger Jahre sollte nicht mit späteren Chicago Schools verwechselt werden – nicht mit der der symbolischen Anthropologie um Victor Turner Mitte des letzten Jahrhunderts und auch nicht mit den neoliberalen Wirtschaftswissenschaftlern, den so genannten ›Chicago Boys‹, die in den achtziger Jahren des zwanzigsten Jahrhunderts um Milton Friedman herum marktradikale Konzepte entwickelten, die zu viel Elend in den Ländern der dritten Welt geführt haben.

41 Anselm Strauss hat in ganz unterschiedlichen Sozialwissenschaften eine wichtige Rolle gespielt: Für die Kommunikationswissenschaft ist insbesondere seine Beteiligung an der Entwicklung des Begriffs der parasozialen Interaktion und der parasozialen Beziehung wichtig, der 1956 von Horton und Wohl erfunden und dann nach dem Tod von Wohl von Horton und Strauss weiter entwickelt wurde (HORTON/WOHL 1956; HORTON/STRAUSS 1958).

Aufwand mit der Überprüfung von quantitativen Hypothesen. Hingegen seien andere, ebenfalls für die Wissenschaft notwendige Verfahren unterbelichtet und würden auch viel zu selten angewandt.

Was Glaser und Strauss damit meinten, ist klar: Insbesondere die Technik bzw. Kunst, neue Theorien zu entwickeln. Um diese Lücke zu füllen, entwickelten sie die Grounded Theory.[42] Damit richtet sich die Grounded Theory zwar explizit gegen das vorherrschende sozialwissenschaftliche Empire und damit auch gegen das darin angelegte Verständnis von Wissenschaft. Dabei war es allerdings keineswegs der Anspruch von Glaser und Strauss, die quantitative Methodologie abzuschaffen. Sie wollten vielmehr einfach nur ein ergänzendes, theoriegenerierendes Verfahren entwickeln. Denn, und das ist das zweite Ziel von Glaser und Strauss bei der Entwicklung ihres Verfahrens, sie waren auch unzufrieden mit dem Stand der Theorie in den Sozialwissenschaften. Sie meinten, dass die in Bezug auf Mathematik und Formale Logik entwickelten Theorien zu simpel strukturiert sind, um die Komplexität der Wirklichkeit zu fassen. Darin drückt sich dieses andere Verständnis von Theorie aus, wie wir schon in Kapitel 2 herausgearbeitet haben.

Auch wenn Glaser und Strauss ihr Verfahren in neueren Veröffentlichungen in unterschiedliche Richtungen weiterentwickelt haben,[43] so ist die Grounded Theory dennoch eine glückliche Synthese von Forschungstraditionen unterschiedlicher Art, die darauf abzielt, Theorien zu entwickeln – unabhängig von ihrer Form. Wir werden auf die späteren unterschiedlichen Entwicklungen der beiden Autoren nicht weiter eingehen.

Die Grounded Theory ist also ein Verfahren zur Beantwortung einer Forschungsfrage durch eine mittels empirischer Schritte systematisch entwickelte Theorie. Dabei stehen die drei Schritte der Datenerhebung, der Datenauswertung und der auf Erhebung und Auswertung gestützten Konstruktion von Theorien und Teiltheorien im Mittelpunkt. Das Verfahren funktioniert also nicht so wie im Falle quantitativer Theorieproduktion, dass erst eine Theorie gedacht oder diskursiv entwickelt und dann getestet wird. Vielmehr sind für die Entwicklung, Formulierung und natürlich auch Begründung bereits empirische Schritte notwendig. Deshalb wird das Regelsystem nach Glaser und Strauss auch *gegenstandsbezogenes*[44] *oder in Daten*

42 Natürlich sind auch Glaser und Strauss nicht ohne Vorgänger. Die Frage, wie man neue Theorien entwickelt, hat schon vor ihnen viele Wissenschaftler und Philosophen beschäftigt; vgl. z. B. KLEINING 1995 für eine breite Darstellung.

43 Vgl. z. B. GLASER 1978; GLASER/HOLTON 2004 und STRAUSS/CORBIN 1990; STRAUSS 1990.

begründetes (Konstruktions-)Verfahren von Theorie genannt. Denn die Grounded Theory holt ihr Ergebnis, den letztlich konstruierten textuellen Aussagenzusammenhang, aus dem Theorie besteht, nicht von irgendwo her: *Glaser und Strauss beschreiben in ihrem Buch vielmehr das systematische Entwickeln von Theorien anhand eigens dafür erhobener, geeigneter Daten und wollen dies Vorgehen als anerkanntes wissenschaftliches Verfahren etablieren.*

Empirische Daten dienen Glaser und Strauss also nicht zur Überprüfung von Hypothesen oder sonstigen Theoriestücken, sondern sind die Basis der Konstruktion von dann als gegenstandsnah verstandener Theorie (aus der man dann weiter so genannte formale Theorien entwickeln kann, wie wir weiter hinten sehen werden). Das geht natürlich nur, wenn man eng an den Daten bleibt und garantiert, dass die entwickelte Theorie die Daten tatsächlich begrifflich und konzeptionell fasst, dass der entstandene Textzusammenhang die Daten also erklärt bzw. verstehbar macht. Andernfalls verliert man die Berechtigung, von ›datenbezogen‹ zu sprechen. Das wichtigste Kriterium für die Güte einer so hergestellten Theorie ist folglich, ob sie die erhobenen Fälle tatsächlich abdeckt bzw. sinnvoll und plausibel behandelt. Die Frage ist genauer, ob der Textzusammenhang, der am Ende die Theorie ausmacht, einerseits aus den Daten nachvollziehbar abgeleitet und ob andererseits die aus den Daten herausgearbeitete Struktur und Genese des Forschungsgegenstandes in der Theorie nachvollziehbar beschrieben und ausgedrückt ist. *Empiriker im Rahmen der Grounded Theory müssen deshalb vor allem die Regel befolgen, dass man immer wieder zu den Originaldaten zurückgehen muss, um zu überprüfen, ob entwickelte Theorie und Daten im Detail zueinander passen.*

Um das an einem ganz simplen Beispiel klarzumachen: Es ist einfach, über Computerspieler eine Hypothese aufzustellen – etwa der Art, dass Jugendliche, die gerne Computerspiele mit gewalthaltigen Inhalten spielen, eher aggressiv sind und zu gewalttätigen Handlungen neigen. Diese

44 Dies übrigens zum Ärger vieler, die meinen, dass auch jede quantitativ gewonnene Theorie datenbasiert sei. Das gilt natürlich, insofern Empirie ja immer darin besteht, Theorien mit der Wirklichkeit in Bezug zu setzen. Im Rahmen des Positivismus, des kritischen Rationalismus oder der analytischen Wissenschaftstheorie kann man deshalb nur von Theorien sprechen, wenn es sich dabei um empirisch getestete Hypothesen handelt – wie man aber auf diese Hypothesen kommt, ist gleichgültig. Insofern ist mit dem Begriff der gegenstandsbezogenen Theorie der Theorie quantitativer Art natürlich nicht abgesprochen, dass sie empirisch gestützt sein kann. Im Rahmen der Grounded Theory meint gegenstandsbezogen dagegen, dass jede darüber erzeugte Theorie nach ihrem Konstruktionsprinzip durch konkrete empirische Daten gestützt ist. Bei diesem Ärger handelt es sich also um ein Missverständnis.

Hypothese kann man empirisch testen und, weil sie in der allgemeinen Form nicht haltbar ist, dann differenziertere Hypothesen entwickeln, die wieder testen und so weiter.

Im Rahmen einer gegenstandsbezogenen Theorie würde man dagegen ganz anders vorgehen. Man würde erst einmal einige Computerspieler befragen, wie und warum sie spielen, wie sie leben und was sie sonst machen. Man würde zudem einige Computerspieler beobachten, und zwar sowohl solche, die gerne gewalthaltige Spiele spielen, als auch solche, die das nicht mögen. Man würde natürlich auch die soziale und kulturelle Umwelt von solchen Computerspielern untersuchen, Experten wie etwa Lehrer oder Medienpädagogen befragen, was sie für Erfahrungen damit haben und so weiter.

Das alles geschähe in verschiedenen Schritten. Wenn man einige Daten erhoben hat – zum Beispiel einige Spieler befragt und beobachtet hat –, würde man versuchen, aus deren Aussagen allgemeinere Aussagen zu gewinnen. Etwa derart, dass manche die These für nicht zutreffend halten, andere sie aber schon bejahen, aber nur für andere, nicht für sich selbst. Wieder andere meinen, dass das nur in bestimmten Fällen gilt oder dass Computerspiele generell des Teufels sind. Man würde in allen diesen Fällen natürlich nicht nur die jeweiligen Äußerungen festhalten, sondern auch die Begründungen dafür. Man würde auch nach Bedingungen suchen, wieso die einen so etwas meinen und die anderen nicht, aber auch nach Bedingungen, unter denen die angenommene Hypothese zu gelten scheint bzw. nicht zu gelten scheint. Man würde in der Folge vielleicht feststellen, dass man verschiedene Ausgangssituationen voneinander unterscheiden muss, die zu Gewaltspielen führen – jemand hat vielleicht vorher ein Frustrationserlebnis gehabt, ein anderer spielt dagegen gewohnheitsmäßig gewaltnahe Spiele – beides ermöglicht wahrscheinlich unterschiedliche ›Wirkungen‹. Vielleicht hängt es ja auch vom Spiel ab, ob die Hypothese stimmt – ein realitätsnahes Autorennen, bei dem man Fußgänger überfährt und dafür Punkte erhält, ›wirkt‹ vielleicht anders als eines, bei dem man als Zeichentrickfigur auf dem Bildschirm herumläuft und abstrakte Raumschiffe vernichtet. Was immer man tut im Forschungsprozess – man erzeugt einerseits Daten im Feld, die man andererseits auswerten und in Bezug auf die man Theorien oder theoretische Aussagen entwickeln kann.

Dabei geht die Grounded Theory davon aus, dass man nie völlig bei null anfängt, wenn man eine Frage beantworten will. Vielleicht erscheint das Phänomen und der dahinter stehende Forschungsgegenstand völlig unbekannt zu sein, aber trotzdem gibt es Ansatzpunkte, wie man sich einem Phänomen begrifflich nähern kann: Man kann Analogien bilden und von irgendetwas, das man ähnlich findet, ausgehen – wie ist das zum Beispiel bei anderen Spielen: Ist das Rauswerfen bei Mensch-ärgere-dich-nicht, das In-die-Pleite-Treiben im Monopoly eine Form von Gewalt, und sind Leute, die das gerne spielen, gewalttätiger als andere?

Zumindest eines weiß man am Anfang immer: Man weiß, wo man Leute findet, die man fragen kann und die sich mit der Sache auskennen – und das verhilft zu einem Einstieg in die empirische Forschung. Das gilt selbst für absurde Fragen – wenn Sie wissen wollen, ob es Aliens gibt oder ob Horoskope die Wahrheit sagen.

Ein Einstieg ist also eigentlich immer möglich. Das macht noch etwas Wichtiges deutlich, nämlich, dass man in Bezug auf jedes Forschungsthema ein gewisses, woher auch immer gewonnenes Vorwissen hat – sonst könnte man ja auch keine vernünftige Forschungsfrage stellen. Von daher kann man sich den Forschungsprozess des Entwickelns von gegenstandsnahen Theorien als einen Lernprozess vorstellen, der in der Weiterentwicklung und gegebenenfalls auch Überwindung des Vorwissens besteht: Wenn man ein wenig von etwas weiß, dann andere fragt und deren Antworten auswertet, verbessert man das eigene Wissen. Dann kann man weitere Beteiligte fragen, möglichst solche, die eine andersartige Perspektive auf die Sache haben, deren Antworten auswerten und sie mit den Überlegungen vergleichen, die man schon vorher angestellt hat usw.: So trägt empirische Forschung dazu bei, neues Wissen zu entwickeln, indem altes verbessert wird.

Neue Theorien entstehen also im Rahmen der Grounded Theory durch empirische Forschung als weiter entwickeltes, immer wieder verbessertes und immer weiter durch Empirie gestütztes und getestetes Wissen. Das Verfahren von Glaser und Strauss ist insofern eines *des ständigen Vergleichs von Wissen mit empirischen Daten und von Wissen mit bereits vorhandenem Wissen.*

Dabei sind zwei Besonderheiten wichtig:

1. Man fängt beim vorhandenen Vorwissen an, das ohne Zweifel ausgesprochen fraglich ist, aber einen Start ermöglicht. Dazu wählt man auf der Basis dieses Vorwissens ›Experten‹ aus, die man befragt, beobachtet oder sonst dazu bewegt, ihre Sicht der Dinge offen zu legen. Man geht also nicht erst dann ins Feld empirischer Forschung, wenn man alle Einzelheiten der Operationalisierung, der Erhebungsmethoden, der Aus-

wahl von Befragten etc. festgelegt hat, sondern beginnt sehr direkt auf der Basis des reflektierten eigenen Vorwissens mit der Erhebung empirischer Daten.

2. Diese kurze Beschreibung macht bereits deutlich, dass es bei den Verfahren der Grounded Theory nicht nur um das Schaffen von Theorie geht, sondern dass immer wieder auch ein Prüfen und Testen von Theoriestücken stattfindet. Man muss allgemeine, theoretische Aussagen, die man entwickelt hat, sogar nicht nur mit neu erhobenen Daten testen; vielmehr werden solche Aussagen im Rahmen dieses theoriegenerierenden Verfahrens nur dann akzeptiert, wenn sie für alle Daten, also alle bekannten Fälle, gültig sind und wenn sie für alle Fälle gelten, mit denen man sich im Forschungsprozess noch beschäftigen wird.

Das hat eine eigentümliche Konsequenz: Ein quantitativer Forscher hält eine Hypothese mehr oder weniger auch dann für bestätigt, wenn es einige Fälle gibt, bei denen seine These nicht gilt – ›soziale Gesetze‹, die er belegen will, sind in dieser Perspektive nicht logisch, kausal und zwingend, sondern nur wahrscheinlich. Wenn man hingegen im Rahmen der Grounded Theory (und generell der theoriegenerierenden Forschung) einen Fall entdeckt, für den die bis dahin entwickelte Theorie nicht gilt, kann man ihn nicht einfach ignorieren. Man muss vielmehr die gesamte, bis dahin entwickelte Theorie modifizieren. Eine Theorie ist nur dann gut, wenn sie alles Wichtige umfasst. Theoriegenerierende Forschung besteht deshalb, wie wir sehen werden, auch darin, systematisch zu suchen, ob man Gegenbeispiele findet, und wenn man den Prozess der Entwicklung von Theorie beendet, muss die Theorie auch für alle behandelten Fälle gelten.

Die Grounded Theory ist pragmatisch begründet und will verschiedene Finde- und Konstruktionsprozesse, die wir aus unseren Alltagskontexten kennen und dort verwenden, als allgemeine Regeln formulieren und damit für die Wissenschaft fruchtbar machen. Insbesondere setzt die Grounded Theory auch nichts weiter als eher allgemeine Überlegungen über die Wirklichkeit voraus, wie wir in den vorhergehenden Kapiteln bereits dargelegt haben. *Wissenschaft gibt sich freilich nicht wie der Alltag mit Lösungen zufrieden, die bloß funktionieren. Insofern sie auf Theorie hin orientiert ist, muss mindestens auch der Weg der Konstruktion von Theorie nachvollziehbar und die Theorie muss – unter anderem – systematisch, umfassend und begrifflich präzise sein.* Wie man solche Theorien entwickelt, zeigen uns Glaser und Strauss.

4.2 *Forschung als spiralförmig angelegte Folge von Schritten, die zu Beschreibung und Theorie führen*

Wie der Forschungsprozess nach der Grounded Theory abläuft, kann man am besten mit dem Modell der Spirale veranschaulichen. Eine Spirale besteht aus übereinander gelegten Kreisen, die ineinander überführen. Wenn man einen Prozess als Spirale darstellt, dann ist damit gemeint, dass man an einem bestimmten Punkt beginnt und dann in einzelnen Schritten einen Kreis durchläuft. Jeder solche Durchlauf besteht im Prinzip aus den gleichen Schritten, findet aber von einem anderen Ausgangspunkt aus, also auf einer höheren Ebene statt. Genauso funktioniert die Grounded Theory, wobei jeder Durchlauf aus den folgenden, in Abbildung 8 dargestellten Phasen besteht:

ABBILDUNG 8
Grounded Theory als spiralförmiger Prozess

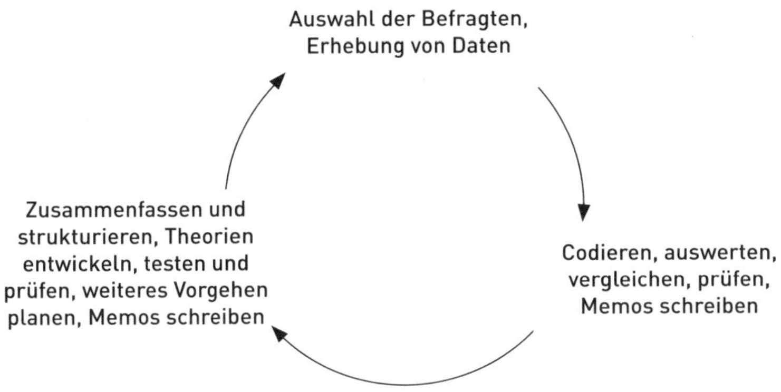

Am Anfang steht die Forschungsfrage, die in die Spirale hineinleitet. Am Ende, wenn ein Abbruchkriterium erfüllt ist, das wir noch darstellen werden, wird die Folge der Durchläufe abgebrochen – die Theorie ist konstituiert und der Konstruktionsprozess und sein Ergebnis können beschrieben, publiziert und in den wissenschaftlichen Diskurs weitergeleitet werden. Der Kreis, die einzelnen Durchläufe also, beschreibt den Kern des Vorgehens nach der Grounded Theory. Er *wird im Allgemeinen im Rahmen eines Forschungsprojekts mehrfach durchlaufen und dient einerseits der Weiterentwicklung der*

Theorie, andererseits der Prüfung der bis dahin gefundenen oder konstruierten Aussagen. Er besteht aus den drei Aktivitäten der Auswahl der Befragten, der Datenerhebung und der damit zusammen stattfindenden Konstruktion von Theorie sowie der Reflexion und Kontrolle des Forschungsprozesses. Daraus ergibt sich entweder, wie man weiter vorgehen will, oder dass man erfolgreich eine Theorie entwickelt hat und den Prozess beenden kann.[45] Die einzelnen Schritte und das, was dafür wichtig ist, werden nun genauer erläutert.

- *Vorwissen*: Der Prozess der Forschung nach der Grounded Theory startet, wie bereits gesagt, beim Vorwissen, das wir haben, und das uns auch dazu dient, überhaupt eine Forschungsfrage zu formulieren und ihre Dimension einzuschätzen. Dabei darf dieses Vorwissen natürlich nicht mit Alltagswissen verwechselt werden. Es kann sich um Alltagswissen handeln, wenn eine Fragestellung noch nie erforscht wurde, im Allgemeinen entsteht eine Forschungsfrage aber eher in einem wissenschaftlichen oder praktischen Zusammenhang und ist von den Forschern als thematisch bewanderten Wissenschaftlern in einem wissenschaftlichen Kontext formuliert.

Vorwissen ist in diesem Sinn also Wissen, das wir vorab in den Forschungsprozess einbringen und das, damit man Neues finden kann, darin auch reflektiert werden muss. Irgendein Vorwissen braucht und hat man immer, wie wir bereits betont haben. Es muss, und das ist Teil der Vorbereitung des Forschungsprojekts und der Forschungsfrage, beschrieben und damit kritisierbar und reflektierbar gemacht werden – dann kann es im Forschungsprozess auch überwunden werden.

Der Forschungsprozess besteht nun darin, dieses Vorwissen systematisch durch Überlegungen, die sich auf empirische Daten stützen, weiter zu entwickeln.

Umstritten ist im Rahmen der Grounded Theory, ob man dieses Vorwissen zunächst und vorab systematisch erweitern und ergänzen soll, indem man weitere Theorien zu Rate zieht, oder ob man eher direkt mit der Empirie beginnen soll. Diese systematische Erweiterung und Ergänzung des Vorwissens, zum Beispiel durch das Lesen bereits vorhandener Untersuchungen und Theorien, ist eigentlich in der Wissenschaft üblich. Es kann zudem Arbeit und Aufwand sparen. Andererseits ist das gezielte Suchen nach bereits vorhandener Theorie aber nicht unproblematisch, wenn man neue Theorien entwickeln will. Denn man konzentriert sich so auf bereits

45 Natürlich kann es wie bei jedem Forschungsprozess auch sein, dass der Prozess erfolglos abgebrochen werden muss.

vorhandene Überlegungen anstatt das soziale und kulturelle Geschehen ›sprechen zu lassen‹. Wie man in jedem Einzelfall vorgeht, hängt also von diesem Einzelfall ab. Vorwissen sollte vor allem einen Einstieg in die empirische Forschung ermöglichen und den Forschungsprozess erleichtern oder beschleunigen. Es kann vielleicht auch bei der Auswertung von Daten eine Rolle spielen, *darf aber keinesfalls Leitlinie für die zu entwickelnde Theorie werden.*

Natürlich soll das nicht heißen, dass man während des gesamten Forschungsprozesses die vorhandene wissenschaftliche Literatur ignoriert. Spätestens dann, wenn man den Abschlussbericht über die eigene Forschungsarbeit und deren Ergebnisse schreibt und die entwickelte Theorie vorstellt, muss man sie in das Gebäude der vorhandenen Theorien einordnen, sie mit den anderen Theorien vergleichen oder in Bezug setzen. Aber das braucht man nicht am Anfang zu tun – die Grounded Theory ist ein empirisches Verfahren, nicht eines der Auswertung vorhandener Theorien.

Wie immer man also entscheidet, ob man das vorhandene Wissen vorher zu dem eigenen Vorwissen dazunimmt oder nicht – man kann es sich insgesamt nicht ersparen, das bereits vorhandene wissenschaftliche Wissen zur Kenntnis zu nehmen. Und von größter Bedeutung ist, dass man sich von diesem Wissen nicht lenken lässt, weil man sonst jedenfalls keine neuen Theorien entwickelt.

Nehmen wir als Beispiel für das Vorwissen und auch die weiteren Begriffe, in denen die Grounded Theory hier beschrieben werden soll, an, wir wollten eine – vielleicht gewalthaltige – Fernsehserie genauer untersuchen um herausfinden, wie sie ist, was damit bezweckt wird, wie man sie einzuschätzen hat, wer sie nutzt, wieso sie ›Kult‹ ist, was sie ›bewirkt‹ und so weiter. Wir wollen also – siehe hierzu auch den in Kapitel 1 skizzierten Theoriebegriff – eine Theorie der Entstehung und Nutzung dieser Fernsehserien entwickeln und sie als Struktur und Prozess in ihren Kontexten darstellen.

Dann hat man die Serie wahrscheinlich bereits einmal gesehen, hat einen Eindruck und ein vielleicht theoretisch orientiertes Vorwissen davon, das dann nicht mit dem Alltagswissen in eins geht. Es könnte natürlich auch sein, dass es sich um eine Serie handelt, über die viele empirische Daten vorliegen und die gut erforscht ist. Dann stellt sich in der Tat die Frage, ob es sinnvoll ist, dazu neue Daten und neue Theorien entwickeln zu wollen. Man sollte dies vermutlich nur dann tun, wenn es Indizien dafür gibt, dass die vorhandenen Untersuchungen wesentliche Ebenen nicht berücksichtigen. Gibt es keine brauchbaren vorhergehenden Untersuchungen, so sollte der nächste Schritt im Forschungsprozess die

Reflexion des eigenen Vorwissens, der eigenen Eindrücke und der eigenen Position zu der Serie und im Hinblick auf die Forschungsfrage sein. In diesem Zusammenhang sollten sich die Forschungspersonen auch überlegen, was sie von der Untersuchung eigentlich erwarten, und wie sie verhüten wollen, dass diese Erwartungen den Prozess der Theorieentwicklung beeinflussen. Weiter könnte man sein Vorwissen systematisch erweitern, wenn man Untersuchungen über ähnliche Serien liest, beispielsweise über frühere Serien vom gleichen Typ, über die Rezeptionsgewohnheiten des deutschen Publikums im Hinblick auf Serien und dergleichen.

- *Daten erheben*: Wir konzentrieren uns hier zunächst auf die Befragung als wichtigste Art der Datenerhebung. Befragt werden Experten, also Menschen, die wie in Kapitel drei erläutert eine handlungsleitende Perspektive auf den Forschungsgegenstand haben und die bereit sind, darüber Auskunft zu geben. Ein empirischer Einstieg in die Forschung nach der Grounded Theory könnte dann vielleicht darin bestehen, dass man zwei oder drei Interviews mit verschiedenen Experten führt und auswertet. Vielleicht mit einem Fan, mit einem Mitarbeiter aus den Reihen derer, die diese Serie herstellen, und vielleicht noch mit einem ›normalen‹ Seher. Dabei gibt es keinen Anspruch auf Repräsentativität in irgendeinem Sinn, und es gibt auch keinen Anspruch auf Vollständigkeit. Es ist nichts als ein Anfang, der an der Tatsache ansetzt, dass es unterschiedliche Experten gibt, die unterschiedliche Perspektiven, hier als Produzent und als Nutzer, auf so eine Fernsehserie haben.

Im Gegensatz zur quantitativen Forschung fragt man dabei auch keineswegs alle dasselbe. Vielmehr fragt man wie im Alltag jede und jeden danach, wovon sie oder er etwas versteht. Denn nur dafür ist sie oder er Experte. Man würde beispielsweise den Mitarbeiter danach fragen, wie und warum die Serie hergestellt wird, welche Hintergründe die Produktion hat und an wen sie sich richten soll. Und man würde den Fan fragen, was er daran mag, wie er mit dem Angebot umgeht und was es ihm bedeutet. Beide könnte man nach ihren persönlichen Erwartungen und Bewertungen und danach fragen, was das Besondere dieser Serie ausmacht.

Vernünftig wäre es, sich vor der Befragung zu überlegen, was man wissen will, und etwa einen Leitfaden zu erstellen, den man dann mit dem Befragten abarbeitet. Und wen immer man fragt – wichtig ist es, dass man sein Gegenüber als Experten ernst nimmt, ihm klare, präzise und verständliche Fragen stellt, die Antworten zur Kenntnis nimmt und ihn auch das sagen lässt, was er oder sie für wichtig halten. Auch Rückfragen sind möglich.

Ein narratives Interview ist in solchen Fällen eher selten angebracht – warum soll man nicht nach dem fragen, was man wissen will, anstatt darauf zu warten, ob die eigenen Fragen vielleicht auch ohne Frage beantwortet werden? Wenn man dann vom Experten Auskunft erhält, so heißt das aber auch nicht, dass man alles als letzte Wahrheit über den Forschungsgegenstand begreift, was man zu hören bekommt. Denn der Experte ist Experte nur für seine Sicht der Dinge, für seine Perspektive. Dagegen besteht der Forschungsprozess ja gerade darin, viele verschiedene Experten zu finden, um deren unterschiedliche Perspektiven auf den Sachverhalt kennen zu lernen und daraus dann Theorie zu konstruieren. Das ist die Aufgabe von Forscherin und Forscher.

- *Aufzeichnung und erste Auswertung*: Über Aufzeichnungstechniken und auch über den ersten Auswertungsschritt, das mehrfache Lesen, haben wir schon in Kapitel 3 gesprochen. Wir konnten vielleicht aus den Interviews einen ersten Einblick in die Produktion dieser Serie und die damit verbundenen Ziele gewinnen. Wir haben vielleicht erfahren, wo Probleme liegen, wie aufwändig oder schlicht die Serie hergestellt ist, wie sie beim Publikum funktionieren soll oder was der befragte Mitarbeiter davon hält. Und wir haben vielleicht von dem Fan gelernt, wie er die Sendung beurteilt und vermutlich auch einige Begründungen dafür, was er daran gut oder schlecht findet. Vielleicht mag er eine der Schauspielerinnen oder einen der Schauspieler, vielleicht liegt die Ausstrahlungszeit günstig, wenn er von der Arbeit kommt und sich damit entspannt, vielleicht ist die Musik der Serie von besonderer Bedeutung oder vielleicht mögen seine oder ihre Freund/-innen diese Sendung besonders und unterhalten sich gern darüber. Die jeweiligen Antworten machen die *Bedeutung* der Serie für den Befragten deutlich, insofern sie seine Umgangsweisen und deren Kontexte zu erkennen geben.
- *Auswertung*: Wenn man nun die Interviews mehrfach gelesen hat, wird man dazu übergehen, sie systematisch auswerten. Hilfreich ist es dann, wenn wir an den entsprechenden Stellen des Interviews am Rand notieren: ›Bewertung der Sendung‹, wenn da steht, wie der Fan die Sendung findet, und ›Begründung für die Bewertung‹, wo er sagt, warum er etwas gut oder schlecht findet. Wir schreiben vielleicht ›Motiv‹ an der Stelle an den Rand, wo der Fan sagt, warum er die Sendung sieht – vielleicht will er sich auf ein demnächst stattfindendes Fangruppentreffen vorbereiten, vielleicht findet er die Storyline gerade sehr spannend.

Was wir mit diesen einsichtigen und alltagsnahen Auswertungsschritten tun, beschreibt einen ersten Kernprozess der Auswertung nach der Grounded Theory, den Glaser und Strauss »*Offenes Codieren*« nennen: Wir finden heraus, worüber der Fan spricht, und ordnen das in verschiedene abstraktere *Konzepte oder Codes* wie ›Bewertung‹ oder ›Motiv‹ ein. ›Code‹ oder ›Konzept‹ ist der Ausdruck, den Glaser und Strauss dafür verwenden – wir werden weiter unten noch genauer darauf eingehen. Wenn wir mit dem offenen Codieren des Fan-Interviews durch sind, können wir das Gleiche mit dem Interview des befragten Mitarbeiters (und dann für die weiteren vorliegenden Interviews) machen: Wir notieren vielleicht ›Zielgruppe‹, ›Bewertung‹ oder ›Probleme bei der Produktion‹.

Beachten Sie: diese Codes und Konzepte bringen wir nicht in dem Sinn mit, wie es die so genannte quantitative Inhaltsanalyse tut, die vorab Kategorien definiert, nach denen sie dann im Text sucht. *Stattdessen versucht man beim offenen Codieren im Rahmen der Grounded Theory, Konzepte aus dem Interviewtext heraus zu entwickeln, wobei man die Kontexte berücksichtigt, in die ein Befragter seine Äußerungen stellt.* Wenn beispielsweise der Fan sagt, er sehe die Sendung, weil ihn die Hauptdarstellerin interessiert, so wird man das als Motiv einordnen. ›Motiv‹ ist also der Code oder das Konzept, mit dem man die entsprechende Stelle markiert, wobei man natürlich auch die Art des Motivs notieren sollte, nämlich das Interesse an der Hauptdarstellerin. Man notiert natürlich auch, was das Interesse auslöst – vielleicht ist sie besonders hübsch, sehr sympathisch oder erinnert den Fan an eine Bekannte usw.

Das Codieren ist also eine Art Verdichten und Strukturieren dessen, was der Experte sagt, wobei man dafür eben Konzepte und Codes benutzt. Wenn es möglich ist, wählt man als Begriff am besten einen so genannten ›In-vivo-‹ bzw. einen ›natürlichen Code‹, wie Strauss (1998: 64) es genannt hat, also einen Begriff, den der Befragte selbst verwendet hat und der eine Textstelle zusammenfasst. Natürlich können solche Konzepte auch woanders her stammen – zum Beispiel können es auch sozialwissenschaftliche Fachbegriffe sein, wenn sie dafür taugen, eine Textstelle zu erfassen.

Im Rahmen dieses ›Codierens‹ ist es natürlich auch angebracht, gegebenenfalls die allgemeinen datenbezogenen Strategien von Kapitel 3 zu verwenden, wenn es etwa darum geht, den Text technisch und inhaltsneutral zu verdichten: Ähs und Öhs kann man je nach Thema, um das es geht, weglassen, man kann Wiederholungen oft streichen, man kann

Sätze eventuell vervollständigen. Im Rahmen der Grounded Theory sind solche Operationen deshalb im Allgemeinen zulässig, *weil das Verfahren insgesamt darauf abzielt, etwas über den Forschungsgegenstand zu erfahren, und da sind Sprechgewohnheiten der Interviewten nur in Ausnahmefällen von Bedeutung.*

- *Widersprüche und Unklarheiten*: Manchmal erhält man auch Widersprüchliches oder Aussagen, die man nicht so recht versteht oder einordnen kann – vielleicht meint der Mitarbeiter, es sei eigentlich eine Billigserie und er warte nur auf ein Angebot von einem anderen Fernsehsender oder Produzenten, um den niveaulosen Kram endlich hinwerfen zu können, während der Fan mit leuchtenden Augen von der hohen Qualität der Serie und ihrer Bedeutung für ihn selbst spricht. Vielleicht sagt der Fan auch, dass er die Sendung vor allem deshalb mag, weil sie so entsetzlich schlecht ist, und bestätigt damit den Mitarbeiter. Es erhebt sich dann aber die Frage, warum der Fan die Sendung überhaupt ansieht, sich sogar als ihren Fan bezeichnet, wenn er sie grauenhaft findet? Dies sind Fragen, die durch spezielle Kontextuntersuchungen (wie zum Beispiel die in Kapitel 3.6 dargestellte Explikation) oder durch weitere Befragungen besser verstanden werden können. Sie verweisen in diesem Fall meist darauf, dass es ›den‹ Fan nicht gibt, sondern dass es verschiedene Typen von Fans gibt. Damit muss man sich im Laufe des Forschungsprozesses auf jeden Fall genauer beschäftigen, wenn man eine Theorie entwickeln will.
- *Memos*: Beim Codieren oder auch danach fallen den beteiligten Forscherinnen und Forschern meist viele Unklarheiten und Fragen, aber auch Zusammenhänge und neue Gedanken auf und ein. Oft stellt man auch weitreichende Spekulationen an, wie das alles wohl ist. Wenn das im Falle hypothesentestender Forschung stört – im Falle theoriegenerierender Forschung ist das durchaus erwünscht. Denn darin liegen die wichtigen Ideen verborgen, wie man sinnvoller Weise vorgeht, wenn es um weitere Datenerhebungen geht. Darin liegen auch Ideen verborgen, wie die Dinge zusammenhängen. Denn Unklarheiten und Fragen sind ebenso wie die Vermutung von Zusammenhängen und das Entstehen neuer Ideen Schritte, das Datenmaterial auf neue Weise zu strukturieren und zu systematisieren. All das, was einem beim Codieren, davor und danach ein- und auffällt, ist damit ein Schritt in die Theorieentwicklung und sollte deshalb auch nicht ignoriert werden oder verloren gehen, auch wenn es später vielleicht wieder verworfen wird. Stattdessen hält man das in den so genannten *Memos* fest: Ein Memo ist eine Nachricht der Forschungsperson an sich selbst, ein Blatt Papier, auf dem man all das

notiert, was einem im Verlauf der Auseinandersetzung mit den Daten einfällt, was vielleicht für die herzustellende Theorie wichtig ist oder was man nicht versteht. Vielleicht stellt man sich Memos am besten als eine Art ›gelber Klebezettel‹ vor, auf die man alles schreibt, was einem zu irgendeinem Zeitpunkt im Forschungsprozess wichtig vorkommt. Dabei sollte man natürlich auch unbedingt notieren, bei welcher Gelegenheit, etwa bei der Analyse welcher Aussage und welchen Interviews man dieses Memo schreibt, um einen ersten Bezug herzustellen. Und die Memos sollte man dann symbolisch oder faktisch an die Wand kleben, damit man sie immer vor Augen hat, um sie gegebenenfalls zu Rate ziehen zu können oder aber sie als verkehrt wegzuwerfen.

Die Aktivität ›Memos schreiben‹ ist also einerseits ein technisches Hilfsmittel, mit dem man alles festhält, was nicht an den Rand der Interviews und Protokolle gehört. Memos sind andererseits aber auch ein wichtiges Instrument der Theorieentwicklung, weil man dort die einzelnen theoretisch orientierten Elemente, auf die man im Auswertungsprozess kommt, festhält, mit denen man dann später weiterarbeiten kann. Man wird diese Memos immer wieder zu Rate ziehen, wenn man im Prozess der Entwicklung von Theorie vielleicht irgendwo stecken bleibt oder wenn man weiter voranschreitet und dabei auf neue Fragen und Ideen stößt.

Memos sind also Hilfsmittel, die im Gegensatz zu Konzepten und Codes meist nicht eng an die Protokolle und Interviews gebunden sind, sondern die als eher abstraktere und allgemeinere Aussagen bereits auf die zu entwickelnde Theorie verweisen. Das unterscheidet sie auch von dem dritten Mittel der Theorieentwicklung, nämlich dem bereits eingeführten *Forschungstagebuch*. Es begleitet den Prozess der Datenerhebung wie auch der Auswertung und der Theorieentwicklung, aber nicht in Form von Aussagen über den Forschungsgegenstand, sondern als Lernprozess der Forschungspersonen. Dabei sind die Übergänge natürlich manchmal fließend.

• *Codieren*: Interpretierende, zusammenfassende, abstrahierende und ordnende Auswertungsschritte der Art, wie Glaser und Strauss sie vorschlagen, nennen sie Codieren – das offene Codieren haben wir als ersten Auswertungsschritt ja oben schon kennen gelernt. Während eines längeren Interviews spricht jeder Befragte normalerweise von vielen Details, die ihm wichtig sind. Mit der Operation des Codierens, die wir im nächsten Abschnitt noch differenzierter erläutern werden, versuchen wir hinter der Vielzahl der einzelnen Phänomene, die angesprochen werden, Verallgemeinerungen und Strukturen zu finden und diese Strukturen und Verallgemeinerungen zu ordnen. Zum offenen Codieren gehören Operationen wie Verdichtungen, das Wiederauffinden von bereits früher entwickelten, vorhandenen Kategorien in den neuen Daten, das Bilden von Abstraktionen, die als Kategorien dienen können, das Suchen nach angemessenen Bezeichnungen für Kategorien, das Bilden von Kategorien, die sich auf andere Kategorien beziehen und sie spezifizieren, das In-Zusammenhang-Bringen von Kategorien, aber etwa auch das Explizieren von Sachverhalten.

Natürlich müssen wir alle Codes und Konzepte, die wir verwenden, aus den Texten heraus entwickeln. Die erhobenen Daten sind es, mit denen wir prüfen müssen, ob ein Konzept zutrifft oder nicht und ob seine Verwendung geeignet ist oder nicht. Wenn wir nun weitere Interviews aus neuen und unterschiedlichen Perspektiven in die Auswertung einbeziehen, wird sich herausstellen, dass manche dieser Konzepte treffender oder wichtiger sind als andere. Solche Codes, die es leichter erkennbar machen, worüber die Leute sprechen und was das mit dem Forschungsgegenstand zu tun hat, nennen Glaser und Strauss *Kategorien*. Kategorien sind bereits strukturelle Elemente der zu entwickelnden Theorie, wenn sie sich an den Daten bewähren, denn sie dienen dazu, die Vielzahl von Codes, die man bis dahin gefunden hat, zu strukturieren und systematisch zu ordnen.

Wenn beispielsweise mehrere Fans berichten, warum sie die Sendung sehen, sind die genannten Gründe Konzepte oder Codes. Wenn wir uns diese Gründe bzw. Konzepte interviewübergreifend genauer ansehen, können wir die einzelnen genannten Gründe zusammenfassen und gelangen so zu einer abstrakteren Kategorie, die wir vielleicht Motiv nennen. Die einzelnen Motive, die in den Interviews genannt werden, füllen diese Kategorie dann aus. Und wenn sich in allen Interviews Motive finden, dann kann man natürlich danach fragen, welche von ihnen unter welchen Bedingungen vorkommen und im Zusammenhang womit das geschieht – man sucht also nach Bedingungen für spezifische Motive oder nach deren Konsequenzen. *Auswerten heißt also für die Forscherinnen und Forscher der Grounded Theory, dass sie zunächst Konzepte und dann Kategorien entwickeln und deren Bedingungen und Konsequenzen sowie deren Beziehungen zueinander klären. Dadurch werden die Interviewtexte bzw. die Protokolle neu strukturiert und in allgemeine Aussagen gefasst. Übergreifende Ideen werden dabei ebenso wie verbleibende Unklarheiten in Memos festgehalten.*

Dabei muss man natürlich aufpassen, dass man sich nicht in Gedankenspielen verliert. Jede Kategorie muss außerdem immer wieder an den bereits gemachten (und später an den weiteren) Interviews überprüft werden, damit wir von einer ›datennahen‹ Theorie sprechen können.

• *Zusammenfassung, Standortbestimmung und weitere Planung*: In der dritten Teilphase des Durcharbeitens des Forschungskreises der Grounded Theory hat man nun die vorliegenden Interviews ausgewertet und erste Theorieteile entwickelt. Nun tritt man symbolisch ein Stück von der konkreten Auswertung zurück und zieht eine Zwischenbilanz. Man fasst die Ergebnisse der Auswertungen zusammen, zieht allgemeine Schlüsse daraus und überlegt, was man weiß und was man nicht weiß, was man über den Forschungsgegenstand theoretisch sagen kann und was nicht oder vielleicht noch nicht. Dabei sind auch die Memos eine Hilfe, in denen man Widersprüchliches, offene Fragen oder Ideen festgehalten hat. (Wenn man bereits mehrere Durchläufe hinter sich hat, dann soll man an dieser Stelle natürlich auch die Memos von diesen früheren Durchläufen zur Theorieentwicklung heranziehen.)

Man hat zu diesem Zeitpunkt vielleicht einiges herausgefunden, das sich zu einer Theorie weiter entwickeln lässt – zum Beispiel, was in der Perspektive einiger Mitglieder des Publikums Besonderes an der Fernsehserie ist und was sie von anderen unterscheidet. Man kann vielleicht sogar etwas darüber sagen, welchen Sinn diese Nutzer damit verbinden, wenn sie die Serie ansehen. Man hat beim Auswerten eventuell einige weiterführende Ideen gehabt, die man noch nicht so recht einschätzten und mit den gewonnenen Einsichten in Bezug setzen kann – vielleicht, dass es Fans gibt, die eine Sendung lieben, weil sie sie so bescheuert finden. Und es erheben sich neue Fragen – sind alle Fans so wie die, die wir jetzt bei den ersten Versuchen gefunden haben, oder gibt es unterschiedliche Typen? Und was macht einen Menschen zum Fan? Ist Fan-sein vielleicht eine der wichtigen Kategorien, die viel erklären kann?, etc.

Man fasst also als Zwischenbilanz zusammen, was man weiß und was nicht. Daraus ergeben sich dann weitere Fragen – man muss andere Fans finden, man muss vielleicht jemanden fragen, der von der Serie weiß, aber sie nicht mag und sie auch nicht sieht, man muss vielleicht einen Schauspieler befragen, der die Sache vielleicht ganz anders sieht als der bereits befragte Mitarbeiter, oder den Programmdirektor des Fernsehsenders, der das Ding ausstrahlt: *Aus den Auswertungen entstehen neue Fragen, die zu neuen Interviews mit neu ausgesuchten Experten führen, wenn man eine*

Theorie entwickeln will, die sich nicht nur auf einige Fans, sondern auf alle Fans stützt. Man muss weitere Perspektiven berücksichtigen und vor allem überprüfen, ob die Konzepte und Kategorien, die man entwickelt hat, auch bei anderen Befragten tragfähig sind – insofern testet man also auch Theoriestücke. Dabei sollte man sich genau überlegen, wen man wie interviewt. Denn unklar ausgewählte Befragte und schlecht gestellte Fragen und erst recht nicht notwendige Erhebungen, die also nichts Neues beitragen, blähen den Forschungsprozess nur unnötig auf und verbessern obendrein das Ergebnis nicht unbedingt.

- *Weitere Durchläufe:* Man hat an dieser Stelle den Kreis der Grounded Theory einmal durchlaufen und beginnt nun mit einem *zweiten Durchlauf*, um die bisherigen Ergebnisse zu testen und um die noch offenen, aber auch um die neu aufgetauchten Fragen zu beantworten. Dieser zweite Durchlauf wird also zu weiteren Erhebungen und darüber zu weiteren Daten führen. Diese weiteren Interviews werden wieder ausgewertet, erst jedes für sich, dann werden sie in Bezug zueinander und zu den bereits im ersten Durchlauf erhaltenen Konzepten, Kategorien und deren Beziehungen gesetzt. Die Befragten werden von anderen Perspektiven aus argumentieren, andere Motive, Bewertungen und Begründungen erkennbar machen und so einen weiteren Beitrag zur Konstruktion von Theorie leisten. Neu ist bei dem zweiten und allen weiteren Durchläufen im Gegensatz zum ersten Durchlauf, dass man schon vorher entwickelte Konzepte und Kategorien berücksichtigen muss: Man muss sie ausprobieren und untersuchen, ob sie auf die neuen Fälle zutreffen und auch weiterhin geeignet sind, oder man wird herausfinden, ob das alles modifiziert und genauer angepasst werden muss oder kann. Es entsteht aber nicht unbedingt mehr *alles* neu. Vielmehr führen neue Daten häufig auch einfach zu Präzisierungen, zum Kenntlichwerden von Bedingungen für die Gültigkeit von Aussagen etc.

Insgesamt wird man im zweiten und den weiteren Durchläufen manchen neuen Fall und manche neue Einsicht finden – etwa einen Fan, der die Serie wegen ihrer regionalen Gebundenheit liebt. Oder den regelmäßigen Zuschauer, den die Serie eigentlich nicht interessiert, der aber immer im zur Serie gehörigen Internet-Chat neue Leute kennen lernt und sich deshalb über die Serie auf dem Laufenden hält. Vielleicht findet ja auch der befragte Schauspieler die Serie schlecht, aber nicht aus dem gleichen Grund wie der Mitarbeiter der Produktion, der den Produktionsdruck beklagt. Der Schauspieler findet sie schlecht, weil die inszenierten Themen so oberflächlich sind und so seine Schauspielkunst nicht hinreichend zur Geltung kommt. Und der Programmdirektor findet die Serie auch schlecht, aber deswegen, weil sie die erhoffte Zielgruppe der Dreißigjährigen nicht erreicht, sondern nur die Sechzigjährigen. All dies liefert auch Antworten auf die ursprünglich gestellte Forschungsfrage und muss in einer Theorie zusammengefasst werden.

- *Abbruchkriterium*: Andererseits erhält man in späteren Interviews natürlich zunehmend Aussagen, Konzepte, Kategorien und Thesen, die man bereits kennt. Das macht nichts, dies rechtfertigt ja die Theorie, die man schon entwickelt hat. Denn sie deckt bereits viele Fälle ab. Möglicherweise kann man dann die Bedingungen und Kontexte genauer klären, sodass die Theorie dann auf noch mehr Fälle zutrifft. Oder es stellt sich durch weitere untersuchte Fälle heraus, dass man die Kategorien und die zwischen ihnen vermuteten Zusammenhänge neu ordnen muss – aber auch dann wird das, was man allgemein und theoretisch sagen kann, besser und trifft auf mehr Fälle zu. So kann man das Vorgehen der Grounded Theory auch so deuten, dass die je entwickelte Theorie immer besser die je berücksichtigten Fälle und Vergleichsgruppen erfasst und so allmählich an ein Ende gelangt. Dieser allmähliche Prozess, dass man immer weniger Neues und Unerwartetes entdeckt, liefert nämlich ein *Abbruchkriterium für den Forschungspeozess.* Es ist plausibel anzunehmen, dass man umso mehr bekannte Aussagen erhält, je mehr Interviews, und das heißt, je mehr unterschiedliche Perspektiven man in der schrittweise entwickelten Theorie berücksichtigt: Der fünfte Fan wird vielleicht noch ein neuer Untertyp sein, aber die erarbeitete Typologie nicht mehr ganz umstoßen.

Wenn man also nichts Neues mehr findet und alles, was man von weiteren Experten hört, in die bereits entwickelte Theorie eingeordnet werden kann, ist man fertig. Die Theorie ist *gesättigt*, so nennen Glaser und Strauss das. Man sollte sich aber, bevor man eine Sättigung annimmt, Mühe geben, Fälle oder Gegenbeispiele zu finden, die von der bisher entwickelten Theorie nicht gedeckt sind, man sollte die zugrunde liegenden Bedingungen variieren etc.

›*Auswerten*‹ und ›*Interpretieren*‹ meint im Rahmen der Grounded Theory also ›Codieren‹ – offensichtlich ist es aber mit bloß offenem Codieren nicht getan, wenn man Theorie entwickeln will. Man kann sagen: Codieren ist *eine festgelegte Art, mit den Daten umzugehen, die sich auf die allgemeinen*

Regeln des Vereinfachens von Texten in Kapitel drei stützt. Codieren zielt darüber hinaus aber als inhaltliche Aktivität darauf ab, die Vielfalt unterschiedlicher Aussagen in den Protokollen und Interviews auf ihren allgemeinen Kern zu reduzieren, zusammenzufassen und zu verdichten. Die Grounded Theory ist also keine Technik, die – etwa wie die Hermeneutik – versucht, interpretativ einen Sinn aus den protokollierten Worten herauszulesen. Die Grounded Theory ist auch keine Kunstlehre, bei der man rein intuitiv oder auf der Basis von allgemeiner Lebenserfahrung einen Text ausdeutet. Man arbeitet im Rahmen der Grounded Theory vielmehr in ständigem, immer neuem Bezug auf die erhobenen Daten, aus denen man Einsichten gewinnen will, indem man die gemachten Aussagen inhaltlich gerichtet verallgemeinert, zusammenfasst, verdeutlicht, zueinander in Beziehung setzt, strukturiert und ordnet, wobei man natürlich den Intentionen des Interviewten, aber auch der eigenen Forschungsfrage folgt. Daraus lassen sich erste Theoriestücke und Beziehungen gewinnen, aber auch immer neue Fragen stellen. *Weitere Befragte sollen deshalb möglichst immer so ausgewählt werden, dass sie auf die neuen Fragen antworten, zugleich aber auch so, dass man überprüfen kann, ob auch die zunächst unstrittigen Ergebnisse sich an ihnen bewähren.* Ein wünschenswertes Ziel ist es dabei auch, Fälle zu finden, in denen diese Ergebnisse nicht gelten, um so Bedingungen herauszufinden, von denen die Gültigkeit der bis dahin entwickelten theoretischen Aussagen abhängt. *So entsteht datennahe Theorie zugleich mit der Klärung, wie weit Aussagen gültig sind, wovon diese Gültigkeit abhängt und was dies für Konsequenzen hat.*

Wie zu sehen ist, handelt es sich um ein echtes prozessorientiertes Verfahren mit einem Abbruchkriterium, das im Prinzip auch immer erreicht wird. Wie genau daraus Theorie entsteht, werden wir in den nächsten Absätzen noch präziser darlegen.

4.3 *Codieren als zentrale Aktivität der Grounded Theory*

Vor allem das Codieren und das Schreiben von Memos führen also zu dem, was im Rahmen der Grounded Theory mit Theorie gemeint ist. Was das ist, haben wir in Teilkapitel 1.6 skizziert. Wir werden auch in 4.4 noch genauer auf die unterschiedlichen Typen von Theorien eingehen, auf die Grounded Theory abzielt. Zunächst aber soll noch genauer auf die verschiedenen Formen des Codierens eingegangen werden.

Unter ›Codieren‹ versteht man, dass Sinneinheiten aus den Interviews oder aus den Beobachtungsdaten in allgemeiner, abstrahierender Weise katalogisiert werden. Dadurch erhält der Text eine neue Form. Codieren meint dementsprechend »die Operationen, mit denen Daten aufgebrochen, konzeptualisiert und auf neue Weise wieder zusammengesetzt werden«. (STRAUSS/CORBIN 1990:57). Codieren ist ein Zerlegen in Sinneinheiten und ein Abstrahieren dieser Sinneinheit durch den Code, ein Untersuchen auf Kontexte und Zusammenhänge und ein damit verbundenes gegenstandsbezogenes Neuordnen. Deshalb ist Codieren ein erster Schritt in die Entwicklung von Theorie: Das, was die Befragten sagen, wird systematisch in Klassen zusammengefasst, gruppiert, auf Gemeinsamkeiten und Unterschiede, auf Zusammenhänge und Besonderheiten hin abgeklopft. Daraus werden Erkenntnisse formuliert, die das bereits vorhandene theoretische Wissen verbessern.

›Codes‹ und ›Konzepte‹ beziehen sich dabei nicht auf ›Tatsachen‹, sondern sie bezeichnen Operationen in einem Text und erzeugen neue Textstücke. Sie sind Schritte in empirische Verallgemeinerungen, die man braucht, um theoretische Aussagen machen zu können (GLASER/STRAUSS 1998: 34). Die Textstellen in den Daten selbst sind dann Belege für die Brauchbarkeit dieser Konzepte, die – zunächst – in ihrer spezifischen Ausprägung genau dafür gelten und die nur durch Zusammenbringen mit anderen Codes verallgemeinert werden können.

Auswerten heißt also im ersten Schritt im Sinne der Grounded Theory, den Text in seine einzelnen Sinneinheiten zu zerlegen, diese Sinneinheiten mit Konzepten zu bezeichnen und sie darunter zu subsumieren. Damit soll aber natürlich nicht gesagt sein, dass es ein objektives Kriterium dafür gibt, was eine Sinneinheit ist, oder dass Sinneinheiten nur unter ein Konzept fallen können. Leitlinie, darüber zu entscheiden, ist natürlich der jeweilige Kontext, andererseits aber die Forschungsfrage, die man beantworten will. Beides ist wichtig, um Sinneinheiten zu definieren. Obendrein gilt: *Ebenso wie ein Interview als Spiel von Frage und Antwort nicht determiniert ist, ist auch die Bildung von Konzepten nicht objektiv determiniert, sogar nicht determinierbar. Aber ebenso, wie ein Interview oder ein Gespräch letztlich doch das zum Ausdruck bringt, was die Menschen sagen wollen, auch wenn dies auf verschiedenen Wegen geschehen kann, ebenso ist auch die Auswertung eines Interviews nach den Regeln der Grounded Theory letztlich eindeutig. Denn der gesamte Prozess mit seinen immer neuen Datenerhebungen und ihrem Bezug zueinander bürgt dafür, dass sich das, was die Antwort auf die Forschungsfra-*

ge ist, letztlich sinnvoll ergibt – auch dann, wenn die einzelnen Schritte bei unterschiedlichen Codierern unterschiedlich sind.

Beim Codieren entstehen also erste, möglicherweise theoretisch wichtige oder mindestens für die weitere Untersuchung brauchbare Begriffe, und wenn man Beziehungen zwischen diesen Konzepten herausfindet, erhält man strukturelle Zusammenhänge – einerseits solche, die Bedingungen und Konsequenzen der Perspektive wiedergeben, die ein Befragter oder Beobachteter auf den Forschungsgegenstand hat, andererseits Merkmale und Zusammenhänge des Forschungsgegenstandes, um den es geht. Um die verschiedenen Aspekte des Codierens deutlich machen zu können, unterscheiden Glaser und Strauss das Codieren nach Graden der Abstraktheit und der Bedeutung der entwickelten Konzepte in *offenes, axiales und selektives Codieren.*

- *Offenes Codieren* – das haben wir bereits eingeführt – meint im Prinzip entweder das Bilden von Konzepten, die sich aus den Daten heraus anbieten, oder in späteren Schritten der Auswertung das Zuordnen bereits vorhandener Konzepte zu Sinneinheiten im Text. Manche Autoren der Grounded Theory empfehlen zur Konstruktion von Konzepten auch das Stellen so genannter W-fragen – was wird gesagt, worum geht es, wer, wie, wann, warum, wozu usw. – Wir werden auf solche Standardisierungen am Ende dieses Paragraphen noch eingehen. Das Bilden von Konzepten, die ja immer nur bis auf weiteres als Konzepte dienen, könnte man als einen induktiven Schritt begreifen. Es handelt sich aber eigentlich um eine versuchsweise Reformulierung der vorliegenden und auszuwertenden Interviewtexte, und alle gebildeten Konzepte spielen nur dann eine Rolle, wenn sie letztlich im Zusammenhang der konstruierten Theorie noch brauchbar erscheinen. Das verlangt, dass die an einer Stelle in einem Text gefundenen oder gebildeten Konzepte sich auch im Hinblick auf andere Daten bewähren – deshalb ist auch dieser Konstruktionsprozess letztlich komparativ, denn nur darüber rechtfertigen sich Auswahlen und sonstige weitere Schritte.

Meistens wird es nicht schwer sein, aufgrund der Daten Konzepte zu generieren. Die Gefahr ist eher, dass man zu viele Verallgemeinerungen und Verdichtungen findet, die sich dann in zu vielen Konzepten ausdrücken. Eine wichtige Leitlinie ist dabei, dass man sich möglichst auf Konzepte konzentriert, die etwas mit dem Kern des Forschungsgegenstandes und der Forschungsfrage zu tun haben. Ferner wird man im Laufe der

Zeit bemerken, dass manche Konzepte immer wiederkehren – warum ein Fan eine Sendung ansieht und was er daran gut findet, wird wohl jeder sagen. Das ergibt viele Konzepte, die aber gemeinsame Hintergründe haben – es geht um besondere, gemochte Qualitäten, es geht um Motive und Gründe für die Nutzung der Serien. Solche allgemeineren Konzepte, die immer wieder auftauchen und die in der entstehenden Theorie vermutlich eine Rolle spielen werden, kann man dann, wie bereits eingeführt, *Kategorien* nennen. Kategorien sind also eine ausgezeichnete Art von Konzepten und damit ein nächster wichtiger Zwischenschritt zur Entwicklung der gesuchten Theorie. Denn man kann, wenn man erste Kategorien ausgewählt hat, deren Eigenschaften, Bedingungen und Konsequenzen genauer bestimmen und die davon umfassten Konzepte danach einordnen. Man kann Beziehungen zu anderen Kategorien herausarbeiten und so weiter. Anhand der konstruierten Kategorien kann man auch relativ einfach und konsensuell Befragte, Handlungsweisen oder andere auftauchende Typen von Phänomenen in Klassen einteilen und auf Bedingungen hin hinterfragen.

Zum Beispiel wird ein Serienfan im Interview irgendwann darauf zu sprechen kommen, warum er die Sendung ansieht. Man wird auch Aussagen darüber finden, was er daran gut findet. Er wird seine Lieblingsserie vielleicht auch mit anderen Serien vergleichen, um ihre Qualität und ihre Besonderheiten zu betonen. Und die Codierer werden die entsprechenden Konzepte an den entsprechenden Stellen in angemessener Form an den Rand notieren: als Motiv oder als Ausprägung, als Verweis auf etwas anderes. Und sie werden daraus Kategorien bilden, von denen aus man die Konzepte und damit das Gesagte im Hinblick auf die Forschungsfrage ordnen kann. Diese empirisch also zunächst nur in einem Fall verwendbaren Verallgemeinerungen und Ordnungen können dann auch an den Interviews mit anderen Befragten erprobt werden – man kann herausfinden, ob diese Kategorien auch bei ihnen hilfreich sind – und wenn nicht, warum nicht und was stattdessen.

Offenes Codieren heißt also, dass man den Text des Protokolls Sinneineinheit für Sinneinheit einordnet, abstrahiert, klassifziert, in Bezug setzt. Dabei fällt natürlich jede Sinneinheit in mehrere Kategorien, aber die Vielfalt wird, wie man schnell merkt, reduziert, wenn man sich auf gegenstands- und forschungsfragenrelevante Konzepte und Kategorien konzentriert, die sich in vielen Daten finden. Das Ziel ist nicht eine erschöpfende und vollständige Kategorisierung des Materials, sondern eine Bearbeitung, die auf die Forschungsfrage und den Forschungsgegenstand bezogen ist.

- *Axiales Codieren* ist der zweite Typus des Codierens, den Strauss (1998) in den Vordergrund stellt. Damit ist gemeint, dass die Beziehungen der Kategorien untereinander genauer untersucht werden und dabei eine gegenstandsbezogene Hierarchie von Kategorien entsteht. Gegenstandsbezogen heißt, dass sich diese Hierarchie nicht durch den Interviewten oder die Auswertungsperson ergibt, sondern durch den Gegenstand selbst. Es geht also nicht um die Ordnung der befragten Personen, sondern um die Ermittlung von Beziehungen zwischen Aussagen über den Forschungsgegenstand und um deren Ordnung.

So ist die empirisch gewonnene Aussage, dass ein Fan einer Serie sich mit einer Figur in dieser Serie identifiziert und sie deshalb immer wieder ansieht, spezieller als eine aus dieser und anderen Aussagen dieser Art zu gewinnende allgemeinere Aussage etwa der Art, dass die untersuchte Serie ihre Zuschauer weniger durch ihre Qualität und Originalität, sondern durch ihre Alltagsbezogenheit und durch das Anbieten ganz unterschiedlicher medialer Identifikationsfiguren funktioniert.

Wie man sich leicht überlegt, entstehen auch solche allgemeineren Kategorien und Aussagen *auf komparative Weise*: Man vergleicht unterschiedliche Kategorien bzw. darauf bezogene Aussagen und versucht, zu ihnen allgemeinere, sie alle abdeckende Aussagen zu finden – wobei Aussagen über Konzepte und Kategorien zugleich Verbindungen zwischen diesen Konzepten und Kategorien und deren Eigenschaften kenntlich machen können.

Beispielsweise findet man in Abhängigkeiten vom Geschlecht oder von der sozialen Lage der Befragten oder Beobachteten unterschiedliche Motive für die Nutzung von Fernsehserien. Auch die Kategorie ›Zeit‹ spielt für die Rekonstruktion des Handelns der Menschen eine wichtige, häufig differenzierende Rolle – als Dauer der Mediennutzung, als Tageszeit, zu der man sich für die Rezeption freimachen muss, aber auch durch die Regelmäßigkeit der Ausstrahlung der Sendung oder durch die vorhandene Freizeit des Befragten. Zur axialen Kategorie im Zusammenhang mit der Nutzung einer Serie wird die Kategorie Zeit spätestens dann, wenn deutlich wird, dass sie für alle eine wesentliche und für manche die ausschlaggebende Rolle spielt, warum sie gerade diese Fernsehserie besonders häufig sehen. Auf genau diese Weise kann man auch allgemein sagen, woran man eine axiale Kategorie erkennt: Es handelt sich um ein Kernkonzept, das im konkreten Handeln und Beurteilen eine besondere Rolle spielt

• Diese Art von Überlegungen wird vor allem auch bei der dritten Art des Codierens praktiziert. *Selektives Codieren* meint, dass man die zentrale oder die zentralen Kategorien bestimmt, von der bzw. von denen aus die Theorie her aufgebaut, erzählt, formuliert werden kann. So ausgezeichnete Kategorien werden auch *Schlüsselkategorien* genannt. Glaser und Strauss meinen, dass man am Ende immer bei *einer* Schlüsselkategorie landen und seine Theorie von dieser Schlüsselkategorie her aufstellen sollte – etwa, indem man die verschiedenen Kategorien in Bezug auf diese Schlüsselkategorie beschreibt. Ob es wirklich immer auf *eine* Schlüsselkategorie hinauslaufen muss, mag man bezweifeln – aber auf jeden Fall ist es ein methodisch praktikabler Hinweis, dass eine Theorie eine klare Struktur haben muss. Wenn man zu viele Schlüsselkategorien hat, hat man zu früh aufgehört zu verallgemeinern und erhält häufig eine unscharf gefasste Theorie als Ergebnis, die nicht generell überzeugen kann.

• Ziel selektiven Codierens ist also die eine bzw. sind die Schlüsselkategorie(n).[46] Wenn man sie gefunden und durch Tests mit weiteren Interviews oder anderen Daten gestützt hat, kann man danach das gesamte Material neu ordnen und gelangt so zu einem theoretischen Text, der die Kategorien, die Eigenschaften von Kategorien, die Bezüge der Kategorien untereinander etc. in Beziehung zueinander setzt. Dieser Text ist dann die Basis für das theoretische Ergebnis. Wenn man die vorhandenen Daten, Konzepte und Kategorien im Hinblick darauf abschließend neu ordnet, ergeben sich oft Hinweise auf neue, noch unbekannte Sachverhalte, zum Beispiel Typen von Seriennutzern, deren Existenz man dann empirisch verifizieren kann.

Zu solchen theoretischen Zusammenhängen, die im Zusammenhang mit dem selektiven Codieren möglich werden, gehört häufig auch, dass man *Typologien* konstruiert, die sich auf ganz unterschiedliche Objekte beziehen können. Typologien sind Hilfsmittel zur Herstellung von Theorien. Typologien dürfen aber nicht mit dem Endergebnis verwechselt werden, weil Theorien komplexer sind als Typologien. Sie beschränken sich auch nicht darauf, Typologien zu beschreiben: Ergebnis der Analyse

46 Um eine solche Schlüsselkategorie zu finden, ist es manchmal auch hilfreich, die Theorie als eine Geschichte zu begreifen, die mehrere Fälle paradigmatisch darstellt, die eine Gliederung, einen inhaltlichen Kern sowie zentrale Akteure und einen zentralen Kern hat und in der der Forschungsgegenstand als fortlaufende Entwicklung erscheint.

ist immer der theoretische und zu kommunizierende Text, der natürlich aber Typologien eine wichtige Rolle einräumen kann.

Typologien sind schon vorher in jeder Phase des Auswertungsprozesses hilfreich, weil sie dazu beitragen, einzelne Fälle systematisch voneinander zu unterscheiden. Sie geben zugleich auch eine Dimension zu erkennen, die den Typen zugrunde liegt und die eine relevante Unterscheidung markiert, wie man mit dem jeweiligen Sachverhalt umgehen kann. Typologien müssen sich dabei aber immer auf konkret beobachtete oder beschriebene Sachverhalte beziehen und in den Daten angelegt sein. Sie müssen logisch konsistent und möglichst vollständig sein und nicht nur einige Typen aufführen.

Insgesamt ist es wichtig, im Blick zu haben, dass die Frage, ob eine Typologie für die Theoriekonstruktion wichtig ist oder nicht, so lange nicht endgültig beantwortet werden kann, bis eine oder mehrere Schlüsselkategorien bestimmt und gesichert sind. Denn nur von diesen Schlüsselkategorien aus kann man dann die verschiedenen möglichen Typologien unterschiedlicher Objekte in ihrer Bedeutung einschätzen und die ihnen unterliegende Ebene genauer beschreiben, die sich ja letztlich immer auf die Forschungsfrage beziehen muss.

Nachdem wir nun in den bisherigen Absätzen den Gang der Dinge im Rahmen der Grounded Theory und vor allem die zentrale Aktivität des Codierens in ihren verschiedenen pragmatischen Intentionen dargestellt haben, können wir nun noch einige erklärende und hilfreiche Hinweise anfügen.

Auch wenn die verschiedenen Formen des Codierens aufeinander aufbauen, so heißt das nicht, dass man sie unbedingt hintereinander betreiben muss. Es handelt sich vor allem um Arten, wie man mit dem Text arbeitet und was sich daraus ergibt (vgl. auch FLICK 1998: 197f.). Offenes Codieren findet prinzipiell immer und zu jedem Zeitpunkt der Analyse statt, weil es der Prozess ist, wo man direkt aus den Daten herausholt, was im Hinblick auf die Forschungsfrage in ihnen zu stecken scheint – und das muss man nach dem Selbstverständnis der Grounded Theory immer wieder. Axiales Codieren findet statt, wenn man Beziehungen zwischen Kategorien findet – in manchen Phasen des Forschungsprozesses sucht man sie gezielt, aber wenn man sie zu anderen Phasen findet, sollte man sie natürlich nicht ignorieren. Und schließlich entwickelt man im Verlauf des Forschungsprojekts ständig und immer wieder Vermutungen darüber, wie das ganze Material gegliedert werden kann – man bildet also versuchsweise Schlüsselkategorien. Und auch solche testenden Überlegungen soll man ja in Memos festhalten, um sie immer wieder zu überlegen und versuchsweise auf Daten anwenden zu können.

Vielleicht mag der Hinweis hilfreich sein, dass eine Kategorie oder ein Konzept keineswegs ein Wort sein muss, sondern aus mehreren Worten bestehen kann. Es geht beim Codieren um das Auseinandernehmen von Texten, das Klassifizieren von Sinneinheiten und um das Neuzusammensetzen im Hinblick auf die Forschungsfrage (vgl. auch CORBIN/STRAUSS 1996: 39). Nicht der einzelne Begriff ist das Ziel, sondern der die Theorie darstellende Text, in dem die verwendeten Begriffe in ihren qualifizierten Beziehungen zueinander dargestellt werden.

Bei den verschiedenen Formen des Codierens, und vor allem beim axialen und selektiven Codieren, ist es hilfreich, mit graphischen Darstellungen zu arbeiten, um die Verhältnisse zwischen Kategorien darzustellen (STRAUSS 1998:239). Beziehungen, Abhängigkeiten, Bedingungen etc. von Sachverhalten kann man graphisch immer noch am eindrücklichsten darstellen – wenn man die Graphiken nicht zu komplex anlegt.

Jede Veränderung auf der Ebene der Kategorien, ihrer Beziehungen zueinander und der Zentralkategorien, die sich im Verlauf der Auswertung ergibt, muss erneut anhand der Daten überprüft werden. Denn dadurch können sich die ganzen bis dahin erarbeiteten Ordnungsgesichtspunkte und damit die Theorie grundlegend verändern. Das bedeutet insbesondere, dass man in einem solchen Fall Kategorien erneut daraufhin testen muss, ob sie die Daten in Bezug auf die Forschungsfrage in adäquater Weise strukturieren und sich so in den Daten ›wiederfinden‹. Eine Leitfrage kann dabei sein, ob die Kategorien denn die Vielfalt der Phänomene, aus denen die Interviews bestehen, auf einen gegenstandsbezogenen Kern zurückführen und so dabei behilflich sind, das berichtete Handeln der Menschen zu verstehen und objektiviert zu beschreiben.

Abschließend sollen zur Auswertung von Daten nun noch einige Hilfsmittel benannt und Überlegungen vorgetragen werden, wie man diesen offenen Prozess des Codierens zumindest zu Anfang ein wenig strukturieren kann. Dabei ist es aber wichtig, im Blick zu behalten, dass diese Hilfsmittel nur Angebote sind, die manchmal passen können und manchmal nicht. Jedes Forschungsteam sollte diese Hilfsmittel nur insofern einsetzen, als sie für den konkreten Fall hilfreich sind.

Strauss (1998) sowie Corbin und Strauss (1990) empfehlen bei der Auswertung eine Orientierung an dem so genannten *Codierparadigma*, um

Kategorien, Bedingungskategorien etc. zu ermitteln (STRAUSS 1998:56ff). Das Codierparadigma ist eine Auflistung von Kategorien, nach denen man immer fragen sollte – Kontexte und innere Zusammenhänge, Ursachen und Bedingungen, typische Interaktionen der Menschen, eigentümliche Handlungsstrategien und -taktiken (STRAUSS 1998:57). Die oben in diesem Abschnitt genannten W-Fragen gehören beispielsweise dazu – meist macht die Frage nach dem Wer, Wann, Wo etc. ja schon Sinn, aber eben nicht immer. Man könnte in diesem Zusammenhang auch den gelegentlich von Strauss verwendeten Begriff des thematischen, also des themengeleiteten Codierens verwenden. Dahinter steht die Annahme, dass wir in einer Gesellschaft leben, die nach bestimmten, relativ abstrakten Regeln funktioniert, und dass es hilfreich sein kann, auf diese Regeln zu achten. Wenn es um die Untersuchung von sozialwissenschaftlichen Phänomenen geht, helfen derartige Regeln aufgrund ihrer Allgemeinheit oft, um Datenmengen und verwirrende Darstellungen zu strukturieren. Es handelt sich also um eher abstrakte Hinweise, die insbesondere auf die Entstehung von Phänomenen verweisen; es muss aber im Einzelfall entschieden werden, was davon verwendbar ist. Um bei den Wer-Wann-Wo-Fragen zu bleiben: Die Antworten darauf sind offensichtlich nicht in jedem Fall relevant.

Den Grundgedanken, der hinter dem ›Codierparadigma‹ steht, kann man natürlich verallgemeinern: *Je nach theoretischer Grundposition, von der aus man allgemeine theoriegenerierende Verfahren einsetzt, kann man typische Fragen entwickeln, auf die man immer achtet.* Das Problem dabei liegt auf der Hand: Ein derartiges Vorgehen kann verhindern, dass man Neues findet.

Dennoch sollen hier einige Hinweise in dieser Richtung gegeben werden: Man kann am Begriff des *sinn- und bedeutungsvollen Handelns* ansetzen, man kann *dialektische Aspekte* im Blick behalten – etwa den Bezug zur *Totalität*, also zum Gesellschaftsganzen, oder die *Kritik im Sinne der kritischen Theorie als Möglichkeit, wie es auch sein könnte und von der aus man die Realität dann kritisch beurteilen kann*. Man kann versuchen, komplexe Fragestellungen durch *Reduktion auf Mikro-, Meso- und Makroebene* zu vereinfachen und zunächst Teilantworten zu entwickeln, oder man kann etwa den Habermas'schen Gegensatz von System und Lebenswelt berücksichtigen. Und man kann schließlich *konkrete Gesellschaftsbezüge* allgemeiner Art einbringen, indem man etwa nach Interessen, nach Macht und nach hegemonialen Einflüssen fragt, weil es Gesellschaften und Kulturen ohne diese nicht gibt.

4.4 *Memos als Hilfsmittel und die Formen konstruierter Theorie*

Hier soll nun zunächst ergänzend das für den Prozess der Konstruktion von Theorie wichtige Potenzial der Memos dargestellt werden. In Memos – wir hatten sie oben als eine Art gelbe Klebezettel eingeführt – wird das notiert, was den Forscherinnen und Forschern sonst noch auffällt, aber keine Konzepte oder Kategorien sind und auch nicht an den Rand der Daten notiert gehört, weil es sich nicht auf eine bestimmte Stelle bezieht. Es handelt sich bei Memos dementsprechend ganz allgemein um Vermerke, in denen Forscher und Forscherin alles festhalten, was ihnen beim Arbeiten mit den Daten durch den Kopf geht – natürlich nur, soweit es mit der Forschungsfrage zu tun hat. Auf jeden Fall sollte auf einem solchen Memo ein Datum und möglichst auch der Anlass seiner Entstehung notiert sein.

Memos

- kommentieren die Interviews, die Codes und Konzepte und beziehen sich allgemein darauf und auf den Forschungsprozess,
- enthalten Überlegungen zu abstrakteren Begriffen, zu Kategorien, axialen Kategorien, Schlüsselkategorien, unter die vorhandene Merkmale subsumiert werden können, über die man sich aber noch nicht ganz klar ist,
- enthalten vorgreifend Überlegungen zu Beziehungen zwischen Konzepten und den verschiedenen vorhandenen Typen von Kategorien und potenziellen Schlüsselkategorien,
- haben manchmal durchaus zwar einen genauen Datenbezug, aber sie beinhalten dennoch übergreifende Ideen,
- können auch Ideen oder theoretische Bruchstücke sowie erste Überlegungen zu Typologien und dergleichen enthalten,
- können aber natürlich auch subjektiv beobachtete Auffälligkeiten beschreiben und Erklärungsversuche und Zusammenhänge festhalten,
- können aber auch eine Liste bereits vergebener Konzepte beinhalten, was den weiteren Codierprozess vereinfacht,
- oder auch Formulierungen für den Abschlussbericht festhalten.

Man sollte nicht zu sparsam mit Memos umgehen, damit Ideen nicht verloren gehen. Wichtig ist es, in den Memos klarzumachen, ob sie Vermutungen oder Schlussfolgerungen enthalten. Memos sollten sich auch nicht zu eng an Texten oder an Personen orientieren. Denn letztlich will man eine Theorie über den Forschungsgegenstand, und die befragten Experten sind eigentlich Hilfsmittel, um eine derartige Theorie zu erzeugen. Es macht auch Sinn, im Anschluss an die Analyse eines Datensatzes sich jeweils alle Memos anzusehen (was allerdings noch mehr Memos erzeugen kann), sie eventuell zu ordnen und überholte wegzuwerfen. Letztlich entwickelt jede Forschungsperson im Laufe ihrer Forschungskarriere eine eigene Kultur des Memogebrauchs.

Memos sind ein wesentliches Instrument der Entwicklung von Theorie. Sie enthalten meist eher theoretische, allgemeine Aussagen, die auf die Theoriebildung verweisen. *Theorie entsteht natürlich nicht automatisch durch die Memos, sondern ist ein Produkt der Forscherinnen und Forscher*. Memos dokumentieren aber, welche Ideen man hat und von welchen Aspekten und Standpunkten man die zu konstruierende Theorie her zu einem bestimmten Zeitpunkt hin entwickelt. Sie sind deshalb auch hilfreich für die Reflexion im Forschungstagebuch, weil man so verstehen kann, welche gedanklichen Wege man geht.

Theorie entsteht neben den Memos natürlich auch auf dem Weg über die Kategorien, deren Eigenschaften, Beziehungen und deren Ordnung. Das macht deutlich, dass die Grounded Theory ihren Namen zu Recht trägt: Die erzeugte Theorie entsteht aus den erhobenen Daten und bleibt in Form und Aussagen auch nah an den Konzepten und Kategorien. Deshalb nennen Glaser und Strauss das, was als Theorie zunächst entsteht, auch *datennahe, gegenstandsbezogene oder auch materiale Theorie* (GLASER/STRAUSS 1998:41ff. sowie 85ff.). Damit sind, wie bereits im ersten Teil dieses Buches gesagt, Aussagenzusammenhänge gemeint, die den Forschungsgegenstand auf der Basis der erhobenen Daten beschreiben und in seiner Struktur und Entwicklung sowie seinen Kontexten fassen. Es sind Theorien, die für ein eng umrissenes Forschungsfeld entwickelt werden, nämlich das, auf das sich die untersuchten Fälle und erhobenen Daten beziehen. Sie lassen sich als sinnvolle und komplexe, aber nicht allzu weit reichende Verallgemeinerung der betrachteten Fälle, der erhobenen Daten betrachten. Dabei bilden die axialen Kategorien und dann die Schlüsselkategorien die Ordnungsmuster, anhand derer man die Kategorien und Konzepte, die Ebenen und Ausprägungen sortieren und zueinander in Beziehung setzen kann.

In einem weiteren Schritt kann man dann aus materialen Theorien nach Glaser und Strauss *formale Theorien* erzeugen. »Als formal bezeichnen wir Theorien, die für einen formalen oder konzeptuellen Bereich der Sozialforschung (wie Stigmata, abweichendes Verhalten, formale Organisation, Sozialisation, Statusinkongruenz, Autorität und Macht, Belohnungssysteme oder soziale Mobilität) entwickelt werden« (GLASER/STRAUSS 1998: 42). Formale Theorien sind also allgemeiner als materiale Theorien. Man sollte sie aber nicht mit mathematisierten Theorien verwechseln, nur weil sie formal genannt werden.

Materiale und formale Theorien sind nach Glaser und Strauss Theorien mittlerer Reichweite und liegen zwischen den kleinen Arbeitshypothesen des Alltags und den allumfassenden großen sozialwissenschaftlichen Theorien. Beide sind auch datennah und werden im Prinzip auf die gleiche Weise erzeugt. Aber materiale Theorien haben einen sehr konkreten Gegenstandsbereich zum Thema – sie beantworten die Frage, wie die Pflege im Krankenhaus funktioniert oder warum Menschen Websites entwickeln und ins Netz stellen. Formale Theorien dagegen befassen sich mit allgemeineren Fragestellungen, die man auch auf verschiedenen Feldern untersuchen muss. Sie sind auch allgemeiner formuliert und erheben einen breiteren Gültigkeitsanspruch, insofern sie sich auf verschiedene thematische Felder erstrecken. Ihr Entstehen skizziert das Schaubild in Abbildung 9.

Gegenstandsbezogene Theorien sind fallübergreifend und damit bereichsspezifisch, aber wenig allgemein. Formale Theorien haben eine größere Reichweite, insofern sie sich auf breitere Bereiche beziehen. *Sie lassen sich als Abstraktion mehrerer gegenstandsnaher Theorien begreifen, die aus diesen gegenstandsnahen Theorien ihrerseits mit den Verfahren der Grounded Theory entwickelt werden. Dabei müssen diese gegenstandsnahen Theorien sich auf hinreichend ähnliche Fragestellungen und Themenfelder beziehen und diese hinreichend gut beschreiben und in ihrer Struktur erfassen.* Jede formale Theorie entsteht also genauer gesagt aus einer Reihe von gegenstandsbezogenen oder materialen Theorien. Aus diesen kann man dann wie immer *auf komparative Weise durch Vergleich von Daten und Konzepten aus den gegenstandsbezogenen Theorien allgemeinere, eben formale Theorien gewinnen.*

Die beiden Theorietypen unterscheiden sich demnach in ihrer Herstellung, in ihrer Sprache und in der Gültigkeit, die sie beanspruchen. Zum Beispiel kann man verschiedene gegenstandsbezogene Theorien zu einzelnen Fernsehserien und deren Nutzung zu einer formalen Theorie der Nutzung von Fernsehserien weiter entwickeln. Das Vorgehen dafür kann natürlich relativ aufwendig sein, aber vermutlich liefern schon die Untersuchungen der einzelnen Serien ein Basisgerüst einer allgemeinen

ABBILDUNG 9
Materiale und formale Theorien nach Glaser und Strauss

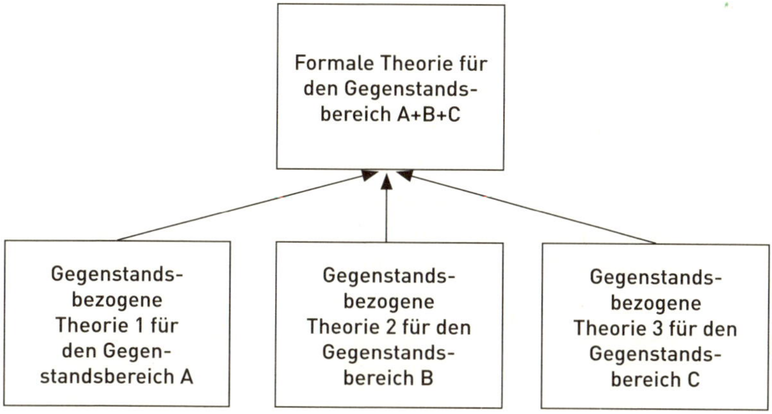

Theorie, das sich dann mit wenigen testenden und spezifischen Untersuchungen allgemeiner fassen lässt. Auf diese weiteren Untersuchungen kann man natürlich nicht verzichten.

4.5 *Die Auswahl der Befragten und die Sättigung der Erfahrungen als Abbruchkriterium des Forschungsprozesses*

Die im Hinblick auf das Vorgehen der Grounded Theory noch offenen Fragen sind, wie man bei verschiedenen Durchgängen des kreisförmigen Vorgehens neue Befragte auswählt und wie man verhindert, dass man in einem endlosen Spiralprozess herumforscht. Es fehlt also auch die Antwort auf die Frage, was das Abbruchkriterium ist. Die Antworten darauf hängen zusammen, wie wir sehen werden.

Für die Frage nach der Auswahl der Befragten stellen Glaser und Strauss das Konzept des ›*theoretical Sampling*‹ vor. *Damit ist gemeint, dass die Forschungsfrage und die bis dahin entwickelte Theorie die Leitlinien für die Auswahl von zu untersuchenden Einzelnen oder Gruppen bilden.*

Die Auswahl neuer Befragter ist also abhängig vom bisherigen Forschungsprozess und vom bisherigen Wissensstand bzw. von den Aussagen, die man bis zu diesem Zeitpunkt gesammelt hat.

- Einmal sollte man weitere empirische Fälle berücksichtigen, die ähnlich gelagert sind wie die bisher verwendeten, um die allgemeineren Aussagen, die man gewonnen hat, zu testen, also um festzustellen, ob sie wirklich haltbar sind.
- Zum anderen sollte man aber auch anders gelagerte Fälle berücksichtigen, also systematisch nach Gegenbeispielen suchen. Damit kann man nämlich feststellen, ob die Aussagen auch für diese Fälle gelten – man kann also den Gültigkeitsbereich der Aussagen, die man gemacht hat, sichern oder man muss ihn einschränken und steht so vor der Frage, warum die Aussagen in den neu zu berücksichtigenden Fällen nicht mehr gelten. Man lernt in diesem Fall etwas darüber, womit es zusammenhängt, dass manche Aussagen in Bezug auf manche Fälle gelten und in Bezug auf andere nicht.
- Die beiden ersten Auswahlgründe für neue Datenerhebungen und Fallstudien ergeben sich also aus dem Stand der Theorieentwicklung zu dem Zeitpunkt, wo man entsprechende Entscheidungen treffen muss. Als drittes Auswahlkriterium können von außen herangetragene theoretische Vermutungen dienen. Eine solche Vermutung könnte beispielsweise besagen, dass das soziale Geschlecht in allen Fragen, die mit Kultur, Kommunikation und Gesellschaft zu tun haben, von Bedeutung ist. Es wäre in dieser Perspektive also so gut wie immer angemessen, das Geschlecht der Befragten zu variieren. Im Hinblick auf das vorhandene Wissen könnte man auch immer vermuten, dass der Umgang mit dem Fernsehen von Bildung und von einem klassenspezifischen, distanzierenden Geschmack abhängt, wie es Bourdieu beschrieben hat – man sollte eine Untersuchung also immer erst dann beenden, wenn man verschiedene Bildungs-, Alters-, Einkommens- und Geschlechtsgruppen und vielleicht auch Lebensstile berücksichtigt hat.

Im Gegensatz zur mathematischen Forschung wird insbesondere also nicht zufällig ausgewählt bzw. auf Repräsentativität geachtet. Vielmehr suchen Forscher im Fall theoriegenerierender Forschung und insbesondere im Fall der Grounded Theory ihre Befragten/Beobachteten immer gezielt aus. Empirisch und theoretisch ergiebig ist es im Grunde immer, kontrastierende Auswahlen zu versuchen, um die entwickelten Theorien zu überprüfen bzw. um Bedingungen zu finden, von denen ein Zutreffen von Aussagen abhängt. Man kann so eine vergleichsweise breite Gültigkeit der letztlich hergestellten Theorie garantieren.

Damit lässt sich nun aber auch die Frage beantworten, warum und wie der Forschungsprozess nach Art der Grounded Theory ein Ende findet: Wenn es keine weiteren Gruppen gibt, deren Vertreter man befragen oder beobachten sollte, von denen neue, präzisierende, konstrastierende oder einschränkende Einsichten zu erwarten sind, und wenn Versuche, solche Fälle zu finden, wiederholt scheitern – man darf das jedoch nicht einfach nur annehmen, sondern muss zunächst gezielt nach solchen Fällen suchen. Wenn man dann nichts mehr findet, spricht man von der Sättigung des Forschungsprozesses.

Dass es sich in einem solchen Fall um ein plausibles Ende des Forschungsprozesses handelt, liegt auf der Hand. Denn die Art des Konstruktionsverfahrens garantiert ja, dass die bis dahin konstruierte Theorie die bis dahin erhobenen Fälle abdeckt und theoretisch fasst. Wenn es überdies nicht gelingt, weitere, unbekannte Fälle mit neuen zu berücksichtigenden Konsequenzen zu finden, so ist der Entwicklungsprozess logischerweise beendet. Die Theorie, die man bis dahin gewonnen hat, wird also mit dem letzten Schritt, der vergeblichen Suche nach weiteren Fällen, beendet. Es ist nichts gefunden worden, was die einzelnen Aussagen oder die gesamte Theorie in Frage stellt. Sie ist gleichwohl wie jede Theorie letztlich vorläufig, kann aber nun im Rahmen des Projekts erst einmal abschließend formuliert und publiziert werden. Dann kann die Wissenschaftlergemeinschaft, die zu einer wissenschaftlichen Disziplin gehört, ihren Sachverstand darauf anwenden und etwa herausfinden, ob es weitere zu berücksichtigende Perspektiven oder sonstige Einwände gibt. Das kann immer der Fall sein – jedes Ergebnis ist vorläufig und wird auf pragmatischer Grundlage ohnehin im Gegensatz zur analytischen oder positivistischen Wissenschaftstheorie *nicht als überzeitlich und überkulturell geltende Wahrheit* verstanden. Auch kann es sein, dass Theorien, die eine Zeitlang richtig waren, nach einiger Zeit ihren Gegenstandsbereich nicht mehr angemessen fassen – zum Beispiel werden traditionelle Aussagen über das Fernsehen und dessen Nutzung durch die neuen Inhalte und Formen, aber auch durch die Verfügbarkeit und Nutzung des Internet nicht gerade falsch, sind aber nur noch zum Teil zutreffend. Aber wenn man alle Perspektiven angemessen berücksichtigt hat und die Interpretation der Daten auf angemessene Weise durchgeführt hat, kann man zu den eigenen Resultaten auch stehen und davon ausgehen, dass sie den geteilten Wissensvorrat einer Wissenschaft für einige Zeit valide vergrößern oder fortentwickeln.

4.6 *Ergänzende Anmerkungen*

- *Datenfülle und Irrwege*: Bei der Anwendung der Grounded Theory ist es eine wichtige Aufgabe, die Forschungsfrage und den Forschungsgegenstand stringent im Auge zu behalten. Forscherinnen und Forscher verzetteln sich gern in allzu vielen Details und Besonderheiten, hoch differenzierten Nebenbedingungen und sonstigen Feinheiten. Eine gute und differenzierte datennahe Theorie kommt aber nicht dadurch zustande, dass man alles im Detail und auf das Genaueste berücksichtigt. Vielmehr will man ja eigentlich und in erster Linie die zentralen Strukturen und Prozesse bestimmen, die den Forschungsgegenstand theoretisch ausmachen. Dafür ist es vor allem wichtig, die Schlüsselkategorien nachvollziehbar herzuleiten und zu begründen und die oft komplexen Eigenschaften und Beziehungen der Kategorien untereinander herauszuarbeiten. Für die genaue Untersuchung von Details ist danach noch Zeit und Raum, wenn klar ist, dass und wie sie in die entfaltete Theorie eingeordnet werden können.
- *Dokumentation des Vorgehens*: Es ist im Rahmen der Grounded Theory ebenso wie bei allen anderen Forschungsverfahren unumgänglich, die einzelnen Schritte, die man macht, genau und detailliert zu beschreiben: Wen hat man warum, wann und wie lange unter welchen Bedingungen befragt oder beobachtet, und wie ist man mit den Daten umgegangen? Dabei müssen auch die Art des Zugangs zu den Untersuchten und, falls vorhanden, die persönlichen Beziehungen zu ihnen deutlich werden. Insgesamt müssen also auch Situation und Setting der Datenerhebung rekonstruierbar sein.
- *Solidität des Arbeitens*: Es ist wichtig, den Weg vom Konzept über die Kategorien zur den axialen und schließlich zu den Schlüsselkategorien tatsächlich in allen Einzelheiten zu gehen und nicht diesen oder jenen Schritt zu überspringen. Sonst wird es ziemlich leicht Unfug, was man da als Theorie erzeugt. Forschung nach der Grounded Theory ist – nicht nur deshalb – oft aufwendig. Man kann aber auch hier effizient arbeiten und den Aufwand reduzieren – insbesondere dadurch, dass man nicht zu viele Daten erhebt, transkribiert und auswertet, sondern sich auf das beschränkt, was notwendig ist. Viele Forschungspersonen glauben zwar, sie sind auf der sicheren Seite, wenn sie eher mehr als weniger Daten erheben, aber dieser Schluss führt im Falle theoriegenerierender Forschung eher in eine erhebliche Arbeitsbelastung statt zu besseren Ergebnissen.
- *Fehlende Sättigung:* Es ist natürlich immer möglich, dass die Bearbeitung einer Forschungsfrage nicht in vernünftiger, und das heißt

vorgegebener, Zeit zu einem akzeptablen Ergebnis führt und man das oben genannte Sättigungskriterium tatsächlich als erfüllt ansehen kann. Dann ist es empfehlenswert, die Forschungsfrage noch einmal zu überdenken. Vermutlich ist sie unpräzise oder zu allgemein gestellt, sie sollte also genauer und enger gefasst werden. Aber auch hier muss man wieder darauf verweisen, dass die effektive Auswahl der Befragten und die Konzentration auf das thematisch Wesentliche, etwa in den Interviews oder zumindest in der Transkription, viel Aufwand spart. Ein klares und gezieltes Vorgehen macht auch leichter erkennbar, wann der Forschungsprozess wegen Sättigung beendet werden kann.

- *Andere Erhebungsmethoden*[47]: Wir haben die Grounded Theory hier anhand von Befragungen dargestellt. Wegen der grundsätzlichen Kommunikativität von Wirklichkeit wie von theoriegenerierender Sozialforschung nimmt *die Befragung von Experten auch meist eine zentrale Rolle ein. Man kann aber auch Gruppendiskussionen, teilnehmende Beobachtungen und viele andere Methoden der Datenerhebung heranziehen – wir hatten dies bereits in Teil 1 betont.*

Gruppendiskussionen sind eine sehr effektive Datenerhebungsmethode, bei der mehrere Menschen zu Wort kommen und – zum Beispiel – ihre Aussagen immer auch verteidigen müssen. Sie müssen zumindest darauf gefasst sein, dass ihre Meinungen hinterfragt werden. Gruppendiskussionen haben von daher einen näheren Bezug zu sozialen Prozessen, in denen die Menschen leben – Einzelinterviews sind häufig eine Art Ausnahmesituation. Andererseits muss man solche Gruppen gut auswählen, damit ein im Sinne der Forschung ergiebiges Gespräch zustande kommt. Man muss hier je nach Thema und Ressourcen vorgehen.

Sehr empfehlenswert sind auch *Beobachtungen*. Sie finden meist in der ›natürlichen‹ Umgebung der Menschen statt und lassen oft auch Einblicke in das zu, was den handelnden Akteuren und Experten vielleicht selbst nicht bewusst oder klar ist. Andererseits muss die Forschungsperson bei Beobachtungen ihre Protokolle selbst anfertigen, was einer gewissen Übung bedarf, wenn nicht technische Aufzeichnungsgeräte welcher Art auch immer verwendet werden. Auch dies muss natürlich von Fall zu Fall entschieden werden.

Natürlich können auch weitere Methoden der Datenerhebung fruchtbar sein – vertiefende Methoden wie *Rollenspiel* oder *Introspektion*, *nonre-*

47 Vgl. hierzu die einschlägigen *qualitativen* Methodenhandbücher, etwa FLICK et al. 1991; FLICK/VON KARDOFF/STEINKE 2000.

aktive Verfahren, die Analyse von bereits vorhandenen Texten etc. Grundsätzlich empfiehlt es sich, möglichst mehrere Methoden anzuwenden. Der Autor hat bei verschiedenen Projekten gute Erfahrungen mit einer Kombination von Beobachtungen und Interviews gemacht.

- *Schwerpunkt manifeste Inhalte*: Die Grounded Theory konzentriert sich relativ deutlich auf manifeste Inhalte in protokollierten (verbalen) Daten; das ist eine ihrer Besonderheiten, wie ich im Zusammenhang mit der Darstellung der Heuristischen Sozialforschung in Kapitel 5 noch deutlich machen werde. Sie herauszuarbeiten, zu gruppieren und in Beziehung zu setzen und darüber Theorie zu entwickeln, dafür sind die beschriebenen Vorgehensweisen besonders geeignet. Weniger klar ist, was zu tun ist, wenn die Daten komplexer sind, wenn also Sachverhalte auftauchen, die sich in den Daten eher undeutlich ausdrücken. Hier ist das Potenzial des Ansatzes von Glaser und Strauss aber ziemlich groß, insofern man auf jeden Fall versuchen kann, weitere Erhebungen zu machen.
- *Gütekriterien*: Wie gegen die meisten qualitativen Verfahren wird auch gegen die Grounded Theory immer wieder der Vorwurf geäußert, dass die Konzepte und Kategorien und darauf aufbauend die konstituierte Theorie subjektiv seien und vom Forscher abhingen. Wir werden dazu in Kapitel 7 allgemein Stellung beziehen. Hier kann man aber schon deutlich machen, dass die Erfahrung diese These nicht stützt. Natürlich hängen Codes und Kategorien von der jeweiligen Auswertungsperson ab – genauso wie das Interview, das man vorher führt. Der zwingend und immer wieder neu herzustellende Datenbezug, die Überprüfung aller einzelnen Konzepte und Kategorien und deren Beziehungen zu allen vorhandenen Daten garantiert aber eigentlich, dass die am Ende hergestellte Theorie jedenfalls die erhobenen Fälle abdeckt. Und das oben benannte Sättigungskriterium, dass man auf plausible Weise keine weiteren, nicht in die Theorie passenden Fälle findet, lässt erwarten, dass die Theorie hinreichend breit angelegt ist und die wichtigen Fälle abdeckt. Im Übrigen kann man sagen, dass sich im Laufe der Theorieentwicklung schon herausstellt, was wichtig ist, wenn man mit der notwendigen Offenheit an die Daten herangeht – es gibt verschiedene Wege zur Erkenntnis und zur Konstruktion einer Theorie.

Man kann von daher sagen, dass die wichtigsten Gütekriterien die Offenheit des Forschungsteams und der genaue und sorgfältige Datenbezug sind. Beides ist auch von einem anderen Forschungsteam nachvollziehbar. Und wenn beides der Fall ist, dann gilt die Theorie als Aussagenzusammenhang wegen des Konstruktionsprozesses automatisch für alle Fälle, aus denen sie erzeugt wurde. Das Einzige, was man ihr vorwerfen könnte, ist folglich, dass sie nur einen Teil der relevanten Fälle berücksichtigt – und dann hat man voreilig einen Sättigungsprozess angenommen.

- *Forschungstagebuch*: Eine in der Literatur bisher nicht hinreichend berücksichtigte Verbesserung der Ergebnisse der Grounded Theory liegt in der aus der Ethnographie übernommenen Idee eines kontinuierlichen Forschungstagebuchs, das die Erlebnisdaten und Beurteilungen aufhebt und zugänglich macht, die im Laufe der Forschung den Lernprozess des Forschungsteams ausmachen.
- *Software-Unterstützung*: Mittlerweile gibt es für die Durchführung qualitativer Studien entsprechende Softwarepakete, die als Hilfsmittel beispielsweise bei Interpretations- und Analyseverfahren dienen sollen. Das bekannteste, auf die Notwendigkeiten der Grounded Theory zugeschnittene Programm heißt ›Atlas TI‹ und lässt sich über das Internet bestellen. Es ist insbesondere auf Codierprozesse, auf das Schreiben von Memos und auf Theoriekonstruktion angelegt. Es sollte in jeder Universität vorliegen, die über SPSS verfügt. Ein weiteres Programm liegt mit ›Hyperresearch‹ vor, das man als Programm mit beschränkter Zahl an Codes ausprobieren kann; es eignet sich deshalb insbesondere auch für die Lehre. Ein weiteres Programm ist Aquad 6, das den Vorteil hat, eine gute theoretische Einführung zu haben.
- *Literatur*: Das grundlegende Buch zur Grounded Theory ist immer noch das von Glaser und Strauss 1967 publizierte, das mittlerweile auch ins Deutsche übersetzt worden ist (GLASER/STRAUSS 1998). Ferner ist auf Corbin/Strauss 1990, Strauss 1998 sowie Glaser 1978 und Glaser/Holton 2004 zu verweisen, um sich einen Überblick auch über die Kontroverse zwischen Glaser und Strauss zu verschaffen – Glaser wehrt sich gegen die These, dass Grounded Theory eine konktextbezogene Auswertungsweise betreibe. In allen breit angelegten qualitativen Methodenbüchern und in Handbüchern der qualitativen Forschung wird im Übrigen auf das Verfahren von Glaser und Strauss eingegangen. Insbesondere setzt die Grounded Theory auch nichts weiter als die allgemeinen Überlegungen über die Wirklichkeit voraus, die wir in Teil 1 dieses Buches beschrieben haben. Das gilt allerdings nur für die Grounded Theory von Glaser und Strauss in der Form von 1967.

4.7 *Beispiele: Wie starte ich eine Untersuchung, wie bilde ich Kategorien?*

Um einen Einstieg in die Anwendung der Grounded Theory zu geben, sollen nun einige Ausschnitte aus drei Forschungsprojekten dargestellt werden. Dabei geht es jeweils nur um prototypische Teile im Hinblick auf beispielhafte Fragestellungen, die Leserin oder Leser dann für sich fortführen oder ausfüllen oder auch auf andere Fragen und Forschungsprojekte übertragen können.

Das erste Beispiel bezieht sich auf den Einstieg in ein empirisches Forschungsvorhaben: die Untersuchung von Schulen als Institutionen, die die Nutzung von Medien organisieren – traditionellerweise Printmedien. Forschungsfrage war, wie die digitalen Medien in diesen institutionellen Zusammenhang eingeführt werden und wie sich das dann weiter entwickelt hat.

Wir alle meinen aus eigener Erfahrung zu wissen, was Schulen sind und wie sie funktionieren. Für die einen waren Schulen aber Karriereautobahnen zum Erfolg im Leben, für die anderen vielleicht ein Hindernisparcours, der ihnen den Weg zum Erfolg verlegt hat. Wieder andere haben Schulen als Räume erlebt, in denen sie die regelmäßige Gelegenheit hatten, Freunde zu treffen, in denen sie der Kontrolle ihrer Eltern entzogen waren oder erste Erfahrungen mit Mobbing machen mussten. Hinzu kommt: Schulen sind, jedenfalls in Deutschland, staatliche und hoch reglementierte Einrichtungen. Schulen sind Berufsfelder für Lehrer und Direktoren. Schulen sind Plätze, an denen Eltern die Vorherrschaft über ihre Kinder verlieren. Schulen sind Orte, an denen sich Kinder von ihren Eltern weg und hin zu Gleichaltrigen orientieren. Schulen sind Orte der rituellen Erziehung, in denen definiert wird, was in der jeweiligen Gesellschaft als gut und was als schlecht gilt. Schulen sind (bisher noch) weitgehend werbefreie Räume, in denen es um andere Dinge als um Konsum geht. Solche und andere Grundmuster bilden wahrscheinlich die Folie, vor der Akteure heute Schule beurteilen. Deshalb sollte all das, was man selbst als Überlegungen zusammentragen kann, als Vorwissen festgehalten werden. Das erleichtert die konkrete Forschung auch insofern, als schon einige Vorüberlegungen vorhanden sind, mit denen man dann die Ergebnisse der ersten Datenerhebung vergleichen kann – gegebenenfalls stellen sich diese verschiedenen Sichtweisen und damit verbundenen Problemlagen natürlich auch bei den empirischen Erhebungen heraus. Es ist aber natürlich leichter, wenn man von vornherein ins Kalkül mit einbezieht, dass es unterschiedliche Sichtweisen gibt, und festhält, welche man erweitert und welche die eigenen sind.

Es liegt dabei insgesamt nahe, von einem schlichten Akteursmodell auszugehen, um das konkrete Geschehen in der Schule zu untersuchen. Dazu kann man zum Beispiel Lehrer, ihre Leitungsebene, Schüler und Eltern voneinander unterscheiden und mit Interviews bei Vertretern der einzelnen Gruppen beginnen. Hinter diesem Vorwissen steht aber bereits eine Theorie: Man betrachtet damit nämlich Schulen als Institutionen und weiß, dass Institutionen den Menschen, die damit zu tun haben, verschiedene Rollen zuweisen – und genau das ist der nahe liegende und sinnvolle Ausgangspunkt. Dies sollte man ebenfalls als Vorwissen notieren, das dazu genutzt wurde, erste, theoriegeleitete Auswahlentscheidungen für Interviews zu treffen.

Im Rahmen der Grounded Theory bzw. allgemeiner, theoriegenerierender Untersuchungen ist es aber darüber hinaus auch wichtig, die Entstehung und Entwicklung der Institution Schule und ihren gesellschaftlichen Kontext zu berücksichtigen. Zwar wird man darauf immer wieder auch in den einzelnen Interviews stoßen, insofern die Empirie ja immer auch die Perspektive erweitert. Aber man muss bei einer Institution wie der Schule trotzdem auf explizites Wissen über ihre historische Entwicklung zurückgreifen und ihre Geschichte zumindest in den letzten Jahrzehnten genauer kennen. Man muss auch die aktuellen Diskussionen, die Kritik an der Art, wie Schule ihre Aufgabe erfüllt bzw. nicht hinreichend erfüllt, sowie die Lehrerausbildung in den Blick nehmen. Man muss um die Rechte der Eltern, die staatlich verordneten Lehrpläne und deren Kontrolle wissen und sich auch den medialen, gesellschaftlichen und wirtschaftlichen Druck auf Schulen klarmachen, wenn man ein derartiges Forschungsprojekt durchführt.

Auch dieses Wissen kann man schon zu Anfang in die Untersuchung hineinstecken. In der Regel werden sich die verschiedenen Teile dieses Wissens aber erst im Laufe der Untersuchung ergeben. Es könnte sich dann sogar herausstellen, dass es sich hier um eine falsch gestellte Forschungsfrage handelt, die im Verlauf der Untersuchung erweitert werden muss: Man kann die Rolle der Institution Schule und insbesondere die Art, wie Computer und Internet dort eingeführt und verwendet werden, nämlich heute nicht verstehen, ohne die Schule als einen Teil von Gesellschaft und Wirtschaft zu begreifen. Das heißt, man muss die Forschungsfrage eigentlich umformulieren, wenn man diese Einsicht als eine fundamentale Erkenntnis begreift. Denn dann muss man diesen Zusammenhang als Teil in die Fragestellung aufnehmen und vielleicht explizit danach fragen, wie Schulen als Institutionen der organisierten Mediennutzung, als Teilgebilde der Gesellschaft sowie als Institutionen der Distribution von Inhalten und Produzenten von Konsumgewohnheiten ihre Aufgabe, neue Medien einzuführen, bewältigen und wie sie sich dabei als Institutionen verändern – vor allem der letzte Aspekt geht sonst leicht verloren. Wenn man diese Verflechtungen als zentrales Muster erkennt und einschätzt, so hat man aber auch schon eine wesentliche Dimension einer zukünftigen Theorie gefunden – sie muss natürlich ebenso wie die Weiterentwicklung dieser Einsichten sorgfältig an empirischen Daten festgemacht werden.

Als zweites Beispiel soll ein Bericht aus einer universitären Übung dienen, bei der es um vier Interviews geht. Diese Interviews wurden im Rahmen einer Übung mit Studenten erhoben, bei der es um das Erlernen von Datenerhebungsmethoden ging. Thema dieser Übung war die Frage danach, warum Internetuser eigene Homepages anlegen und was das für sie bedeutet. Die Interviews waren einfach gehalten und ihre Transkription war nur wenige Seiten lang.[48]

Die Auswertung der Interviews (wir beschränken uns hier auf die vergleichende systematische Auswertung von zweien) kann dann folgendermaßen aussehen:

In einem ersten Schritt kann man – nach Verdichtung und Basisvereinfachungen wie in Kapitel 3 beschrieben – zu jedem Interview die vom Interviewer oder vom Befragten angesprochenen Unterthemen als Konzepte verstehen. Dabei ergeben sich Konzepte wie ›zu hoher Aufwand bei der Erstellung einer Website‹ oder ›hohe Lernbereitschaft nötig‹. In einem zweiten Schritt kann man die Konzepte sammeln, die in beiden Interviews auftreten, sowie die, die nur in je einem auftreten, um zu überlegen, welche dieser Konzepte sich als Kategorien anbieten. Zum Beispiel sprechen beide Befragte in Begriffen, die auf einen Zusammenhang zwischen Website und Selbstverwirklichung hinweisen. Beide sprechen aber auch darüber, dass ihr Tun auf die Weiterentwicklung beruf-

48 Ich danke den beteiligten Studierenden der Universität Münster für die Genehmigung, diese Interviews anonymisiert für Probeauswertungen verwenden zu können.

licher Qualifikation zielte. Beide Konzepte können von daher zunächst einmal – vorläufig – als Kategorien gewählt werden.

Andererseits war der Aspekt, dass man sich in die Sache erst einarbeiten muss und dass es viel Aufwand bedeutet, eine Website aktuell zu halten, nur für eine Person von Bedeutung. Auffällig war bei beiden Befragten auch, dass das Ziel, über die Website neue Kontakte zu anderen Menschen zu eröffnen, was man eigentlich hätte erwarten können, explizit keine Rolle spielen sollte. Solche Auffälligkeiten und Ungleichheiten regen natürlich gerade dazu an, herauszuarbeiten, worin sie angelegt sind. Weiter wird es darum gehen, die Konzepte zu ordnen und unter Kategorien zu subsumieren und Beziehungen unter ihnen sowie Bedingungen herauszuarbeiten. Bei allen Einsichten wird es auch darum gehen im Blick zu behalten, was eine Handlungsweise bzw. eine Aussage darüber im jeweiligen alltags- und lebensweltlichen Zusammenhang denn bedeutet.

Das Darstellen solcher Beziehungen oder des Ergebnisses einer Suche nach Bedingungen für das Auftreten von Konzepten und Kategorien kann auch graphisch geschehen. Aus diesen Graphiken kann man durch Vergleiche und weitere Abstraktionsschritte eine Schlüsselkategorie bestimmen, die das Handeln der Personen strukturiert, und danach die anderen Kategorien zuordnen.

Bei diesem Beispiel muss man unbedingt beachten, dass das so skizzierte Vorgehen mit nur zwei Interviews willkürlich ist und nicht dazu missbraucht werden darf, schematisch zu kodieren und auszuwerten. Es zeigt nur ein prinzipielles Vorgehen – es gibt wohl keine Untersuchung, bei der man mit zwei Datenquellen bzw. untersuchten Fällen auskommt. Die durchgeführten Elemente einer Konstruktion von Theorie müssen an weiteren, angemessen ausgesuchten Fällen getestet und weiterentwickelt werden – zum Beispiel, indem man das Geschlecht oder die Bildung oder sonst ein wichtiges Merkmal variiert, von dem man meint, es habe Einfluss. Alle offenen Fragen können nur über weitere Interviews mit anderen Menschen mit anderen Perspektiven geklärt werden.

Ein komplexes Beispiel für ein mit Hilfe der Grounded Theory durchgeführtes Projekt auf der Basis von teilnehmenden Beobachtungen und Befragungen ist die Untersuchung von Fernsehangebot und Fernsehnutzung auf öffentlichen Plätzen in Hamburg und Indianapolis (vgl. KROTZ 2001; KROTZ/EASTMAN 1999). Das Projekt wollte Angebot und Nutzung öffentlichen Fernsehens in den beiden Städten innerhalb der jeweiligen

Kulturen erheben und vergleichen und damit der Frage nachgehen, wie Fernsehen auf öffentlichen Plätzen, das in den letzten Jahren immer häufiger geworden ist, theoretisch begriffen werden kann.

Die Arbeit an diesem Projekt begann mit dem systematischen protokollierten Ablaufen von Straßen in Hamburg, wobei nach öffentlich zugänglichen Fernsehapparaten gesucht wurde. Diese Angebotsorte wurden kartographiert und zunächst auf oberflächliche Weise beschrieben. Daraus wurde dann im Sinne eines offenen und darauf aufbauend eines axialen Codierens eine Typologie von solchen Orten entwickelt. Auf dieser Grundlage wurde systematisch weitergesucht. Dabei wurden die Beschreibungsdimensionen verfeinert und differenziert. Insbesondere wurden die Bedingungen für die Nutzung genau untersucht – kann man sich setzen, wer bestimmt das Programm, etc. Dabei stellte es sich als wichtig heraus, darauf zu achten, wer den Ort der Fernsehnutzung eingerichtet hat, wer dementsprechend die Kontrolle über das gezeigte Programm ausübt und welches die damit verbundenen Absichten und Interessen, welches die vorgesehenen Zielgruppen sind. Denn die Berücksichtigung dieser Bedingungen war wichtig dafür, wie die Menschen das Fernsehangebot an diesen Orten nutzen. Dazu wurde die Methode der Beobachtung der Bedingungen und des Geschehens um die Methode der Interviews mit Nutzern sowie mit Verantwortlichen für die jeweiligen öffentlichen Plätze erweitert.

In weiteren Untersuchungsschritten wurden die Fernsehangebote auch nach Programmen und Sendungstypen beschrieben, die dort zu sehen waren. Ferner wurden nach dem Verfahren des ›theoretical sampling‹ in Anlehnung an Glaser und Strauss aus den einzelnen Ortstypen charakteristische Plätze ausgesucht, die zu verschiedenen Tageszeiten und verschiedenen Wochentagen besucht und beobachtet wurden, um die Perspektive zu erweitern und um verschiedene Thesen zu testen und zu überprüfen. Dabei standen die von den Verantwortlichen für den Ort vorgegebenen Nutzungsbedingungen im Vordergrund: Anzahl, Art und Aufbau sowie Sichtbarkeit der Bildschirme, Ton, Programmkontrolle, Sitzgelegenheiten und auch eine Kategorie wie Gastlichkeit, die auf die Möglichkeit gerichtet war, derartige Angebote über einen längeren Zeitraum hinweg allein oder mit anderen zu nutzen. Es ist einleuchtend, dass Fernsehen in einem Fast-Food-Lokal nicht so angelegt sein soll, dass die Gäste zu lange bleiben. Auch ist das Fernsehangebot in einer Hotellobby nicht auf das Sehen eines Spielfilms angelegt. Dagegen finden sich bei Friseuren durchaus manchmal mehrere große Fernsehgeräte, die inklusive Fernbedingung herangerollt werden, wenn eine Dauerwelle einwirken soll. Hier kann man auch eine Sendung zu Ende sehen. Natürlich wurden auch in diesem Untersuchungsschritt die Nutzer in ihren Handlungsweisen beobachtet und sie und die Betreiber befragt.

Die Schlüsselkategorie, die im Rahmen der Untersuchung letztlich gefunden wurde und von der aus das Phänomen des Fernsehens auf öffentlichen Plätzen und seine Zunahme sowie seine Nutzung theoretisch erfasst werden konnten, war schließlich die der ökonomischen Brauchbarkeit. So gut wie alle Orte sowohl in Hamburg als auch in Indianapolis, an denen Fernsehen aufzufinden war und genutzt wurde, waren kommerziell strukturierte Orte, und die eingestellten Programme ebenso wie die Nutzungsbedingungen waren den kommerziellen Zwecken des Ortes angepasst. Was den Kunden als Zerstreuung diente, war seitens der Anbieter als Annehmlichkeit beim Warten gemeint und sollte die Wahrscheinlichkeit erhöhen, dass die Kunden wiederkommen. Was in der Perspektive der Arrangeure der Dekoration der Herstellung eines bestimmten Images eines Platzes – zum Beispiel US-amerikanisch stilisierte Sportläden – dienen soll, schafft umgekehrt für den Kunden eine Atmosphäre, in der er sein Geld gern für trendige Produkte ausgibt. Und was etwa in Restaurants und Kneipen der Attraktivitätssteigerung dienen soll, können die Kunden zu ihrer Unterhaltung nutzen, während sie auf ihr Essen warten oder essen. Schlüsselkategorie war also die ökonomische Brauchbarkeit, und von daher konnte eine entsprechende Theorie formuliert werden, die auch auf dem Vergleich der beiden kulturellen Kontexte beruht.

5. Heuristische Sozialforschung: den Gegenstand von allen Seiten betrachten und nach den Gemeinsamkeiten analysieren

In diesem Kapitel soll nun die Heuristische Sozialforschung vorgestellt werden – das zweite ›taktisch‹ genannte Verfahren zur Erzeugung von Theorien im Hinblick auf eine konkrete Forschungsfrage. War die Grounded Theory explizit gegen die hypothesentestende quantitative Forschung konzipiert worden, so versteht sich die Heuristische Sozialforschung als allgemeines Entdeckungs- und Konstruktionsverfahren, das von Etiketten wie quantitativ oder qualitativ unabhängig ist und auf alle Arten von Daten angewandt werden kann.

Die Heuristische Sozialforschung ist deshalb erstens eine Abstraktion und Radikalisierung der Grounded Theory, insofern sie deren Regeln weiter entwickelt. Zweitens ist sie aber auch ein eigenständiger Forschungsansatz, weil sie auf einem eigenständigen Satz von Regeln beruht und zusätzliche Anwendungsmöglichkeiten bietet. Ein wesentlicher Unterschied zwischen Grounded Theory und Heuristischer Sozialforschung liegt dabei darin, dass man die Heuristische Sozialforschung konsequent als Dialogverfahren verstehen kann: Forschung als Dialog mit den Menschen, mit den sozialen Phänomenen und mit den Daten. Überhaupt zeichnet sich die Heuristische Sozialforschung durch eine ausgesprochen schlüssige und einfache Darstellung aus.

Wir gehen bei der Darstellung der Heuristischen Sozialforschung so ähnlich wie bei der Einführung der Grounded Theory vor.

- Zunächst beschreiben wir in Abschnitt 5.1 Entstehung und Hintergründe der Heuristischen Sozialforschung.
- In Teilkapitel 5.2 wird dann das zentrale Handlungsmuster heuristischen Forschens erläutert, nämlich das Verständnis von For-

schung als Dialog mit den Menschen, den sozialen Phänomenen und den Daten bei der Auswertung.

- Dieser Dialog wird in Bezug auf die vier zentralen Regeln der Heuristischen Sozialforschung geführt – sie werden im dritten Abschnitt dargestellt. Dort werden dann auch die ersten drei dieser Regeln genauer besprochen, soweit dies nicht schon in anderen Zusammenhängen geschehen ist.
- Die vierte Regel bezieht sich auf die Art der Auswertung von erhobenen Daten und ist in ihrer Umsetzung nicht so einfach zu durchschauen. Die Regel wird deshalb gesondert in Abschnitt 5.4 begründet und behandelt.
- Daran anschließend geht es in Unterkapitel 5.5 darum, den Begriff der Gemeinsamkeiten forschungsrelevant zu entwickeln, und daran die wichtigste Besonderheit der Heuristischen Sozialforschung zu verdeutlichen.
- Im sechsten Abschnitt dieses Kapitels werden dann Überlegungen zur Auswahl der Befragten vorgestellt und diskutiert und ein Abbruchkriterium für das Ende des Forschungsprozesses angegeben.
- Unterkapitel 5.7 beschäftigt sich schließlich mit dem, was genau eine Theorie in der Perspektive der Heuristischer Forschung ist. Dabei wird auch auf Qualitätskriterien eingegangen, mit denen die Güte Heuristischer Forschung beurteilt werden kann.
- Abschnitt 5.8 beinhaltet dann wieder einige Beispiele und daran verdeutlichte ergänzende Anmerkungen.

5.1 *Die Entstehung der Heuristischen Sozialforschung und ihre Hintergründe*

Die von Gerhard Kleining entwickelte Heuristische Sozialforschung geht ebenso wie die Grounded Theory auf die Kritik an der Einseitigkeit der vorherrschenden Verfahren der empirischen Forschung zurück. Kleining hat als Sozialwissenschaftler lange Jahre in der (quantitativen) Marktforschung gearbeitet und ist ihr auch nach der Entwicklung seines heuristischen Verfahrens treu geblieben ist, wie etwa seine Lebenswelt- und Lebensstilanalysen zeigen. Auf seinen zahlreichen Auslandsaufenthalten hat Kleining zudem sowohl Kontakt mit den Forschern der quantitativ orientierten Lazarsfeldschule als auch mit den sozialanthropologisch orientierten Wissenschaftlern der Chicago School gehabt, die uns beide schon im Zusammenhang mit der Entstehung der Grounded Theory begegnet sind. Seit den achtziger Jahren war Kleining damit beschäftigt, erst die gegenstandsbezogene qualitative Forschung nach Glaser und Strauss weiter zu entwickeln, die er als Ergänzung quantitativer Forschung für unerlässlich, aber auch noch für unterentwickelt hielt. Daran anschließend hat er ein allgemeines erkundendes und theoriegenerierendes Verfahren erarbeitet, das er *qualitative Heuristik und dann später Heuristische Sozialforschung* nennt. Der Ausdruck Heuristik stammt vom altgriechischen Heureka, dem berühmten Ruf von Archimedes, der ein Problem lösen wollte und mit seinem Ruf »Heureka – ich hab's!« seine Freude darüber ausdrückte, eine Lösung gefunden zu haben. Heuristik ist dementsprechend die Lehre vom Finden von Lösungen bzw. allgemeiner vom Entwickeln von Lösungen.

Dabei hat Kleining insbesondere auch versucht, aus der Geschichte der Verfahren, wie man erkennen kann und was man wissen kann, zu lernen. Die Suche nach Verfahren, wie man praktisch etwas Gültiges erkennen und wissen kann, ist ja keineswegs eine Spezialität unserer Zeit. Das Thema hat Generationen von Philosophen beschäftigt und sich dann in der Neuzeit mit der Entwicklung der modernen Wissenschaften verschärft. John Stuart Mill und die Philosophen in der Nachfolge Immanuel Kants zu Beginn des zwanzigsten Jahrhunderts haben wichtige Beiträge dazu geleistet. Auch die Schriften des Naturwissenschaftlers Ernst Mach sowie die Gegenpositionen eines mechanistisch interpretierten Dialektischen Materialismus sind hier zu erwähnen.

Eine andere Wurzel der Heuristik liegt paradoxerweise in den deduktiven Wissenschaften, also der Mathematik und der Formalen Logik. Ein Mathematiker muss zwar jedes seiner Theoreme logisch aus bereits bewiesenen Theoremen ableiten. Aber bevor man etwas beweisen kann – wie kommt man eigentlich auf vernünftige Vermutungen, nach deren Beweis man dann suchen kann? ›Vernünftig‹ heißt hier nichts anderes als ›erwartbar logisch zu beweisen‹. Die Frage, wie man gute Thesen und Theorien überhaupt erst einmal aufstellt, gehört deshalb eigentlich zur Mathematik und hat immer wieder Mathematiker beschäftigt (vgl. etwa POLYA 1972), auch wenn dies dort immer eine Randfrage geblieben ist. Die Geschichte des Nachdenkens über das pragmatisches Entwickeln von Theorien – die von der Mainstream-Wissenschaftstheorie im Hinblick auf Sozialforschung kaum zur Kenntnis genommen wurde und wird – wird in dem systematischen Buch von Kleining (1994) in ihren wesentlichen Fragen aufgearbeitet.

Kleining bezieht sich bei der Darstellung seines Ansatzes explizit auf die Grounded Theory, aber auch auf vielfältige andere Wurzeln, empirische Verfahren bzw. wissenschaftliche Teildisziplinen und erhebt den Anspruch, die theoriegenerierenden Verfahren grundlegend weiter entwickelt zu haben (KLEINING 1995: 227). Er versteht im Übrigen sein Verfahren eher als findend und entdeckend denn als konstruktiv und erfindend. Die Heuristische Sozialforschung lässt sich aber dank ihrer Allgemeinheit m.E. in beiden Denkorientierungen anwenden, wie ich schon in Teil I argumentiert habe: auf der Annahme einer durch Menschen (sprachlich) hergestellten Wirklichkeit, deren Konstitution untersucht werden soll, wie auch unter der Annahme einer Wirklichkeit, die in Forschung und Denken abgebildet wird.

Vor diesem Entstehungshintergrund kann man also die Heuristische Sozialforschung als eine Weiterentwicklung und Systematisierung theoriegenerierender Verfahren, insbesondere der Grounded Theory ansehen. Sie bietet ein allgemeines konzeptionelles Gerüst von Regeln dafür an, wie man vorgehen soll und kann. Sie kann sowohl auf quantitative als auch auf qualitative Daten angewandt werden, um daraus neue Theorien zu konstruieren und zu rechtfertigen. Grounded Theory und Heuristische Sozialforschung erheben zudem beide den Anspruch, ihr Ergebnis datennah gefunden bzw. entwickelt zu haben, und auch, die einzelnen Aussagen, Theorieteile und die Gesamttheorie in der Durchführung des Konstruktionsprozesses getestet und geprüft zu haben, bevor sie zum Teil einer Theorie werden. Bei der Anwendung sowohl der Heuristischen Sozialforschung als auch der Grounded Theory entstehen also eigenständig Theorien, die den Anspruch auf Gültigkeit erheben, und die nach ihren eigenen Kriterien beurteilt werden müssen.

Die Heuristische Sozialforschung ist als allgemeines Verfahren dabei einerseits sehr einfach in schlichte und plausible Regeln gefasst und im Prinzip leicht verständlich. Denn sie besteht im Grunde nur aus vier einsichtigen Regeln. Andererseits ist sie deshalb notwendigerweise sehr allgemein formuliert und muss, um auf eine konkrete Forschungsfrage angewandt werden zu können, an die dann wesentlichen Bedingungen angepasst werden. Deshalb sind bei der Umsetzung der Heuristischen Sozialforschung viele praktische und pragmatisch geleitete Entscheidungen zu treffen, was eine Feinjustierung auf die jeweils verfolgte Forschungsfrage ermöglicht, aber Neulingen auch nicht immer leicht fällt. Wir stellen dieses Verfahren nun in Anlehnung an Kleining dar und verweisen dabei gegebenenfalls auf Dinge, die in diesem Buch schon an anderer Stelle dargestellt worden sind.

5.2 *Forschung als Dialog*

Beginnen wir mit dem Besonderen, was den Umgang der heuristisch orientierten Forscherin bzw. des heuristisch orientierten Forschers mit der Wirklichkeit und mit Daten charakterisiert: Grundlage des forschenden Handelns ist in der Heuristischen Sozialforschung ein *Dialogprinzip*, das einem spezifischen Verständnis von sozialem Handeln als Interaktion entlehnt ist: Das Handeln des Forschers im Hinblick auf den zu untersuchenden Forschungsgegenstand, auf den sich die zu entwickelnde Theorie beziehen soll, wird als etwas Wechselseitiges und Reziprokes, als *Dialog* verstanden. *Heuristische Forschung findet als Prozess des Fragens und Antwortbekommens statt* – wir hatten dieses Grundmodell ob seiner Plausibilität bereits in Kapitel 3 vorgestellt.

Dabei bezieht sich das Konzept ›Dialog‹ sowohl auf die Art, wie Daten erhoben werden, wie auch auf die Art, wie sie ausgewertet werden. ›Dialog‹ ist deshalb das zentrale Handlungsmuster, an dem sich ein Forscherteam orientiert, wenn es nach den Regeln der Heuristischen Sozialforschung vorgeht – Heuristische *Sozialforschung ist dialogische Sozialforschung. Mit dem Muster von Fragen und Antworten ist deshalb auch das zentrale Muster der Entwicklung von Theorie konzeptionell beschrieben: Damit ist ein datengestütztes versuchsweises Entwerfen von Theorie gemeint, auf das die Daten Antwort geben, indem mit ihrer Hilfe darüber entschieden werden kann, was davon richtig und was falsch ist.*

Die Datenerhebung ist dabei in zweierlei Hinsicht als Dialog konzipiert: Ausgangspunkt ist der zunächst unbekannte und nur benannte Forschungsgegenstand, der beschrieben und theoretisch bestimmt werden soll. Das heißt, der Forscher muss die Menschen befragen oder beobachten, die diesen Forschungsgegenstand konstituieren, oder er muss sich ›direkt‹ und selbst mit diesem Forschungsgegenstand und seinen Erscheinungsformen und Konsequenzen auseinander setzen. Im ersten Fall befragt der Forscher also *die mit einem sozialen bzw. kulturellen Phänomen befassten Menschen* und protokolliert ihre Antworten – es geht also um einen kommunikativen Dialog mit den sozialen Subjekten, die an der Konstitution der in Frage stehenden Sachverhalte beteiligt sind. Möglich ist es in der Dialogkonzeption der Heuristischen Sozialforschung aber auch, dass der Forscher sich selbst direkt etwa in Form eines Experiments, als teilnehmender Beobachter oder in welcher Form auch immer von seiner sozialen und kulturellen Welt her mit dem zu untersuchenden Phänomen bzw. dem Forschungsgegenstand auseinander setzt. Auch das kann als Dialog mit dem Forschungsgegenstand verstanden werden. Mit ›Fragen‹ ist dann eine Art des Handelns in Bezug auf diesen Gegenstand gemeint. Was dann im Hinblick auf diesen Gegenstand geschieht, wäre die zu protokollierende und dann auszuwertende Antwort. In jedem dieser Fälle werden durch die Aktivitäten der Forschenden Daten produziert, die als Antwort interpretiert und ausgewertet werden können. Mit ›Experiment‹ ist dementsprechend in diesem Rahmen nicht ein Laborexperiment gemeint, wie es zum Beispiel Friedrichs (1973) für die Mainstream-Sozialwissenschaft beschreibt, und auch nicht ein Feldexperiment im üblichen Sinn, sondern eine gezielte Interaktion der Forschungspersonen im Forschungsfeld im Hinblick auf ein soziales Phänomen und seine soziale und kulturelle Bedeutung, wobei dann dessen Auswirkungen festgestellt werden.

Beispielhaft kann man hier daran denken, dass die Untersuchung des Unterhaltungswerts von Fernsehen über die Befragung der Publika, aber eben auch durch Betrachtung der Sendungen und ihrer Publika erfolgen kann und soll – ein Forschungsteam, das von einer Sendung keine Ahnung hat oder, wie es ebenfalls vorkommt, keinen Fernsehapparat besitzt, wird sein Thema ebenso verfehlen wie Forschungspersonen, die nur von ihren eigenen Erfahrungen aus verallgemeinern. Auch über den seriellen Charakter von Fernsehen müssen Fernsehforscher Bescheid wissen, der es nicht zulässt, dass man Fernsehen auf gleiche Weise untersucht wie etwa den Film. Und wenn man herausfinden will, wie laufende Fernsehgeräte in der U-Bahn den Charakter der U-Bahn-Öffentlichkeit verändern, muss man U-Bahnpassagiere fragen, aber auch selbst in der U-Bahn mitfahren und dabei beobachten und situationsbezogen fragen. Auch das Experiment, einmal das Fernsehgerät auszuschalten und festzustellen, was dann passiert, kann aufschlussreich sein. Mit all diesen Erhebungsmethoden werden offensichtlich ›Antworten‹ erzeugt, in denen sich der Forschungsgegenstand ausdrückt und die etwas über die Kontexte von Fernsehen in der U-Bahn aussagen. Diese Art, Daten zu erzeugen, kann offensichtlich als Dialog mit dem Gegenstand verstanden werden.

Zudem ist auch die Datenauswertung in der Perspektive der Heuristischen Sozialforschung als Dialog konzipiert: Ziel der Auswertung ist es ja, Theorie zu entwickeln bzw. weiter zu entwickeln. Dies geschieht auf der Basis von erhobenen Daten, etwa Protokollen von Beobachtungen oder verschriftlichten Interviews. Im Rahmen der Grounded Theory war Auswerten der Daten synonym mit Codieren der Daten, wie wir gesehen haben. Auswertung wurde also als eine spezifische Form des Interpretierens verstanden.

Im Rahmen der Heuristischen Sozialforschung ist vom Interpretieren und Codieren nicht die Rede. Stattdessen befragt man in der Heuristischen Sozialforschung die Daten, und die Daten geben Antwort. Dabei dürfen die Fragen, die man an die Daten stellt, natürlich nicht mit den Fragen verwechselt werden, die man den Befragten stellt. Einleuchtend ist auch, dass man den Daten die richtigen Fragen stellen muss, die sie beantworten – sonst schweigen sie oder geben schräge Antworten. Wie das geht, werden wir noch sehen.

Auch im Rahmen der Heuristischen Sozialforschung ist es natürlich aus Effektivitätsgründen ratsam, jedes Interview bzw. jeden Datensatz erst einmal für sich anzusehen und den Text etwa mit den in Kapitel 3 allgemein beschriebenen Methoden der Verdichtung und des Zusammenfassens auf seine relevanten Inhalte zu verkürzen, ohne ihn dabei wesentlich zu verändern. Dabei sollte aber auch darauf geachtet werden, in welche Kontexte ein Befragter seine Äußerungen stellt, von welchem Bezugssystem aus er argumentiert oder beschreibt, welche Alltagsaktivitäten für ihn im Hinblick auf den Forschungsgegenstand relevant sind, welche Perspektive er einnimmt, wenn man ihm eine offene Frage stellt – das können Ausgangspunkte der Datenanalyse sein. Ausgangspunkt dafür sind häufig auch Aussagen, die besonders auffällig sind. Während die Grounded Theory sich eher an die manifesten Inhalte von Interviews hält und diese bei der Analyse in den Vordergrund stellt, werden wir sehen, dass die Heuristische Sozialforschung hier breiter angelegt ist und auch latente Inhalte ins Kalkül der Auswertung mit einbezieht. Dies tut sie, indem sie beispielsweise gezielt Widersprüchen nachgeht oder sehr genau auf Kontexte und Hintergründe achtet.

Zusammenfassend können wir also noch einmal betonen, dass das zentrale Handlungsmuster der Heuristischen Sozialforschung der Dialog ist – der Dialog mit den Menschen über den Forschungsgegenstand und der Dialog mit den Daten mit dem Ziel der Konstruktion von Theorie. Wie man diese Dialoge führt, zeigen die zentralen vier Regeln der Heuristischen Sozialforschung, die in den nächsten Absätzen dargestellt und erläutert werden.

5.3 *Die Regeln der Heuristischen Sozialforschung*

Im Rahmen der Heuristischen Sozialforschung muss sich der Forscher an vier Regeln orientieren, die wir im Folgenden aus dem Text von Kleining

(1995) übernehmen und dann kommentieren. Je zwei davon sind komplementär zueinander. Alle zusammen machen den Kern des Verfahrens der Heuristischen Sozialforschung als Prozess regelgeleiteten Handelns aus.

»Regel 1: Offenheit der Forschungsperson/des Subjektes. Die Forschungsperson soll dem Gegenstand gegenüber ›offen‹ sein und ihr Vorverständnis ändern, wenn die Daten ihm entgegenstehen.

Regel 2: Offenheit des Forschungsgegenstandes. Die Kenntnis vom Gegenstand und seine Bestimmungen sind vorläufig und so lange der Änderung unterworfen, bis der Gegenstand ›ganz‹ entdeckt ist.

Regel 3: Maximale strukturelle Variation der Perspektiven. Der Gegenstand soll von maximal verschiedenen Seiten erfasst werden. Dies geschieht durch Variation aller Bedingungen der Forschung, die von Einfluss auf die Abbildung des Gegenstandes sind oder sein könnten. Die Variation sucht strukturelle, d.h. dem Gegenstand eigene Aspekte, die aus den verschiedenen Perspektiven erkennbar werden.

Regel 4: Analyse auf Gemeinsamkeiten. Die verschiedenen Seite[n, F.K.] *oder Bilder des Gegenstandes werden auf ihren Zusammenhang untersucht, oder: das Verfahren entdeckt das Gemeinsame in den Verschiedenheiten«* (KLEINING 1995:228).

Offensichtlich ist das mit diesen Regeln beschriebene Verfahren eine Verallgemeinerung der Grounded Theory, beinhaltet aber auch eigenständige Aspekte und benötigt auch eine eigenständige Begründung. Im Folgenden sollen diese Regeln deshalb in Anlehnung an Kleinings Erläuterungen und unter Bezug auf weitere Literatur genauer expliziert werden, soweit das notwendig ist. Dabei wird sich zeigen, dass das Regelsystem im Wesentlichen auf den wissenschaftstheoretischen und methodologischen Grundlagen fußt, die in den Kapiteln zwei und drei ausgearbeitet wurden, sich aber zudem auch über die Dialektik von Hegel und Marx rechtfertigt.

Regel eins haben wir bereits in Abschnitt 3.1 im Detail besprochen und begründet. Die Offenheit des Forschungsperson ist generell eine unabdingbare Voraussetzung dafür, datengestützt neue Theorien entwickeln zu können.

Regel zwei ergänzt die Forderung nach der Offenheit der Forschungsperson durch die These von der notwendigen Offenheit des Forschungsgegenstandes. Auch diese Regel haben wir bereits in Kapitel 3 genauer besprochen. Sie ist logisch und inhaltlich unvermeidlich, weil erst am Ende der Analyse klar sein kann, was der Forschungsgegenstand und die für ihn relevanten Kontexte sind. Die Regel hört sich allerdings merkwürdig an, wenn man von den für quantitative Forschung notwendigen präzisen Vorannahmen ausgeht, die das Vorgehen des Forschers von Beginn an festlegen. Eine solche Festlegung, was Forschungsfrage und Forschungsgegenstand sind, darf im entdeckenden Fall nicht erfolgen – von daher rührt die Bedeutung der Regel, die in der Heuristischen Sozialforschung deutlich formuliert und zu einer von vier Hauptregeln erhoben worden ist.

Vielleicht macht es deshalb Sinn, an dieser Stelle einige Beispiele anzugeben, wie sich im Verlaufe eines Forschungsprozesses der Forschungsgegenstand verändern kann, wobei damit ›weiter entwickeln‹ gemeint ist. Die Notwendigkeit der Erweiterung von Forschungsfrage und Forschungsgegenstand tritt zum Beispiel dann auf, wenn man bei der ersten Sichtung eines Problems, also bei der Formulierung der Forschungsfrage, zu sehr von einem eigenen und engen Vorverständnis ausgeht. Beispielsweise treten im Rahmen interkultureller Kommunikation häufig Probleme auf, deren Lösung für jeden der Beteiligten auf der Hand liegt. Aber keiner der Beteiligten kann eine Lösung angeben, die auch für alle eine Lösung ist, weil jede Antwort auf das Problem einseitig ist und damit zu kurz greift. Wer also als Deutscher beispielsweise meint, dass er genau weiß, wie man am effektivsten Geschäftsbesprechungen mit Japanern durchführt, unterstellt schon allein dadurch, dass die Japaner ihre Geschäftskultur an der deutschen auszurichten haben. Noch verhüllter tritt das Problem auf, wenn man eine solche Meinung gar nicht hat, sondern einfach nach den eigenen kulturellen Normen, dem eigenen kulturellen Verständnis handelt, ohne sich weiter darüber Gedanken zu machen. Deshalb ist gerade interkulturelle Forschung, die als ein Lernprozess auch der Forschungspersonen angelegt sein muss, ein gutes Beispiel für eine notwendige Fortentwicklung eines Forschungsgegenstandes bzw. einer Forschungsfrage.

Ein weiteres Beispiel für eine solche Veränderung liefert die Fernsehforschung, die sich auf den Begriff der Einschaltquote konzentriert. Man kann sie natürlich einfach messen, wie es in Deutschland die Fernsehveranstalter tun lassen. Eine theoriegenerierende Untersuchung von Fernsehnutzung kann sich aber nicht darauf beschränken, nur die operationalen Begriffe der professionellen Fernsehforscher aus den Unternehmen nachzuvollziehen. Sie gerät vielmehr ganz schnell auf komplexes Terrain: Einschaltquoten sind viel wichtiger für die Werbeunternehmen oder die Markenhersteller als für die Fernsehveranstalter, und obendrein spielen die Quoten für die öffentlich-rechtlichen Fernsehsender eine andere Rolle als für das privat-kommerzielle Free-TV. Einschaltquoten sind von daher ein empirisches Konzept, das eher über die Funktionsweise des Fernsehsystems informiert als über die Nutzungsweisen der Menschen. Dementsprechend kann man sagen, dass es einen eigenständigen Forschungsgegenstand ›Einschaltquote‹ eigentlich gar nicht gibt, ebenso wenig wie alle die Leute, die in dieser Einschaltquote zusammengefasst sind, ein einheitliches Publikum bilden.[49] Der Forschungsgegenstand ›Einschaltquote‹ ist folglich für sich und ohne Bezug auf Ökonomie und Gesellschaft nicht sinnvoll analysierbar, sondern muss erweitert werden.

Forschungsgegenstände können also anhand eines sozialen oder kulturellen Phänomens definiert werden. In der Perspektive Heuristischer Forschung ist dazu für die Frage, was der Forschungsgegenstand ist, Offenheit notwendig, weil dieser sich verändern kann. Die mittels Heuristischer Forschung zu erarbeitende Theorie, die ja das Ziel forschenden Handelns ist, kann sich auf einzelne Phänomene oder Teilgegenstände nicht beschränken, wenn dabei relevante Kontexte des Geschehens ignoriert werden, weil sie am Anfang nicht erkennbar gewesen waren.

Ein häufiger Fehler in der Anwendung der heuristischen Methodologie ist es in dieser Hinsicht nach Hagemann (2003), dass man meinen kann, dass diese Offenheit des Forschungsgegenstandes *es gar nicht zulasse, dass man eine konkrete Forschungsfrage hat.* Aber wie wir bereits betont haben – ohne klare Forschungsfrage ist keine sinnvolle Forschung und keine konsistente Entwicklung neuer Theorien möglich. Theorien sind nicht objektiv vorhanden und können unabhängig von Kultur und Gesellschaft gefunden oder hergestellt werden, sie werden vielmehr vor dem Hintergrund eines gerichteten Erkenntnisinteresses erarbeitet, das sich auch durch die Forschungsfrage konstituiert. Man kann soziale und kulturelle Phänomene nur dann theoretisch in den Griff bekommen, wenn man die richtige Forschungsfrage stellt.

In diesem Zusammenhang liegt es auf der Hand, abermals auf das Vorwissen des Forschers einzugehen. *Vorwissen ist sowohl hinderlich als auch unabdingbar. Dieser Widerspruch ist aber kein logischer, sondern einer, der sich im Prozess forschenden Handelns auflöst, wenn es nur offen zugeht: Vorwissen dient einer Festlegung der Forschungsfrage und dem Einstieg in ein Feld und ist so Basis konkreter Heuristischer Forschung, muss dann aber im Forschungsprozess überwunden werden, wenn dieser Prozess erfolgreich sein soll. Deshalb handelt es*

49 Bei diesem Beispiel muss natürlich auf die Überlegungen der Cultural Studies und insbesondere auf die qualitatiaven Forschungen Ien Angs (1991) verwiesen werden.

sich hier um einen dialektischen Widerspruch, der den Forschungsprozess vorantreibt. Theorie, so haben wir schon mehrfach gesagt, entsteht in einem komparativen Sinn durch Verbesserung dieses Vorwissens. Vorwissen ist dementsprechend auch, wenn es sich auf die wissenschaftliche Literatur stützt, kein Dogma, an das man sich halten muss – sonst wird es nichts mit dem Entwickeln neuer Theorien.

Offenheit des Forschers und Offenheit des Forschungsgegenstands sind also die ersten beiden Basisregeln der Heuristischen Sozialforschung. Sie einzuhalten ist eine wesentliche Aufgabe des Forschungsteams. Glücklicherweise lassen sich einige Maßnahmen angeben, die dabei hilfreich sind. Einmal ist hier auf das schon an verschiedenen Stellen empfohlene Forschungstagebuch zu verweisen, in dem die beteiligten Forscherinnen und Forscher die Entwicklung und Veränderung des Forschungsgegenstandes in ihrem eigenen Erleben dokumentieren und mit dessen Hilfe man eigene Denkgewohnheiten, fehlende Offenheit und thematische Borniertheit leichter feststellen kann. Zudem sollte man nicht allein und nicht in einem hierarchisch geleiteten, sondern in einem aus möglichst gleichberechtigten Mitgliedern bestehenden Team forschen, in dem ein offener Dialog möglich ist. Grundsätzlich muss man ferner hier auf das Variieren von Erhebungsmethoden hinweisen, das Flick (1998) »Triangulieren« nennt: Wenn man immer nur mit Interviews arbeitet, kann es die Perspektive wesentlich erweitern, wenn man Beobachtungen durchführt oder mit dem Gegenstand selbst experimentiert. Schließlich kann es hilfreich sein, sich im Verlauf eines Forschungsprojekts Rückmeldungen von außen zu holen, etwa indem man im Projektverlauf entstandene Texte von geeigneten Menschen lesen und beurteilen lässt. Das gilt auch in einem weiteren Sinn: Jeder am Forschungsprozess Beteiligte sollte in dessen Verlauf immer wieder einmal die etablierten Routinen unterbrechen und versuchen, eine Art Blick von außen auf das zu werfen, was sie oder er dabei eigentlich tut.

Manche dieser Vorschläge verweisen bereits auf die dritte Regel der Heuristischen Sozialforschung, die Forderung nach einer *maximalen strukturellenVariation von Perspektiven.* Diese Regel nimmt auf, was wir in Kapitel 2 bereits besprochen haben, nämlich, dass es notwendig ist, sich auf den Standpunkt und die Perspektive der beteiligten Menschen einzulassen, die für den Forschungsgegenstand wichtig sind (vgl. hierzu auch 2.3). Weil soziale und kulturelle Gegenstände von den Menschen in ihren Handlungspraktiken hergestellt und weiter entwickelt werden, und weil diese Herstellung wie jedes Handeln perspektivabhängig ist, muss jede Forschung die unterschiedlichen Perspektiven berücksichtigen, um daraus den Forschungsgegenstand in seiner Besonderheit rekonstruieren zu können.

Die dritte Regel der Heuristischen Sozialforschung verallgemeinert also, was uns im Rahmen der Grounded Theory unter dem Titel des ›theoretical sampling‹ begegnet ist. Unter diesem Begriff beschäftigten sich Glaser und Strauss mit der theoriegeleiteten Auswahl von Einzelpersonen oder Gruppen, die dann untersucht, also beobachtet oder befragt etc. werden sollten. Dabei meinte ›theoriegeleitet‹, dass das Forschungsteam am Ende jeden Durchlaufs des kreisförmig angelegten Forschungsprozesses nach der Grounded Theory auf der Basis der bis dahin entwickelten Theorie und der noch offenen Fragen planen sollte, wer nun wie weiter untersucht werden soll, um die noch notwendigen Antworten zu erhalten. Dabei ging es auch um die Suche nach Testfällen und Gegenbeispielen.

Die Forderung nach einer maximalen strukturellen Variation der Perspektive im Forschungsprozess geht über dieses ›theoretical sampling‹ offensichtlich hinaus. Denn sie beschränkt sich nicht darauf, die Variation der Befragten bzw. der befragten Gruppen zu fordern. Sie verlangt darüber hinaus auf allgemeine Weise, dass man im gesamten Forschungsprozess alles tut, damit die berücksichtigten handlungsrelevanten Perspektiven der Befragten bzw. Beobachteten auf den Forschungsgegenstand maximal strukturell variieren. Das bezieht sich natürlich auch auf die Auswahl der Befragten, aber beschränkt sich nicht darauf, insofern, wie bereits gesagt wurde, auch Erhebungsmethoden und alles Weitere, was variierbar ist, variiert werden sollten. Und es erhebt diese Variation zu einem allgemeinen Grundprinzip Heuristischer Sozialforschung, das bei allen offenen Fragen als Vorgabe zu Rate gezogen werden kann, etwa, wenn es darum geht, welche Erhebungsmethode man wählt, welche Auswertungsschritte welchen anderen Auswertungsschritten vorzuziehen sind oder ob man allein oder im Team arbeitet. Die Heuristische Sozialforschung *macht also das Konzept der maximalen strukturellen Variation als systematische, daten- und theoriegeleitete Variation aller Forschungsbedingungen zum zentralen Prinzip des Umgehens mit der sozialen Wirklichkeit.*

Von Bedeutung ist dabei, dass nicht eine maximale Variation, sondern eine maximale *strukturelle* Variation gefordert wird. Bezogen auf die Auswahl von Befragten heißt das beispielsweise nicht, dass man möglichst viele Menschen fragen soll – das würde nur den Aufwand hochtreiben, ohne wirklich breitere Erkenntnisse zu garantieren. Vielmehr soll man die Befragten im Forschungsprozess *so variieren, dass die auf dieser Basis konstruierte Theorie für möglichst viele Fälle gültig ist*. Das ist dann der Fall, wenn möglichst viele unterschiedliche Perspektiven auf den Forschungsgegenstand in den Forschungsprozess einbezogen werden. (Hierzu werden wir weiter unten im Zusammenhang mit der ›Analyse auf Gemeinsamkeiten‹ noch einige Überlegungen anstellen.) Das ist zwar schwierig einzulösen, weil man vielleicht nicht genau weiß, wonach man variieren muss, um solche unterschiedlichen Positionen zu bestimmen. Aber prinzipiell ist es für den Forschungsprozess fruchtbarer, wenn man die Perspektive von jemanden einbezieht, der das alles ganz anders sieht, als wenn man noch ein paar Leute mehr befragt, die dann doch nichts Neues zu sagen haben. Hinzu kommt, dass nicht nur die Befragten maximal strukturell variiert werden sollen, sondern eben alle Bedingungen der Forschung, die von Bedeutung sind, also auch die Erhebungsmethoden, eigentlich auch die Forschungspersonen etc.

Diese Bedingung erinnert wie gesagt an das, was Flick (1991) in seinem Entwurf qualitativer Forschung als Triangulation fordert. Dabei handelt es sich bei Flick aber einfach nur um eine Empfehlung, die für eine höhere Qualität des theoretischen Outputs sorgen soll. Im Rahmen der Heuristischen Sozialforschung ist damit dagegen eine wesentliche Grundlage des heuristischen Forschungsprozesses benannt, auf die nicht verzichtet werden kann: Weil jedes Wahrnehmen und Handeln grundsätzlich perspektivisch organisiert ist, wie wir in Teil 1 genauer erläutert haben, kann man einen ›Forschungsgegenstand‹ nur dann über das Befragen und Beobachten der Menschen umfassend erforschen, wenn man alle für seine Konstitution relevanten Perspektiven berücksichtigt. Das heißt insbesondere: keine zufälligen Auswahlen, sondern inhaltlich/theoretisch gesteuerte. Das heißt aber auch: nur die, die theoretisch und aus Gründen der Überprüfung notwendig sind.

Wichtig ist nun weiter, dass die Art der Datenerhebung im Rahmen der Heuristischen Sozialforschung nicht weiter festgelegt ist. Trotzdem lässt sich aber sagen, dass die Datenerhebung auf die jeweilige Fragestellung abgestellt sein soll – also eher keine narrativen Interviews, sondern solche, in deren Verlauf man nach dem fragt, was man wissen will. In den Antworten sollen dann auch wieder Perspektive und Handlungspraktiken der Befragten oder Beobachteten deutlich werden.[50]

50 Hier soll auf KLEINING 1995 verwiesen werden.

Ergänzend ist darauf hinzuweisen, dass eine strukturelle Variation der Perspektiven, die wirklich *alle* möglichen Perspektiven abdeckt, aus logischen Gründen nicht realisierbar ist. Die Möglichkeit, Menschen aus allen möglichen Kulturen und aus allen möglichen Epochen zu einem Sachverhalt zu befragen, wie es für eine maximale strukturelle Variation nötig wäre, gibt es schlicht nicht. Dementsprechend sollte man diese Regel als Handlungsanweisung für das verstehen, *was im Rahmen von vorgegebenen Ressourcen praktisch möglich und gleichzeitig notwendig ist.* In dem am Ende kommunizierten Forschungsbericht muss man dann die entsprechenden Randbedingungen und die entsprechenden Restriktionen für das Ergebnis vermerken: Bei einer Untersuchung im Rahmen einer Magisterarbeit sind die Möglichkeiten im Allgemeinen enger als bei einem auf drei Jahre angelegten Großprojekt, und auch da kann man manchmal nicht alles Notwendige untersuchen.

Dementsprechend erhalten wir wieder, was für jedes empirische Forschungsprojekt gilt: Die Forschungsergebnisse sind auch im Rahmen der Heuristischen Sozialforschung prinzipiell vorläufig. Sie sind aber natürlich diskursfähig – Ziel der theoriegenerierenden Forschung muss es ja immer sein, die hergestellte Theorie in den wissenschaftlichen Diskussionsprozess einzuführen, der letztlich über die Brauchbarkeit der Ergebnisse entscheidet. Deshalb sind auch Attribute wie wahr oder falsch, die sich einseitig auf das Ergebnis beziehen, nicht der richtige Maßstab zur Beurteilung. Wissenschaft ist, wie bereits mehrfach gesagt, im Kern ein kulturell strukturierter Diskurs der sie tragenden Wissenschaftlergemeinschaft, in dem sich vom Anspruch her, aber oft auch tatsächlich das bessere Argument durchsetzt. Dementsprechend wird sich im Laufe dieses Diskurses schon herausstellen, was ein Ergebnis, was eine Studie wert ist und wie gegebenenfalls das wissenschaftliche Wissen dadurch weiterentwickelt worden ist.[51]

Die vierte Regel der Heuristischen Sozialforschung ist im Anschluss an die Datenerhebung eine Regel über die Auswertung erhobener Daten: Die verschiedenen Aussagen über den Gegenstand, die man durch die verschiedenen Sichtweisen und deren maximale strukturelle Variation auf ihn erhält, sollen auf *Gemeinsamkeiten* untersucht werden. Auch dies ist eine Regel, die über entsprechende Überlegungen

51 Damit soll natürlich nicht gesagt sein, dass die gesamte Wissenschaft oder auch nur die gesamten Wissenschaftler der betroffenen Disziplin sich über diese Entscheidung einig sein müssen.

der Grounded Theory hinausreicht, wie wir sehen werden, wenn wir sie genauer bedenken. Was genau ist mit Gemeinsamkeiten gemeint, warum analysiert man auf Gemeinsamkeiten hin und wie macht man das? Die Auseinandersetzung damit findet aber erst im nächsten Absatz statt, weil es sich um die komplexe und wichtige Regel handelt, die für die Auswertung zentral ist.

Vorher aber noch einige ergänzende Anmerkungen. Generell können zu den vier Regeln der Heuristischen Sozialforschung, wie sie Gerhard Kleining formuliert hat, natürlich weitere Regeln aufgestellt werden, die in der Heuristischen Forschung implizit mitgedacht sind. Dabei handelt es sich aber vor allem um Regeln, die einfach so grundlegend für die Herstellung von neuen Theorien sind, dass wir sie bereits in den Kapitel 1 und 3 dargestellt haben. Die Annahme der Heuristischen Sozialforschung, dass Theorien datennah entwickelt werden, Forschung also im Forschungsfeld stattfinden muss und nicht im Kopf oder im stillen Kämmerlein stattfinden kann, ist ein typisches Beispiel dafür. Ebenso die Regel, dass jede an einem Ausschnitt der Daten gewonnene Einsicht immer wieder anhand der gesamten vorhandenen Daten expliziert und getestet werden muss.

Insgesamt scheint das Regelsystem der Heuristischen Sozialforschung in der Formulierung von Kleining als Regelsystem für die Herstellung neuer Theorien ausreichend zu sein, auch wenn man es aufgrund seiner Allgemeinheit im konkreten Anwendungsfall erst auf die jeweilige Fragestellung spezifizieren muss. Dieses Regelsystem ist dabei insgesamt sowohl offener als auch präziser als das Regelsystem der Grounded Theory: Die Regeln von Glaser und Strauss verpflichten die Forschungspersonen, in jeder Phase die gleichen Schritte in einer bestimmten Reihenfolge auszuführen und dann darüber zu entscheiden, ob das Verfahren weiter geht oder abgebrochen wird. Die Regeln von Kleining sind dagegen eher allgemeine Basisregeln und lassen die Reihenfolge von Forschungsschritten, aber auch die Verwendung von technischen Hilfsmitteln wie ›Memos‹ bei der Grounded Theory offen. Forschungspersonen verfügen aber dennoch für jede Situation über eine anwendbare Grundregel, die allerdings auf den jeweiligen Fall erst zugespitzt werden muss.

Wenden wir uns aber nun, bevor wir diese Fragen des Vergleichs noch etwas weiter entwickeln, erst einmal der vierten Regel und damit dem Auswertungsprozess der Heuristischen Sozialforschung im Detail zu.

5.4 *Das Prinzip der Auswertung: Analyse auf Gemeinsamkeiten*

Auch hier verweisen wir zunächst wieder auf die in Kapitel 3 eingeführten Verfahren eines auswertenden Umgangs mit erhobenen Daten, also die in Paragraph 3.6 beschriebenen Reduktionsverfahren der Verdichtung, Explikation etc. Sie sind immer dann hilfreich, wenn sie die Forschungspersonen nicht dazu veranlassen, das wegzustreichen, was ihnen unbekannt oder unerwartet vorkommt. Die eigentliche Besonderheit der Auswertungsverfahren der Heuristischen Sozialforschung liegt dann in der geforderten Analyse auf Gemeinsamkeiten, der vierten Regel, die nun genauer dargestellt werden soll. Ihre volle Tragweite kann man nur verstehen, wenn man ein wenig genauer darüber nachdenkt.

Diese Regel erscheint zunächst und auf den ersten Blick nicht recht einsichtig und schwierig umzusetzen, weil sie eigentlich dem widerspricht, worauf wir von klein auf unsere Aufmerksamkeit gerichtet haben (KLEINING 1994: 243): Jede Wahrnehmung ist nur dann erfolgreich und überhaupt eine Wahrnehmung, wenn sie sich auf etwas Abgegrenztes und Besonderes bezieht, das dabei von allem anderen unterschieden wird.Wahrnehmung besteht also in der Differenzierung des Wahrgenommenen. Jede Nachricht in der Presse, jedes Musikstück, jeder Fernsehstar, aber auch jede Eigenschaft eines Menschen oder einer Sache, die wir zur Kenntnis nehmen, beruht auf Selektion und damit auf Differenz und Abgrenzung. Wenn wir jemandem von einem Western erzählen, rühmen wir dessen Atmosphäre oder erzählen von einem herausragenden Stunt, also von seinen Besonderheiten – wir berichten nicht, was der immer gleiche Inhalt war, dass sich mal wieder zwei Männer wegen irgendetwas umzubringen versucht haben. Und auch Werbung hebt das Einmalige an einem Produkt heraus – die glitzernde Warenwelt des Kapitalismus besteht dementsprechend aus lauter Besonderheiten, die alle auch als Besonderheit erworben werden wollen. Kurz, unsere Wahrnehmung ist in vielfältiger Hinsicht auf das Besondere, das Trennende und Unterscheidende gerichtet: Wir sind auf Differenzen gepolt. Dabei ist es aber logisch notwendig, dass solchen Besonderheiten Gemeinsamkeiten unterliegen, vor deren Hintergrund sich diese Merkmale erst als Besonderheiten darstellen. Fernsehfiguren zum Beispiel unterscheiden sich ebenso voneinander wie reale Menschen, sind aber trotzdem zu allererst einmal Fernsehfiguren und – gelegentlich stilisierte – Menschen. Auch sind Waren beispielsweise Waren, und erst vor diesem Hintergrund macht es Sinn, nach Waren mit besonderen Eigenschaften zu suchen. Obwohl wir also Unterschiede wahrnehmen, über die wir einen Gegenstand erst identifizieren können, nehmen wir immer auch den Gegenstand als Teil einer Klasse, als Besonderheit, die unter einen allgemeinen Begriff fällt, wahr, der erst sekundär durch seine besonderen Aspekte konturiert und unterscheidbar wird.

Wenn wir nun ausgehend von einer Forschungsfrage eine Theorie über den zu untersuchenden Forschungsgegenstand entwickeln wollen, interessieren wir uns natürlich sowohl für die allgemeinen Eigenschaften dieses Forschungsgegenstandes, den er mit den anderen Gegenständen gemeinsam hat, mit denen zusammen er unter einen Oberbegriff fällt, wie auch für seine expliziten Besonderheiten. Jede empirische Rekonstruktion eines Forschungsgegenstandes zielt zwar auf seine Abgrenzung von anderem, zugleich aber auch auf den Gegenstand selbst – also auf seine Struktur, seine Entwicklung und die Kontexte, in denen er sich befindet. Wir müssen also, wenn wir einen Gegenstand ›begreifen‹ wollen, nicht nur seine Besonderheiten und seine Abgrenzungen zu anderem berücksichtigen, sondern zugleich auch das, was ihn ausmacht, was ihn nicht unbedingt von allen anderen Gegenständen unterscheidet, sondern was er mit ihnen oder einem Teil von ihnen gemeinsam hat: *Den Unterschieden und Besonderheiten unterliegen Gemeinsamkeiten, vor deren Hintergrund sich Differenzen erst entfalten können. Sie sind für eine Theorie ebenso notwendig wie die Besonderheiten, aber oft viel schwieriger zu erkennen und zu rekonstruieren, weil sie die grundlegende Struktur des Gegenstands ausmachen und auf die Art seiner Entstehung verweisen.*

Um das an einem simplen Beispiel zu illustrieren: Wenn wir zwei gleichartige Früchte vor uns haben, die sich nur darin unterscheiden, dass die eine grün, die andere braun ist, so ist diese Differenz natürlich wichtig. Aber ihre Bedeutung gewinnt die jeweilige Farbe nicht durch den Unterschied, sondern durch etwas anderes. Wichtig ist nämlich vielmehr, ob es sich dabei um Äpfel oder um Nüsse handelt: Ein grüner Apfel ist essbar, ein brauner nicht – bei Nüssen ist das genau umgekehrt. Die besonderen und differenzierenden Informationen machen also nur dann Sinn, wenn man über die ihnen unterliegende Gemeinsamkeit Bescheid weiß. Anders ausgedrückt ergibt sich die Bedeutung des Unterschieds in den Farben durch den Kontext, in dem diese Farben wahrgenommen werden, nämlich durch die Art der Frucht, die die unterliegende Gemeinsamkeit bildet (und damit natürlich auch durch die kulturellen Eigenheiten der Mitteleuropäer, die kein unreifes oder verschimmeltes Obst mögen).

Dieses kleine Beispiel hilft uns auch weiter, um zu verstehen, was nun mit Analysieren auf Gemeinsamkeiten hin beim Auswerten heißen soll: Die gesuchte Theorie entsteht offensichtlich nicht nur aufgrund der Besonderheiten, also nicht allein aus der Farbe. Sie muss vielmehr den Forschungsgegenstand als Struktur und Prozess in seinem Wesen *und* in seinen Besonderheiten beschreiben und theoretisch rekonstruieren. Wir wissen, um das Beispiel von eben weiter zu führen, zu Beginn der Untersuchung nicht, ob es sich um Apfel oder Nuss handelt, und eigentlich auch nicht, was das ist. Bezogen auf das Verfahren der Grounded Theory wäre ›Apfel‹ oder ›Nuss‹ dann so etwas wie die Schlüsselkategorie, die man durch die verschiedenen Codierschritte aus den Beschreibungen in der Perspektive der Menschen, die für Äpfel Experten sind, gewinnt: ›Codieren‹ beinhaltet ja gerade, dass man nach Oberbegriffen, nach Konzepten und allgemeinen Kategorien sucht, die dazu geeignet sind, die verschiedenen Aussagen und Kategorien zusammenzufassen. Die grundlegendste Zusammenfassung liefern in diesem einfachen Beispiel die erklärten und beschriebenen Begriffe Apfel oder Nuss (und deren Essbarkeit), von denen aus man dann Beschreibungen der spezifischen Nüsse/Äpfel und ihrer Besonderheiten gewinnen kann.

In der Heuristischen Sozialforschung sagt uns die Regel 4, die Forderung nach Analyse auf Gemeinsamkeiten, wie man diese Schlüsselkategorie konstruieren kann, auch wenn sie hier nicht so genannt wird. Hier gehen wir davon aus, dass der Gegenstand zunächst aus allen relevanten (maximal strukturell variierten) Perspektiven beschrieben ist, wie Regel drei sagt. Wenn wir diese Beschreibungen aus den unterschiedlichen Perspektiven vorliegen haben, dann ist es die Aufgabe des Forschungsteams, aus diesen Beschreibungen das herauszuarbeiten, was den Gegenstand ausmacht, um den es geht. Weil jeder Befragte diesen Gegenstand in seiner jeweiligen Perspektive beschreibt und erklärt, muss das, was für ihn charakteristisch ist, in allen Beschreibungen irgendwie zumindest in Anteilen auftauchen, wenn auch unvollständig oder gebrochen durch die handlungsrelevante Perspektive des einzelnen befragten ›Experten‹. Aber das, was in allen Beschreibungen in den maximal strukturell variierten Perspektiven auftaucht und ihnen gemeinsam ist, macht dementsprechend den Forschungsgegenstand zwar nicht aus, aber doch erkennbar. Deshalb muss man auf Gemeinsamkeiten hin analysieren, um ihn zu erkennen.

Wir wollen das an einem besseren Beispiel als an Nuss und Apfel verdeutlichen. Gehen wir von dem Phänomen aus, dass Menschen in

Deutschland im Allgemeinen kleine Taschen mit sich herumtragen, in denen sie bestimmte Papiere und Metallscheiben verwahren – oft sind sogar mehrere gleichartige dieser Objekte in dieser Tasche. Diese Gegenstände haben eine gewisse Bedeutung für sie, weil der Ärger groß ist, wenn man ihnen diese Taschen und ihren Inhalt wegnimmt. Auch scheinen sich, wenn man die Leute beobachtet, andere Leute darüber zu freuen, wenn sie solche Papiere und Metallscheiben erhalten; sie geben den Menschen ihrerseits Gegenstände dafür, manchmal aber auch ihrerseits andere Metallscheiben und Papiere. Offensichtlich können die Menschen auch sehr genau unterscheiden, welcher Typus von Papieren und Scheiben eine solche Rolle spielt. Das kann man mit einem Experiment prüfen: Wenn man eine solche Scheibe auf eine belebte Straße legt, wird sie alsbald aufgehoben und eingesteckt, während andere Metallscheiben tagelang liegen bleiben können.

Es ist offensichtlich, um was es hier geht: Ein Projekt, das die Bedeutung von Geld untersucht, das davon ausgeht, dass der Forschungsgegenstand ›Geld‹ zunächst einmal unbekannt ist, sowie davon, dass man durch die Umgangsweisen der Menschen damit herausfinden kann, was es damit auf sich hat. Dann verlangt die Heuristische Sozialforschung die maximale strukturelle Variation der Perspektiven, durch Beobachtungen, Befragungen und so weiter, und man kann dann die so erhobenen Daten auf Gemeinsamkeiten hin auswerten. Was Geld ›ist‹, ist durch diese Beschreibungen und Experimente natürlich längst nicht abgedeckt. Aber bestimmte Eigenschaften und Charakteristika, was Geld für Kultur und Gesellschaft ›bedeutet‹, das ist erkennbar. Und die Heuristische Sozialforschung vertritt die Position, dass sich das durch Auswertung von geeignet erhobenen Daten im Sinne der Analyse von Gemeinsamkeiten herausarbeiten lässt, wozu dann natürlich auch noch weitere Datenerhebungen gehören können.

Komplementär zu der zentralen Erhebungsregel, nämlich der Forderung nach maximaler struktureller Variation der Perspektiven, verlangt die Regel 4 die Analyse auf Gemeinsamkeiten hin, die sich darin erkennen lassen – Regel 3 und 4 passen so sinnvoll zusammen. Denn wenn wir die Aussagen der strukturell maximal variierten Befragten in ihren unterschiedlichen Perspektiven als Aussagen über den Gegenstand deuten, dann drückt sich in der Zusammenfassung dessen, was in den verschiedenen Perspektiven gemeinsam enthalten ist, der perspektivübergreifend vorhandene Forschungsgegenstand aus (wobei noch zu präzisieren ist, was ›gemeinsam‹ in diesem Kontext heißen soll).

Ein Problem dabei ist natürlich, dass der Forschungsgegenstand selbst nicht nur eine Struktur, sondern auch ein Prozess ist und sich deshalb im Lauf der Zeit seine Eigenschaften und seine relevanten sozialen und kulturellen Kontexte der Art nach verändern können. Das macht die Analyse nicht eben einfacher. Zudem muss bedacht werden, dass der Forschungsprozess nach der Heuristischen Sozialforschung nicht bei den Perspektiven hängen bleiben soll, sondern auf die perspektivübergreifenden Gemeinsamkeiten gerichtet ist. Darauf werden wir noch eingehen, wenn wir uns im folgenden Abschnitt mit der Frage beschäftigen, was man genau unter ›Gemeinsamkeiten‹ zu verstehen hat.

5.5 *Was sind Gemeinsamkeiten und wie findet man sie?*

Wir haben im vorigen Abschnitt das komplementäre Verhältnis der Regeln 3 und 4 verdeutlicht und ihre besondere Bedeutung für die darin angelegten Annahmen über Forschungsgegenstand und Forschungspraxis herausgearbeitet. Nun wollen wir uns genauer mit der Frage beschäftigen, was ›Gemeinsamkeiten‹ sind und wie man daran orientiert konkret Daten analysiert und Theorie konstruiert.

Im praktischen Forschungsprozess wird man vor der Datenanalyse auf Gemeinsamkeiten hin zunächst mit eine Reihe von Vereinfachungsschritten beginnen, wie wir sie bereits in Kapitel 3 beschrieben haben: Man wird Daten verdichten, ähnliche Daten zu Gruppen zusammenfassen und Ausdrücke eventuell durch allgemeinere Ausdrücke ersetzen. Dies erleichtert es, Gemeinsamkeiten zu finden. Auch wenn in den Regeln zur Auswertung von Daten im Rahmen der Heuristischen Sozialforschung nicht die Rede vom Codieren im Sinne von Glaser und Strauss ist, so sind die damit bezeichneten Operationen wie das Zusammenfassen, die Abstraktion und das Ordnen von Daten dennoch natürlich möglich und oft auch angebracht; *der Prozess des Codierens wird auch in der Heuristischen Sozialforschung betrieben, die sich beim Auswerten von Daten aber darauf nicht beschränkt.* Dann hier geht es dann in den weiteren Schritten ja darum, über die verschiedenen Sichtweisen hinweg nach Gemeinsamkeiten über den Forschungsgegenstand zu fahnden. Was sind nun in dieser Hinsicht Gemeinsamkeiten?

1. Was von verschiedenen Befragten gesagt wurde: Gemeinsamkeiten[52] können zunächst Aussagen, Eigenschaften oder Sachverhalte sein, die in unterschiedlichen Perspektiven, das heißt bei unterschiedlichen typischen Befragten, explizit auftauchen. Dabei müssen sie natürlich nicht unbedingt in den gleichen Worten formuliert vorliegen, es kann sich auch um Gemeinsamkeiten handeln, die aus einfachen Abstraktionsverfahren entstehen. Wenn beispielsweise alle Befragten sagen, ein Porsche sei teuer, und alle Beobachteten einen neuen Porsche mit besonderer Aufmerksamkeit, ja sogar anscheinend mit Ehrfurcht behandeln, dann können wir davon ausgehen, dass er teuer ist.[53]

2. *Was sich zusammenfassen lässt*: Gemeinsamkeiten können aber auch dann bestehen, wenn alle etwas Verschiedenes sagen, denn je verschiedenes lässt sich immer auch unter einem abstrakten Oberbegriff zusammenfassen. Wenn der eine von Äpfeln, der andere von Birnen spricht, so ist ein abstrakter Oberbegriff bekanntlich Obst: Davon sprechen beide. Man könnte hier von ungleichartigen Gemeinsamkeiten sprechen. Dabei muss man freilich darauf achten, dass man nicht in allgemeine Trivialitäten gerät: Oberbegriffe wie ›Gegenstand‹ geben für die Analyse meist nichts mehr her.

Ein komplexeres Beispiel für derartige ungleichartigen Gemeinsamkeiten findet sich in einer nach den Regeln der Heuristischen Sozialforschung angelegten Untersuchung von Margot Berghaus (2003, vgl. auch 5.8), die Professoren an vier Universitäten über die Bedeutung des Computers und des Internets für ihre Arbeit befragt hat. Berghaus arbeitet eine Reihe von von allen Befragten genannten Ansichten heraus. Sie fasst andere auftretende Ansichten auf pragmatische Weise unter der Kategorie der ›gemischten Gefühle‹ zusammen und betont in diesem Zusammenhang, dass Positionen und Einstellungen extrem variieren. In diesem wie in den anderen hier gemeinten Fällen ist die *Gemeinsamkeit eine Verallgemeinerung, eine Abstraktion im mathematisch-logischen Sinn, ein Oberbegriff, der dadurch zustande kommt, dass man die gewonnenen Aussagen parallelisiert und das heraussucht, was in allen Interviews auftaucht bzw. was ein gemeinsamer Hintergrund von allen ist, wenn sie darüber sprechen.*

3. *Dialektisch zu erschließende Gemeinsamkeiten:* Damit sind die möglichen Gemeinsamkeiten aber noch lange nicht erschöpft – jedenfalls dann nicht,

52 Wir beschränken uns auf Gemeinsamkeiten über verschiedene Befragte hinweg. Nach Gemeinsamkeiten kann man aber auch in Bezug auf verschiedene Stellen im Interview eines Befragten sowie in weiteren Zusammenhängen suchen.

53 Es könnte aber auch sein, dass eine solche allgemeine Aussage nichts als eine große Plattitüde ist, der Art, dass jeden Tag die Sonne aufgeht, die nicht viel zur zu entwickelnden Theorie beiträgt – das könnte dann ein Ansporn sein, entweder die Perspektive strukturell besser zu variieren oder die Interviews besser zu führen.

wenn man nicht nur bei der formalen Logik stehen bleibt. In *Anlehnung an die Dialektik* kann man komplexer angelegte Gemeinsamkeiten herausarbeiten, die weitere wichtige Eigenschaften und Besonderheiten erkennen lassen. Damit sind *Gemeinsamkeiten des Forschungsgegenstandes, seiner Geschichte oder seines Kontextes selbst gemeint*, die alle Befragten in irgendeiner Form für wichtig halten, und die deshalb auf etwas Fundamentales verweisen. Die Gemeinsamkeit von anscheinend unverbundenen und unabhängigen Aussagen kann also darin liegen, dass sie alle auf eine tiefer liegende Gemeinsamkeit bezogen sind, auf die man erst einmal kommen muss.

Am Beispiel des Porsches: Wenn alle über seinen Preis sprechen, so kann dies auch bedeuten, dass der Porsche sein Preis *ist*. Das heißt, dass sein Wesen und seine Bedeutung, zu denen auch sein Image gehört, auch über seinen exklusiven Preis entsteht. Zugleich ist der horrende Preis dieses Autos eigentlich auch erst der Grund, warum man einen Porsche als etwas Besonderes wahrnimmt. Er verweist nämlich auf die Tatsache, dass wir in einer geldbestimmten Ökonomie leben, in der sich das Image eines Gegenstandes – und davon abhängig auch das des Besitzers – auf diesen Preis bezieht, darüber entsteht. Wir können hier also sagen, *dass das Benennen des hohen Preises auf ein bei allen dahinter stehendes, gesellschaftlich gegebenes Bezugssystem verweist.* Kürzer ausgedrückt: Nicht die Tatsache, dass alle von dem Preis sprechen, ist die Gemeinsamkeit, sondern die Gemeinsamkeit ist die Struktur der Ökonomie, in der wir leben – sie erst macht es bedeutsam, dass Porsche und Preis eine Einheit bilden.

›Gemeinsamkeit‹ entsteht hier also nicht durch formallogisch angelegtes Verallgemeinern oder Abstrahieren, sondern ist eine dialektische Gemeinsamkeit. Dialektisch meint, dass die Gemeinsamkeit durch den Bezug der Dinge zueinander entsteht: Spaghetti, Parmesan und Tomatensauce sind abstrakt gesehen Lebensmittel. Diese drei Lebensmittel zusammen konstituieren aber ein Gericht, nämlich Spaghetti Napoletana, und das ist in vielen Fällen die viel wichtigere Gemeinsamkeit, die sie haben.

Hier geht die Heuristische Sozialforschung durch ihren expliziten Bezug auf die Dialektik über die anderen Verfahren hinaus und bleibt doch gleichzeitig am alltäglichen Geschehen: Spaghetti, Parmesan und Tomatensauce kaufe ich im Lebensmittelladen, aber ich kaufe sie, weil sie gemeinsam die Herstellung eines Gerichts ermöglichen. Das vor allem ist ihre Gemeinsamkeit im Alltag.

Die Möglichkeit derartiger dialektisch begründeter Schlussfolgerungen macht gerade den besonderen Wert der Heuristischen Sozialforschung aus, die hier auf Struktur und Kontext des untersuchten Forschungsgegenstandes abzielt und nicht bei oberflächlichen Unterschieden stehen bleibt – deshalb sind solche Schlussweisen wichtig.

4. *Erfragte und nicht erfragte Gemeinsamkeiten*: Die schlichten Beispiele vom Porsche und den Spaghetti haben noch einen weiteren, auf einer anderen Ebene liegenden Erkenntniswert. Wir hatten ›Gemeinsamkeit‹ oben so definiert, dass Aussagen, auch wenn sie unterschiedlich sind, auf einen konstitutiven Kontext verweisen, durch den der Gegenstand erst erkennbar wird. ›Gemeinsamkeit‹ kann aber auch darüber entstehen, dass die Menschen gleichartig über den Gegenstand sprechen.

Um sich das klarzumachen, kann man zunächst zum Zweck der Interpretation zwischen drei Typen von Aussagen unterscheiden: Es gibt erstens Aussagen, nach denen man im Interview fragt, zweitens Aussagen, die in einem Zusammenhang auftauchen, auch wenn man nicht danach fragt, und drittens Aussagen, die nicht gemacht werden, obwohl sie eigentlich zu einer umfassenden Beantwortung einer Frage gehören. Offensichtlich können Aussagen der ersten Art, nach denen im Interview gefragt wurde und die sich in mehreren oder allen Perspektiven finden, als Gemeinsamkeit verstanden werden. Das Gleiche gilt für Aussagen des zweiten Typs, die sich in den Interviews finden, ohne dass danach gefragt wird. Dabei kann es natürlich sein, dass dann immer je nur verschiedene Ausprägungen berichtet werden, deren Gemeinsamkeit dann aber meist leicht erschlossen werden kann.

Um auf eines unserer immer wieder aufgenommenen Beispiele zurückzugreifen: Bei der Studie über die Homepagebetreiber wurde danach gefragt, was die Betreiber getan haben, um ihre Homepage bekannt zu machen. Alle Befragten haben berichtet, dass sie ihre Website bei verschiedenen Suchmaschinen angemeldet haben, was man tut, wenn man will, dass sie gefunden wird. Das wäre eine Aussage ersten Typs. Alle haben aber auch – und zwar ungefragt – mitgeteilt, dass sie dies weniger getan haben, um ihre Website breit bekannt zu machen und möglichst viele Menschen anzulocken. Sie hätten das eher aus Pflichtbewusstsein, ganz automatisch oder nur deshalb getan, um herauszufinden, wie man das macht. Dies sind also Aussagen des zweiten Typs. Die (wenn man weit sucht und erst einmal spekuliert) Gemeinsamkeit dahinter ist offenbar, dass die Präsentation des eigenen Selbst auf einer Website in einer selbst zu verantwortenden, standardisierten Form im Internet im Zusammenhang mit dem (bürgerlichen) Wertesystem gesehen werden muss und deshalb nicht ohne Probleme ist: Es ist nicht recht, sich selbst in den Vordergrund zu spielen.

5. Interessant ist nun der dritte Typ von Aussagen. Sie verweisen auf *Gemeinsamkeiten, die von allen nicht gesagt werden*. Denn auch das, was nicht gesagt wird, kann allen Interviews gemeinsam sein.

Ein Beispiel dafür ergibt sich ebenfalls aus den Interviews mit Homepagebetreibern: Ihnen wurde die Frage gestellt, warum sie eine persönliche Homepage entwickelt und ins Internet gestellt haben. Darauf sagte der Befragte A, es sei ein ganz spontaner, beiläufig getroffener Entschluss gewesen, den er umgesetzt habe, weil ihm ein Programm zu Erstellung einer Homepage in die Finger geraten sei. Deswegen habe er ein paar Dinge, die ihm wichtig waren, aufgeschrieben, sie mit ein paar digitalen Photos von seinem letzten Urlaub versehen, für das Ganze eine Struktur entwickelt und das alles hochgeladen, weil sein Provider ihm just auch ein paar Megabyte dafür kostenlos zur Verfügung gestellt habe. Die Befragten B und C berichteten, sie hätten Kontakt zu anderen Surfern aufnehmen wollen und sich dazu im Netz präsentiert. Die Befragte D dagegen nannte als Motiv, dass sie arbeitslos gewesen sei und sich, um die Wahrscheinlichkeit zu erhöhen, einen Job zu bekommen, habe weiterbilden wollen. Alle Welt habe eine Homepage, viele Unternehmen entwickelten so etwas, und so sei es ihr als sinnvoll erschienen zu lernen, wie man das macht. Zudem sei es auch eine Hoffnung gewesen, dass sie bei weiteren Bewerbungen auf diese Homepage verweisen könne, wo sich mögliche Arbeitgeber ein umfassenderes Bild von ihr machen könnten. Der Befragte E schließlich meinte, alle seine Freunde hätten eine Homepage und deswegen habe er auch aktiv werden müssen, weil er sich sonst selbst von einem wesentlichen Kommunikationsthema ausgeschlossen hätte. Deshalb habe er eine Website ins Netz gestellt, die aus lauter Links auf die Homepages von seinen Freunden bestünde und nichts von ihm selbst beinhalte.

An dieser Zusammenstellung fällt auf, dass ganz unterschiedliche Motive vorgetragen werden. Die Gemeinsamkeit dahinter ist auf den ersten Blick trivial: Handeln beruht auf Absichten und Motiven, und um etwas zu tun, kann es unterschiedliche Motive geben, die ja auch beschrieben werden. Ein Katalog solch unterschiedlicher Motive und Gründe ist dementsprechend ein erstes mögliches Ergebnis Heuristischer Forschung: Welche Motive kann ich finden, wenn ich nach Regel 3 maximal die Perspektive variiere? Daraus kann dann eine Typologie von Motiven entwickelt werden, aus denen heraus Menschen Homepages konstruieren und ins Netz stellen. Es kann aber auch eine Typologie von Homepagebetreibern entstehen, die sich durch ihre Motive (und vielleicht noch durch andere Eigenschaften) voneinander unterscheiden – zwei ganz unterschiedliche Dinge, über deren Sinn die Forschungsfrage sowie weitere Empirie entscheiden kann. Dann sieht man weiterführend auch, dass das Internet sowohl eine persönliche als auch eine berufliche Seite hat, was es mit dem Medium Buch, aber nicht mit dem Medium Radio gemeinsam hat – es entwickeln sich daraus Gemeinsamkeiten und Differenzen von Medien. Und ich kann nun weiter nachsehen, ob sich auf der Basis dieser verschiedenen Motive auch die entstandenen Homepages voneinander unterscheiden – im Hinblick auf Inhalte oder im Hinblick auf Aktualisierungen: Zum Beispiel wird Person A, die eine Homepage hat, weil sie deren Entwicklung einfach einmal ausprobieren will, vermutlich eine andere Einstellung zur regelmäßigen Aktualisierung haben als Person D, die sich damit möglichen Arbeitgebern präsentieren will. So lässt sich von den Motiven auf das weitere Handeln schließen.

In all diesen Fällen schließt man aus dem Gesagten auf nicht Gesagtes, und dadurch entstehen hier Typologien, die nicht auf explizit ausgedrückten, sondern auf nur implizit angesprochenen Gemeinsamkeiten beruhen, die der Forscher in der Auswertung erschließen muss. Gemeinsamkeiten, die dadurch kenntlich werden, dass sie nicht angesprochen werden, verweisen oft auf wesentliche soziale und kulturelle Bezugsmuster sozialen Handelns und sind für die Analyse von Handlungshintergründen und damit für die Entwicklung von Theorie wichtig. Die Heuristische Sozialforschung macht so gesehen mit ihrem Begriff der Gemeinsamkeiten für fallübergreifende komplexe Beziehungen sensibel und ist von daher darauf angelegt, komplexe, über direkte Eigenschaften hinausgehende kontextorientierte Theorien zu entwickeln. Dem ist vielleicht noch hinzuzufügen, dass man solche weiter reichenden Schlussfolgerungen natürlich nicht einfach nur so übernehmen und als reales Ergebnis ausweisen kann. Man muss sie vielmehr immer wieder überprüfen – indem man nachsieht, ob die Ergebnisse mit anderen Interviewstellen und mit anderen Interviews konsistent sind, und indem man so gewonnene Thesen in weiteren Interviews explizit anspricht und so kontrolliert. Trotzdem ist hoffentlich an dieser Stelle deutlich geworden, wie die systematische und strenge Orientierung an dem Konzept der Analyse auf Gemeinsamkeiten hin nachvollziehbare und gegenstandsbezogene Einsichten generiert.

6. Gemeinsamkeiten durch Widersprüche: Kehren wir nun aber wieder zu der Frage nach den Gemeinsamkeiten des Forschungsgegenstands zurück. Wir haben bisher über direkt feststellbare Gemeinsamkeiten und über unterschiedliche Ausprägungen, die auf strukturelle Gemeinsamkeiten verwiesen, nachgedacht. Eine weitere Möglichkeit liegt vor, wenn sich Aussagen von Befragten direkt zu widersprechen scheinen. Dann ist eine komplexere Lage gegeben.

Eine erste Strategie einer Analyse auf Gemeinsamkeiten hin kann dann darin bestehen herauszuarbeiten, dass es sich nur um oberflächliche Widersprüche handelt, wie sie in verschiedenen Interviews, aber auch innerhalb ein und desselben Interviews oft vorkommen. Dazu kann man sich beispielsweise des in Kapitel 3 angesprochenen Basisverfahrens der Explikation bedienen, das darauf abzielt, unklare Aussagen in einem Interview oder einem Protokoll dadurch zu klären, dass man in den Protokollen nach anderen Stellen sucht, die diese unklaren Aussagen kommentieren, ergänzen und verdeutlichen. Damit kann man in manchen Fällen zeigen, dass die beiden widersprüchlichen Aussagen eigentlich unterschiedliche Ebenen des Erlebens repräsentieren und gar nicht wirklich widersprüchlich sind.

Im obigen Beispiel der Befragung von Homepageinhabern wäre das der Fall, wenn etwa Person A urteilt, dass die meisten privaten Websites schlecht sind. A sagt dies in einem Kontext, in dem er deutlich machen will, wie erfolgreich er sich das Software-Programm angeeignet hat, mit dem man Homepages erstellt. Person C dagegen findet die meisten privaten Websites großartig, bezieht das aber auf einen völlig anderen Kontext, weil er damit darauf hinweisen will, dass das Internet ein Ausdrucksmittel für Menschen ist, in dem diese sich in ihrer Vielfalt darstellen können. Die genaue Analyse macht hier deutlich, dass der Widerspruch in den beiden Aussagen eigentlich nur ein scheinbarer Widerspruch ist, wenn man die jeweilige Basis und den Kontext der jeweiligen Aussagen berücksichtigt.

Ein komplexeres Beispiel für den gleichen Sachverhalt findet sich zum Beispiel im Diskurs über das Fernsehen heute. Einerseits gibt es die akzeptierte Aussage, dass Fernsehen von anderen Beschäftigungen abhält und so als Faktor gesellschaftlicher und kultureller Homogenisierung und Standardisierung von Alltag gesehen werden muss. Andererseits lässt sich aber auch die These begründen, dass Fernsehen die Menschen in ihren sozialen Beziehungen und ihrem kulturellen Wissen sehr viel heterogener macht, weil es eben *Fern*sehen ist– so kann man heute in einer Vielkanalumgebung mit Dutzenden oder Hunderten von Fernsehkanälen nicht mehr davon ausgehen, dass zwei unterschiedliche Menschen am Abend zuvor die gleiche Sendung angesehen haben und sich nun darüber unterhalten können: Die Integration durch das Fernsehen ist fraglich geworden, weil es ›das‹ Fernsehen so nicht mehr gibt. Wenn man beide Thesen zusammennimmt, so ist Fernsehen also zugleich ein Medium der Homogenisierung und der Heterogenisierung.[54] Auch dieser Gegensatz ist erkennbar kein wirklicher Gegensatz, weil beide Aussagen sich auf einen je unterschiedlichen Kontext beziehen. Es wird aber daran deutlich, dass die Analyse auf Gemeinsamkeiten hin und die daran anschließenden Operationen bei der Auswertung von Interviews auch in anderen Fragen hilfreich sein können: Die Analyse auf Gemeinsamkeiten hin kann auch dazu dienen, verschiedene wissenschaftliche Studien oder, allgemeiner, verschiedene Texte über denselben Gegenstand zu analysieren.

7. Unterschiede, die auf unterschiedlichen Perspektiven beruhen, sich aber auf einen gemeinsamen Sachverhalt beziehen: Ein weiterer Fall von möglichen Gemeinsamkeiten liegt vor, wenn es bei der Forschungsfrage um Dinge geht, die zwei unterschiedliche Seiten haben. Wieder an einem schlichten Beispiel: Wenn man zwei Befragten, die einander gegenübersitzen, einen Euro zeigt, so sieht der eine einen Adler, der andere die Zahl 1. Dieser Widerspruch ist nicht aufzulösen, weil es kein Widerspruch des Gegenstandes, sondern einer der räumlichen Position oder vielmehr der Perspektive ist. Es ist ein realer Unterschied.

Bezogen auf eine Münze lässt sich das im Forschungsprozess einfach auflösen und man findet schnell einen zutreffenden Erklärungszusammenhang: Die Befragten sitzen einander gegenüber und der Gegenstand hat zwei Seiten. Aber so einfach ist es natürlich im Falle komplexer kultureller und sozialer Forschungsgegenstände nicht, wenn man oft nicht genau weiß, woher ein Widerspruch rührt und von welcher Art er ist.

Um das einzusehen, muss man das Beispiel nur etwas metaphorischer machen: Wenn der eine einen ›Teuro‹, der andere ein Mittel sieht, seine Bank zu sanieren, wenn es also nicht um räumlich bedingte Widersprüche geht, sondern um sozial und ökonomisch begründete, weil der eine auf einer Bank sitzt, der andere eine Bank besitzt, oder wenn es um zeitliche (ein verrosteter Euro sieht anders aus als ein frisch geprägter), kulturelle und ästhetische Widersprüche geht, wird die Lage schon komplizierter. Dann ist Interpretationsarbeit nötig, um den Widerspruch zu verstehen.

54 Vgl. hierzu KROTZ 2001.

In solchen Fällen verweisen Widersprüche darauf, dass ein Forschungsgegenstand eben umfassend in gesellschaftliche und kulturelle Kontexte eingebettet ist und der Widerspruch zum Beispiel auf Klassenwidersprüche in der Gesellschaft verweist – die Frage ist dann, welche. Ein Forschungsgegenstand wie der Euro kann natürlich ohne Berücksichtigung solcher Kontexte und der individuellen und gesellschaftlichen Positionen dazu nicht theoretisch begriffen werden. Hier müssen je nach Fragestellung differenzierte Analysen durchgeführt und weitere empirische Daten erhoben werden. Dabei ist es wichtig, im Blick zu haben, dass es auch in der ›Wirklichkeit‹ Widersprüche gibt, die sich als Widersprüche in Interviews, wie gebrochen auch immer, abbilden. Man kann nicht alle Widersprüche als bloß verbal bedingt begreifen. Mann und Frau, Menschen aus verschiedenen Sub- und Cokulturen, Menschen mit in einer Frage ganz unterschiedlichen Bezugssystemen wie ein Angestellter bei McDonald's und ein Aktionär von McDonald's haben einfach unterschiedliche Sichtweisen auf manche Sachverhalte. Darum ist es notwenig, die Perspektive und die Position derer, deren Aussagen sich widersprechen, genauer zu berücksichtigen, und dann verändert sich in aller Regel auch der Forschungsgegenstand insgesamt.

8. Keine Gemeinsamkeiten feststellbar? Möglich ist es natürlich auch, dass es überhaupt schwierig ist, Gemeinsamkeiten in den Interviews zu finden. Dafür kann es viele Gründe geben. Fehlende Gemeinsamkeiten oder nicht vorhandene Widersprüche etwa in Beschreibungen können beispielsweise auf den Einfluss des Faktors Zeit verweisen. Veränderungen äußern sich als widersprüchliche Aussagen aus der gleichen Perspektive heraus.

Wichtig ist es aber, auch in Betracht zu ziehen, dass wir hier bisher mit eher simplen Beispielen operiert haben. Wenn wir demgegenüber ein komplexes Forschungsthema vor uns haben, muss man auch die Möglichkeit in Betracht ziehen, dass sich die Alltagspraktiken der Befragten im Hinblick auf diesen Gegenstand fundamental voneinander unterscheiden oder unaufhebbar widersprechen und eine logische Abstraktion vielleicht nicht möglich ist. Das ist manchmal auch dann der Fall, wenn man Interviews in im Sinne der Fragestellung sehr unterschiedlichen Kulturen führt. Fehlende Gemeinsamkeiten können im Übrigen auch auf schlecht geführte Interviews, auf zu wenige Interviews oder auf Interviews, die zu weit auseinander liegen, beruhen. In allen Fällen sind mehr Interviews und vielleicht auch ein Wechsel der Erhebungsmethode zu empfehlen.

9. *Verschränkungen und Überlagerungen von Widersprüchen*: Es ist natürlich durchaus möglich, dass sich Gemeinsamkeiten nicht nur auf einen der genannten Typen zurückführen lassen, sondern dass sich in der vielfältigen Realität verschiedene Typen überlagern. Gemeinsamkeiten, die sich ja auf den Forschungsgegenstand beziehen, können beispielsweise zunächst für verschiedene Teilgruppen durch Abstraktion deutlich werden, wobei sich die Gemeinsamkeit für alle dann etwa aus einem dialektischen Widerspruch ableiten lässt. Dies macht die Auswertung natürlich nicht einfacher; schlichte Rezepte der Analyse gibt es hier aber nicht.

10. *Die Suche nach Gemeinsamkeiten als weiterführende Auswertungsaktivität*: Schließlich soll eine letzte Möglichkeit besprochen werden, die von der Sorgfältigkeit der Auswertung abhängt. Wenn wir das obige Beispiel einer Befragung über Homepages ansehen, stellen wir fest, dass alle Befragten auf ihrer Homepage sich selbst darstellen. Das gilt jedenfalls offensichtlich für die Befragten A bis D. Nur der Befragte E fällt dabei aus dem Rahmen. Aber offensichtlich ist auch seine Homepage ein Ausdruck seiner aktuellen Lage und Befindlichkeit, die auf eine Selbstbeschreibung durch die Links zu den Websites seiner Freunde zielt. Wir können also aus den Interviews in dieser Hinsicht die eher latente und mittelbare Gemeinsamkeit herausarbeiten, dass Homepages und Selbstdarstellung eng zusammenhängen, auch wenn dies als Motiv nur in manchen Fällen genannt wird. Das wirft dann natürlich weitere Fragen an die Daten auf – stehen hinter der Nichtnennung bzw. der Nennung je verschiedene Persönlichkeitsmerkmale, oder verweist dies auf gesellschaftliche Probleme, und wenn ja, auf welche? Wirken sie sich auf andere Elemente oder Kategorien einer Theorie über die Homepage aus, und wenn ja, wie und unter welchen zusätzlichen Bedingungen? Die Analyse auf Gemeinsamkeiten hat so einen wichtigen neuen Sachverhalt aufgedeckt, der es wahrscheinlich notwendig macht, zusätzliche Interviews durchzuführen.

Zusammenfassend ist zu sagen, dass die Analyse der Gemeinsamkeiten das leitende Kernprinzip der Auswertung der Heuristischen Sozialforschung ist. Es besteht vor allem darin, dass die Suche nach Gemeinsamkeiten nicht auf der Oberfläche der erhobenen Daten stehen bleiben darf, sondern dass damit eine fruchtbare und nachvollziehbare Orientierung für den Auswertungsprozess als Regel offeriert wird. Dieses Verfahren kann deshalb auch in anderen Zusammenhängen und auf andere Daten angewandt werden – übrigens auch auf quantitative, wenn man zum

Beispiel quantitative Beschreibungen eines Sachverhaltes auf Gemeinsamkeiten hin analysiert (KROTZ 1990).

Die hier versammelten Fälle zur Erläuterung dessen, was unter Gemeinsamkeiten verstanden werden muss, sind gewiss nicht vollzählig. Sie machen aber deutlich, dass die heuristische Auswertung von Daten eine Neuordnung der Daten beinhaltet, die auf Codierprozessen im Sinne der Grounded Theory beruhen kann, aber durch die Orientierung auf die Gemeinsamkeiten darüber hinausgeht und auch komplexe Hintergründe offen legt. Diese Art der Auswertung ist wegen der maximalen strukturellen Variation der Befragten im Hinblick auf den Forschungsgegenstand komplementär zur Datenerhebung. Sie ist deshalb bzw. dementsprechend ausgesprochen fruchtbar, was ihr theoriegenerierendes Potenzial angeht. Denn dadurch wird der Forschungsgegenstand in seinen sozialen und kulturellen Kontexten in den Mittelpunkt gestellt, wobei die in Bezug auf ihn handelnden Menschen ihn in seiner Bedeutung konstituieren – und genau das reproduziert die Heuristische Sozialforschung. Dabei konzentriert sich die Grounded Theory auf Abstraktionsprozesse und Operationen, die einen zusammenfassenden Charakter haben, um ihre Schlüsselkategorien zu bilden, und baut dann von diesen her die Theorie auf. Die Analyse auf Gemeinsamkeiten zielt tiefer. Sie verwendet natürlich ebenfalls Oberkategorien, aber konstruiert diese etwa in Bezug auf Gemeinsamkeiten, die sich zunächst einmal in den Daten als Widersprüche äußern können. Sie kann so latente Merkmale besser berücksichtigen,und sie ist besser in der Lage zu erkennen, dass und wie sich der Forschungsgegenstand verändert, weil manche Widersprüche anders nicht aufgehellt werden können. In beiden Fällen, insbesondere aber im Fall der Heuristischen Sozialforschung, ist es dabei die zentrale Regel, dass man sich an die empirischen Daten halten muss, die das Vorgehen steuern. Nur durch diese Datennähe, die immer wieder überprüft werden muss, rechtfertigen sich solche Interpretationsverfahren.

5.6 *Der Ablauf Heuristischer Forschung: Die Auswahl der Befragten und ein Kriterium für ein Ende der Untersuchung*

Heuristische Forschung ist ein multidimensionaler Dialog, der immer wieder zu den Daten zurückkehrt und sich dabei an die oben genannten vier Regeln hält.

Dabei bedarf es natürlich auch der Kreativität und der Einfühlung in die berichteten Sachverhalte. Ohne sie ist die Generierung von Theorie, die ja etwas Neues aussagen soll, nicht möglich. Technisch kann man sich auch im Rahmen Heuristischer Forschung des *Instruments des Memos* bedienen, das wir aus der Grounded Theory kennen, die Heuristische Sozialforschung legt dagegen das Auswertungsteam nicht darauf fest: Jedes Team muss sein Vorgehen gegenstandsbezogen und in Abhängigkeit von den Bedingungen und der Forschungsfrage planen und durchführen und die eigenen, angemessenen Umsetzungsweisen finden (und natürlich im Abschlussbericht die getroffenen Entscheidungen hinreichend begründen).

Das Vorgehen im Rahmen der Grounded Theory hatten wir als ein Phasenmodell aus drei Schritten beschrieben, das wiederholt durchlaufen wird: Auf der Ebene von Vorwissen werden spezifische Interviews geführt bzw. Daten erhoben, diese werden vergleichend ausgewertet und fließen in die Konstruktion von Theorie ein. Schließlich wird geprüft, wie tragfähig und vollständig die bis dahin entwickelte Theorie ist, und das weitere Vorgehen geplant oder das Ergebnis kommuniziert. Im Gegensatz dazu ist die Heuristische Sozialforschung nicht so strikt auf ein Phasenmodell festgelegt, sondern geht von einer problemorientierten Forschungsgestaltung aus. Das kann auf ein Phasenmodell hinauslaufen, muss es aber nicht. Gleichwohl gibt es aber natürlich Überlegungen, wie man vorgehen sollte und wann das Verfahren beendet ist.

Was die Bedeutung von systematisch erarbeitetem oder sonst vorhandenem *Vorwissen* angeht, so haben wir dazu oben bereits gesagt, was relevant ist. Die *Auswahl der Befragten, Beobachteten etc.*, eine zweite systematisch wichtige Frage richtet sich bei der Heuristischen Sozialforschung nach Regel drei, zielt also auf die maximale strukturelle Variation der Perspektiven. Bildlich kann man sich das so vorstellen, dass die Menschen im Hinblick auf den Forschungsgegenstand verschiedene Gruppen bilden, von denen aus sie den Gegenstand auf der Basis ihrer alltäglichen Handlungspraktiken konstituieren. Identifizierbare Gruppen dieser Art werden gelegentlich auch *›Extremgruppen‹ (in Abhängigkeit vom Forschungsthema)* genannt. ›Extrem‹ bedeutet nicht exzentrisch, extremistisch oder irgendetwas in dieser Richtung, sondern nur, dass im Hinblick auf den Forschungsgegenstand Gruppen ausgewählt werden, die sich in ihrer Perspektive auf den Gegenstand strukturell möglichst klar und deutlich voneinander unterscheiden. *Die Bedeutung dieser Regel liegt auch darin, dass* *man so die Zahl der Erhebungen möglichst klein halten kann, ohne dabei notwendige Informationen zu übersehen.*

Solche Extremgruppen kann man von vornherein auf der Basis von Vorwissen definieren, ihre Bedeutung für die Untersuchung begründen und dementsprechend Erhebungen planen. Es kann aber auch sein, dass man Extremgruppen erst im Laufe der Auseinandersetzung mit der Forschungsfrage identifizieren kann. Dann muss man natürlich weitere Erhebungen durchführen.

Im Rahmen der Grounded Theory war das Auswahlprinzip der Befragten als ›theoretical sampling‹ bezeichnet worden: Nach jedem Durchlauf des zentralen Kreises aus Erhebung, Auswertung und Weiterentwicklung von Theorie wurden aus theoretischen bzw. aus sich aus der bisherigen Empirie ergebenden Überlegungen heraus neue Befragte ausgewählt. Dieses Vorgehen einer sukzessiven Auswahl rechtfertigt sich dadurch, dass entstandene offene Fragen geklärt, aber auch, dass Aspekte und Überlegungen vertieft, Bedingungen für Aussagen herausgearbeitet, dass Thesen überprüft und Gültigkeitsbereiche getestet werden müssen. Dieses Auswahlprinzip und das damit verbundene Verfahren, nach Notwendigkeit neue Befragte nach theoretischen Aspekten auszusuchen, lässt sich auch im Rahmen der Heuristischen Sozialforschung nutzen. Es kann aber in manchen Fällen auch durchaus vernünftig sein, auf der Basis des Begriffs der Extremgruppe von vornherein zu planen, wen man befragt – zum Beispiel, wenn man nicht die Möglichkeit hat, immer wieder in das Forschungsfeld zurückzukehren, weil der Zugang dahin reglementiert ist. Dann können diese Interviews auch direkt nacheinander durchgeführt und in Bezug zueinander ausgewertet werden. Kleining (1995) empfiehlt generell, mit sechs bis acht Interviews zu beginnen.

Im Allgemeinen wird man dann meist noch weitere Interviews durchführen, weil sich weitere Fragen ergeben haben, weil sich der Forschungsgegenstand verändert hat oder weil es weitere Beteiligte an der Konstitution des Gegenstandes gibt, deren handlungsleitende Perspektiven wichtig sind. Aber im Prinzip ist es oft möglich, eine Reihe von wichtigen Extremgruppen vorab zu bestimmen. Dazu lassen sich einige allgemeine Hinweise geben, die aufgrund der in der Heuristischen Sozialforschung angelegten *Betonung sozialer und kultureller Handlungskontexte* von Bedeutung sein können:

- Die Fragestellung und die Vorgehensweise der Heuristischen Sozialforschung hängen von der Kultur und Gesellschaft ab, in der sie betrieben wird, weil sie diese als zentrale Kontexte mitberücksichtigt: Immer ist festzustellen, ob Männer und Frauen mit dem in Frage stehenden Forschungsstand unterschiedlich umgehen, ob soziale Lage, Alter, Erziehung und kulturelle Zugehörigkeit bzw. Orientierung eine Rolle spielen und darin begründete unterschiedliche und relevante Perspektiven auf den in Frage stehenden Forschungsgegenstand zu erwarten sind. Es handelt sich hier um *gegenstandsunabhängig definierte Extremgruppen*, die von der kulturellen und sozialen Einbettung des Forschungsgegenstandes her eine Rolle spielen können und oft auch spielen, aber nicht spielen müssen.

- Weil es zu den Zielen der Heuristischen Sozialforschung gehört, einen Forschungsgegenstand auch in seiner historischen Genese aus den Handlungen der gesellschaftlichen Subjekte und in seiner zeitlichen Entwicklung zu beschreiben, macht es auch Sinn, eine allgemeine *Perspektive der Totalität* zu berücksichtigen. Damit ist gemeint, *dass ein Gegenstand sich im Laufe der Zeit nicht nur in seinen ihm direkt zugeschriebenen Eigenschaften ändert, sondern auch in seinen sozialen und kulturellen Kontexten und darüber hergestellten Bedeutungen.* Auch hieraus können sich strukturell neue Perspektiven ergeben.
- Schließlich ist auf die *gegenstandsabhängig zu definierenden Extremgruppen* zu verweisen, die durch maximale strukturelle Variation der Perspektiven zustande kommen. Wenn ich beispielsweise über eine Fernsehsendung forsche, dann ist es notwendig, nicht nur die positiv gestimmten Zuschauer, sondern auch die zu interviewen, die die Sendung nicht mögen, die, die sie nur vom Hörensagen kennen, oder die, die sie herstellen. Alle diese Definitionen von zu befragenden Zuschauern beruhen auf unterschiedlichen Alltagspraktiken und Perspektiven und müssen deshalb berücksichtigt werden.

Aus den Regeln der Heuristischen Sozialforschung lässt sich schließlich auch ein *Abbruchkriterium für den Forschungsprozess ableiten. Er ist dann erfolgreich zu Ende geführt, wenn alle strukturell unterschiedlichen Perspektiven auf den Forschungsgegenstand berücksichtigt sind und keine weitere, neue mehr zu finden ist, und wenn die Analyse auf Gemeinsamkeiten vollständig und erfolgreich durchgeführt ist, sodass die entwickelte Theorie alle relevanten Positionen angemessen einbezieht.*

Das Abbruchkriterium der Heuristische Sozialforschung ist also, wie Kleining (1995) es nennt, ein ›100%-Kriterium‹: Wir sind fertig, wenn wir eine Beschreibung bzw. eine Theorie entwickelt haben, die *alle* Perspektiven umfasst, in der also alle strukturell unterschiedlichen Perspektiven vollständig in der konstruierten Theorie aufgehoben sind. Insbesondere darf man, und das vor allem will das ›100%-Kriterium‹

zum Ausdruck bringen, Minderheitenmeinungen oder ganz vereinzelte Positionen nicht außer Acht lassen, weil sie von großer Bedeutung sein können. Es geht nicht, nur 80 Prozent der Perspektiven auf einen Sachverhalt zu berücksichtigen. *Denn die Konstitution von Wirklichkeit wird von allen gemeinsam betrieben, ohne dass es vernachlässigbare Ausnahmen gibt.* Wenn es unterschiedliche Positionen, Praktiken und Sichtweisen auf einen Forschungsgegenstand gibt, dann muss ich sie auch in den Daten wiederfinden und bei der Analyse berücksichtigen. Und auch das, was man nicht versteht oder nicht verifizieren kann, muss man berücksichtigen. Sonst wäre es kaum möglich, etwas Neues zu entdecken, weil oft erst Minderheitenpositionen deutlich machen, dass da auch noch etwas anderes ist. Und da die soziale und kulturelle Wirklichkeit komplex ist, müssen letztlich auch die entstehenden Theorien komplex sein – die Hoffnung, man könnte alles mit ein paar formallogischen Hypothesen in den Griff bekommen, ist irreal.

5.7 *Formen generierter Theorien und Überlegungen zur Qualität von Forschung nach der Heuristischen Sozialforschung*

Der Prozess der Heuristischen Sozialforschung zielt auf die Untersuchung von Phänomenen, die in allgemeinen Begriffen beschrieben und theoretisch rekonstruiert werden sollen. Daraus kann sich dann ein neues Verständnis der sozialen und kulturellen Wirklichkeit entwickeln. Wir müssen also auch für dieses Verfahren darüber nachdenken, was unter Theorie verstanden wird und inwiefern das Verfahren insgesamt sichert, dass derartige Theorien konstituiert werden.

Theorien sind auch in der Heuristischen Sozialforschung Aussagenzusammenhänge, die aus den Beschreibungen der konkreten Wirklichkeit gewonnen wurden. Nach Kleining (1995) *zielt die Heuristische Sozialforschung darauf ab, die Struktur des Forschungsgegenstands in seinen Elementen und deren Beziehungen darstellen. Zudem soll der Gegenstand aber auch als Prozess in seiner Entstehung und in seiner Entwicklung verstanden werden. Dabei spielt die Konstitution des Forschungsgegenstands durch die Handlungspraktiken der Menschen eine Rolle.* Und schließlich geht es bei all dem, wie in Kapitel 2 schon beschrieben, darum, den Forschungsgegenstand in seinen sozialen und kulturellen Kontexten zu begreifen.[55] Erst in diesem Gesamtensemble wird die soziale und kulturelle Bedeutung eines Forschungsgegenstandes deutlich. In all dieser Komplexität kann es natürlich keine überzeitlich und überkulturell angelegten Wahrheiten geben.

Mittels der beiden Regeln, die eine maximale strukturelle Variation der Perspektiven sowie komplementär eine Analyse auf Gemeinsamkeiten verlangen, sind jedenfalls Strategie der Untersuchung und Strategie der Auswertung breit genug angelegt, um ein komplexes und adäquates Resultat entwickeln zu können. Kleining (1995) hat darüber hinaus vorgeschlagen, die maximale strukturelle Variation auch als ein *Testen der Grenzen von Gültigkeiten* zu verstehen, insofern entdeckte Beziehungen damit untersucht werden. Ein Hilfsverfahren in diesem Zusammenhang nennt er *Maximierung/Minimierung*; es dient dazu, die Gültigkeit spezifischer Aussagen zu untersuchen, indem man allgemein Bedingungen variiert und protokolliert, was passiert. Ein drittes Hilfsverfahren sollte es sein, *systematisch Gegenbeispiele zu gewonnenen Aussagen* zu suchen, um Aussagen in ihrer Gültigkeit oder wenigstens ihrer Reichweite einschätzen zu können. Generell gilt, wie immer wieder betont: Der Aussagenzusammenhang insgesamt muss an allen Daten überprüft werden.

Dabei soll hier kurz darauf hingewiesen werden, dass in solchen Theorien, wie sie die Grounded Theory oder Heuristische Sozialforschung erzeugen, *ein anderer Begriff davon verwendet wird, was ein Begriff ist*, als es in der auf Logik und Mathematik rekurrierenden quantitativen Forschung der Fall ist. Während dort eine Definition vor allem genau differenzieren muss, was darunter fällt und was nicht, will ein im Rahmen qualitativer Forschung gewonnener Begriff immer auch die wesentlichen Beschreibungsebenen und die soziale und kulturelle Bedeutung zumindest andeuten. Analytisch wäre es zum Beispiel hinreichend, den Menschen als federlosen Zweibeiner von allen anderen bekannten Wesen abzugrenzen. Was der Mensch ist, erschließt sich daraus aber nicht so recht. Eine ›qualitative‹ Definition würde ihrerseits versuchen, die wesentlichen charakteristischen Eigenschaften von Menschen im Unterschied etwa zu Tieren deutlich zu machen: zum Beispiel die konstitutive Fähigkeit zur symbolisch vermittelten Kommunikation, die überhaupt erst menschliches Zusammenleben, Kultur und Gesellschaft möglich macht. Menschen sind also Tiere, die sich auf komplexe Weise miteinander verständigen können,

55 In einer dialektischen Perspektive lässt sich das auch so ausdrücken, dass der Aspekt der Totalität als Bezug auf das Ganze eine Rolle spielen muss. Theorien sind in dem hier vertretenen Verständnis dementsprechend nie nur analytisch, sondern immer auch ganzheitlich.

und die ein anderes, begrifflich konzipiertes Verhältnis zur Natur haben, das ihnen einen anderen Umgang mit der Natur ermöglicht.

Aus diesen Anmerkungen lassen sich nun einige verfahrensspezifische *Gültigkeitsbedingungen* ableiten, wobei hier auch wieder an die Grounded Theory angeknüpft werden kann. Generell ist das Verfahren der Heuristischen Sozialforschung durch die Forderung nach maximaler struktureller Variation sowie durch die oben genannte 100%-Regel auf Intersubjektivität angelegt, weil so alle Positionen berücksichtigt werden müssen. Insofern kann es als Gütekriterium gelten, ob die relevanten Perspektiven berücksichtigt wurden. Nachvollziehbarkeit der Interpretation der Daten und der Konstruktion von Theorie müssen natürlich ebenfalls gewährleistet sein, ebenso ein stringenter Datenbezug einzelner Aussagen. Gerade weil die Anwendung der Heuristischen Sozialforschung zu vergleichsweise komplexen Theorien führen will und auch führt und weil sie sich nicht nur auf manifeste Aussagen beschränkt, ist eine gute Dokumentation von erheblicher Bedeutung. Denn dort müssen die im Forschungsprozess getroffenen Entscheidungen begründet werden, etwa die, die zu einer Veränderung der Forschungsfrage führen.

Wichtig ist natürlich auch wieder, dass das Ergebnis Heuristischer Sozialforschung nie mehr sein kann als das im Moment (und angesichts der Ressourcen) mögliche beste Ergebnis durch angemessene Berücksichtigung der Regeln. Seine Wahrheit und Bedeutung gewinnt das Ergebnis erst als kommuniziertes und von der Wissenschaftlergemeinschaft bzw. von Teilen davon diskutiertes Ergebnis.

5.8 *Beispiele und Anmerkungen*

Hier sollen nun abschließend drei Beispiele umrissen und im Anschluss daran ergänzende Anmerkungen gemacht werden.

Als Beispiel für eine vollständige Studie soll zunächst eine Untersuchung von Andreas Hieronymus (2003) aus der kulturübergreifenden Migrantenforschung skizziert werden. Ziel des Projekts war es, eine allgemeine Definition von Rassismus zu entwickeln sowie Bedingungen dafür, Rassismus zu erkennen und Möglichkeiten zu erarbeiten, wie man damit umgehen kann.

Im Rahmen eines Seminars mit Migrantinnen und Migranten stellte Hieronymus den TeilnehmerInnen deshalb die Frage nach den (ersten) eigenen Erfahrungen mit Rassismus, die schriftlich beantwortet werden sollte. Die acht Frauen und sechs Männer stammten alle aus verschiedenen Ländern: Drei waren aus Lateinamerika, vier aus westeuropäischen, fünf aus verschiedenen Ländern des früheren Ostblocks bis hin nach Aserbeidschan, einer aus China, einer aus der Türkei. Eine hohe ethnische Variation also, die im Hinblick auf die geforderte maximale strukturelle Variation der Perspektive eine gute Ausgangsbasis im Hinblick auf kulturelle Vielfalt war. Andererseits waren alle Beteiligten Studierende und etwa 25 Jahre alt, also in dieser Hinsicht recht homogen. Hieronymus analysierte die 14 erhaltenen Berichte dann nach den Regeln der Heuristischen Sozialforschung auf Gemeinsamkeiten. Zu den auszuwertenden Berichten wurden zudem Protokolle über den weiteren Verlauf des Seminars und die dort beobachteten Auseinandersetzungsprozesse hinzugenommen.

Hieronymus' zusammenfassender Text zeigt einmal auf, dass Rassismus in der Reflexion der Teilnehmer voraussetzt, dass jemand Vorstellungen von sich selbst und Vorstellungen von den anderen besitzt. Zum Rassismus wird diese Differenz dann durch die Abwertung des anderen. Dabei können unterschiedliche, auch kulturspezifische Mechanismen bedeutsam werden: Etwa in China waren es strukturelle und institutionelle Praktiken einer harten Separation von Inländern und Ausländern, während rassische Diskriminierung in Kolumbien in Bezug auf Dienstboten erlebbar wird. Deutlich wird in Hieronymus' Text, dass im Kapitalismus die Rolle von Besitz und Wohlstand Differenzen und differenzierende Bewertungen induziert, es können aber auch andere differenzierende Merkmale wie Körper, Geruch, die Bedeutung von und für Politik ausschlaggebend sein. In Bezug auf die erhobenen Daten wird weiter das Problem kollektiver Identität diskutiert, die durch Rassismus einerseits gefährdet wird, die andererseits aber eine wichtige Ressource ist, um einem Rassismus entgegenzutreten bzw. um die damit verbundenen Bilder nicht in das eigene Selbstbild zu integrieren. In der Folge wird die Frage besprochen, wie man denn mit Besonderheiten von Menschen und Kollektiven umgehen kann, um die Wahrscheinlichkeit zu verringern, dass sie zu Rassismus bzw. Abgrenzung führen – soll man sie eher unsichtbar machen und ignorieren (wie es zum Beispiel häufig bei Behinderten gemacht wird), oder soll man sie bewusst in den Vordergrund stellen?

Am Ende der Untersuchung von Hieronymus steht dann eine empirisch gewonnene Definition von Rassismus als »Prozess, der Gruppenidentitäten (das Eigene) durch Unterscheidung (Diskriminierung) und

Bewertung (Hierarchisierung) des Fremden herstellt. Die Angst vor dem Ausschluss aus der eigenen Gruppe erhöht den Druck zur Konformität. Diskriminierende Praxis erzeugt einen Machtzuwachs zugunsten der Diskriminierenden und stabilisiert Machtverhältnisse. Die Werte, die den verschiedenen Diskriminierungsmerkmalen zugesprochen werden, werden durch soziale Praxis erlernt« (HIERONYMUS 2003: 87). Wie bereits oben gesagt sind qualitativ angelegte Begriffe im Sinne der Hegel'schen Dialektik nicht auf Abgrenzung, sondern auf Erläuterung des Wesentlichen hin angelegt.

Der Text von Hieronymus hat den Nachteil, dass in der vorliegenden Publikation die einzelnen Schritte der Anwendung der heuristischen Regeln nicht sehr deutlich werden. Dennoch steht er zu Recht in einem Band, der in die Heuristische Forschung einführen soll. Denn er zeigt, dass mit dem Verfahren der Heuristischen Sozialforschung komplexe und sozial relevante Fragestellungen nachvollziehbar beantwortet werden können. Und zwar auf eine Weise, die ein plausibles Resultat erbringt, das in diesem Fall spezifische Ebenen des Rassismus anhand der Erfahrungen ganz unterschiedlicher Menschen deutlich werden lässt und so einerseits zur Entwicklung von Taktiken und Strategien gegen Rassismus, andererseits zu weiterer Forschung anregt. In einem pragmatischen Sinn kann es keine besseren Ergebnisse geben.

Das zweite Beispiel einer Anwendung der Heuristischen Sozialforschung stammt aus der Kommunikationsforschung. Im Rahmen der Begleitforschung des baden-württembergischen Projekts VIROR hat Margot Berghaus (2003) eine der Heuristischen Sozialforschung verpflichtete Studie durchgeführt. Das Projekt VIROR bindet mehrere süddeutsche Universitäten zusammen und zielt darauf ab, multimediale Lehrprogramme herzustellen. Dabei geht es darum, dass Studierende an einer der beteiligten Hochschulen so insbesondere die Möglichkeit haben sollen, auch an jeder der anderen Universitäten studieren zu können. Berghaus' Begleitstudie will nun Umgang und Veränderung der Arbeit von Professoren mit dem Computer beschreiben und analysieren.

Berghaus hat dazu, wie es die Heuristische Sozialforschung durchaus zulässt, zunächst Dimensionen bestimmt, die die zu befragenden ›Extremgruppen‹ bestimmen: Differenziert werden sollte nach Hochschulort, nach Techniknähe und Technikferne der Professoren, nach Geschlecht und Alter. Man sieht hier, dass der Begriff der ›Extremgruppen‹ eben nicht irgendetwas Ausgefallenes meint, sondern eine systematische Variation im Hinblick auf Dimensionen beschreibt, die für die Antworten relevant sein könnten. Man kann natürlich bezweifeln, ob die von Berghaus berücksichtigten Dimensionen alle sind, die relevant sein können, aber für eine erste, pragmatische Konzipierung der Untersuchung ist das ein durchaus plausibles Vorgehen. Berghaus betont, dass sie, um die zu erzielende Aussagenbasis zu verbreitern, die befragten Professoren über weitere Bekannte ausgefragt hat.

In ihrem Bericht skizziert Berghaus, wie sie die Regeln der Heuristischen Sozialforschung interpretiert und in ihrem Fall angewandt hat, und kommt dann zu ihren Ergebnissen. Dabei gibt es zum Teil Aussagen, die mit »nach einhelliger Auffassung« bzw. mit »einheitlich« eingeleitet werden und Berghaus' Suche nach Gemeinsamkeiten spiegeln. Beispielsweise, dass alle Befragten davon ausgehen, dass die neuen digitalen Medien ihre Arbeitsbedingungen und ihr wissenschaftliches Handeln radikal verändern werden. Andererseits beschreibt Berghaus dann aber auch wieder Ergebnisse, die hoch different sind: »Variieren extrem« heißt es gelegentlich. Es wird nicht an allen Stellen deutlich, wie diese beiden Ergebnistypen zusammenhängen, aber es ergeben sich doch immer wieder Hinweise darauf, dass diese Variationen auf gemeinsamen ›Dimensionen‹ beruhen, die von daher charakterisieren, wie Professoren die neuen Medien einschätzen. Ein Beispiel dafür ist die Tatsache, dass der von Berghaus verwendete Befragungsleitfaden nicht genau definiert, was unter neuen Medien eigentlich verstanden werden soll, und dass daraufhin die Gemeinsamkeit entsteht, dass alle die neuen Medien als etwas behandeln, was die alten Medien fortsetzt und zugleich verändert. Insbesondere finden sich dann in allen Interviews Indikatoren dafür, dass sich die neuen Medien eigentlich nur graduell von den alten unterscheiden – sie sind danach einerseits zwar leistungsfähiger und schneller, aber nicht fundamental anders. Andererseits finden sich aber auch Indikatoren dafür, dass die neuen digitalen Medien grundlegend anders sind, insofern sie allmählich zu einer anderen Form wissenschaftlicher Arbeit und akademischer Lehre und darüber zu einer anderen Universität führen. An derartigen Ergebnissen wird deutlich, dass die Befragten sich noch mitten in einer Umbruchsituation sehen, sich in verschiedenen Phasen befinden und von daher berichten – so gerät die Veränderung der Arbeitsbeziehungen selbst in den Vordergrund. Sie wird als Veränderung begriffen, die einerseits am Alten anknüpft, aber dann doch einen Umschlag in etwas Neues wird. Ohne die Heuristische Sozialforschung darauf beschränken zu wollen – gerade solche Prozessfragen sind damit besonders gut theoretisch zu beantworten, weil hier auf Stabilität angelegte Verdinglichungen wie Motive oder Einstellungen kaum eine Rolle spielen.

Dementsprechend kann man sagen, dass Berghaus ihren Ergebnisbericht an Veränderungen und an den Bedingungen für Veränderungen orientiert. Sie zeigt Wissens- und Generationenklüfte sowie die Notwendigkeit organisatorischer Veränderungen auf und prognostiziert den Abbau von Hierarchien im sozialen Gefüge der Hochschulen. Sie analysiert die Veränderungen der Technik und zeigt Ausstattungsdiskrepanzen auf, die sich auf verschiedene technische ›Generationen‹ genutzter digitaler Medien gründen. Sie arbeitet daran heraus, dass sich gleichwohl generell ein anderes Verhältnis zur Zeit herausbildet, und formuliert schließlich Bedingungen für die Hochschulen, wie sie sich ins Zeitalter des ›virtuellen Lernens‹ weiter entwickeln können.

Zusammenfassend ist zu bemerken, dass sich die referierten Untersuchungen einerseits durch ihre zum Teil weit reichenden Ergebnisse, andererseits dadurch auszeichnen, dass die Forscherinnen und Forscher ihr Vorgehen jeweils so modifiziert haben, wie es zu ihrer jeweiligen Forschungsfrage passt. Einmal mehr können wir festhalten, dass theoriegenerierende Forschung Regeln nicht als etwas versteht, das man zwanghaft einhalten muss. Stattdessen wird verlangt, dass man sich an den formulierten Regeln orientiert, aber gleichzeitig den Forschungsgegenstand und die Forschungsfrage in den Mittelpunkt der Überlegungen zum Vorgehen stellt. Wenn man Regeln aber nicht übernimmt, muss man wie gesagt natürlich begründen, warum nicht.

Ein drittes Beispiel soll sich nun mit der Frage beschäftigen, wie man denn eine heuristische Studie beginnt und was dabei zu beachten ist. Hier kann man zunächst auf Hagemann (2003) verweisen. Er betont, dass es im Grunde gleichgültig ist, wo man bei einem Forschungsprojekt beginnt, weil man ohnehin alle relevanten Perspektiven berücksichtigen muss.

Das hat eine angenehme und eine wichtige Konsequenz. Angenehm ist, dass man da anfangen kann, wo es am leichtesten aussieht. Vielleicht also da, wo man direkt Zugang zu Experten hat, die man befragen kann, oder da, wo man informative erste Ergebnisse erwarten kann. Die wichtige Konsequenz ist, dass man im Sinne der Heuristischen Sozialforschung auch direkt anfangen sollte, weil Forschung im Sinne der heuristischen Verfahrensweise eben darin besteht, sich mit der Realität der Untersuchten auseinander zu setzen.

Wenn ich zum Beispiel also untersuchen will, warum Menschen tagsüber stundenlang Fernsehsendungen ansehen, dann ist es durchaus eine Möglichkeit, bei mir persönlich bekannten Menschen mit meinen Erhebungen zu beginnen. Man hat zu ihnen leichter Zugang und kann in Bezug auf Beobachtungen und Interviews die ersten Problemdimensionen herausarbeiten. Sie repräsentieren natürlich auch bestimmte Positionen, die in die Analyse Eingang finden müssen. Man darf aber natürlich nicht die gesamte Untersuchung mit persönlichen Bekannten abwickeln.

Wie bereits oben erwähnt, schlägt Kleining (1995) vor, mit sechs bis acht Interviews zu beginnen. Handelt es sich aber um ein ausgeprochen unbekanntes Thema, wäre es auch möglich, nach den ersten zwei oder drei Interviews eine Auswertungs- und Sichtungsphase vorzunehmen um herauszufinden, ob sie das bringen, was man sich von ihnen erhofft hat. Wovon sprechen die Befragten? Inwieweit antworten sie auf die Fragen? Welche Antworten genau geben sie? Welche zusätzlichen Bereiche sprechen sie an? Welche Bedingungen und Einschränkungen benennen sie? In eine erste solche Zwischenauswertung sollte aber auch einfließen: Was überrascht mich an den Daten am meisten, womit hatte ich am wenigsten gerechnet, was verstehe ich überhaupt nicht – die anschließende Klärung auch des eigenen Erlebens kann hilfreich sein.

Ergänzend sollen nun einige hoffentlich hilfreiche Anmerkungen gemacht werden.

Die erste besagt, *dass man die heuristische Auswertungsweise auch auf Texte anwenden kann, die bereits vorhandene sind*. Sie ist also nicht darauf beschränkt, dass man damit nur eigens erhobene Texte analysieren kann. Denn es handelt sich dabei um ein Verfahren einer kontextuell bezogenen Textinterpretation, die dadurch allgemein brauchbar wird, als dass sie durch die Orientierung an Gemeinsamkeiten eine klare Leitlinie aufweist.

Das Verfahren lässt sich zweitens *auch nutzen, wenn man nur einen Text hat, den man analysieren will*: Dann kann man den Text selbst lesen, ihn aber auch von anderen lesen lassen. Denn dann kann man die jeweiligen, maximal strukturell variierten Perspektiven auf Gemeinsamkeiten untersuchen. Denn man erhält auf diese Weise verschiedene Textinterpretationen, aus denen man dann den Text als eine soziale Tatsache rekonstruieren kann. Das ist im Prinzip natürlich *auch für Bilder, Fernsehsendungen etc. möglich*: Eine ›Inhaltsanalyse‹ im Sinne der Heuristischen Sozialforschung und des darin angelegten Verständnisses von menschlichem Handeln versucht also nicht, den Text als etwas zu analysieren, das für sich besteht und für sich untersucht werden kann. Methodologisch sieht sie ihn vielmehr als soziales Produkt der Aktivitäten seiner Leser und kann ihn auf diesem Weg rekonstruieren. Über derartige Verfahren liegen aber meines Wissens bisher kaum brauchbare Beispiele und Überlegungen vor.

Drittens soll darauf hingewiesen werden, dass eine im Rahmen der Heuristischen Sozialforschung nahe liegende Methode der Datenerhebung die so genannte *gruppenbezogene Introspektion* ist. Damit ist die themengeleitete systematische Selbstbeobachtung im Rahmen eines Gruppenprozesses und die Mitteilung über die Erlebensprozesse in diesem Zusammenhang gemeint. Während es sich bei der Introspektion um ein Standardverfahren der frühen Bewusstseinspsychologie zu Beginn des zwanzigstens Jahrhunderts handelte, das beispielsweise im Rahmen der Forschungen der so genannten Würzburger Schule häufig verwendet wurde, hat der Behaviourismus den Menschen bekanntlich als Blackbox behandelt und Verfahren wie die Introspektion gebannt und verboten. Wenn man den Menschen aber nicht als Blackbox, sondern als kreativen Konstrukteur seiner Wirklichkeit versteht, macht ein Verbot dieser Art keinen Sinn. Ohnehin ist – hoffentlich – jede Antwort auf eine Frage mit einem Nachdenken verbunden, denn dieses Nachdenken macht die Antwort ja erst verwertbar. Deshalb ist das gezielte, durch eine Gruppe vermittelte und sozial kontrollierte Hineinschauen auf das eigene Erleben in Bezug zu dem Geschehen, um das es geht, eine durchaus vernünftige Erhebungsmethode, wie eine zunehmende Zahl von Publikationen dazu zeigt. Hierzu kann an dieser Stelle aber nur pauschal auf www.introspektion.de mit Hinweis auf weitere Literatur verwiesen werden.

Deutlich sollte viertens geworden sein, *dass die Heuristische Sozialforschung ein breiteres Anwendungsfeld als die Grounded Theory besitzt.* Sie kann auch angewandt werden, wenn man mit vorgegebenen Interviews arbeitet, wenn man irgendwelche unterschiedlichen Texte oder Textteile auf Gemeinsamkeiten hin analysiert, wobei diese Textteile dann natürlich bezüglich der Fragestellung etwas hergeben müssen. Zum Beispiel wäre es möglich, alle Definitionen von Kommunikation, die sich in der Wissenschaft finden (MERTEN 1978), auf Gemeinsamkeiten hin zu analysieren, anstatt den mengentheoretischen Durchschnitt dieser Definitionen zu suchen, was nicht ausreicht. Ein Beispiel für eine solche Theorienentwicklung findet sich bei Burkhardt (2003), der eine heuristische Analyse von Gefühlstheorien vornimmt. Man könnte auch versuchen, auf die

Heuristische Sozialforschung gestützt empirisch zu untersuchen, wie Forscherinnen und Forscher, die eine Wissenschaft weiter entwickelt haben, geforscht haben, und so herauszufinden, wie die ›Klassiker‹ zu ihren Erkenntnissen gekommen sind.

Fünftens ist zu sagen, dass eine weitere Besonderheit der Heuristischen Sozialforschung darin liegt, dass es so etwas wie ein *qualitatives Experiment* gibt (KLEINING 1984). Damit ist die Möglichkeit gemeint, mit Texten versuchsweise zu operieren, um so durch die entstehenden Sinnzusammenhänge herauszufinden, welcher Sinn ursprünglich gemeint gewesen war. Hierauf soll hier nicht weiter eingegangen werden.

Weiterführende Literatur zur Heuristischen Sozialforschung liegt mit den Schriften von Kleining, denen von Witt sowie dem von Hagemann und Krotz herausgegebenen Band (2003) vor. Hier kann überdies auch auf die einschlägigen Websites zur Heuristischen Sozialforschung, aber auch im Hinblick auf qualitative Forschung insgesamt verwiesen werden.

6. Ethnographie als Rahmenstrategie zur Generierung von Theorien

Wir haben die Grounded Theory und die Heuristische Sozialforschung als problem- und fragebezogene Verfahren zur Konstruktion neuer Theorien dargestellt. In dem vorliegenden Kapitel wird nun als drittes empirisches Verfahren zur Erzeugung von Theorie die Ethnographie behandelt. Im Unterschied zu den beiden ersten präsentierten Verfahren der Grounded Theory und der Heuristischen Forschung ist Ethnographie breiter und grundlegender angelegt. Darüber hinaus zielt sie aber nicht nur wie die beiden anderen darauf ab, in Bezug auf eine Forschungsfrage auf kommunikative Weise Daten zu erheben und auszuwerten. Die Ethnographie sichert vielmehr darüber hinaus, dass Forscherin und Forscher überhaupt mit den Menschen der Kultur, die sie untersuchen, auf der Basis eines verträglichen Bezugssystems kommunizieren können. Ethnographie löst also nicht nur Forschungsfragen unter der Bedingung, dass wechselseitig kommuniziert wird, sondern will auch erreichen, dass diese Kommunikationsfähigkeit überhaupt zustande kommt.

- In Teilkapitel 6.1 werden wir deshalb zunächst begründen, warum man über Grounded Theory und Heuristische Sozialforschung hinaus nach weiteren Verfahren Ausschau halten sollte.
- Abschnitt 6.2 stellt dann zur Diskussion, was man unter Ethnographie versteht und warum Ethnographie ein angemessenes Verfahren im Hinblick auf die Fragen von 6.1 ist.
- In Paragraph 6.3 werden wir dann eine Reihe von Untersuchungen der Medien- und Kommunikationsforschung skizzieren, die als ethnographisch verstanden werden können.

- Teilkapitel 6.4 dient dazu zu zeigen, dass insbesondere die digitalen Medien Kommunikationsräume aufspannen, zu deren Erforschung man die Ethnographie nutzen kann und nutzen sollte. Dazu werden dann auch einige Beispiele vorgestellt.
- Abschnitt 6.5 führt dann systematisch in die Anwendung der Ethnographie ein.
- In Teilkapitel 6.6 wird weiter zusammen mit einigen vertiefenden Erläuterungen in Einzelschritten und Phasen dargestellt, wie Ethnographen vorgehen.

6.1 *Warum noch ein Verfahren?*

Wir haben in den beiden letzten Kapiteln gesehen, wie man ausgehend von einem sozialen Phänomen bzw. einer Forschungsfrage mit den Vorgehensweisen der Grounded Theory nach Glaser und Strauss und der Heuristischen Sozialforschung nach Kleining datenbezogene Theorien entwickelt. Beide Ansätze haben eine Reihe von Voraussetzungen gemeinsam, wie wir deutlich gemacht haben. Sie beziehen sich sowohl auf die Begründung der Verfahren als auch auf das Vorgehen im konkreten Forschungsprozess. Darüber hinaus machen beide Ansätze *eine zentrale Grundannahme: dass sich das Forschungsteam einerseits und die befragten Experten und Menschen, mit denen es im Laufe der Forschung zu tun hat, miteinander verständigen können.* Anders ausgedrückt: Forscherinnen und Forscher müssen Teil desselben kulturellen und sozialen Zusammenhangs sein, in dem die zu untersuchenden Forschungsgegenstände existieren und in dem die Menschen, die in dieser Hinsicht Experten sind, leben und handeln. Nur wenn das der Fall ist, kann ein Forschungsteam überhaupt kommunikative Kontakte zu den Produzenten dieser Wirklichkeit aufnehmen. Aus diesem Grund sprechen wir hier von einer basalen Annahme.[56]

Dass diese Bedingung erfüllt ist, haben wir bei der Darstellung der Grounded Theory wie auch bei der der Heuristischen Sozialforschung als gegeben angenommen. Aber unter welchen Bedingungen ist dies wirklich eine akzeptable Grundannahme? Worin besteht so eine gemeinsame Verständigungsbasis? Und was kann man tun, wenn man sie erst herstellen muss, um Kommunikation zu ermöglichen? Dazu zunächst zwei Bei-

56 Damit ist natürlich nicht gesagt, dass dann ein wechselseitiges vollständiges Verständnis besteht oder auch nur möglich ist.

spiele für diese Problematik, von denen das eine auf kulturelle und das andere auf subkulturelle Unterschiede abhebt.

- Dass Menschen aus anderen Kulturen anders sprechen, denken, fühlen und verstehen, ist eine Binsenweisheit, aber auch ein Ergebnis inter- oder transkultureller Forschung (MATSUMOTO 1996; JANDT 1998; HEPP/LÖFFELHOLZ 2002). Deshalb, aber auch weil die Lebensbedingungen von Migrantinnen und Migranten sich in Deutschland grundlegend von den Lebensbedingungen der Einheimischen unterscheiden, ist eine Verständigung im Prinzip immer wieder schwierig, wenn es nicht um Oberflächliches geht. Angesichts derartiger kultureller und lebenspraktischer Differenzen leuchtet es ein, dass vor einem übergreifenden Forschungsprojekt erst einmal eine Verständigungsbasis erarbeitet werden muss.
- Auch zwischen Menschen aus verschiedenen Sub- oder Cokulturen[57] können die Verständigungsschwierigkeiten gewaltig sein. Alle gewachsenen sozialen Gemeinschaften entwickeln ihre eigenen Sprachen und Verständigungsweisen, ganz gleich, ob es um Fans von Schalke 04, um die Anhänger von Star Trek oder um eine Rockergruppe geht. Wie etwa jugendliche Fans einer bestimmten Musikrichtung über das Objekt ihrer Leidenschaft sprechen und wie in einem Gespräch ein paar Worte aus einem der Songs den Sinn dieses Gesprächs verkehren können, das muss ein Forschungsteam gegebenenfalls erst mühsam lernen, wenn es keine Mitglieder hat, die ›übersetzen‹ können. Und auch ein Gespräch oder ein Interview mit den regulären Besucherinnen einer Website von Hexen im Internet kann schwierig sein – um verstehen zu können, was da passiert, empfiehlt es sich zumindest, eine Zeitlang entsprechende Internetplätze zu besuchen und an ihren Interaktionen teilzuhaben, um überhaupt differenzierte Fragen stellen bzw. um die Antworten verstehen zu können.

Menschen aus anderen Kulturen oder Menschen aus unterschiedlichen Cokulturen innerhalb einer gemeinsamen Kultur zu verstehen ist also oft gar nicht oder nur eingeschränkt möglich, wenn man nicht die ihnen eigentümliche Sprache und die ihnen besondere Kommunikationskultur erlernt – und das heißt vor allem auch, ihre Alltagspraktiken und Bedeutungskonstruktionen verstehen bzw. selbst benutzen zu können. Selbst wenn man die Mitglieder einer (Sub-)Kultur so weit versteht, dass man

57 Der bisher in den deutschen Wissenschaften eher unübliche Begriff der Cokulturen, der in den USA zunehmend Verwendung findet, soll vermeiden, dass Subkultur als etwas Untergeordnetes begriffen wird.

mit ihnen kommunizieren kann, versteht man sie vielleicht gerade in sensiblen und oft für die Forschung besonders interessanten Themenbereichen nicht oder nicht richtig – welchen Wert hat dann also Forschung?[58]

Deshalb ist die Grundannahme von Grounded Theory und Heuristischer Sozialforschung, dass Forscher und Beforschte sich wechselseitig verstehen, eigentlich oft nicht berechtigt oder wird zumindest voreilig als erfüllt angenommen. Das ist besonders da der Fall, wo Forschungsteam und Experten, die man befragen will, wie im klassischen Anwendungsfall von Ethnographie aus verschiedenen Kulturen stammen und schlicht andere Sprachen sprechen. Es ist aber auch oft der Fall bei Subkulturen, die ihre eigenen Relevanzstrukturen, Bedeutungskonstruktionen und Symbolverwendungsweisen haben.

Im Rahmen der theoriegenerierenden Verfahren ist es die Ethnographie, wie sie von Ethnologen und Sozialanthropologen, von Volkskundlern und manchen Kulturwissenschaftlern betrieben wird, die dieses Problem löst: *Ethnographie ist ein Verfahren der Generierung von Theorien, und sie geht eigentlich von der Frage danach aus, wie Verständigung möglich werden kann.* Ethnographie ist ein offenes, kommunikativ angelegtes Verfahren, das in der ersten Stufe der Forschung im Untersuchungsfeld immer darauf angelegt ist, dass Forscherin und Forscher im Hinblick auf die Kultur, die sie untersuchen, erst einmal kommunikationsfähig werden. In einer zweiten Stufe des Feldaufenthalts können sie dann die je zu beantwortende konkrete Forschungsfrage untersuchen und beantworten.

Um dies zu begründen, werden wir im Folgenden Ethnographie als Forschungsverfahren darstellen und dabei an den bereits in Teil I gemachten Bemerkungen zur Ethnographie ansetzen. Leserin und Leser sollten dabei allerdings beachten, dass es ›die‹ Ethnographie nicht gibt, wie ich weiter unten deutlich machen werde. Auch für die in diesem Buch verfolgten Interessen werde ich mich natürlich auf ein bestimmtes Verständnis von Ethnographie beziehen.

6.2 *Was ist Ethnographie?*

Diese Frage soll hier beantwortet werden, indem Entstehung und die Grundprinzipien von Ethnographie deutlich gemacht werden. Das klas-

58 Das gilt, um nicht missverstanden zu werden, übrigens natürlich genauso für jede quantitativ ausgerichtete Forschung, die vielleicht so tut, als ob sie ohne Kommunikation auskäme,

sische Vorgehen ethnographischer Forschung ist im Prinzip allgemein bekannt: Der Ethnograph, meist ein männlicher weißer Wissenschaftler, begibt sich auf ein Schiff, reist in die Südsee, nach Afrika, ins Amazonasgebiet oder zu anderen traditionell lebenden Völkern und begibt sich dann auf dem Landweg weiter zu einem ihrer Siedlungsgebiete und Dörfer. Dabei war ›traditionell lebend‹ eher ein Euphemismus; Kriterium dafür, ob ein Volk primitiv war oder nicht, wie es früher hieß, war, ob es über Schrift und Literatur verfügte oder nicht – interessanterweise ein mediales Kriterium für den Entwicklungsstand. Der Forscher lebt dort einige Monate, manchmal sogar Jahre zusammen mit den Einheimischen, sammelt Daten, beobachtet und fragt, um herauszufinden, was da geschieht, und macht sich Notizen über alles und jedes. Schließlich fährt er dann mit all den Artefakten, die er gesammelt hat, und natürlich mit seinen Notizen und sonstigen Daten zurück in die so genannte Zivilisation. Dort verfasst er in der Abgeschiedenheit einer Bibliothek ein Buch, das der Leserin und dem Leser das untersuchte Volk nahe bringt und das die ›wissenschaftliche Wahrheit‹ über die untersuchten Dinge enthält.

Diese etwas holzschnittartige Beschreibung passt natürlich heute nicht mehr, wenn man dem gerecht werden will, was Ethnographen tun und wie sie forschen – wenn sie überhaupt je außerhalb von Abenteuerfilmen gepasst hat. Allgemein kann man sagen, dass es sich bei ›Ethnographie‹ um einen Oberbegriff für eine ganze Reihe unterschiedlicher empirischer Zugänge zur sozialen und kulturellen Wirklichkeit von Menschen handelt, also um ein Bündel von Forschungsstrategien. Allen diesen Verfahren gemeinsam ist, dass sie auf eine Darstellung kultureller Strukturen und Prozesse gerichtet sind, die eine Grundlage für die Untersuchung engerer Forschungsfragen bilden. Es gibt dementsprechend unterschiedliche Ansichten, was die ›richtige‹ ›Ethnographie‹ ist, und auch hier wird eine bestimmte Version vorgestellt.

Dabei ist zunächst das *Grundprinzip ethnographischer Forschung* wichtig: Der Ethnologe oder Sozialanthropologe (wie er unter anderem in der englischsprachigen Wissenschaft manchmal genannt wird) muss sich *ins Feld*, in die Kultur, um die es ihm geht, hineinbegeben. Er ist dann zumindest zunächst vor allem damit beschäftigt, *diese Kultur systematisch zu erlernen*. Das kann er natürlich nur, wenn er *in dieser Kultur über geraume Zeit hinweg lebt* und so *die wichtigen kulturellen Praktiken, die Sprache und darüber hinaus die Handlungs- und*

aber natürlich genauso darauf angewiesen ist zu ›verstehen‹, was die Leute eigentlich meinen, wenn sie etwas sagen oder eine Frage beantworten.

Deutungsweisen zu verstehen lernt. Ethnographie ist deshalb insgesamt ein Verfahren der teilnehmenden Langzeitbeobachtung, wobei ›Beobachtung‹ nicht sagen soll, dass der Ethnograph nur beobachtet. Gemeint ist damit vielmehr, dass der Ethnograph die Kultur von innen heraus durch aktive Teilhabe auf allen Ebenen erlernt.

Wissenschaftsgeschichtlich gesehen haben die Menschen sich natürlich immer schon mit anderen Kulturen auseinander gesetzt und so Ethnologie betrieben. Zur Wissenschaft wurde dieses Sammeln von Wissen aber erst da, wo sie ein methodisches Gerüst, nämlich die Ethnographie, erhielt. Die Idee einer systematischen und teilhabenden Feldforschung wird heute vor allem dem britisch-polnischen Anthropologen Bronislaw Malinowski zugeschrieben, der damals aber keineswegs der Einzige war, der versucht hat, der Ethnologie eine methodische Basis und Rechtfertigung zu verschaffen. Zusammen mit anderen hat Malinowski von seiner Zunft verlangt, nicht einfach nur Berichte Dritter zur Kenntnis zu nehmen oder allgemeines Wissen heranzuziehen, wenn man über andere Kulturen wissenschaftlich arbeiten will. Vielmehr müsse man selbst in diesen Kulturen leben und forschen. Malinowski stellte dabei die Forderung auf, der Ethnologe müsse die Perspektive der Einheimischen selbst einnehmen, um die Kultur zu erfahren und sie dann aus der Perspektive des Wissenschaftlers zu rekonstruieren (MALINOWSKI 1988).

So einig sich die Ethnographen wohl heute im Prinzip in dieser Beschreibung sind, so unterschiedlich ist dann aber im Detail, was unter Ethnographie verstanden wird. Uneinig ist man zunächst in der Frage, ob Ethnographie überhaupt auf Theorie zielt: »An ethnography is first a description. It is a text (words in sentences set down on paper) that discusses a social group or a knowledge system (the encyclopedic approach) and makes the claim that it bears a close resemblance to the life in the group or to the knowledge in a social system« (WERNER/SCHOEPFLE 1987: 22). Auch Lamnek (1988) oder Hakken (1999) nennen Ethnographie in Anlehnung an den Stamm des Wortes ein Verfahren, die Beschreibungen liefert. Lamnek betont dabei den Zusammenhang zu den sogenannten naturalistischen Untersuchungsverfahren, die er »konkretistisch-deskriptiv« (LAMNEK 1988: 44) nennt (vgl. hierzu auch LINDLOF 1995). In der Soziologie werden manchmal der sehr praktisch orientierte Ansatz Girtlers (2001), aber auch die Arbeiten Goffmans (1969, 1971, 1973a, 1973b, 1977) mit mehr oder weniger Recht in diese Sichtweise eingeordnet. Ein weiterer, für die heutige Ethnographie wichtiger Autor ist der semiotisch orientierte Kulturforscher Clifford Geertz, der mit seinem bekannten

Konzept der »dichten Beschreibung« (GEERTZ 1991) ebenfalls der Ethnographie eher beschreibende Ziele zuweist.

In dieser Frage muss man aber genauer hinsehen und sich nicht mit eiligen Erklärungen begnügen. Denn einmal ist eine Beschreibung natürlich nicht nur eine theorielose Beschreibung, denn auch eine Beschreibung systematisiert und ordnet, was sie beschreibt – oft allerdings, ohne sich klarzumachen, dass sie das tut. Der Ethnograph versucht jedenfalls, Strukturen und Prozesse der von ihm untersuchten Kultur herauszuarbeiten und sie in ihren wesentlichen Besonderheiten darzustellen. Er will auch die Ergebnisse seiner Forschung so aufschreiben, dass sie für spätere Forscher wie auch für die Mitglieder der Kultur, die er untersucht hat, informativ sein können. Ethnographische Arbeit ist zudem immer in der Hinsicht vergleichend angelegt, als dass der Ethnograph das, was er neu kennen lernt, in Bezug auf das einordnet und beschreibt, was er schon vorher gekannt hat. Und der Ethnograph versucht schließlich und vor allem natürlich, das gesammelte Wissen über die Kultur und Gesellschaft so darzustellen, dass seine Arbeit Teil der Wissenschaft und des ethnologischen Diskurses wird; in diesem Zusammenhang gibt er seinen Ergebnissen Form und Struktur, erstellt einen Text, der nicht mehr einfach nur eine Beschreibung ist. Aus all diesen Gründen kann man sagen, dass der Ethnograph wesentlich mehr tut als nur zu ›beschreiben‹, oder, anders ausgedrückt, jede ethnographische Beschreibung ist theorielastig angelegt. Es gilt: »By no means all ethnography remains at this descriptive level, however« (HAMMERSLEY/ATKINSON 1998: 208). Auch die oben zitierten Werner und Schoepfle (1987) verdeutlichen ihr Konzept einer Ethnographie als Beschreibung, indem sie sagen, dass Ethnographie immer auch Übersetzung von einer Kultur in die anderen ist und so das Ergebnis als eine strukturierte Wissensbasis verstanden werden soll, mittels derer man sich über die untersuchte Kultur informieren kann.

Für die theoriebildende Kraft der auf Ethnographie beruhenden Ethnologie gibt es zahlreiche weitere Belege: Der auf die Semiotik zurückgreifende Strukturalist Claude Levi-Strauss zum Beispiel hat viel Zeit auf die systematische Rekonstruktion der stets komplexen Verwandtschaftsbeziehungen der so genannten »primitiven« Völker aufgewandt, die in unterschiedlichen Typen von Beziehungsnetzen leben, und darüber eine strukturalistische Gesellschaftslehre begründet. Die, wie man sie heute nennen würde, Gender-Forscherin Margaret Mead hat sich ihr Leben lang mit der Sozialität des Verhältnisses der Geschlechter beschäftigt und Kulturen untersucht, in denen das Verhältnis von Mann und Frau traditionell anders geregelt war als in der westlichen Welt. Und die ethnopsychoanalytischen Untersuchungen von Parin, Morgenthaler und anderen (vgl. zum Beispiel insgesamt: REICHMAYR 1999) haben das Instrumentarium der Theorien Sigmund Freuds auf andere Kulturen angewandt und damit die nur relative Gültigkeit der psychischen Struktur des Menschen offen gelegt, die Freud beschrieben hat – der männliche Mitteleuropäer, der zwischen Narzissmus und Ödipuskomplex laviert, ist auch in dieser Hinsicht nicht das Maß aller Dinge, weil die psychische Struktur des Menschen natürlich letztlich auch von Kultur und Gesellschaftsordnung, von Familie und Arbeit abhängen.

Dass Ethnographie nicht bei der Beschreibung endet, wird also auch daran deutlich, dass sie häufig nicht in erster Linie darauf abzielt, eine Kultur kennen zu lernen, sondern darauf, spezifische Forschungsfragen zu lösen. Auch dafür stehen die obigen Beispiele. Es kann aber heute auch um die Frage gehen, wie traditionell lebende Völker mit der meist durchaus nicht friedlich daherkommenden Industrialisierung durch Rohstoffkonzerne umgehen, die auf ihrem Land Öl, Erz oder sonst etwas fördern wollen. Man kann auch untersuchen, welche Rolle die digitalen Medien für indische Dorfbewohner spielen oder wie sich Subkulturen dieser Medien bedienen. Bei solchen Untersuchungen ist das Verstehen einer (Sub-)Kultur erst die Voraussetzung für das, was man man eigentlich will, nämlich die Beantwortung einer präziser gestellten Forschungsfrage.

In diesem Zusammenhang wollen wir auf den oben schon erwähnten Ansatz von Clifford Geertz zu sprechen kommen. Von Geertz stammt der berühmte Ausdruck, dass Ethnographie auf »dichte Beschreibung« ziele (vgl. hierzu GEERTZ 1991: 10ff.). Was das heißt, haben wir schon in Abschnitt 2.2 berichtet, wo wir dargelegt haben, was alles hinter dem Zwinkern mit dem Augenlid stehen kann: ein unwillkürliches Zucken, ein heimliches Zeichen, vielleicht eine Parodie auf das unwillkürliche Zucken eines anderen, ein Vortäuschen einer gemeinsamen, geheimen Vertraulichkeit für einen Beobachter und so weiter. Eine ›dünne‹ Beschreibung bestünde in der funktionalen Beschreibung der Bewegung – wie man mit einem Auge zwinkert. Aber der Gegenstand der Ethnographie ist für Geertz »eine geschichtete Hierarchie bedeutungsvoller Strukturen, in deren Rahmen Zucken, Zwinkern, Scheinzwinkern, Parodien und geprobte Parodien produziert, verstanden und interpretiert werden und ohne die es all dies – was immer man mit einem rechten Augenlied getan haben mag – faktisch nicht gäbe (nicht einmal das Zucken, von dem ausgegangen wurde, das *als kulturelle Kategorie* ebenso gut Nichtzwinkern sein kann wie Zwinkern Nichtzucken« (GEERTZ 1991: 12, Hervorhebung im Original).

Dabei geht Geertz von einem semiotischen Kulturbegriff aus. »Ich meine mit Max Weber, dass der Mensch ein Wesen ist, das in selbst gesponnene Bedeutungsgewebe verstrickt ist, wobei ich Kultur als dieses Gewebe ansehe« (GEERTZ 1991: 9). Und das heißt, dass es nicht um die ›dünne‹ Beschreibung dessen geht, was beobachtbar ist, also um das Zwinkern als funktionales Geschehen und als Fakt. Vielmehr ist Wirklichkeit für Geertz nur in Bezug auf dieses selbstgesponnene Bedeutungsgewebe sinnvoll erleb- und interpretierbar. Es geht Geertz damit also um eine Art öffentlicher Bedeutungstheorien, und er benennt drei Merkmale der ethnographischen Beschreibung: »Sie ist deutend; das, was sie deutet, ist der Ablauf des sozialen Diskurses; und das Deuten besteht darin, das ›Gesagte‹ eines solchen Diskurses dem vergänglichen Augenblick zu entreißen« (GEERTZ 1991: 30).

Ethnographische Forschung ist jedenfalls eher eine Sache der Interpretation und nicht der Beobachtung und Beschreibung, obwohl es anders zu sein scheint, wenn man oberflächlich hinsieht. Sie hat es zu tun mit einer »Vielfalt komplexer, oft übereinander gelagerter oder ineinander verwobener Vorstellungsstrukturen, die fremdartig und zugleich ungeordnet verborgen sind und die [der Ethnograph] zunächst einmal irgendwie erfassen muss. [...] Ethnographie betreiben gleicht dem Versuch, ein Manuskript zu lesen (im Sinne von ›eine Lesart entwickeln‹)« (GEERTZ 1991: 15). Mehr noch: »Was wir tun ist anscheinend, dass wir Daten erheben, in Wirklichkeit sind unsere Daten aber bereits unsere Auslegungen davon, »wie andere Menschen ihr eigenes Tun und das ihrer Mitmenschen auslegen« (GEERTZ 1991:14).

Theoriebildung in der Ethnologie besteht deshalb nicht darin, abstrakte Regelmäßigkeiten festzuschreiben. Kulturtheorie sagt auch nicht voraus, was sein wird. In beiden Punkten unterscheidet sie sich von dem deduktiv nomologischen Wissenschaftsverständnis, das im Allgemeinen hinter der Verwendung mathematischer Methoden steht (obwohl diese darauf eigentlich nicht beschränkt sind). Es geht also um das Festhalten der Bedeutung, die eine bestimmte soziale Handlung für die Akteure besitzt, und darum, was das damit erworbene Wissen über die jeweilige Gesellschaft und darüber hinaus über das soziale Leben im Allgemeinen mitteilt. Die Aufgabe des Ethnographen ist deshalb doppelt: Sie besteht darin, Vorstellungsstrukturen, die die Handlungen unserer Subjekte bestimmen, aufzudecken und zum anderen ein analytisches Begriffssystem zu entwickeln, das geeignet ist, die typischen Eigenschaften dieser Strukturen gegenüber anderen Determinanten menschlichen Verhaltens herauszustellen.

Ethnographische Beschreibung ist damit jedenfalls etwas, was sich gut in der dialektischen Erkenntnislehre Hegels und Marx' beschreiben lässt: Der Forscher beginnt, indem er in der vollen Wirklichkeit der Kultur lebt, die er untersuchen will. Er startet deshalb bei einer komplexen Vielfalt und gelangt zunächst zu dünnen Abstrakta, die er dann im Laufe der vertiefenden Forschung zu dichten Beschreibungen weiter entwickelt, indem er die damit verbundenen Bedeutungen in ihrer Stellung innerhalb einer Kultur und darüber hinaus offen legt und durch die Rekonstruktion als Text imaginativ erfahrbar und reflektierbar macht. Was das genau heißt, wird uns noch beschäftigen.

Wenn im Folgenden das Verfahren der Ethnographie in den Zusammenhang theoriegenerierender Forschung gerückt wird, so ist das, was dabei entsteht, eine bestimmte Ausprägung der Ethnographie und nicht »die Ethnographie an sich« – die existiert nicht. Es ist aber eine, die den Kern ethnographischer Forschung als wissenschaftlich diskutierte und akzeptierte Untersuchung anderer Kulturen aufzunehmen beansprucht. Die Besonderheit, die der Ethnographie dann im Rahmen der theoriegenerierenden Forschung zukommt, ist, dass sie als breite Strategie angelegt ist, die sich nicht auf ein zu untersuchendes Phänomen und die theoretische Antwort auf eine Forschungsfrage beschränkt, sondern gezielt auch die kulturellen und sozialen Grundlagen in den Blick nimmt.

Ethnographen praktizieren prinzipiell den gleichen offenen und kommunikativen Zugang zu ihrem Forschungsfeld wie die anderen in diesem Band vorgestellten Verfahren – dies wird weiter hinten im Detail genauer dargestellt. Ethnographen gehen dementsprechend nicht quantitativ-normativ vor, weil sie wissen, dass sie im Allgemeinen nichts sicher wissen, bevor sie es untersucht haben. Andererseits sind Ethnographen aber auch keine Hermeneutiker, die sich aufs Verstehen von gemeintem Sinn beschränken, auch wenn Geertz im obigen Zitat vom Deuten spricht. Zudem zeichnet sich die Arbeit der Ethnographen dadurch aus, dass sie nicht auf spezifische Erhebungsmethoden beschränkt sind, sie sich weder auf das Erleben, Reflektieren und Interpretieren noch auf das Zählen und Messen reduzieren – und von beidem aber auch nicht fernhalten lassen. Der Ethnograph darf und soll vielmehr, sofern möglich, alles tun, was dabei hilft, möglichst viel über die kulturellen Wirklichkeiten des von ihm untersuchten Volkes zu verstehen. »Ethnographers also sometimes employ diagnostic tests, personality inventories, and other measurement tools [...] Basically, ethnographiers will turn to any method that will help them to achieve the goals of good ethnography« (LINDLOF 1995: 19).

Das heißt übrigens auch, dass der Ethnograph durchaus möglichst viel Hintergrundwissen allgemeiner Art haben sollte – als Individuum oder als Team: Soziologie, Psychologie und viele andere Wissenschaften machen die Folie aus, vor der der Ethnograph seine Daten erhebt, einordnet und interpretiert (wobei auch hier wieder gilt: Hintergrundwissen ist eine Art Vorschlag, kein Dogma).

Die Frage ist dann natürlich, wie sich ein solches Vorgehen wissenschaftstheoretisch rechtfertigt. Darüber gibt es innerhalb der Ethnographen eine eigenständige wissenschaftstheoretische Diskussion, auf die hier nur in einigen Stichworten eingegangen werden kann. Sie wurde in den letzten beiden Jahrzehnten unter dem Stichwort der »Krise der Repräsentation« geführt (BERG/FUCHS 1993; AMMANN/HIRSCHAUER 1997; GEERTZ 1991 – vgl. auch HEPP/WINTER 1999 sowie GÖTTLICH/MIKOS/WINTER 2002). Dabei haben sowohl wissenschaftsinterne als auch gegenstandsbezogene Entwicklungen eine Rolle gespielt – weil der Metaprozess der Globalisierung das Feld verändert hat (HEPP 2004) und weil die Frage generell immer wieder auf den Tisch kommt, aufgrund welcher Überlegungen man eigentlich Ethnographie betreiben kann.

Auch hier kann man wieder sagen, dass eine pragmatisch angelegte Wissenschaftstheorie verbunden mit einem diskursiven Verständnis von Wissenschaft die beste Basis dafür bietet, vernünftige und brauchbare Wissenschaft zu betreiben. Eine Rechtfertigung allein durch die Berufung auf ein empirisches Verfahren ist nur ein mögliches Begründungsmuster innerhalb spezifischer wissenschaftlicher Diskurse, die zusammen Wissenschaft ausmachen, und die sich von anderen Diskursen eigentlich nur dadurch und nur so lange unterscheiden, dass das bessere Argument sich durchsetzt bzw. dieser Anspruch besteht.

Zweifelsohne aber, und das ist für den hier verfolgten Zweck einer Einführung in das konkrete Konstruieren von Theorien wichtig, *ist die*

Ethnographie in der hier präsentierten und im Folgenden genauer erläuterten Version ein theoriegenerierendes Verfahren, bei dem die Forschungspersonen für ihren Untersuchungsgegenstand offen sein müssen. Ihre erste und wichtigste Aufgabe ist es, die zu untersuchende, aus prinzipiellen Gründen immer mehr oder weniger unbekannte Kultur oder Cokultur so genau kennen zu lernen, dass der Ethnograph in ihr alltäglich leben und mit ihren Mitgliedern allgemein und bezogen auf die Forschungsfrage kommunizieren kann. Zwar ist die oben zitierte Forderung Malinowskis, der Ethnograph müsse die Perspektive der Einheimischen übernehmen, natürlich eine Idealisierung. Dennoch versucht der Ethnograph, in die Kultur einzutauchen, indem er sein Alltagsleben in diese Kulturen verlegt – von »zweiter Sozialisation« ist dabei oft die Rede (vgl. grundsätzlich: FISCHER 1998). Ethnographische Forschung beinhaltet damit also die ›Resozialisierung‹ des Ethnographen in der für ihn neuen Kultur, in deren Folge er eine Doppelrolle als Mitglied zweier Kulturen aushalten muss. Von da aus muss er dann nach Abschluss seiner Forschung in die Ausgangskultur zurückkehren, für die er ein wissenschaftlich brauchbares Ergebnis erbringen will.

In einer pragmatischen Perspektive heißt das, dass es für den ethnographischen Forscher zunächst und vor allem um den Erwerb von Handlungs- und Kommunikationsfähigkeit in einer ihm fremden Kultur geht, um darauf bezogen dann Forschungsfragen untersuchen zu können. Dazu bedarf es der langfristig angelegten teilnehmenden Beobachtung, verknüpft mit vielen anderen Methoden der Datenerhebung, eines hohen zeitlichen Aufwandes, der Auseinandersetzung und Anteilnahme im Sinne von Interesse (nicht in dem Sinn, dass man alles gut findet) und, jedenfalls bei radikalen kulturellen Differenzen, eines Alltags in der zunächst fremden Kultur, um »das Andere« (vgl. hierzu auch KROTZ 1994) zu verstehen. In der Folge kann man sagen, *dass ethnographische Forscher dabei selbst zum Instrument der Forschung werden, insofern sie ihr Handeln und Erleben zu einer wesentlichen, kritisch zu reflektierenden Quelle von Daten und Wissen machen*. Dies ist natürlich eine fundamentale und zugleich charakteristische Differenz zu dem objektivistischen und distanzierten Verhältnis positivistisch/rationalistisch verstandener Forschung zu ihrem Forschungsgegenstand, die sich um Verstehen nicht oder kaum kümmert und die Distanz für eine Garantie von Objektivität hält. Wie Ethnographen das dagegen machen und welche Hilfsmittel es dabei gibt, behandeln wir weiter hinten genauer.

Wir definieren hier abschließend zu diesen einführenden Bemerkungen: Unter Ethnographie wird hier eine *pragmatisch/holistisch angelegte Forschungsstrategie der Untersuchung einer Kultur auf entdeckende Weise verstanden. Deren Charakteristikum ist es zudem, dass sich die Forscherinnen und Forscher selbst zum Instrument machen, insofern sie dafür bzw. für ihre Fragestellungen relevante Alltagspraktiken und deren Bedeutungen erlernen bzw. sich aneignen und auf dieser Basis als teilsozialisierte Mitglieder der zu untersuchenden Kultur dort Handeln rekonstruieren können, um so Forschungsfragen zu beantworten. Dabei werden auf die unterschiedlichste Weise Daten der unterschiedlichsten Qualitäten, ihre Kontexte und damit verbundene Sinnzusammenhänge auf der Basis eigener Partizipation, eigenen Erlebens und Handelns und methodisch kontrolliert erhoben.* Es handelt sich um eine *heuristische Strategie*, weil das Vorgehen auf die Einsicht in Strukturen und Prozesse zielt, die in der jeweiligen Kultur angelegt sind und die den Forschungsgegenstand verstehbar machen. Sie ist *pragmatisch*, insofern sie unterstellt, dass wissenschaftliche Erkenntnis durch die Verbesserung auch alltäglich angewandter Methoden des Beschreibens, des Befragens, der Beobachtung, des plausiblen Schließen etc. entsteht. Sie ist *holistisch* angelegt, insofern sie alle relevanten Kontexte zur Kenntnis nehmen und in das Ergebnis integrieren will. Sie ist *komparativ*, weil sie von der Kultur des Forschers ausgeht und das dort selbstverständliche Wissen verändert und ersetzt und damit auf ein – notwendig komparatives – Weiterentwickeln vorhandenen Wissens angewiesen ist.

6.3 *Anwendungsbeispiel: Ethnographie in der kulturorientierten Kommunikationsforschung und in Bezug auf Internetkulturen*

Im Rahmen der langfristig stattfindenden Wende der Sozialwissenchaften von einer Wissenschaft von den Dingen zu einem Grundverständnis der Welt als einer kulturell und sprachlich konstituierten Wirklichkeit ist die Ethnographie im letzten Jahrzehnt immer mehr in den Fokus der Aufmerksamkeit auch anderer Wissenschaften gerückt. Als Beispiel für diese Entwicklung kann man die Kommunikationswissenschaft anführen. Hier findet sich traditionellerweise eine ganze Reihe von – mit mehr oder weniger Berechtigung – ethnographisch genannten Untersuchungen, wie wir in diesem Paragraphen zunächst zeigen werden. Vor allem die

Cultural Studies haben die Anwendung ethnographischer Verfahren praktiziert. Hinzu kommt, dass sich die Arbeitsfelder der Kommunikationsforschung durch das Internet erweitert haben. Man kann dieses ›Medium‹ ja bekanntlich als einen eigenständigen Kulturraum begreifen, in dem neue kulturelle Praktiken entstehen. Diese kulturellen Praktiken und Kulturräume werden von Kommunikationswissenschaftlern ethnographisch, aber auch von klassischen Ethnographen untersucht; damit beschäftigen wir uns dann im zweiten Teil des vorliegenden Unterkapitels.

Sozialwissenschaftlichen Theorieansätze, und dazu sind natürlich auch kommunikationswissenschaftliche Ansätze zu rechnen, die das Konzept der Kultur nicht aussparen, erwarten viel von dem Verfahren der Ethnographie. Denn sie verspricht von ihrer Zielsetzung her, dass man damit Kultur als Lebensweise von Gruppen und Kollektiven brauchbar untersuchen und analysieren und so dem tatsächlichen Handeln der Menschen und seinen Hintergründen auf die Schliche kommen kann. Da Kultur als Basiskonzept in den letzten Jahren wichtiger geworden ist, ist dazu auch eine Reihe von empirischen Studien entstanden. Vor allem haben natürlich explizit *kulturbezogen angelegte Theorien wie die Cultural Studies* (KROTZ 1992, 1995) ethnographische Verfahren angewandt[59], um sozial- und kommunikationswissenschaftlich bezogene Fragestellungen zu untersuchen. Auch im deutschen Sprachraum gibt es eine Reihe von Projekten, die die Kommunikation der Menschen mit den Medien und deren Bedeutung ethnographisch untersucht haben, wie z.B. das so genannte ›Trierer Projekt‹ (VOGELGESANG 1996, 2004).

Dabei wird der Vorteil einer ethnographischen Herangehensweise folgendermaßen beschrieben: »Was ethnographische Arbeit mit sich bringt, ist eine Art von ›methodologischem Situationalismus‹, der die von Grund auf situierte, immer kontextgebundene Art und Weise unterstreicht, in der Menschen im Alltag dem Fernsehen und anderen Medien begegnen, in der sie es nutzen, interpretieren, genießen und in der sie darüber nachdenken und reden« (ANG 1997: 90).

Historisch wichtig für die Einführung ethnographischen Forschens waren in der Kommunikationswissenschaft insbesondere Studien wie die von David Morley, der nach einem ersten gescheiterten Versuch, klassenspezifische Rezeptionsweisen von Fernsehen empirisch zu belegen, die

59 In dem von Hay, Grossberg und Wartella (1996) herausgegebenen Band finden sich dazu auch konzeptionelle Aufsätze von Ien Ang, David Morley, Andrea Press und Janice Radway. Vgl. auch HEPP/WINTER (1999), GÖTTLICH/MIKOS/WINTER (2002) oder auch O'SULLIVAN (1994).

Strategie wechselte und die Fernsehnutzung von Haushalten als Ebene der »Politik in der Familie« teilnehmend beobachtet hat (1992) sowie die Arbeiten von Janice Radway, die »Interpretative Communities« untersuchte, in ihrem Fall Frauen einer bestimmten Region in den USA, die sich um einen bestimmten Buchladen konstituierten und dort Bücher lasen, die danach zurückgegeben und an andere verkauft wurden (1987). Auch andere soziale Gruppen wie etwa Fans von Soaps wurden ethnographisch untersucht – (vgl. hierzu auch den Tübinger Volkstumsforscher Hermann Bausinger (1984) oder den Band von Seiter et al. (1989)). Ein weiteres Beispiel für prinzipiell ethnographisch angelegte Forschung ist James Lulls Untersuchung der Fernsehnutzung in (US-amerikanischen) Familien (1990). Lull ließ Studenten einige Tage lang das fernsehbezogene Verhalten von Familien systematisch beobachten und dann Interviews mit Familienmitgliedern führen. Im Ergebnis zeigt er, wie unterschiedliche Fernsehnutzungsstrategien mit unterschiedlichen Kommunikationsstrategien in den Familien zusammenhängen, und macht damit insbesondere deutlich, dass der Umgang mit dem Leitmedium Fernsehen tief im kommunikativ konstituierten Alltag der Menschen verwurzelt ist sowie dass man von ›der‹ Fernsehnutzung eigentlich nicht sprechen kann.

Weniger empirisch als auf die Einführung in entsprechende Forschungsverfahren ausgerichtet sind die Bücher von Lindlof (1995) sowie von Jankowski/Jensen (1990). Das kürzlich erschienene Buch von Machin (2002: 95ff.) gibt einen, wenn auch gelegentlich selektiven, Überblick über ethnographische kommunikationswissenschaftliche Forschung kulturwissenschaftlicher Orientierung, insoweit sie sich mit den ›alten‹ Medien beschäftigt. Danach liegen mittlerweile auch ethnographische Studien über Redaktionen wie die von Fishman vor, der den Prozess der Nachrichtenproduktion auf neue Weise beschrieben und analysiert hat. Fishman verbrachte dazu längere Zeit in den Redaktionen, die er teilnehmend beobachtet. Machins Buch dient neben dieser Darstellung im Übrigen insbesondere einer Einführung in die ethnographische Forschung.

Vor allem *durch das Internet sind der Ethnographie in der Kommunikationswissenschaft neue Forschungsbereiche zugewachsen*, weil es hier ganz genauso um kulturelle Wirklichkeiten und um neue, kommunikativ konstituierte Gemeinschaften geht, deren kulturelle Wirklichkeit und deren Bedeutungsmuster man von außen und von einer objektivistischen Position aus nicht gut untersuchen kann. Schon die berühmte (aber inzwischen ziemlich bedeutungslose) Netiquette und die Emoticons zeigen, dass Kommunikation via Internet auf anderen Rahmenbedingungen (HÖFLICH 1997) beruht, und auch die in einzelnen ›Internetszenen‹ übliche ›Sprache‹ verlangt letztlich nach einer partizipativen Forschungsstrategie. Für diese neu entstehenden Kulturräume und die sich darin konstituierenden oder sich dahinein verlängernden sozialen Gemeinschaften interessieren sich dementsprechend sowohl die ethnographisch orientierten Kommunikationswissenschaftler als auch die kommunikationswissenschaftlich orientierten Ethnographen – auf beide soll kurz eingegangen werden.

Auf *Seiten der Kommunikationswissenschaft* finden wir vor allem ethnographische Arbeiten, die den Cultural Studies zuzurechnen sind. Beispielhaft dafür soll kurz auf den kommunikationswissenschaftlich ausgerichteten Text von Lindloff und Schatzer (1998) eingegangen werden. Vor dem Hintergrund einer langjährigen Auseinandersetzung mit Forschungsverfahren überhaupt und mit ethnographischen bzw. qualitativen Verfahren insbesondere diskutieren die Autoren die Frage, wofür man Ethnographie im Internet einsetzen kann. Sie rücken dabei verschiedene Besonderheiten ethnographischer Forschung in den Vordergrund, denen sie in diesem Zusammenhang besondere Bedeutung zuschreiben: So die Tatsache, dass es um Gemeinschaften geht, für deren Untersuchung die Ethnographie ja gedacht ist, die Tatsache, dass ethnographische Forschung partizipative Forschung ist, was gerade im Internet notwendig ist, weil man die Bedeutungskonstitution so genannter virtueller Gemeinschaften ohne Teilnahme daran nicht rekonstruieren kann, die Tatsache, dass bei ethnographischer Forschung die Frage, wer Mitglied einer Gemeinschaft ist und wer nicht, im Vordergrund steht und dass sich die Internetkommunikation mit derartigen Abgrenzungsfragen, die Gemeinschaft konstituieren, immer wieder prominent beschäftigt.

Auf *Seiten der kommunikationswissenschaftlich interessierten Ethnographen* finden sich zwei Positionen. Einmal bleiben natürlich die ›alten‹ ethnographischen Fragestellungen präsent – von denen aus man nach der Bedeutung des Internets als einem Medium im Alltag der Menschen fragt und an die oben skizzierten Rezeptions- oder Produktionsethnographie anknüpft. Mit der ethnographischen Konzeption einer Untersuchung dieser neuen Kommunikationsweisen hat sich zum Beispiel die Sozialanthropologin Spitulnik (1993) beschäftigt. Auch die Ethnographin Dorle Dracklé (1998) hat sich in der Folge vor dem Hintergrund dieser und daran anknüpfender Arbeiten mit dem Begriff einer Medienethnologie auseinander gesetzt.

Sodann beschäftigen sich Ethnographen natürlich auch unabhängig von solchen Konzeptionen mit dem Internet als Kulturraum und zugleich als Alltagsbereich. Zu ihnen zählt etwa David Hakken (1999), der sein Buch nicht für die Kommunikations- und Medienwissenschaft, sondern für andere Ethnologen schreibt. Eine Ethnographie ist für ihn »a text which both describes the culture encountered and compares one's own experience acknologically with that of other ethnographers« (1999: 3). Er begreift die kommunikativen Potenziale, die die neuen Medien eröffnen, als das Entstehen neuer kultureller Felder, die man ethnographisch untersuchen kann und muss. Danach kann man also einerseits ethnographische partizipative Beobachtungen in der Internet-Realität, also etwa in Chats, Muds und Mailinglists betreiben, andererseits aber auch die Rolle von Cyberspace und Internet im Alltag realer Menschen ethnographisch untersuchen.

Hakken setzt sich dabei aber auch mit der konzeptionellen Frage auseinander, wie sich Ethnographie im Internet von klassischer Ethnographie unterscheidet. Anders ist seiner Meinung nach insbesondere, dass der klassische Anthropologe für lange Zeit aus seiner Kultur in eine andere Kultur wechselt, was bei Untersuchungen im Rahmen der modernen Informationstechnologie eher nicht der Fall ist. Erhalten bleibt andererseits aber die ethnographische Praxis, dass der Ethnograph hoch reflexiv mit seinen Daten umgehen muss, weil er sich ja auf Neues einlassen will. Er macht sich, so haben wir das ausgedrückt, selbst zum Instrument, und das erfordert, dass er seine Arbeit immer wieder grundlegend reflektieren muss – weil er selbst in seinem Wissenschaftsverständnis wie in seinen Handlungspraktiken und Arbeitsweisen von den dadurch induzierten Veränderungen betroffen ist. Das heißt also, dass einerseits die früheren, gewissermaßen vordigitalen Denkgewohnheiten in Frage gestellt werden müssen, dass aber auch die sich entwickelnden nachdigitalen Routinen nicht ohne Reflektion übernommen werden dürfen, wenn man wirklich zu neuen Einsichten gelangen möchte.

Natürlich muss sich der Ethnograph in diesem Zusammenhang intensiv damit auseinander setzen, was eigentlich unter Kultur im Cyberspace zu verstehen ist – handelt es sich dabei um einen eigenständigen, neu hergestellten oder entstandenen Kulturraum oder um eine bloße Transformation bereits vorhandener kultureller Formen und Zusammenhänge? Sind »virtuelle Gemeinschaften« und Beziehungen darüber etwas Neues, oder kann das mit dem alten, von der Sozialpsychologie anhand von Offline-Beziehungen entwickelten Instrumentarium untersucht werden, wie es etwa Nicola Döring (2002) implizit unterstellt? Und wie wirken sich welche makrosozialen Einflüsse sowie die Struktur und die Bestimmungsstücke des Cyberspace insgesamt, der ja zwar neu, aber nicht im luftleeren Raum entstanden ist, auf die Untersuchungen aus? Und handelt es sich dabei überhaupt um einen ›Raum‹, um Gebiete, Regionen, Treffpunkte und was an raumbezogenen Metaphern sonst noch so vorhanden ist? Viele Fragen – vermutlich ist es nicht falsch, wie in dem vorliegenden Buch von einem handlungstheoretischen Ansatz auszugehen und so zunächst einmal damit zu beginnen, Handeln als gelerntes Handeln zu begreifen, das ins Internet übertragen wird, dort aber eine neue Entwicklung beginnt, die letztlich dann auch in die Offline-Welt zurückwirkt.

Eine Antwort auf Fragen dieser Art formuliert Christine Hine in ihrem Buch über *Virtual Ethnography* (HINE 2000). In ihrer Perspektive unterscheiden sich Untersuchungen im Internet vor allem dadurch, dass per PC keine Face-to-Face-Interaktionen möglich sind. Deshalb lässt sich ihrer Meinung nach ein ethnographisches Vorgehen im Internet semiotisch begründen, weil die Semiotik ja gerade nicht zwischen Face-to-Face-Interaktionen und anderen Kommunikationsweisen differenziert, sondern sich allgemein mit Zeichenkommunikation beschäftigt.

Ähnlich wie Hakken behandelt Christine Hine das Internet dementsprechend in einer doppelten Perspektive: einerseits als kulturelles Artefakt, andererseits als eigenständigen Raum kommunikativ generierter Kulturen. Unter »Virtual Ethnography« versteht sie in der Folge alle Untersuchungen, die einer dieser beiden Perspektiven folgen. Ihr wichtigstes Beispiel, über das sie zur Ethnographie gekommen ist und das sie genau untersucht, ist der so genannte Louise-Woodward-Fall. Louise Woodward war eine britische Schülerin, die in der zweiten Hälfte der neunziger Jahre als Aupairmädchen in den USA arbeitete und verdächtigt wurde, das ihr anvertraute Kind ihrer Gastfamilie getötet zu haben. Diese Sache wurde gerade auch im Internet intensiv diskutiert, und an dieser Diskussion war die Autorin beteiligt. Der Fall Woodward dient Hine so als zentrales Leitbeispiel, an dem sie die Besonderheiten der Netzkommunikation analysiert und zu Folgerungen im Hinblick auf theoretische Fragen und Gegenstände kommt – der Zusammenhang von Technologie und Menschen und deren Kommunikation, die Veränderung des Verständnisses von Raum und Zeit, Fragen von Authentizität und Identität und Ähnliches.

Auch wenn Hines Buch nicht besonders als konsistente Einführung in die Ethnographie geeignet ist, so findet man dennoch einige Grundlagen und Probleme ethnographischer Forschung dargestellt. Die Autorin liefert auch eine Reihe konkreter Hinweise, wie Ethnographie betrieben wird. Die »adaptive Ethnographie«, wie sie das nennt, was sie betreibt, steht zwischen der klassischen und der rein internetbezogenen Ethnographie, weil sie sowohl Manifestationen im Internet in den Blick nimmt als auch das Internet in seiner Alltagsbedeutung analysiert. In beidem zusammen entstehen dann neue Gesichtspunkte, die für eine sozial- und kulturwissenschaftliche Theorie des Internets interessant sein werden.

Als letztes Beispiel sollen die Untersuchungen von Nancy K. Baym (1999) kurz skizziert werden, die sich mit der Online-Kommunikation über Soaps beschäftigt hat. Baym war lange vor jeder Beschäftigung mit Ethnographie selbst über viele Jahre Teilnehmerin entsprechender Newsgroups. Jahre später hat sie dann begonnen, ihre dabei gewonnenen Erfahrungen systematisch aufzuarbeiten und die Online-Kommunikation, die in diesem Feld stattfindet und stattfand, ethnographisch zu untersuchen; Baym ist nach Jahren im Rahmen dieser Untersuchung auch wieder eine Zeitlang in ihre alte Internet-Community eingestiegen.[60]

Baym beschreibt in ihrem Buch zunächst die Struktur des Usenets (das in den früheren Konzeptionen des Internets der virtuelle Ort des Austauschs in Form von Newsgroups etc. war) und die allgemeine Funktionsweise der Newsgroups. Sie arbeitet heraus, wo das Besondere der dadurch konstituierten Gemeinschaft liegt, wie sich also die soapbezogene kommunikative Gemeinschaft im Internet von der demgegenüber abstrakten ›Rezeptionsgemeinschaft‹ vor dem Fernseher unterscheidet. Sie zeigt dann vor dem Hintergrund eines populärkulturell orientierten Verständnisses von Fernsehen auf, dass das weit verbreitete Vorurteil, dass Leute, die sich mit solchen Fragen beschäftigen, ein wenig dämlich oder zumindest beziehungsgestört sind, nicht richtig ist. Stattdessen macht ihre Untersuchung der Diskurse im Internet erkennbar, dass es sich dabei um eine multithematische und vielfältige Auseinandersetzung mit Soaps handelt, an der sich viele User im Allgemeinen recht kreativ beteiligen. Baym arbeitet auch heraus, wo das Besondere der dadurch

60 Auch wenn die zwei Beispiele Baym und Hine es nahe legen könnten, dass ethnographische Forschung von einem Betroffenheitsansatz ausgeht, weil beide Forscherinnen zunächst unabhängig von einem Forschungsinteresse in dem jeweiligen Thema engagiert waren, so ist dies eine falsche Schlussfolgerung.

konstituierten Gemeinschaft liegt, wie sich also die soapbezogene kommunikative Gemeinschaft im Internet von der demgegenüber abstrakten ›Rezeptionsgemeinschaft‹ vor dem Fernseher unterscheidet.

Baym zeigt ferner, wie Soaps insbesondere auch durch die kommunikativen Potenziale des Internet eine wichtige Ressource für interpersonale Kommunikation bilden; ein Ergebnis, das auch in anderen partiell ethnographisch angelegten Studien bestätigt werden konnte (KROTZ 1998). Bei dieser Untersuchung ergab sich sogar, dass die soaps selbst deutlich in der Internetkommunikation in den Hintergrund gerieten, auch wenn sie den Anlass der Präsenz der Besucher bildeten, und dass ganz andere Themen in den Vordergrund der Kommunikation rückten.

Theoretisch geht es Baym im Übrigen einmal mehr um die zentralen und durch die neuen Fragestellungen notwendigen kommunikationswissenschaftlichen Begriffe und Konzepte – nicht um Medienwirkung und Kontrolle, sondern um soziale Beziehungen und deren Gestaltung sowie um Identität und Identitätskonstruktionen. Baym setzt sich auch mit der Frage auseinander, wie man solche Newsgroups untersucht bzw. wie sie dies getan hat. Methodisch gibt ihr Buch aber nicht allzu viel her, es ist eher ein gründlich ausgeführtes Beispiel für eine auf Partizipation beruhende Untersuchung spezifischer Formen der Internet-Kommunikation. Es zeigt insbesondere, dass Baym keineswegs davor zurückschreckt, die anderen Community-Mitglieder über ihre Untersuchung umfassend aufzuklären, bevor sie sie befragt oder ihre Kommunikation beobachtet – wovor viele Neulinge ethnographischer Forschung Angst haben, weil es das Feld verändern könnte. Stattdessen gibt sich Baym Mühe, die anderen Teilnehmer zu einer Mitarbeit zu aktivieren. D.h., hier wird wie meist bei ethnographischer Forschung keineswegs der Mythos gepflegt, dass das Feld unberührt bleiben und dass sich der Ethnograph in die untersuchte Wirklichkeit einschleichen muss. Im Rahmen der klassischen Ethnographie war das ohnehin kaum möglich. Ethisch sauber wird hier mit offenen Karten und nicht verdeckt geforscht, sodass jeder weiß, woran er oder sie ist (wobei natürlich die Verwertungszusammenhänge der Forschungsergebnisse durchaus repressiven Charakter haben können).

Bayms Arbeit macht jedoch deutlich, dass sich einzelne Untersuchungsschritte der Ethnographie gut mit dem Verfahren der Grounded Theory bzw. der Heuristischen Sozialforschung vertragen. Sie führt beispielsweise Leitfadeninterviews und hat dazu die Fragen frei zugänglich gepostet und um Antwort gebeten. Ethnographie, so hatten wir oben gesagt, beinhaltet auch die Verpflichtung, den Gegenstand möglichst von allen Seiten zu untersuchen – Baym ist dementsprechend auch nicht davor zurückgeschreckt, zu zählen und zu messen, ohne die wechselseitigen Tabus von ›Quanitativ‹ und ›Qualitativ‹ anzuerkennen. Und es zeigt sich: Wenn es um die ›dichten Beschreibungen‹ typischer sozialer und kultureller Szenen und Praktiken geht, die eine Kultur auf den Punkt bringen, kann sich auch der Ethnograph auf geschickt getroffene Auswahlen beschränken und so sein Vorgehen vergleichsweise effektiv gestalten.

Natürlich sind damit längst nicht alle ethnographischen Arbeiten dieses Typs auch nur benannt, jedoch soll hier die Darstellung beispielhafter Arbeiten abgebrochen werden. Ergänzend wäre aber auch noch eine Warnung hinzuzufügen. Die Cultural Studies spielen im Rahmen der Kommunikationswissenschaft auch deswegen eine besondere Rolle, weil sie sich vor einem prinzipiell machtkritischen Hintergrund mit den Medien beschäftigen, ohne deshalb insgesamt dem Fehlschluss Adornos, aber auch einer Reihe von ›Vätern‹ der Cultural Studies zu verfallen, dass die Massenmedien die Kultur zerstören bzw. einseitig die Herrschaftsverhältnisse sichern. Für beides stehen etwa die an Gramsci angelehnten Begriffe der Volkskultur und sein Hegemoniebegriff. Von daher neigen empirische Untersuchungen im Rahmen der Cultural Studies gelegentlich dazu, die Ethnographie für generell emanzipatorisch und kritisch zu halten. Mit Verweis auf die Geschichte und Praxis der Ethnographie kann man dies aber keinesfalls sagen – diese Wissenschaft startete nicht zufällig während des Kolonialismus und hat bis heute etwa bei der Untersuchung von Indianern im Amazonasgebiet manchmal durchaus Herrschaftsinteressen verfolgt. Es gibt kein wissenschaftlich brauchbares Erkenntnisverfahren, das garantiert, dass man nur politisch korrekte Erkenntnis erzeugt.[61]

6.4 *Zum Charakter ethnographischer Forschung im Zusammenhang mit theoriegenerierenden Verfahren*

Anhand der in 6.3 beschriebenen Beispiele können wir nun die wesentlichen Basiseigenschaften der Ethnographie verdeutlichen und gleichzeitig genauer ausführen. Ausgangspunkt ist die Frage, was nun unter Ethnographie genau verstanden werden soll.

61 Vgl. hierzu MÜLLER (1998) mit weiteren Hinweisen, HIRSCHAUER/AMMANN (1997) sowie S. KROTZ 1994.

Im Vergleich von kommunikationswissenschaftlich eingesetzter Ethnographie, die sich meist mit Rezeptionskulturen bzw. Subkulturen beschäftigt, mit ›klassischer‹ Ethnographie in räumlich getrennten Kulturen entstehen zunächst einmal neue methodologisch zu klärende Fragen. Was, so kann man aus ethnographischer Perspektive fragen, hat etwa die Untersuchung von Lull, bei der er Studenten einige Tage in Familien Beobachtungen durchführen ließ, mit den Studien von Margaret Mead und anderen ethnologischen Ethnographen gemeinsam, die jahrelang in einem Dorf in der von ihnen untersuchten Kultur lebten – handelt es sich um das gleiche Verfahren, das sie alle verwendet haben? Auch kann man die Frage stellen, ob es überhaupt noch Ethnographie ist, wenn man am PC sitzt und im Internet Daten sammelt, wie es der Ausdruck ›virtuelle Ethnographie‹ nahe legt, wobei man den PC jederzeit aus- und jederzeit wieder anschalten kann.

Sicher ist jedenfalls, dass nicht jede Studie, die mit der Methode der teilnehmenden Beobachtung arbeitet, gleich ethnographisch ist. In der Kommunikationswissenschaft wurden bisher vor allem eher kurzfristige teilnehmende Beobachtungen durchgeführt, wie wir sie von Morley 1992, von Lull 1990 und von Krotz 2001 berichtet und dargestellt haben. Davon unterscheiden sich die Langzeituntersuchungen von Hine oder Baym natürlich deutlich – sie sind viel näher an den klassischen ethnographischen Studien angesiedelt, die es verlangen, dass die Forschungspersonen längerfristig an einer Gemeinschaft teilnehmen. Sie unterscheiden sich dann aber natürlich auch wieder davon, weil Hine oder Baym nicht wie etwa Margret Mead viele Jahre kontinuierlich in der von ihnen untersuchten Kultur gelebt und dort ihren gesamten Alltag gestaltet haben. Wo fängt also Ethnographie an und wo hört sie auf?

Hier sollen Untersuchungen dann ethnographisch genannt werden, wenn sie auf einer längerfristigen Teilnahme von Forschungsteams an den Kulturen beruhen, um die es geht. Dabei heißt ›längerfristig‹, dass das Vorgehen darauf angelegt sein soll, die kulturellen Praxen der beteiligten Menschen in ihren kulturellen Settings zu verstehen und darüber an der untersuchten Kultur teilhaben zu können. Dazu müssen die beteiligten Forschungspersonen insbesondere ihr eigenes Erleben zum Datengewinn und zur Strukturierung von Datenbeständen nutzen. Das setzt voraus, dass die spezifischen Sprachen und Sprechweisen der zu untersuchenden Kultur erlernt und die darin möglichen Formen der Konstitution komplexer Bedeutungsgehalte verwendet werden können. Ethnographie muss so auf eine umfassende Beschreibung und daran geknüpfte Theorie der Kultur selbst zielen, vor deren Hintergrund dann eventuell weiterführende Forschungsfragen beantwortet werden können.

Das ist allerdings nur eine recht oberflächliche Definition, deren Tücken man beim genaueren Nachdenken schnell findet. Aber für den hier verfolgten Zweck einer Einführung in ethnographisches Denken ist das erst einmal hinreichend. Es sollte insbesondere klar sein, dass die gängige Vorstellung, Ethnographie sei so etwas wie eine lang andauernde teilnehmende Beobachtung so nicht richtig ist, sondern dass es um die vollständige oder weitgehende Verknüpfung der eigenen Alltagspraxis mit der zu untersuchenden Kultur geht. Die Definition betont insbesondere die Grundprinzipien ethnographischer Forschung, die dann natürlich in verschiedenen Settings umgesetzt werden können. Sie sollen noch ein wenig genauer erklärt werden.

Deutlich wird bei der Definition vor allem ein Problem ethnographischer Forschung, das nicht von den digitalen Medien abhängig ist: Wenn man lange genug in einer Kultur lebt und ihre kulturellen Praktiken erlernt, wird man zwangsläufig zu ihrem Mitglied. Wenn man aber als Ethnograph in einer fremden Kultur lebt, dann muss man zugleich immer auch mit einem Teil außerhalb von ihr bleiben. Denn man will ja etwas über sie lernen, um es als wissenschaftliches Resultat in die Kultur zurück zu vermitteln, aus der das Forschungsteam kommt. Ein Ethnograph muss deshalb immer ›zwischen‹ beiden Kulturen leben und beiden gerecht werden, ebenso, wie er alltägliche Praktiken zugleich einerseits von ihrer praktischen Seite her begreifen, andererseits aber auch wissenschaftlich verstehen muss. Da, wo Ethnographen zu viel Sympathie für ihr Gegenüber entwickeln und sich zu sehr an deren Alltag gewöhnen, geraten sie in Gefahr, die Distanz zu dem, was sie eigentlich untersuchen, zu verlieren.

Der Ethnograph macht sich ferner selbst zum Instrument, indem er in der Gastkultur lebt und seine Erfahrungen aufzeichnet und reflektiert. Er beschränkt sich insbesondere nicht darauf, einfach teilzunehmen und Eindrücke zu gewinnen oder die Meinungen seiner Gastgeber zu erheben. *Ethnographie ist notwendigerweise immer auch Balance zwischen den Kulturen, die beiden Kulturen gerecht werden muss, insofern sie die eine von einer Fragestellung aus der anderen heraus betrachtet.* Ethnographie ist insofern ein ›existenzielles‹ Verfahren, als dass der Ethnograph seine Existenz in dieser Kultur aufbaut, indem er dort Alltag und Identität konstituiert. Und Ethnographie ist – auch deshalb – anstrengende Arbeit, in der man vielfältige Formen der Aufzeichnung, der Dokumentation von Geschehen, der Überprüfung von abstraktem Wissen, von Ordnungen in Daten und von Schlussfolgerungen betreiben muss und dabei auch die eigenen Lernprozesse und Entwicklungen nicht aus den Augen verlieren darf.

Ein weiteres Problem der Ethnographie liegt darin, dass ethnographische Forschung dazu verleitet, sich in immer neue Detailprobleme hineinzubegeben und die relevanten kulturellen Prozesse, die in Kultur und Gesellschaft als Struktur festgelegt sind, nur am Rand zu berücksichtigen oder aus dem Auge zu verlieren. Das wird beispielsweise besonders dann deutlich, wenn man die Publika von Medien ethnographisch untersucht.

Andererseits kann man natürlich durch eine ethnographisch breite Kombination von Erhebungsverfahren wie teilnehmende Beobachtungen, Interviews und eigenes Erleben eine Menge tiefer Einsichten gewinnen, die weit über Fragebogenuntersuchungen hinausreichen. So wurden beispielsweise schwarze Jugendliche in den Ghettos von Los Angeles in ihrer Medienrezeption mit dem Medienumgang von jugendlichen Aboriginals in Australien verglichen, indem man ethnographisch untersuchte, wie sie action-orientierte Spielfilme ›lesen‹: nämlich als Ausdruck ihrer Wut gegen die Chancenlosigkeit, die sie beide in ihren unterschiedlichen Kulturen betreffen.

Andererseits darf man darin nicht nur Ähnlichkeiten erkennen – beide Gruppen sind im Hinblick auf die Rezeption von Hollywoodfilmen in ihren jeweiligen Kulturen natürlich auch wieder ganz unterschiedlich betroffen, zum Beispiel durch ihre unterschiedliche kulturelle Distanz dazu. Obendrein ist der gesellschaftliche Diskurs in Australien über die kulturellen Minderheiten anders als in den USA. Man muss auch nach innen differenzieren, weil die Leseweisen beispielsweise von Männern und Frauen durchaus unterschiedlich sein können und von vermutlich weiteren Bedingungen abhängen. Es ist also insgesamt schwierig, hegemonialen Handlungsbedingungen tatsächlich konkret in den Alltagspraktiken der Menschen zu lokalisieren. Das kann die Ethnographie am besten, aber auch die Ethnographie garantiert nicht automatisch für die endgültigen Wahrheiten. Auch ethnographische Analysen werden nur durch den Diskurs der beteiligten Wissenschaften Teil von Wissenschaft.

6.5 *Grundregeln und Phasen ethnographischer Forschung*

Wie also geht ein Ethnograph nun vor? In diesem Absatz soll wie auch bei den anderen dargestellten Forschungsverfahren das ethnographische Vorgehen als Folge einzelner Phasen systematisch dargestellt werden. Dabei konzentrieren wir uns auf das Grundverständnis von Ethnographie, das in den vorhergehenden Abschnitten beschrieben wurde – und das zu den vorher in diesem Buch vorgestellten Verfahren der Grounded Theory und der Heuristischen Sozialforschung passt.

Die generelle (und in diesem Fall weit gespannte) Ausgangsfrage ethnographischer Forschung hat Clifford Geertz auf den Punkt gebracht: »What the hell is going on here?« (Geertz, zitiert nach AMAN/HIRSCHAUER 1997: 20). Diese Ausgangsfrage bezieht sich je nachdem entweder allgemein auf eine bestimmte Kultur oder Subkultur – vielleicht auf die Papuas in Neuguinea oder vielleicht auf eine Jugendkultur. Oder diese Ausgangsfrage bezieht sich vor dem Hintergrund einer Vertrautheit mit einer Kultur auf konkrete Praktiken und Phänomene – auf das Jagen von Schrumpfköpfen, auf die Rituale wissenschaftlicher Kongresse oder auf die gemeinschaftliche Rezeption von Gewaltfilmen durch Jugendliche. Der Ethnograph will dann natürlich nicht nur wissen, ›was los ist‹, sondern herausfinden, was das in der Kultur der Untersuchten bedeutet, und dies ist nur durch eine langfristige teilnehmende Beobachtung möglich.

Der Ethnograph muss sich also langfristig und grundlegend auf die je zu untersuchende Kultur einlassen, um diese Frage dann beantworten zu können. Er lernt dabei die Kultur systematisch durch Beobachtung, Befragung, Reflexion, durch das Sammeln und Interpretieren aller möglichen Daten und weitere Einzelverfahren kennen. Die folgenden Besonderheiten charakterisieren dabei sein konkretes Vorgehen:

- *Ethnographie hat Achtung vor dem, was sie untersucht:*[62] Ethnographie verlangt, dass sich das Forschungsteam auf diese Kultur in einem umfassenden Sinn einlässt und die zu untersuchende Kultur und im Einzelfall das jeweilige Gegenüber als einzigartige kulturelle Realität ernst nimmt. Das heißt nicht, dass man deren Normen, Werte und Praktiken immer für gut befinden und selbst praktizieren muss. Die zu untersuchende Kultur soll nicht ausgeforscht werden – vielmehr sind die Ziele der Unersuchung offen zu legen und die Einwohner der untersuchten Kultur am Ergebnis der Studie zu beteiligen, soweit möglich.
- Ethnographen würden heute kaum noch behaupten, dass sie unbezweifelbare faktische Wirklichkeit beschreiben, gar noch in der Perspektive der Einheimischen. Sie beschränken sich aber auch nicht darauf, Fakten zu erheben oder Hypothesen zu belegen oder zu widerlegen. »Nicht die ›Logik der Forschung‹ [also die Regeln der Sozialforschung], sondern

62 Dies ist natürlich eine normative Forderung – dass sie oft genug verletzt worden ist, darauf haben wir hingewiesen.

die komplexe Pragmatik des Erfahrungsfeldes erfordert Verhaltens- und Beobachtungsweisen, die sich an dessen gelebter Ordentlichkeit entwickeln müssen. Insofern ist die Ethnographie keine kanonisierbare und anwendbare ›Methode‹, sondern eine opportunistische und feldspezifische Erkenntnisstrategie« (AMAN/HIRSCHAUER 1997: 20).

Ausgangspunkt und Ziel ethnographischen Forschens hängen dementsprechend eng zusammen, insofern Forschungspersonen und Mitglieder der untersuchten Kultur Teil einer gemeinsamen sozialen und kulturellen Wirklichkeit sein bzw. werden müssen, wenn sie miteinander kommunizieren wollen. Die Herstellung solcher gemeinsamer Verständigungsgrundlagen ist deshalb nicht nur das erste, sondern auch das durchgängige und wichtigste Ziel des ethnographischen Forschungsprozesses. *Ethnographie muss deshalb auf ein pragmatisch-diskursives Grundverständnis zurückgeführt werden:*

- *Ethnographie geht wie die anderen in diesem Buch beschriebenen Verfahren vor, insofern sie mit einem Vorwissen beginnt, das durch Vergleich mit den Ergebnissen aus den Datenerhebungsschritten verbessert wird.* »Kultur verstehen« meint dementsprechend nicht hermeneutisches, konversationsanalytisches oder ethnomethodologisches Verstehen, wie es zum Beispiel Neumann-Braun/Deppermann (1998) meinen. Stattdessen lässt sich eher sagen: »Ethnographie ist die Teilhabe an der Introspektion sozialer Situationen« (AMAN/HIRSCHAUER 1997: 24), sie beginnt bei den kulturellen Praktiken.
- Deswegen ist Ethnographie in der Konsequenz dieser Überlegungen auch *nicht auf spezifische Erhebungsverfahren festgelegt*, sondern bedient sich aller möglichen Erhebungsverfahren und der dafür geeigneten Instrumente. Der Ethnograph entwickelt sein Verständnis der zu untersuchenden Kultur, indem er sich auf deren Realitäten praktisch und alltagsbezogen einlässt. Das heißt nichts anderes als Anpassung der eigenen Gedanken und deren Ordnung an die praktischen Lebensbedingungen und Deutungsmuster der Gastkultur, die es zu untersuchen gilt, und aus denen der Forscher zusätzliche Handlungspotenziale ableitet. Damit macht sich der Ethnograph auch zu seinem eigenen Forschungsinstrument, er muss seinen eigenen Lernprozess im Hinblick auf alltägliche Handlungspraktiken und das damit verbundene Bedeutungsgewebe dokumentieren und analysieren. Insofern ist die ständige begleitende Reflexion ein wesentliches Qualitätskriterium geglückter ethnographischer Forschung, die dementsprechend Ethnographie auch von einer bloßen naturalistischen Beschreibung unterscheidet (HAMMERSLEY/ATKINSON 1995).

Vor diesem Hintergrund können wir nun das Vorgehen ethnographischer Forscher in einer Abfolge von Phasen darstellen. Wir orientieren uns dabei an zwei Phasenmodellen, die wir zusammenbringen: An dem des klassischen ethnologischen Ethnographen Fischer (1998: 79ff.) und an dem des Ethnographen Hakken (1999), der sein Phasenmodell an der Untersuchung von Internetkommunikation entwickelt hat. Ich beziehe mich zudem auf das bereits wiederholt zitierte Lehrbuch von Hammersley und Atkinson, die die einzelnen Phasen genauer kommentieren:

1. Beide Phasenmodelle beginnen damit, die Notwendigkeit und Bedeutung einer klaren Forschungsfrage zu thematisieren, von der ausgegangen wird und die beantwortet werden soll.

2. Ist eine derartige Ausgangsfrage formuliert, so sollte der Ethnograph soviel wie möglich über das Problem lernen, angemessene theoretische Bezüge herstellen und sein so erworbenes – vorläufiges – Wissen in einer kohärenten und zusammenhängenden Weise organisieren. Er schafft sich so eine Basis für sein weiteres Vorgehen.

3. Im nächsten Schritt werden nun die geeigneten empirischen Verfahren ausgewählt – kann man zur Beantwortung der Forschungsfrage eventuell auf Archiv und Sekundäranalysen zurückgreifen, oder muss man Feldforschung betreiben? Wenn ja, so ist dies der eigentliche Anwendungsfall des Verfahrens der Ethnographie. Damit kann man dann auch den allgemeinen Rahmen für das weitere Vorgehen klären – was weiß man schon über die zu untersuchende Kultur, ist dies etwa schon hinreichend, um die Forschungsfrage zu beantworten? Wenn nein, geht man strukturiert oder offen vor, geht es um stationäre oder mobile Forschung? etc.

4. Sodann muss man auf der Basis des bereits gesammelten Wissens und der vielleicht verfügbaren Rahmendaten das genaue ›Gebiet‹ festlegen, in dem die Untersuchung stattfinden soll. Es muss also entschieden werden, welches Dorf oder welche Internetsite, welche soziale Verdichtung man also untersucht. Dabei wird das gewählte Gebiet immer als exemplarisch verstanden. Bei dieser Entscheidung werden auch organisatorische und andere Bedingungen wie Zugänglichkeit oder die zur Verfügung stehenden finanziellen oder sonstigen Ressourcen berücksichtigt.

5. Nun muss die eigentliche Feldforschung vorbereitet und organisiert werden. Es folgt die erste Kontaktaufnahme mit den Menschen in den kulturellen Zusammenhängen, die untersucht werden sollen. Zu klären ist hier insbesondere, wie das Erlernen der Sprache erfolgen kann – etwa, ob vor dem Einstieg ins Feld oder danach. Wie dieser Einstieg

dann im Detail erfolgt, wie also Zugang zu oft abgeschlossenen Kulturen erlangt wird, wie die Kontaktaufnahme und die erste Orientierung stattfinden, sind die nächsten zentralen Fragen ethnographischen Vorgehens. Hier ist auch deshalb besondere Sorgfalt geboten, weil der Eintritt in das Forschungsfeld über Erfolg oder Nichterfolg der ganzen Feldforschung entscheiden kann.

6. In der nun folgenden ersten Phase der eigentlichen Feldarbeit geht es zunächst einmal darum, die Kultur grundlegend durch ihre Handlungspraktiken und Bedeutungsmuster zu beschreiben, um die sozialen Strukturen und ihre Grundlage und um den immer vorhandenen Wandel ordnend und systematisch zu verstehen. Der Ethnograph nimmt dazu an möglichst vielen relevanten Aktivitäten teil, um die Kultur in ihrer Breite mitzuerleben, das Miterlebte zu protokollieren sowie die Protokolle auszuwerten. Diese Protokolle werden im Allgemeinen als beschreibende Berichte bzw. als eng am Ablauf des Geschehens orientierte Erzählungen angelegt sein. Der Forscher bzw. das Forschungsteam versucht also, die wesentlichen Alltagspraktiken und Ausdrucksweisen der Menschen der Kultur zu erkennen und ihren kulturellen Sinn, die jeweilige Funktion für die Menschen und die damit verbundenen Absichten, die Gründe und die Beziehungen zu anderen Erscheinungen herauszuarbeiten. Wichtig ist dabei auch das Führen eines Tagebuchs, in dem die Erlebnisse ebenso wie die eigene Entwicklung beurteilt und reflektiert werden.

7. In der darauf folgenden zweiten Phase der Feldforschung konzentrieren sich Forscherin oder Forscher vor diesem Hintergrund allmählich auf die Beantwortung der eigentlichen Forschungsfrage. Sie vertiefen ihr Wissen über die damit zusammenhängenden Sachverhalte und deren relevante Kontexte. Dies geschieht beispielsweise, indem dazu gezielt Informanten ausgewählt und um Information gebeten werden.

8. In der die beiden Phasen 6 und 7 begleitenden systematischen Auswertung werden theoretische Konzepte entwickelt, mit deren Hilfe die erhobenen Daten strukturiert und zusammengefasst werden. Dieses Vorgehen zielt darauf ab, über die geordnete Beschreibung auch theoretische Ordnungen zu entwickeln. Die so herausgearbeiteten Systematisierungen und Schlussfolgerungen werden dann auch, sofern möglich, in geeigneter Form an die Informanten oder an andere, dafür offene Mitglieder der untersuchten Kultur zurückvermittelt. Das zielt darauf, die Erkenntnisse zu testen, um sie gegebenenfalls weiter verbessern zu können. Damit ist natürlich nicht gemeint, dass die Informanten dar-

über entscheiden, was gute Theorie ist, und auch nicht, dass die Informanten dem Forscher das abnehmen, was seine genuine Aufgabe ist, nämlich die Entwicklung von Theorien. Gleichwohl ist es aber natürlich hilfreich, erarbeitete Strukturen, Verständnisweisen oder beschriebene Alltagspraktiken und Bedeutungsmuster mit Hilfe der Antworten der Mitglieder der untersuchten Kultur zu überprüfen und so herauszufinden, inwieweit die entwickelten Schlussfolgerungen tragfähig sind.

9. Wenn das Forschungsteam den Eindruck gewinnt, dass die relevanten Daten erhoben und die wesentlichen Bereiche und Kontexte abgeklärt sind, wenn sich also Ergebnisse abzeichnen, muss es das Feld auf sozial und kulturell verträgliche Weise wieder verlassen und in seine vorherige Wissenschaftskultur zurückkehren. Dort entsteht auf Basis der gesammelten Materialien und auch der Tagebuchnotizen des Forschers das Endprodukt der ethnographischen Arbeit, das funktional als Monographie verstanden werden kann. Der Text, der das Ergebnis der Feldarbeit und ihrer Auswertung fasst, muss natürlich in angemessener Form erarbeitet und inszeniert und dann auch publiziert werden. Damit wird das Ergebnis der Arbeit ein Teil des Wissenschaftsdiskurses, auf den hin bezogen es ja auch entwickelt worden ist. Dabei entstehen Teile der abschließenden Arbeit vielleicht schon während der Phase der Datenerhebung und der Feldforschung; die endgültige Fassung sollte aber erst nach Abschluss der Feldforschung verfasst werden. Denn Forscherin oder Forscher sollen nach ihrer zwischen zwei Kulturen balancierenden Untersuchungsphase vor einer Formulierung des Ergebnisses zumindest eine Zeit lang innerlich von den alltäglichen Handlungszwängen der Teilhabe an der untersuchten Kultur zurücktreten, um Abstand von ihren oft intensiven Erfahrungen zu gewinnen – auch die Rückkehr in die ›alte‹ Kultur ist mit einer Art Resozialisierung verbunden.

Dieses Phasenmodell ist als prinzipielle Orientierung gedacht. Es lässt aber auch eine Reihe von Fragen offen, auf die wir im folgenden Paragraphen eingehen werden. Generell lässt sich sagen, dass es sich dabei um ein Phasenmodell handelt, das sich so oder so ähnlich in der ethnographischen Forschungspraxis immer wieder bewährt hat. Wie bereits bei der Grounded Theory und Heuristischen Sozialforschung erläutert kann man auch im Rahmen ethnographischer Forschung anders vorgehen und einzelne Phasen weglassen oder vertiefen bzw. weitere Phasen einfügen, wenn es Kultur, Forschungsfrage oder sonstige Bedingungen verlangen.

Man sollte aber auch den Erfahrungsschatz der Ethnographie nicht ohne Not beiseite legen – deshalb sollte man immer eine gute Begründung haben, wenn man solche Phasenmodelle verändert.

Es ist erkennbar, dass das ethnographische Vorgehen im Vergleich zu den anderen, in diesem Buch besprochenen Verfahren der Grounded Theory und der Heuristischen Sozialforschung ein *eher breit angelegtes, strategisches Vorgehen* ist. Innerhalb dieses strategischen Vorgehens finden dann offensichtlich verschiedene ›taktische‹ Vorgehensweisen Anwendung, die dazu da sind, konkrete Einzelfragestellungen zu untersuchen, Daten zu spezifischen Fragestellungen zu erheben oder auszuwerten. Offensichtlich ist es dementsprechend möglich, *im Rahmen der Ethnographie zu einzelnen Teilfragen die eher taktischen und deutlich stringenter ausgerichteten Verfahren der Heuristischen Sozialforschung und der Grounded Theory anzuwenden*. Eine ethnographisch orientierte Untersuchung etwa der Vernetzung der Website einer sich im Internet konstituierenden Gruppe wäre beispielsweise eine solche Teilfragestellung.

Schließlich sollte auch deutlich sein, dass ein solches Phasenschema nicht an ethnologische oder volkskundliche Anwendungsfelder ethnographischer Forschung gebunden ist: Wenn wir etwa neu entstehende soziale Gemeinschaften im Internet untersuchen wollen, uns mit der oft fremdartigen Wirklichkeit in Computerspielen beschäftigen, die vielleicht als andere Zeiten und Welten entworfen sind, sogar, wenn wir uns mit einem gesprächigen Roboter unterhalten, der uns als Software im Internet oder als Hardware begegnet und den wir als Vertreter einer fiktiven Kultur verstehen müssen, so sollte man sich durchaus an derartige Schemata halten.

Ausgangspunkt für die ethnographische Forschung zu einer Fangemeinde oder zu einem Treff im Internet könnte beispielsweise die Frage sein, wie sich das Beziehungsnetz eines Menschen verändert, wenn er zum Internet Zugang hat und dieses dazu verwendet, bestimmten Interessen nachzugehen, die er in der relativen Abgeschiedenheit seines lokalen Alltags sonst nicht realisieren kann. Wenn man zum Beispiel der einzige Fan von Tolkien unter lauter Eltern mit Kleinkindern, der einzige Leser von Science-Fiction in einer Welt männlicher Fachbuchleser und weiblicher Kriminalromanleserinnen, der einzige Fan von Manchester United im Umfeld des Stadions von Borussia Dortmund oder der einzige *taz*-Leser im katholischen Dorf ist, mag es gravierende Folgen für das eigene Beziehungsnetz haben, wenn man andere in vergleichbarer Situation im Internet trifft – und derartige Fragen kann man ethnographisch offensichtlich gut untersuchen. Dabei kann man auf die hier beschriebenen Phasen zurückgreifen.

6.6 *Ergänzungen und Vertiefungen*

Nach dieser allgemeinen phasenbezogenen Skizze werden wir in diesem Paragraphen nun zu einzelnen Schritten vertiefende und ergänzende Überlegungen anstellen und sie praktisch konkretisieren. Dabei orientieren wir uns aber nicht nur an dem Phasenmodell, sondern erinnern daran, dass auch Ethnographie aus Erhebungs- und Auswertungstechniken besteht.

Wer ethnographisch forschen will, *braucht also zunächst – Strategie hin oder her – klare Forschungsziele und muss deren Umsetzung planen*. Meistens geht es um die Bearbeitung von Forschungsfragen, die die Untersuchung und Beschreibung von Kulturen oder Subkulturen voraussetzen. Der Zweck kann aber auch einfach ›nur‹ in der Beschreibung einer unbekannten Kultur und deren Lösungsverfahren für die Probleme der Menschen liegen. In beiden Fällen ist es aber das grundlegende Ziel jeder Ethnographie, Kommunikationspotenziale zwischen Forscherin und Forscher auf der einen und den Menschen der in Frage stehenden Kultur auf der anderen Seite zu eröffnen. Darauf baut dann gegebenenfalls die Untersuchung zur Beantwortung der eigentlichen Forschungsfrage auf. Genau an dieser Stelle liegt die Bedeutung der Ethnographie für die Entwicklung sozial- und kulturwissenschaftlicher Theorien, mit der sich das vorliegende Buch beschäftigt. Natürlich gilt dies entsprechend im Falle der Untersuchung von Subkulturen, wie sie von der Volkskunde untersucht werden oder wie sie sich im Internet konstituieren.

Hammersley und Atkinson (1995) betonen in ihrem Lehrbuch in Anlehnung in Malinowski, dass ein gutes theoretisches Wissen über die Fragen, um die es geht, bei der Vorbereitung eines ethnographischen Forschungsprojekts eine große Hilfe sein kann. Wie das im Sinne von Verfahren zur Entdeckung oder Entwicklung neuer Theorien verstanden werden muss, haben wir bereits mehrfach erläutert: Jedes *Vorwissen* dient erstens einer probeweisen Anleitung und Planung des forschenden Vorgehens, das im Laufe der Forschung komparativ überwunden werden wird. So ermöglicht ein breites Vorwissen meist eine bessere Auswahl von Untersuchungsorten bzw. exemplarischen Fällen, die ja beispielhaft in einem bestimmten Sinn sein sollen, und hilft vielleicht auch bei der ersten Kontaktaufnahme.

Vorwissen dient zweitens einer besseren Einbindung von erarbeiteten Forschungsergebnissen in den Diskurs der Disziplin, auf deren Grundlage die ethnographische Untersuchung unternommen wurde. *Bereits vorhandene Theorien sind für die Ethnographie kein Dogma*, keine Festlegungen vorab, sondern ein intellektuelles Kapital, das in den empirischen Theoriebildungsprozess hineininvestiert wird, ein Instrument zum Erkennen, Erleben, Denken und Argumentieren, das in dem Forschungsprozess seine Produktivität entfalten muss (AMAN/HIRSCHAUER 1997: 37) – oder verworfen wird. Insofern passt die Ethnographie auch in diesem Punkt zur Grounded Theory und zur Heuristischen Sozialforschung.

Was den *Eintritt in das Forschungsfeld* angeht, so ist es wie bereits gesagt das erste Praxisproblem für den Ethnographen, wie das stattfinden soll. Der Prozess des Eintritts in das Forschungsfeld wird auch als ›going native‹ bezeichnet. Wenn man eine Fankultur untersuchen, wenn man herausfinden will, wie die Kultur der Hacker funktioniert, aber auch ganz klassisch kommunikationswissenschaftlich, wenn man ethnographische Redaktionsforschung betreiben, also eine Zeitungsredaktion als soziale Gemeinschaft untersuchen will, muss man jeweils zu der ausgewählten Kultur überhaupt erst einmal Zugang finden, zugelassen und akzeptiert werden. Der Prozess der Kontaktaufnahme ist auch nicht beendet, wenn man diesen Zugang gefunden hat, sondern stellt sich immer wieder neu, insofern Kulturen meist nicht nur aus ein paar Menschen bestehen.

Wie ist es beispielsweise möglich, Verdächtigungen zu vermeiden oder auszuräumen, um überhaupt in kommunikativen Kontakt zu geraten – zum Beispiel bei der Untersuchung von Völkern, in denen Wissenschaft ungekannt ist? Und wie kommt man in Kontakt mit Menschen, die froh sind, sich im Internet zu einer Gemeinschaft zusammenschließen zu können, weil sie mit ihren Beschäftigungen im Alltag sonst nicht ernst genommen, diskriminiert oder ausgeschlossen werden – zum Beispiel Hexen oder Schwule etc.? Im Rahmen von Subkulturforschung gilt Wissenschaft häufig als Herrschaftswissen, und die Mitglieder derartiger Kulturen fühlen sich dementsprechend manchmal schnell ausgehorcht und ausgeforscht. Zum Problem kann auch werden, dass niemand sich als Informant zu einem bestimmten Thema hergeben will, und wenn, dann muss man systematisch herausfinden, wie man mit ihm umgeht, wonach man fragen kann und wie man seine oder ihre Antworten verstehen sollte. Man muss auch die Vertrauenswürdigkeit solcher Informanten einzuschätzen lernen.

Ein Schlüsselwort von Hammersley und Atkinson zur Bearbeitung dieser und damit zusammenhängender Probleme ist in Anknüpfung an die Untersuchungen des Sozialforschers Erving Goffman der Begriff des »Impression Management«. Damit ist gemeint, dass Ethnographin und der Ethnograph ihr Auftreten planen sollen. Das heißt, sie sollen sich Gedanken darüber machen, welche (langfristigen) Rollen sie in der zu untersuchenden Kultur übernehmen wollen und können und wie sie das umsetzen und durchhalten können.[63] Hilfreich ist es zum Beispiel, wenn man eine Rolle in der zu untersuchenden Kultur definieren kann, zu der es gehört, dass man alle möglichen und unmöglichen Fragen stellt und dass man gelegentlich Fehler im Umgang mit Menschen macht – zum Beispiel die Rolle eines anerkannten Fremden oder eines Schülers.

Um ethnographische Forschung zu betreiben, muss man sich im Übrigen in einem gewissen Ausmaß den Normen der zu untersuchenden Kultur anpassen – beispielsweise als Frau in einem islamisch geprägten Umfeld Kopftuch tragen. Auch muss man sich gegebenenfalls in Wortwahl, Sprache und Auftreten anpassen. Der Ethnograph muss also in jedem Fall in einem breiten Ausmaß lernfähig sein, wobei auch dabei ethische Probleme auftreten können – beispielsweise, wenn man Hells Angels oder sonst eine im Grenzbereich illegalen Verhaltens agierende Subkultur untersucht.

Schließlich muss der Ethnograph am Ende auch *sein Feld wieder verlassen*, um von dem konkreten, immer weiter gehenden Erleben symbolisch zurückzutreten und in einer breiten Weise resümierend das Erlebte und Erfahrene, das Erkannte und Interpretierte zu reflektieren, um seine Ergebnisse auszuarbeiten, endgültig zu ordnen und angemessen aufzuschreiben. Dieses Verlassen wird in der klassischen Ethnographie als ›coming home‹ bezeichnet: Das ›going native‹ und das ›coming home‹ produzieren offensichtlich komplementäre Probleme: Es ist nicht immer einfach, eine Kultur zu verlassen, in der man lange gelebt und die man respektieren gelernt hat, in der man vielleicht Freunde gewonnen hat und die man manchmal durchaus auch praktisch und fundamen-

63 Dabei darf das nicht so verstanden werden, dass man ›Rollen‹ spielt oder gar vorspielt. Vielmehr besagt das Rollenkonzept, dass wir sozial und kulturell gesehen über eine Vielzahl von Rollen verfügen, die wir in Berufen und zu Hause, in Freizeit und Engagement übernehmen – *wir sind diese Rollen, weil wir nur in Rollen Kontakt aufnehmen, uns selbst erleben und kommunizieren können* (vgl. hierzu auch MEAD 1969; ABELS 1998; KROTZ 1992).

tal kritisieren möchte. Ethnographin oder Ethnograph müssen diesen Abschied für sich wie für die Menschen, die zurückbleiben, erträglich machen. Auch in Bezug auf diese Phase kann man wieder sagen, dass der Ethnograph die von ihm gespielten Rollen im Feld reflektieren und systematisch einsetzen muss, ohne mit den menschlichen Beziehungen zu spielen.

Im Rahmen der Ethnographie gibt es neben solchen Überlegungen, wie wir sie gerade im Hinblick auf die besonderen Problemlagen der einzelnen Phasen vorstellt haben, eine Reihe von Standardverfahren, was man bei jeder Untersuchung tun soll, sowie Kataloge für Basisdaten, die eigentlich immer zu erheben sind. Fischer (1998) nennt das Erlernen der Sprache, die Katalogisierung des Vokabulars, das Sammeln und Auswerten von Texten aller Art, die zugänglich sind, die Beschreibung von Traditionen, die Aufnahme von Biographien einzelner Menschen, die Erhebung und Archivierung von Genealogien und Verwandtschaftsbeziehungen und alles, was dazu gehört, die Durchführung einer Art Volkszählung, etwa die Erstellung eines Einwohnerverzeichnisses mit Siedlungsplan etc., als typische und notwendige Aktivitäten. Zur Erhebung von Daten wird im Rahmen der Ethnographie vorgeschlagen, systematische Befragungen und Beobachtungen durchzuführen – Ethnographie ist keineswegs eine impressionistische Kunst, sondern, wie alle Forschung, systematisches und regelgeleitetes Handeln. Dabei werden Befragungen kaum mit standardisierten Fragebogen durchgeführt. Stattdessen werden meist Informanten angeworben, mit denen Ethnographin und Ethnograph länger zusammenarbeiten können. Deren Aussagen können dann auch in ihrer Vertrauenswürdigkeit besser eingeschätzt werden. Sie können zudem weitere Informationen, die man aus anderen Quellen gewonnen hat, kommentieren und erklären. Ergänzend geht es ferner um das Sammeln und Analysieren von Dokumenten oder anderen einschlägigen Artefakten, um etwa Produkte und Handelsgüter genauer zu untersuchen, um die Beschreibung der materiellen Kultur, der Technologien, der Rohmaterialien, des Klimas etc., über die die jeweiligen Lebensbedingungen beschrieben werden können. Ein weiteres Standardverfahren ist die systematische Aufnahme von Tagesabläufen.

Neben diesen Katalogen, die für andere Forschungsbereiche wie etwa die Untersuchung von Kulturen im Internet natürlich zu modifizieren wären, gibt es viele ethnographische Bücher, die als Handlungsanweisungen gelesen werden können. Beispielsweise ist es hilfreich, wenn man in einem Dorf oder einer sozialen Gemeinschaft lebt, verschiedene Plätze sowohl zur gleichen Zeit an verschiedenen Tagen als auch zu verschiedenen Zeiten am gleichen Tag aufzusuchen. In mitteleuropäischen Metropolen sind bestimmte Plätze zu bestimmten Zeiten jedenfalls ganz anders bevölkert als zu anderen Zeiten – zum Beispiel die Kirchen oder die Kathedralen des Kapitalismus, die Kaufhäuser. Ein Buch, das solche Tipps versammelt, ist zum Beispiel *Manual de Campo del antropólogo* (1971).

Diese Standards für Datenerhebungs- und Katalogisierungsmethoden beziehen sich natürlich auf die klassische Ethnographie – im Rahmen der Subkulturforschung sowie etwa bei der Untersuchung von neu entstehenden Kulturen im Internet oder der kommunikationswissenschaftlichen Ethnographie gibt es solche Kataloge – bisher? – nicht. Immerhin sind aber solche Vorgehensweisen auch in derartigen Fällen hilfreich. In der bereits zitierten, eigentlich nicht ethnographisch angelegten Studie über Fernsehnutzung in öffentlichen Räumen (KROTZ 2001) haben wir derartige Vorschläge beherzigt und so herausgefunden, wie sich die Nutzung von Fernsehgeräten über den Tag entwickelte. Wir haben auch gefunden, wie sich ganz unterschiedliche Gruppen zu verschiedenen Zeitpunkten um ein und denselben Fernsehapparat versammeln. Auch in der bereis erwähnten ethnographisch angelegten Studie über die Chatkulturen im Internet im Anschluss an die Daily Soaps im deutschen Fernsehen haben wir herausgefunden, dass keineswegs weniger Chatter auf diesen Websites waren, während die Soap im Fernsehen lief– eine wichtige Einsicht, von der aus wir festgestellt haben, dass die Besucher einer solchen Website keineswegs Fans entsprechender Fernsehsendungen sein müssen (KROTZ 2001a).

Im Detail kann man sagen, dass die Datenerhebung in der Ethnographie grundsätzlich auf der Partizipation innerhalb der untersuchten Kultur und Gesellschaft, auf Kommunikation beruht. Die Datenerhebung zielt darauf ab, Sinn und Bedeutung sozialen Handelns rekonstruieren zu können. Dabei sind konkrete teilnehmende oder auch nicht teilnehmende Beobachtungen sowie Interviews und Gespräche die wichtigsten Erhebungsmethoden, zudem das eigene Erleben und Reflektieren des Ethnographen.

In soziologischer Perspektive ist Ethnographie wie schon gesagt also nicht eine Art lang andauernder partizipativer Beobachtung, sondern eine sekundäre Sozialisation und Teilhabe an einer Kultur, vor deren Hintergrund der Ethnograph ganz unterschiedliche Einzelverfahren einsetzt. Ergebnisse von Beobachtungen müssen dabei immer in Bezug auf die kulturellen und sozialen Praktiken der untersuchten Gesellschaft interpretiert werden. Das heißt, der Ethnograph muss das, was er sieht, in Sinn- und Bedeutungszusammenhänge einordnen; genauer, er kann das Relevante nur sehen, wenn er es vor den Sinnnetzen der untersuchten Kultur wahrnimmt. Dies ist natürlich nur auf der Basis vorgängiger oder damit stattfindender Kommunikation möglich, nicht von einem reinen Außenstandpunkt aus.

Interviews können in ganz unterschiedlichen Formen geführt werden, sie sind zudem stets auch Situationen der teilnehmenden Beobachtung. Der Ethnograph muss sich damit beschäftigen, wie er Fragen stellt, aber auch damit, Antworten einzuschätzen. Beides hängt von der Frage ab, wie der Ethnograph seine grundsätzliche Partizipation anlegt und seine Rolle im Feld gestaltet.

Zusätzlich zu diesen typischen Verfahren ist das Protokollieren und Reflektieren des eigenen Erlebens von Bedeutung. Im Feldtagebuch hält er alles Bemerkenswerte ebenso fest wie seine Ideen und Einfälle, seine Bewertungen und Gefühle. Es dokumentiert auch den Prozess seiner Integration in die ihm zu Beginn fremde, zum Ende vertraute Kultur und macht von daher die datierten Zwischenergebnisse reflektierbar, insofern sich damit auch die jeweiligen Wahrnehmungsmuster und Beurteilungen und damit die Interpretationsgrundlagen und Maßstäbe des Ethnographen rekonstruieren lassen. *Insofern ist die Auswertung des Ethnographen immer auch die Dekonstruktion seines Erlebens in der kulturellen Wirklichkeit der anderen, durch die er die divergierenden wie auch die zusammenpassenden Deutungsmuster beider Kulturen erkennen kann.* Dabei ist es heute natürlich durchaus möglich, technische Hilfsmittel heranzuziehen, es müssen nicht unbedingt nur schriftliche Notizen sein. Immer aber muss der Ethnograph seine Datensammlungen gut organisieren und katalogisieren, datieren und den Entstehungszusammenhang der jeweiligen Einträge festhalten. Nur dann kann er mit der Fülle von Daten auch angemessen umgehen.

Hintergrund jeden Fragens und Interpretierens sind natürlich die bereits erlernten *kulturell relevanten Alltagspraktiken, von denen aus Beobachtungen, ethnographische Interviews und Gespräche mit vertrauenswürdigen Informanten ihren Sinn machen bzw. zu erkennen geben. Hinzu kommen das Sammeln und Auswerten möglichst vieler ›Dokumente‹ aller Art, die dann aber vor diesem kulturellen Erfahrungsschatz interpretiert werden müssen.* Dokumente in diesem Sinn sind schriftliche Texte, aber auch Tonbandaufnahmen, Kunstwerke, Statistiken, eben alles, was man auswerten kann. Dabei kommen auch quantitative Datenerhebungsmethoden zum Einsatz, etwa um eine Bevölkerungsstatistik zu führen, um die durchschnittliche Dauer der Mitgliedschaft in einer Internet-Community festzustellen und für andere relevante Besonderheiten. Auch hier stellen sich vergleichbare Fragen: Wie aussuchen, wem glauben, was wofür verwenden?

In der Terminologie von Kapitel 2 handelt es sich angesichts dieser vielfältigen Erhebungsmethoden bei der Ethnographie eigentlich nicht um eine rein qualitative, sondern um eine *hybride Methode*, die aus vielen Einzeluntersuchungen besteht, die der Ethnograph durchführt. Diese Methode orientiert sich am Gegenstand, den es zu untersuchen gilt, und ist nicht nur durch die Regeln von Erhebung und Interpretation bestimmt. Insofern haben wir hier ein ähnliches Begründungsproblem für die Wissenschaftlichkeit der Ethnographie wie bei allen hybriden Verfahren: Wie bringt man die Ergebnisse zusammen? »Die Ethnographie hat es stets mit perspektivisch gebrochenen Feldern zu tun, in denen parteiliche Versionen miteinander konkurrieren« (AMAN/HIRSCHAUER 1997:22). Ein möglicher Integrationsmechanismus ist in dem integrierenden Erleben des Ethnographen angelegt, der in der Kultur lebt, sie praktisch erfährt und sein Erleben kontinuierlich reflektiert. Diese Integration ist dann ein Diskursprozess, in dessen Verlauf sich der Ethnograph mit anderen, aber auch mit sich selbst und seinen Daten und Zwischenergebnissen über das Zusammenfügen zu einem einheitlichen Text verständigt und den daraus hervorgehenden Text in der Wissenschaft kommuniziert, die diesen Verständigungsprozess in einem breiteren Kontext dann weiterführt.

Grundsätzlich zielt das ethnographische Vorgehen dabei einmal auf Beschreibung, zum zweiten aber auch auf ein Aufdecken von Hintergründen, auf die Reflektion der der Beschreibung unterliegenden theoretischen Struktur. Anders ausgedrückt beabsichtigt Ethnographie eine strukturierte Beschreibung, die Geschehen verdeutlicht, Zusammenhänge offen legt und Prozesse auf ihre Basis zurückführt. Dazu muss man als Ethnograph Komplexität erlebter Kultur zunächst reduzieren, wobei sich die Ethnographie durchaus auch abstrakter oder in abstrakte Formen gekleideter Aussagen bedient. Letzlich ist das Ziel aber die ›dichte Beschreibung‹, wie wir es oben in 6.3 in Anlehnung an Clifford Geertz bereits gesagt haben – also die Ergebnisse nicht abstrakt, sondern unter Einbezug des Erlebbaren neu formulieren (KROTZ 2003). Die Reduktion auf Abstrakta ist hilfreich, aber nur als Zwischenschritt.

Während innerhalb der Zunft der Ethnographen weitgehend Einigkeit darüber besteht, dass alle relevanten Daten mit den je geeigneten Verfahren erhoben werden müssen, ist die Frage der Auswertung sehr viel umstrittener. Verschiedene Ethnographen beziehen sich dabei auf ganz unterschiedliche Verfahren; manche orientieren sich an allgemeinen Interpretationsverfahren, andere benutzen Codierprozesse nach Art der Grounded Theory, wieder andere verwenden Verfahren wie die Konversationsanalyse etc. Man kann deshalb sagen, dass die Auswertung und die Herstellung eines zusammenfassenden Textes zum Ende einer ethnographischen Untersuchung die wesentliche Achillesferse der Ethnographie ausmacht.

Prinzipiell finden im Rahmen der Ethnographie Datenerhebung und Auswertung ständig und parallel statt, wenn es sich dabei auch um in getrennten Perspektiven durchgeführte Aktivitäten handelt: »In ethnography the analysis of data is not a distinct stage of the research. [...] the analysis of data feeds into research design and data collection. This iterative process is central to the ›grounded theorizing‹ promoted by Glaser and Strauss, in which theory is developed out of data analysis, and subsequent data collection is guided strategically by the emergent theory« (HAMMERSLEY/ATKINSON 1997: 204). Die Durchführung einer vollständigen Ethnographie muss man deshalb als eine Folge von spezifischen Einzelprojekten verstehen, deren Ergebnisse im Nachhinein aber immer neu und im Lichte weiterer Erkenntnisse beurteilt werden müssen. Anders kann man eine komplexe Kultur und Gesellschaft aber auch nicht untersuchen.

Vor diesem Hintergrund lässt sich das Ziel ethnographischen Forschens als ›dichte Beschreibung‹ begreifen, die auf der sinnvollen Darstellung alltäglicher kultureller Praktiken und den damit verbundenen Fragen beruht – zugegebenerweise keine sehr konkrete Charakterisierung. Angesichts der unterschiedlichen Fragestellungen und der unterschiedlichen Erhebungsmethoden und Interpretationsverfahren lässt sich die zusammenfassende Ergebnisdarstellung vor allem im Hinblick auf Systematik, Vollständigkeit und Plausibilität der Argumentation charakterisieren; sie muss den Leser darüber einbeziehen. Das Ergebnis ethnographischer Interpretation ist deshalb auch viel mehr als im Falle von Grounded Theory und Heuristischer Sozialforschung ein kreatives Kunstwerk, um es einmal positiv auszudrücken. Es entsteht im Prozess des Aufschreibens in einer Monographie für den wissenschaftlichen Diskus, weil jeder Text die Welt, die er beschreibt, neu konstituiert (MATT 2000).

Abschließend wollen wir darauf hinweisen, dass sich Grounded Theory, Heuristische Sozialforschung und Ethnographie grundsätzlich miteinander vertragen, weil sie sich alle drei pragmatisch und konstruktiv begründen lassen. Die Darstellungen der drei Verfahren haben deutlich gemacht, dass ihre Grundprinzipien gleich sind. Die Ethnographie lässt sich in dieser Perspektive als Rahmenverfahren der anderen Verfahren begreifen, die es ermöglicht, die notwendige Kommunikativität von theoriegenerierender Forschung herzustellen, während Grounded Theory und Heuristische Sozialforschung für die sinnvolle Lösung einzelner Forschungsfragen sorgen.

7. Die Qualität qualitativer Forschung und eine Ermutigung

Dieses abschließende kurze Kapitel soll zweierlei leisten. Es fasst einmal die im Verlauf des Textes benannten Kriterien zur Beurteilung der Güte von qualitativen Forschungsbereichten zusammen und stellt sie in einen Zusammenhang.

Zum Zweiten beinhaltet das Kapitel eine Ermutigung, qualitativ empirisch zu forschen – auf allen Ebenen.

7.1 *Die Qualität qualitativer Forschung*

Jede Forschung benötigt Qualitätskriterien, nach denen sie sich beurteilen lässt. Dabei muss man zunächst unterscheiden, worauf sich die Kriterien beziehen sollen: Sie können sich einerseits auf die Beurteilung der abschließenden Publikation zu einem Forschungsprojekt beziehen. Und sie können andererseits dazu taugen, ein Forschungsprojekt und seine Ergebnisse einzuschätzen. Uns interessieren hier die letzteren, die auch die allgemeineren sind – jedenfalls dann, wenn die Publikation ein Teil des Forschungsvorhabens ist, wie es im akademischen Bereich der Fall sein sollte.

Üblicherweise benutzte Kriterien im Falle quantitativer Untersuchungen für die Anwendung von Verfahren und Methoden sind *Validität, Reliabilität und Objektivität/Intersubjektivität*. Sie finden sich eigentlich in jedem Methodenbuch (vgl. z.B. KROMREY 1983), dazu wird gelegentlich aber auch aus qualitativer Perspektive Stellung genommen – beispielsweise äußert sich dazu sowie zur *Frage der Repräsentativität und der Generalisierbarkeit* Lamnek (1988: 140ff.) in seinem Lehrbuch über qualitative Forschung.

Sieht man sich diese Kriterien an, so wird schnell deutlich, dass sich diese Kriterien im Grunde auf *Ergebnisse von Messoperationen und die Messoperationen* selbst beziehen.

- Reliabilität oder Zuverlässigkeit wird beispielsweise als intertemporale, intersubjektive und interinstrumentale Stabilität von Messwerten definiert (KROMREY 1983:125). Eine so definierte Reliabilität ist für die Beurteilung von Ergebnissen qualitativer Forschung aber ungeeignet. Denn kommunikativ angelegtes, qualitatives Forschen ist natürlich gerade nicht unabhängig von dem Zeitpunkt, zu dem die Daten erhoben werden, von den Personen, die ein bestimmter Forscher befragt usw.
- Intersubjektivität bezieht sich im Paradigma der quantitativen Forschung als eine Art Ersatz für die früher behauptete Objektivität ebenfalls auf die Ergebnisse der Mess- und Auswertungsoperationen – die Daten und die Ergebnisse der Auswertung der Daten sollen danach eigentlich nachvollziehbar und personenunabhängig sein. Auch dieses Kriterium ist in dieser Form für qualitative, auf Kommunikation und Interpretation angelegte Forschung unangemessen, weil sowohl die Erhebung als auch die Interpretation einzelner Aussagen und möglicherweise sogar die Abgrenzung, was überhaupt eine Sinneinheit ist, die man interpretieren sollte, vom Forscher nicht unabhängig sind.
- Und schließlich Validität als Gültigkeit bezieht sich meistens etwa auf die Operationalisierung von einzelnen Begriffen – mit welchen Indikatoren stelle ich fest, was der Fall ist? – und damit auf die Frage, ob die Messoperationen tatsächlich das messen, was sie zu messen vorgeben. Hier gibt es im Rahmen der quantitativen Forschung inzwischen eine Vielzahl von mathematisierten Einzelkonzepten, zum Teil für ganz unterschiedliche Sachverhalte, die aber über die Gültigkeit der Ergebnisse eines Forschungsprozesses insgesamt letztlich nur wenig aussagen.

Derartige Kriterien sind also in den vorliegenden Definitionen nicht geeignet, um qualitative Forschungsprojekte und deren Ergebnisse zu beurteilen. Denen wirft man dementsprechend auch häufig vor, dass ihre Ergebnisse ausgesprochen subjektiv seien und höchstens auf Plausiblitätsniveau lägen. Dem ist aber nicht so, wie wir gleich begründen werden. Man könnte stattdessen diesen Vorwurf der quantitativen Sozialforschung machen, allerdings in einem anderen Sinn. Es ist im Falle quantitativer Forschung ja so, dass die eigentliche Leistung des hypothesentestenden Forschers im Bereich der Konzeptualisierung einerseits, im Bereich der Datenauswertung, der Interpretation und theoretischen Bewertung andererseits liegt – die eigentlichen Messungen im Feld, die dazwischen liegen, sind Operationen, die man beispielsweise auch einem kommerziellen Unternehmen überlassen kann. Gerade die Konzeptualisierung wie auch die Interpretation sind aber Operationen, die je zwei Forscher ganz unterschiedlich vornehmen, wenn man sie lässt. Wie man auswertet, also welche Koeffizienten und welche mathematischen Auswertungsoperationen durchgeführt werden, steht ziemlich im Belieben eines Forschers, und erst recht gibt es eigentlich keine Vorschriften, wie man interpretiert. Hinzu kommt, dass Konzeptualisierung, Begriffsbestimmung, die Festlegung von Dimensionen und Indikatoren ganz unterschiedlich sein können. Das sieht man am besten, wenn man sich ansieht, wie ein häufig untersuchter Begriff wie ›parasoziale Interaktion‹, ›Intelligenz‹ oder auch nur ›Schicht‹ oder ›Bildung‹ tatsächlich gemessen werden. Von daher kann man durchaus sagen, dass je zwei Untersuchungen quantitativer Art meist ziemlich unvergleichbar sind und somit von der subjektiven Lage des Forschers abhängen.

Aber hier wollen wir uns nun mit Kriterien für die qualitative Forschung beschäftigen. Dazu muss man von einem grundsätzlich anderen Verständnis von Forschung ausgehen. Kriterien für die Beurteilung von Forschungsprojekten theoriegenerierender und qualitativer Art beruhen auf drei Grundannahmen: Auf der *Zuverlässigkeit der konstruierten Theorie als Gesamtergebnis* (und nicht der einzelnen Aussage), auf der *Intersubjektivität des Ergebnisses als ein Akzeptieren im wissenschaftlichen Diskurs als Basis weiterer Forschung* und auf der *Gültigkeit als Akzeptanz des Ergebnisses im wissenschaftlichen Diskurs und der praktischen Brauchbarkeit.*

1. Zwar müssen natürlich alle Einzelschritte eines qualitativen bzw. theoriegenerierenden Forschungsvorhabens im Detail dokumentiert werden und nachvollziehbar sein. Aber keineswegs ist es möglich oder notwendig, dass jeder Schritt zu jedem Zeitpunkt von jedem anderen Forscher repliziert werden kann – das würde gerade die Leistung des Forschers ignorieren. Vor allem hängt die Beurteilung des Ergebnisses qualitativer bzw. theoriegenerierender Forschung im Hinblick auf die Zuverlässigkeit der Ergebnisse nicht von der Beurteilung einzelner Aussagen ab wie im Falle analytisch begründeter Messungen. Vielmehr muss etwa im Fall theoriegenerierender Forschung natürlich die Theorie insgesamt und damit ihr ganzer Beitrag zum wissenschaftlichen Diskurs beurteilt werden. Zuverlässigkeit heißt im Falle theoriegenerierender Forschung also,

dass die Ergebnisse insgesamt transparent gewonnen und theoretisch brauchbar, relevant und anwendbar sind: Der Prozess der Entwicklung von Theorie muss repliziert werden können, nicht jeder Teilschritt.

2. Namentlich im Fall theoriegenerierender Forschung geht es auch nicht um die Frage, ob jeder Forscher, wenn er die datennahe Konstitution von Theorie reproduziert, genau die gleichen Zwischenergebnisse herstellt, beispielsweise die gleichen Sinneinheiten definiert und die gleichen Kategoriesysteme aufbaut. Es geht vielmehr um die Frage, ob je zwei Forscher, die zu einer Forschungsfrage Theorie datennah konstruieren, am Ende bei der gleichen oder bei gleichartigen Theorien enden. Dabei meinen gleichartige Theorien (im Gegensatz zu gleichen Theorien), dass die jeweiligen Ergebnisse der beiden Theorien in ein fruchtbares Verhältnis zueinander gebracht werden oder, anders ausgedrückt, beide zusammen zu einer dritten weiterentwickelt werden können. Wichtiger als Intersubjektivität wie in der analytischen Wissenschaftstheorie definiert, die implizit ja auch nur einzelne Aussagen berücksichtigen kann, ist also eine pragmatische Intersubjektivität, die sich darauf bezieht, dass man auf vergleichbare Weise erzeugte Ergebnisse theoriegenerierender Forschung zusammenfassen und darauf eine weiterführende integrierende Theorie entwickeln kann.

3. Maßgeblich für den Wert einer Theorie als Ergebnis eines theoriegenerierenden Forschungsprozesses sind auch im Falle von Validität und Gültigkeit nicht irgendwelche Maßzahlen. Die Gültigkeit der Entwicklung von Theorie entsteht vielmehr über die inhaltliche Relevanz des theoretischen Textes und seines Bezugs auf die Wirklichkeit sowie auf die praktische und theoretische Brauchbarkeit dieser Theorie. Und darüber entscheidet primär die Wissenschaft in ihrem vom Anspruch her herrschaftsfreien Diskurs – dies macht, wie wir wiederholt dargelegt haben, das Besondere von Wissenschaft aus, nicht irgendeine unhaltbare Wahrheitsbehauptung. Hinzu kommt, dass gültige Theorien auch brauchbar sind, also nicht nur in der Theorie, sondern in der Praxis brauchbar, insofern ihre Anwendung zu sinnvollen Handlungsmöglichkeiten führt.

Sehen wir uns diese Argumentation noch einmal für den Fall der Grounded Theory an. Auch gegen sie wird immer wieder der Vorwurf geäußert, dass die Interpretationsschritte, also etwa die konstruierten Konzepte und Kategorien und darauf aufbauend die konstituierte Theorie, subjektiv seien und vom Forscher abhingen. Mit den oben angestellten Überlegungen wird dagegen deutlich, dass das belanglos ist, solange zwei Forscher angesichts der gleichen Forschungsfrage zu vergleichbaren und kompatiblen Ergebnissen kommen. Man kann ja sagen, dass die allgemeinen theoretischen Aussagen, die der Forscher bei der Anwendung der Grounded Theory produziert, gerade so gewonnen werden, dass sie für die vorliegenden, empirisch untersuchten Fälle gelten – und diese Geltung kann ihnen kein Wissenschaftstheoretiker absprechen, wenn sie nach den Regeln der Grounded Theory gewonnen worden sind. Der zwingend und immer wieder neu herzustellende Datenbezug, die Überprüfung aller einzelnen Konzepte und Kategorien und deren Beziehungen zu allen vorhandenen Daten garantieren bei der korrekten Anwendung der Grounded Theory zwangsläufig, dass die am Ende hergestellte Theorie jedenfalls die erhobenen Fälle abdeckt – und das gilt für jede im Hinblick auf diese spezifischen Fälle hergestellte Theorie, wenn zwei verschiedene Forscher daran arbeiten. Und das Sättigungskriterium der Grounded Theory, dass man auf plausible Weise keine weiteren, nicht in die Theorie passenden Fälle mehr findet, verlangt logisch zwingend, dass die Theorie hinreichend breit angelegt ist und die wichtigen Fälle abdeckt. Das heißt, dass unterschiedliche Untersuchungen entweder zur gleichen datennahen Theorie oder aber zu zwei Teiltheorien führen, die bestimmte Bereiche gemeinsam haben, andere nicht. Aus ihnen kann man dann eine gemeinsame Theorie entwickeln. Entsprechendes gilt für die anderen Verfahren der Heuristischen Sozialforschung und die Ethnographie: wenn man die relevanten Perspektiven auf einen Sachverhalt strukturell maximal variiert hat, hat man auch alle dazwischen liegenden Perspektiven hinreichend berücksichtigt – die als Ergebnis produzierte Theorie umfasst sie zwangsläufig.

Dementsprechend sind die praktischen Regeln des Forschens für die Beurteilung eines theoriegenerierenden Forschungsprojekts entscheidend:

Man kann also festhalten, dass

1. die Offenheit des Forschungsteams,
2. der ständig herzustellende Datenbezug,
3. die Bedingungen, die eine vernünftige und brauchbare Publikation erfüllen muss,
4. die Dokumentation und plausible Begründung aller einzelnen Forschungsschritte

die entscheidenden Qualitätsmerkmale theoriegenerierender Forschung sind.

Zu 1: Der Forschungsprozess soll also so angelegt sein, dass die Offenheit des Forschungsteams unterstützt und dokumentiert wird. Forscherin und Forscher müssen also für entsprechende Lernprozesse offen sein und gegebenenfalls ihr Bezugssystem ihren Erkenntnissen anpassen – und all dies auch dokumentieren. Dazu sind auch einige, den offenen Forschungsprozess unterstützende Hilfsmittel von Bedeutung.

In der Datenerhebung kann man Offenheit danach beurteilen, wie vielfältig die angewandten Methoden und Verfahren, die unterschiedlichen Befragten etc. sind. Man kann auch die Bereitschaft des Forschungsteams, unterschiedliche Theoriebezüge zu berücksichtigen, als Kriterium in Betracht ziehen oder versuchen herauszufinden, wie fixiert eine Forschungsperson oder ein Team auf die Forschungsfrage und ihren Forschungsgegenstand waren und ob sie so relevante Kontexte übersehen haben. Empfehlenswert ist es auch, wenn ein Forschungsprojekt von einem gleichberechtigten Team durchgeführt wird, nicht nur von einer Person oder einem hierarchisch strukturierten Team. Wichtig sind auch Variationsprozesse, wie es bei Kleining heißt, bzw. Triangulierungsprozesse – der Beteiligten, der Methoden, der Perspektiven, der Instrumente etc. Ein gutes Zeichen ist es auch, wenn die Forscher ein Feldtagebuch führen, um die eigenen Entwicklungen zu dokumentieren, oder wenn Zwischenberichte von unterschiedlichen und unterschiedlich kompetenten Personen aus unterschiedlichen Perspektiven gelesen und kritisiert werden. Im Detail hängt die Umsetzung dieser Forderungen natürlich von den konkreten Forschungsbedingungen ab.

Zu 2: Der ständige Datenbezug ist eine Bedingung, ohne die theoriegenerierende Forschung nicht funktioniert, wie wir bei allen einzeln vorgestellten Verfahren gesehen haben: Es gibt keinen genialischen Weg zu einer direkten Einsicht. Das wichtigste Kriterium für die Güte einer so hergestellten Theorie ist folglich, ob sie die erhobenen Fälle tatsächlich abdeckt bzw. sinnvoll und plausibel behandelt. Die Frage ist also, ob der Textzusammenhang, der am Ende die Theorie ausmacht, einerseits aus den Daten nachvollziehbar abgeleitet und ob andererseits die aus den Daten herausgearbeitete Struktur und Genese des Forschungsgegenstandes in der Theorie nachvollziehbar beschrieben und ausgedrückt ist. Empiriker im Rahmen der Grounded Theory müssen deshalb vor allem die Regel befolgen, dass man immer wieder zu den Originaldaten zurückgehen muss, um zu überprüfen, ob entwickelte Theorie und Daten im Detail zueinander passen.

Zu 3: Wir verstehen Wissenschaft nicht in analytischer Weise als eine Sammlung einzelner Aussagen, sondern in pragmatischer Weise als einen vom Anspruch her herrschaftsfreien Diskurs, der theoretisch und praktisch handlungsfähig macht. Die einzelnen wissenschaftlichen Publikationen sind dann sowohl Teil als auch Gegenstand dieses Diskurses. Sie sind Teil, insofern sie zu dem Diskurs beitragen und ihn weiter entwickeln. Und sie sind Gegenstand des Diskurses, indem über sie diskursiv geurteilt wird.

Dazu müssen das Projekt und die Publikation, die Teil und Gegenstand des Diskurses sind, wissenschaftlichen Normen hinreichend genügen. Sie müssen also zumindest plausibel angelegt und klar gegliedert sein, logische Regeln nur in Ausnahmefällen und nur gut begründet verletzen, ihr Thema sorgfältig systematisch und vollständig bearbeitet und die Ergebnisse in einer angemessenen Sprache formuliert haben. Die abschließende Publikation sollte auch so angelegt sein, dass sie den Leser als Leser einbezieht.

Umgekehrt können wir sagen, dass das Ergebnis theoriegenerierender Forschung im Prozess des Aufschreibens einer Monographie für den wissenschaftlichen Diskurs entsteht. Dann müssen also das Thema und der Gegenstand, mit dem sich die Publikation beschäftigt, nicht nur entsprechenden Normen hinreichend genügen, sondern auch das Thema Teil des Gegenstandsbereichs der entsprechenden Wissenschaft sein. Die Publikation muss, sofern das Projekt empirisch war, sich auch über die angewandten Methoden und Verfahren ausweisen, nach denen die zugrunde liegende Forschung durchgeführt worden ist. Und sie muss den Leser dazu bringen, mit dem Lesen fortzufahren.

Zu 4: Theoriegenerierende Forschung ist durch eine ständige begleitende Reflexion und durch kontinuierliche Dokumentation von Forschungsschritten und Entscheidungen charakterisiert. Dokumentiert werden müssen auch das Vorgehen und die Auswahlentscheidungen. Genauso bedarf es zum Beispiel im Falle der Grounded Theory einer detaillierten Darstellung der definierten Kategorien, der axialen Kategorien und der Schlüsselkategorien. Entsprechendes gilt für die anderen Verfahren.

Im Hinblick auf die Begründung der im Forschungsprozess erstellten Theorie muss weiter dokumentiert werden, inwiefern die Auswertung vollständig ist, Sättigungskriterien erfüllt sind, wie nach weiteren Fällen gesucht wurde und warum es plausibel ist, dass keine mehr gefunden wurden. Mitzuteilen ist dem Leser auch, welche Tests im Rahmen der Theorieentwicklung durchgeführt wurden, wie systematisch nach Gegenbeispielen gesucht wurde etc.

Dokumentiert werden sollten aber auch die unternommenen Schritte zur Variation (bzw. Triangulation) von Perspektive, Befragten, Methoden, Forschungsteilnehmer etc. Nicht zuletzt ist die Dokumentation des Lernprozesses des Forschungsteams in dem oder den Forschungstagebüchern wichtig, wenn diese Forschungstagebücher im Allgemeinen auch nicht zugänglich gemacht werden für Nicht-Teammitglieder. Sie dienen dazu, die Erlebnisdaten und Beurteilungen als kontinuierlichen Lernprozess darzustellen und aufzuheben und einer kritischen Reflexion des Forschungsprozesses zugänglich zu machen. Dadurch wird der Forschungsprozess wesentlich verbessert.

Nicht weiter erwähnenswert sollte sein, dass es natürlich auch ein *Gütekriterium ist, dass die Anwendung der Regeln überzeugend sein muss.* Dabei geht es aber wie gesagt nicht um eine blinde Einhaltung, sondern um eine intelligente Anpassung – sonst ist das Vorgehen und damit das Ergebnis entweder nicht systematisch oder nicht kreativ. Ist beispielsweise die Auswahl an Befragten schlüssig, ist die Perspektive hinreichend weit variiert, haben die Interviews aufschlussreiche Gespräche zugelassen, wurden sie angemessen aufgezeichnet und stringent genug ausgewertet? Hat das Forschungsteam gegebenenfalls die Forschungsfrage erweitert und präzisiert? Sind die einzelnen Schritte hinreichend genau an allen empirischen Daten festgemacht bzw. an allen vorhandenen Daten überprüft? Deckt die erhaltene Beschreibung die Fragestellung einerseits, die vorhandenen Daten andererseits ab? Sind die Schlussfolgerungen begründet? Sind Typologien systematisch auf ihre Bezugsmuster untersucht, vollständig und trennscharf, und wenn nein, wird begründet, warum nicht? Haben die Forschungspersonen ihren eigenen Lernprozess hinreichend dokumentiert und reflektiert? In welcher Weise ist die notwendige Offenheit unterstützt worden? Inwiefern sind die relevanten Kontexte berücksichtigt worden?

Schließlich kann man differenziert die generierte Theorie auf ihre Qualität untersuchen: Bezieht sich die Theorie ebenso wie ihre Genese auf die Fragestellungen bzw. die erhaltenen Aussagen und deckt sie die Daten hinreichend genau ab? Ist die Theorie nicht einfach nur eine Reihe von Thesen und abstrakten Aussagen, bezieht sie sich vielmehr auf den tatsächlichen Alltag der Menschen? Ist sie ›dicht‹, insofern sie die Fülle der Kontexte berücksichtigt? Ist sie zugleich systematisch, plausibel und ausschöpfend, beispielsweise da, wo sie Kategorisierungen oder Typologien beinhaltet? Kennt sie ihre Gültigkeitsgrenzen, das Bedingungsgefüge, ihre Ausnahmen, ihre logischen Löcher und Brüche, und sind die begründet? Beschreibt sie den Forschungsgegenstand und seine soziale und kulturelle Einbettung als Struktur und Prozess? Ist sie kommunikativ angelegt und vermittelbar? Stellt sie sich der Kontrolle durch die Wissenschaftlergemeinschaft ebenso wie der Kontrolle durch die Betroffenen?

All diese Faktoren entscheiden in einer pragmatischen Anwendung über eine gut generierte Theorie.

7.2 *Eine Ermutigung*

Machen Sie sich klar, wie theoriegenerierende Forschung funktioniert. Aber nicht gleich allzu differenziert. Wenn Sie eine einigermaßen tragfähige Vorstellung haben, probieren Sie es lieber aus, anhand eines Themas, das Sie interessiert. Ohne Zeit- und Leistungsdruck. Lesen Sie dann gegebenenfalls nach, was Ihnen unklar ist. Forschen lernt man nur, wenn man es tut. Dann macht Forschung auch Spaß. Denn man lernt etwas über die Welt und dabei auch über sich selbst. Wenn Sie sich also bis hierher durch dieses Buch hindurchgearbeitet haben – fangen Sie an!

Literatur

ABELS, H.: *Interaktion, Identität, Präsentation. Kleine Einführung in interpretative Theorien der Soziologie.* Opladen/Wiesbaden [Westdeutscher Verlag] 1998

ADORNO, T.W.: Soziologie und empirische Forschung. In: ADORNO, T. W. u.a. (Hrsg.): *Der Positivismusstreit in der deutschen Soziologie.* 9. Auflage. Darmstadt/Neuwied [Luchterhand Verlag] 1979, S. 81-103

AMANN, K.; S. HIRSCHAUER: Die Befremdung der eigenen Kultur. Ein Programm. In: AMANN, K.; S. HIRSCHAUER (Hrsg.): *Die Befremdung der eigenen Kultur: Zur ethnographischen Herausforderung soziologischer Empirie.* Frankfurt/M. [Suhrkamp] 1997, S. 7-51

ANG, I.: Radikaler Kontextualismus und Ethnographie in der Medienforschung. In: HEPP, A.; R.WINTER (Hrsg.): *Kultur – Medien – Macht. Cultural Studies und Medienanalyse.* Opladen [Westdeutscher Verlag] 1997, S. 85-102

ANG, I.: *Das Gefühl Dallas.* Bielefeld [Daedalus] 1986

ANG, I.: Culture and Communication: Towards an Ethnographic Critique of Media Consumption in the Transnational Media System. In: *European Journal of Communication*, 5, 1990, S. 239-260

ANG, I.: *Desperately Seeking the Audience.* London/New York [Routledge] 1991

ARBEITSGRUPPE BIELEFELDER SOZIOLOGEN (Hrsg.): *Alltagswissen, Interaktion und gesellschaftliche Wirklichkeit.* Reinbek b. Hamburg [Rohwolt] 1973

AUFENANGER, S.: Qualitative Forschung in der Medienpädagogik. In: KÖNIG, E.; P. ZEDLER (Hrsg.): *Bilanz qualitativer Forschung. B.1: Grundlagen qualitativer Forschung.* Weinheim [Dt. Studien-Verlag] 1995, S. 221-240

AUFENANGER, S.: Strukturanalytische Rezeptionsforschung – Familienwelt und Medienwelt von Kindern. In: KÖNIG, E.; P. ZEDLER (Hrsg.): *Bilanz qualitativer Forschung. Band 1: Grundlagen qualitativer Forschung.* Weinheim [Dt. Studien-Verlag] 1995, S.207-220

AYASS, R.: *Das Wort zum Sonntag: Fallstudie einer kirchlichen Sendereihe.* Stuttgart [Kohlhammer Verlag] 1997

BAACKE D.; H.D. KÜBLER (Hrsg.): *Qualitative Medienforschung.* Tübingen [Niemeyer] 1989

BAUSINGER, H.: Media, technology and daily life. In: *Media, Culture and Society,* 6, 1984, S. 343-351

BAYM, N. K.: *Tune in, Log on. Soaps, Fandom, and Online Community.* Thousand Oaks [Sage] 2000

BECK, U.: *Risikogesellschaft.* Frankfurt/M. [Suhrkamp] 1986

BELGRAD, J.; B. GÖRLICH; H.D. KÖNIG; N.G. SCHMID (Hrsg.): *Zur Idee einer psychoanalytischen Sozialforschung.* Frankfurt/M. [Fischer] 1987

BERG, E.; M. FUCHS (Hrsg.): *Kultur, soziale Praxis, Text. Die Krise der ethnographischen Repräsentation.* Frankfurt/M. [Suhrkamp] 1993

BERGER, A. A.: *Media and communication research methods.* Thousand Oaks [Sage] 2000

BERGER, H.: *Untersuchungsmethode und soziale Wirklichkeit.* Frankfurt/M. [Suhrkamp] 1974

BERGER, P. L.; T. LUCKMANN: *Die gesellschaftliche Konstruktion der Wirklichkeit.* Unveränderter Nachdruck der 5. Auflage. Frankfurt/M. [Fischer] 1980

BIERI, P.: Pragmatismus. In: RICKEN, F. (Hrsg.): *Lexikon der Erkenntnistheorie und Metaphysik.* München [C.H. Beck] 1984, S. 148-150

BOCHENSKI, I. M.: *Die zeitgenössischen Denkmethoden.* Achte Auflage. Bern [Francke/UTB] 1980

BOHNSACK, R.: *Rekonstruktive Sozialforschung.* Opladen [Leske und Budrich] 1991

BOURDON, J.: Alone in the desert of 50 million viewers: audience ratings in French television. In: *Media, Culture and Society,* 16, 1994, S. 375-394

BROMLEY R.; U. GÖTTLICH; C. WINTER (Hrsg.): *Cultural Studies. Grundlagentexte zur Einführung.* Lüneburg [zu Klampen] 1999

BROSIUS, H. B. (Hrsg.): *Kommunikation über Grenzen und Kulturen.* Konstanz [UVK Medien] 2000

BUBA, H. P.: *Situation.* Berlin [Duncker und Humblot] 1980

CAREY, J. W. : *Communication as Culture. Essays on Media and Society.* Boston [Unwin Hyman] 1989

CASSIRER, E.: *Wesen und Wirkung des Symbolbegriffs.* Darmstadt [Wissenschaftliche Buchgesellschaft] 1994

CHANDLER, D.: *Semiotics. The Basics.* London [Routledge] 2002

CHARLTON, M.; K. NEUMANN: Der Methodenstreit in der Medienforschung: Quantitative oder qualitative Verfahren? In: BOHN, R. (Hrsg.): *Ansichten einer künftigen Medienwissenschaft.* Berlin [Edition Sigma] 1988, S. 91-107

CHARLTON, M.; S. SCHNEIDER (Hrsg.): *Rezeptionsforschung. Theorien und Untersuchungen zum Umgang mit Massenmedien.* Opladen [Westdeutscher Verlag] 1997

CICOUREL, A. V.: *Methode und Messung in der Soziologie.* Frankfurt/M. [Suhrkamp] 1970

CORBIN, J.; A. L. STRAUSS: Grounded Theory Research: Procedures, Canons, Evaluative Criteria. In: *Zeitschrift für Soziologie,* 19, 6, 1990, S. 418-427

DEPPERMANN, A.: *Gespräche analysieren. Eine Einführung.* 2., durchgesehene Auflage. Opladen [Leske und Budrich] 2001

DEVEREUX, G.: *Angst und Methode in den Verhaltenswissenschaften.* München [Carl Hanser] 1967

DEWEY, J.: *Human Nature and Conduct. An Introduction to Social Psychology.* New York [Random House] 1930

DIAZ-BONE, R.; K. SCHUBERT: *William James zur Einführung.* Hamburg [Junius] 1996

DÖRING, N.: *Sozialpsychologie des Internet.* 2., vollständig überarbeitete und erweiterte Auflage. Göttingen [Hogrefe] 2003

DRACKLÉ, D.: Medienethnologie: Eine Option auf die Zukunft. In: KOKOT, W.; D. DRACKLÉ (Hrsg.): *Wozu Ethnologie. Festschrift für Hans Fischer.* Berlin [Reimer] 1998

DURKHEIM, E.: *The Rules of Sociological Method.* New York [The Free Press] 1964

ELIAS, N.: The Symbol Theory: An Introduction. Part One. In: *Theory, Culture & Society,* 6, 1989, S.169-217. Part Two. In: *Theory, Culture & Society,* 6, 1989, S. 339-383. Part Three. In: *Theory, Culture & Society,* 6, 1989, S. 499-537

ELIAS, N.: *Was ist Soziologie?* 7. Auflage. Weinheim/München [Juventus] 1993

FEYERABEND, P.: *Wider den Methodenzwang.* Frankfurt/M. [Suhrkamp] 1979

FISCHER, H.: Feldforschung. In: FISCHER, H. (Hrsg.): *Ethnologie: Einführung und Überblick.* 3., veränderte und erweiterte Auflage. Berlin [Reimer] 1992, S. 79-100

FISCHER, H. (Hrsg.): *Ethnologie: Einführung und Überblick.* 4., überarbeitete Auflage. Berlin [Reimer] 1998

FLICK, U.: Triangulation. In: FLICK, U. u.a. (Hrsg.): *Handbuch qualitative Sozialforschung.* München [Psychologie Verlags Union] 1991. S. 432-435

FLICK, U.: Qualitative Sozialforschung – Stand der Dinge. In: *Soziologie*, 2, 2001, S. 53-66

FLICK, U.: *Qualitative Forschung.* Reinbek [Rowohlt] 1998

FLICK, U.; E.V. KARDORFF; I. STEINKE (Hrsg.): *Qualitative Forschung. Ein Handbuch.* Reinbek b. Hamburg [Rowohlt] 2000

FRIEDRICHS, J.: *Methoden empirischer Sozialforschung.* Reinbek b. Hamburg [Rowohlt] 1973

FRÜH, W.; U. HASEBRINK; F. KROTZ; C. KUHLMANN; H.J. STIEHLER: *Ostdeutschland im Fernsehen. TLM Schriftenreihe Band 5.* München [Kopäd] 1999

FUCHS, W.: *Biographische Forschung. Eine Einführung in Praxis und Methoden.* Opladen [Westdeutscher Verlag] 1984

GARFINKEL, H.: Das Alltagswissen über soziale und innerhalb sozialer Strukturen. In: ARBEITSGRUPPE BIELEFELDER SOZIOLOGEN (Hrsg.): *Alltagswissen, Interaktion und gesellschaftliche Wirklichkeit. Symbolischer Interaktionismus und Ethnomethodologie. Band 1.* Reinbek b. Hamburg [Rohwolt] 1973, S. 189-262

GEERTZ, C.: *Dichte Beschreibung.*2. Auflage. Frankfurt/M. [Suhrkamp] 1991

GIGERENZER, G.: *Messung und Modellbildung in der Psychologie.* München/Basel [Birkhäuser] 1981

GIRTLER, R.: *Methoden der Feldforschung.* 4., völlig neu bearbeitete Auflage. Wien u.a. Böhlau [UTB] 2001

GLASER, B. G.: *Theoretical Sensitivity: Advances in the methodology of Grounded Theory.* Mill Valley CA [Sociology Press] 1978

GLASER, B. G.; J. HOLTON: Remodeling Grounded Theory. März 2004. In: *Forum Qualitative Sozialforschung/Forum Qualitative Social Research* (Online Journal), 5(2), Art. 4, available at http://www.qualitative-research.net/fqs-texte/2-04/2-04glaser-e.htm (20.12.2004)

GLASER, B. G.; A. L. STRAUSS: *The Discovery of Grounded Theory.* New York [Aldine Publ.] 1967

GLASER, B. G.; A. L. STRAUSS: *The Discovery of Grounded Theory.* Basel u.a. [Hans Huber] 1998

GOFFMAN, E.: *Strategic Interaction.* Oxford [Blackwell] 1969

GOFFMAN, E.: *Interaktionsrituale über Verhalten in direkter Kommunikation.* Frankfurt/M. [Suhrkamp] 1971

GOFFMAN, E.: *Asyle*. Frankfurt/M. [Suhrkamp] 1973a
GOFFMAN, E.: *Interaktion: Spaß am Spiel/Rollendistanz*. München [Piper] 1973
GOFFMAN, E.: *Das Individuum im öffentlichen Austausch*. Frankfurt/M. [Suhrkamp] 1974
GOFFMAN, E.: *Stigma*. 2. Auflage. Frankfurt/M. [Suhrkamp] 1977
GOFFMAN, E.: *Rahmen-Analyse. Ein Versuch über die Organisation von Alltagserfahrungen*. Frankfurt/M. [Suhrkamp] 1980
GOFFMAN, E.: *Wir alle spielen Theater. Die Selbstdarstellung im Alltag*. 6. Auflage. München [Piper] 1997
GÖTTLICH, U.; F. KROTZ; I. PAUS-HAASE (Hrsg.): *Daily Soaps und Daily Talks im Alltag von Jugendlichen*. Opladen [Leske und Budrich] 2001
GÖTTLICH, U.; L. MIKOS; R.WINTER (Hrsg.): *Die Werkzeugkiste der Cultural Studies*. Bielefeld [Transkript] 2001
GRAMSCI, A.: *Marxismus und Kultur. Ideologie, Alltag, Literatur*. 3. Auflage. Hamburg [VSA] 1991
GROSSMAN, B.: *Medienrezeption. Bestehende Ansätze und eine konstruktivistische Alternative*. Wiesbaden [Westdeutscher Verlag] 1999
GUCKENBIEHL, H. L.; SCHÄFERS, B.: Soziologische Theorien. In: SCHÄFERS, B. (Hrsg.): *Grundbegriffe der Soziologie*. 6. Auflage. Opladen [Leske und Budrich (UTB)] 2000, S. 340-342
HABERMAS, J.: *Theorie kommunikativen Handelns*. 2 Bände. 4. Auflage. Frankfurt/M. [Suhrkamp] 1987
HABERMAS, J.: *Strukturwandel der Öffentlichkeit*. 2. Auflage. Frankfurt/M. [Suhrkamp] 1990
HAKKEN, D.: *Cyborg@Cyberspace : an ethnographer looks to the future*. London [Routledge] 1999
HAMMERSLEY, M.; P. ATIKINSON: *Ethnography, Principles in Practice*. 2. Auflage. London [Routledge] 1995
HARTLEY, J.: *Understanding News*. Nachdruck von 1982. London/New York [Routledge] 1990
HAY, J.; L. GROSSBERG; E. WARTELLA (Hrsg.): *The Audience and Its Landscape*. Boulder [Westview Press] 1996
HEGEL, G. W. F.: Wer denkt abstract? In: *Hegel Studien*. Band 5. Bonn 1968
HEGEL, G. W. F.: *Phänomenologie des Geistes*. 4. Auflage. Frankfurt/M. [Suhrkamp] 1980
HEPP, A.: *Fernsehaneignung und Alltagsgespräche. Fernsehnutzung aus der Perspektive der Cultural Studies*. Opladen/Wiesbaden [Westdeutscher Verlag] 1998

HEPP, A.: *Netzwerke der Medien. Medienkulturen und Globalisierung.* Wiesbaden [VS] 2004

HEPP, A; M. LÖFFELHOLZ (Hrsg.): *Grundlagentexte zur transkulturellen Kommunikation.* Konstanz [UVK] 2002

HEPP, A.; R. WINTER (Hrsg.): *Kultur – Medien – Macht. Cultural Studies und Medienanalyse.* Opladen [Westdeutscher Verlag] 1997

HICKETHIER, K.: *Film- und Fernsehanalyse.* Stuttgart [Metzler] 1996

HINE, C.: *Virtual Ethnography.* London [Sage] 2000

HIRSCHAUER, S.; K. AMANN (Hrsg.): *Die Befremdung der eigenen KULTUR: Zur ethnographischen Herausforderung soziologischer Empirie.* Frankfurt/M. [Suhrkamp] 1997

HITZLER, R.; A. HOHNER (Hrsg.): *Sozialwissenschaftliche Hermeneutik. Eine Einführung.* Opladen [Leske und Budrich] 1997

HOFFMANN-RIEM, C.: Die Sozialforschung einer interpretativen Soziologie - Der Datengewinn. In: *Kölner Zeitschrift für Soziologie und Sozialpsychologie,*32, 1980, S. 339-372

HÖFLICH, J. R.: Zwischen massenmedialer und technisch vermittelter interpersonaler Kommunikation – der Computer als Hybridmedium und was die Menschen damit machen. In: BECK, K.; G. VOWE (Hrsg.): *Computernetze – ein Medium öffentlicher Kommunikation?* Berlin [Spiess] 1997, S. 85-104

HOLLY, W.; U. PÜSCHEL (Hrsg.): *Medienrezeption als Aneignung. Methoden und Perspektiven qualitativer Medienforschung.* Opladen [Westdeutscher Verlag] 1993

HORKHEIMER, M.; T. W. ADORNO: *Dialektik der Aufklärung.* Frankfurt/M. [Fischer]1971

HORSTMANN, R.P.: Vorbemerkung. In: JAMES, W.: *Was ist Pragmatismus?* Weinheim [Beltz-Athenäum] 1994, S. 7-14

HORTON, D.; R. R. WOHL: Mass Communication and Para-Social Interaction. In: *Psychiatry,* 19, 3, 1956, S. 215-229

HORTON, D.; A. STRAUSS: Interaction in Audience-Participation Shows. In: *American Journal of Sociology* 62, 6, S. 579-587

JAHODA, M.; P. LAZARSFELD.; H. ZEISEL: *Die Arbeitslosen von Marienthal.* 3. Auflage. Frankfurt/M. [Suhrkamp] 1980

JAMES, W.: *Was ist Pragmatismus? Mit einer Vorbemerkung von Rolf-Peter Horstmann.* Weinheim [Beltz-Athenäum] 1994

JANDT, F. E.: *Intercultural Communication. An Introduction.* 2. Auflage. Thousand Oaks [Sage] 1998

JENSEN, BRUHN K.; N. W. JANKOWSKI (Hrsg.): *A Handbook of qualitative methodologies for mass communication research.* London/New York [Routledge] 1991

JOMACH, I. (Hrsg.): *Interkulturelle Kommunikation*. München [Reinhardt] 1998

KELLE, U.; S. KLUGE: *Vom Einzelfall zum Typus.* Opladen [Leske und Budrich] 1999

KEPPLER, A.: *Tischgespräche. Über Formen kommunikativer Vergemeinschaftung am Beispiel der Konversation in Familien.* Frankfurt/M. [Suhrkamp] 1994

KLAUS, G.: *Moderne Logik. Abriss der formalen Logik.* 6., erweiterte Auflage. Berlin [Dt. Verlag der Wiss.] 1972

KLAUS, G.; M. BUHR: *Marxistisch-Leninistisches Wörterbuch der Philosophie.* 3 Bände. Neubearbeitete und erweiterte Ausgabe. Reinbek b. Hamburg [Rowohlt] 1972

KLEINING, G.: Umriss zu einer Methodologie qualitativer Sozialforschung. In: *KZfSS,* 34, 1982, S. 224-253

KLEINING, G.: Das qualitative Experiment. In: *KZfSS,* 38, 1986, S.724-750

KLEINING, G.: Methodologie und Geschichte qualitativer Sozialforschung. In: FLICK, U.; E.V. KARDOFF; H.KEUPP; L. V. ROSENSTIEL; S. WOLFF (Hrsg.): *Handbuch Qualitative Sozialforschung. Grundlagen, Konzepte, Methoden und Anwendungen.* München [Psychologie Verlags Union] 1991, S. 11-22

KLEINING, G.: *Qualitativ-Heuristische Sozialforschung.* Hamburg [Rolf Fechner] 1994

KLEINING, G.: *Lehrbuch Entdeckende Sozialforschung. Band. 1: Von der Hermeneutik zur qualitativen Heuristik.* Weinheim [Beltz] 1995

KONEGE, N; K. SONDERGELD: *Wissenschaftstheorie für Sozialwissenschaftler.* Opladen [Leske und Budrich UTB] 1985

KRAMBROCK, U.: *Computerspiel und jugendliche Nutzer. Hermeneutische Deutungsversuche der Adventure-Computerspiele und seiner jugendlichen Nutzer und Nutzerinnen.* Berlin [Lang] 1998

KROMREY, H.: *Empirische Sozialforschung.* 2. Auflage. Opladen [Leske und Budrich UTB] 1983

KROTZ, F.: *Über das mathematische Paradigma in Soziologie und Sozialforschung. Eine Untersuchung anhand der Schriften von P. F. Lazarsfeld und seinen Mitarbeitern. Diplomarbeit am Fachbereich Philosophie und Sozialwissenschaften der Universität Hamburg.* 1983

KROTZ, F.: *Lebenswelten in der Bundesrepublik Deutschland. Eine EDV-gestützte qualitative Analyse quantitativer Daten.* Opladen [Leske und Budrich] 1990

KROTZ, F.: Hundert Jahre Verschwinden von Raum und Zeit? Kommunikation in den Datennetzen in der Perspektive der Nutzer. In: VOWE, G; K. BECK (Hrsg.): *Computernetze - ein Medium öffentlicher Kommunikation?* Berlin [Spiess] 1997, S. 105-126

KROTZ, F.: *Die Mediatisierung kommunikativen Handelns. Der Wandel von Alltag und sozialen Beziehungen, Kultur und Gesellschaft durch die Medien.* Opladen [Westdeutscher Verlag] 2001

KROTZ, F.: Die Übernahme öffentlicher und individueller Kommunikation durch die Privatwirtschaft. Über den Zusammenhang zwischen Mediatisierung und Ökonomisierung. In: KARMASIN, M.; M. KNOCHE; C.WINTER (Hrsg.): *Medienwirtschaft und Gesellschaft.* Münster [LIT] 2001, S.197-217

KROTZ, F.: »fast interessanter und spannender als VL selbst, aber im Moment ja keine allzu große Kunst«. Anschlusskommunikation zu Daily Talks und Daily Soaps im Internet. In: GÖTTLICH, U; F. KROTZ; I. PAUS-HAASE (Hrsg.): *Daily Soaps und Daily Talks im Alltag von Jugendlichen.* Opladen [Leske und Budrich] 2001a

KROTZ, F.: Qualitative Methoden der Kommunikationsforschung. In: BENTELE, G.; H. B. BROSIUS; O. JARREN (Hrsg.): *Öffentliche Kommunikation. Handbuch Kommunikations- und Medienwissenschaft.* Wiesbaden [Westdeutscher Verlag] 2003, S.245-261

KROTZ, F.: Zivilisationsprozess und Mediatisierung: Zum Zusammenhang von Medien- und Gesellschaftswandel. In: BEHMER, M.; F. KROTZ; R. STÖBER; C. WINTER (Hrsg.): *Medienentwicklung und gesellschaftlicher Wandel.* Wiesbaden [Westdeutscher Verlag] 2003, S.15-38

KROTZ, F.: Neue Medien und Medienkompetenz in Schulen: Ein explorativer Vergleich zwischen Japan und Deutschland. In: KROTZ, F.; HASEBRINK, U.: *Medienkompetenz von Kindern für die Informationsgesellschaft und ihre Bedingungen in Japan und Deutschland.* Hamburg [Hans-Bredow-Institut] 2003, S. 29-122

KROTZ, F.; D. WIEDEMANN (Hrsg.): *Der 3. Oktober im Fernsehen und im Erleben der Deutschen. Band 12.* Hamburg [Hans-Bredow-Institut] 1991

KROTZ, F.: *Ethnographic Stategies combined with Grounded Theory: doing Research on Cultural communities in the Internet.* Presentation at the IAMCR Congress in Barcelona, 21th to 25th of July, 2001, Audience and Reception Section. Manuskript.

KROTZ, S.: *Kulturelle Andersheit zwischen Utopie und Wissenschaft.* Frankfurt/M. [Peter Lang] 1994

KUHN, T. S.: Die *Struktur wissenschaftlicher Revolutionen.* 3. Auflage. Frankfurt/M. [Suhrkamp] 1978)

KUTSCHERA, F. V.: *Wissenschaftstheorie I.* München [Wilhelm Fink UTB] 1972

KUTSCHERA, F. V.: *Wissenschaftstheorie I, II.* München [Teubner] 1972

LAMNEK, S.: *Qualitative Sozialforschung, Band 1: Methodologie.* München/ Weinheim [Beltz] 1988

LAMNEK, S.: *Qualitative Sozialforschung, Band 2.* 2., überarbeitete Auflage. Weinheim [Beltz] 1993

LANGENBUCHER, W. R. (Hrsg.): *Paul F. Lazarsfeld. Die Wiener Tradition der empirischen Sozial- und Kommunikationsforschung.* München [Ölschläger] 1990

LANGER, S.: *Philosophie auf neuem Wege. Das Symbol im Denken, im Ritus und in der Kunst.* Frankfurt/M. [Fischer] 1992

LAZARSFELD, P. F.: Reflections on Business. In: *The American Journal of Sociology*, vol. LXV, 1, 1959, S. 1-31

LAZARSFELD, P. F.: Administrative and critical communications research. In: LAZARSFELD, P. F. (Hrsg.): *Qualitative Analysis. Historical and Critical Essays.* Boston [Allyn/Bacon] 1972a, S.155-157

LAZARSFELD, P. F.: *Qualitative Analysis. Historical and Critical Essays.* Boston [Allyn/Bacon] 1972b

LAZARSFELD, P. F.; B. BERELSON: *Wahlen und Wähler. Soziologie des Wahlverhaltens.* Neuwied/Berlin [Luchterhand] 1969

LAZARSFELD, P. F.; H. MENZEL: On the Relation between Individual and Collective Properties. In: LAZARSFELD, P. F.; A. K. PASANELLA; M. ROSENBERG (Hrsg.): *Continuities in the Language of Social Research.* New York [The Free Press] 1972, S.225-236

LAZARSFELD, P. F.: Methodische Probleme der empirischen Sozialforschung. In: HARTMANN, H. (Hrsg.): *Moderne amerikanische Soziologie.* Stuttgart [Thieme] 1967

LIEBES, T.; E. KATZ: *The Export of Meaning. Crosscultural readings of Dallas.* 2. Auflage. Cambridge [Polity Press] 1993

LIEBES, T.; S. LIVINGSTONE: The Structure of Family and Romantic Ties in the Soap Opera. An Ethnographic Approach. In: *Communication Research*, 21, 6, 1994, S. 717-741

LINDLOF, T. R.: *Qualitative Communication Research Methods.* Thousand Oaks [Sage] 1995

LINDLOF, T. R.; SHATZER, M. J.: Media ethnography in virtual space: strategies, limits, and possibilities. In: *Journal of broadcasting & electronic media,* 42, 2, 1998, S. 170-189

LUCHTENBERG, S.: *Interkulturelle kommunikative Kompetenz. Kommunikationsfelder in Schule und Gesellschaft.* Opladen [Westdeutscher Verlag] 1999

LUGER, K.; R. RENGER (Hrsg.): *Dialog der Kulturen. Die multikulturelle Gesellschaft und die Medien.* Wien/St. Johann im Pongau [Österreichischer Kunst- und Kulturverlag] 1994

LULL, J.: *Inside family viewing. Ethnographic research on television's audiences.* London/New York [Routledge] 1990

MACHIN, D.: *Ethnographic Research for Media Studies.* London [Arnold] 2002

MALINOWSKI, B.: Eine *wissenschaftliche Theorie der Kultur. Und andere Aufsätze.* 3. Auflage. Frankfurt/M. [Suhrkamp] 1988

MANN, C.; F. STEWART: *Internet Communication and Qualitative Research. A Handbook for Researching Online.* London [Sage] 2000

MANUAL DE CAMPO DE ANTROPÒLOGO: *Colleccion del estudiante de ciencias sociales.* Mexico D. F. [editorial comunidad, instituto de ciencias sociales] 1971

MARKHAM, A. N.: *Life Online. Researching real experience in virtual Space.* Walnut Creek u.a. [Sage] 1998

MARKOWITZ, J.: *Die soziale Situation.* Frankfurt/M. [Suhrkamp] 1979

MARX, K.: *Die Frühschriften.* Stuttgart [DTV] 1971

MARX, K.: Zur Kritik der politischen Ökonomie. In: *Marx; Engels: Werke. Band 13.* Berlin/Ost [Akademie] 1961

MARX, K.; F. ENGELS: Die deutsche Ideologie. In: *Marx Engels Werke Band 3.* Berlin/Ost [Akademie] 1969

MATSUMOTO, D.: *Culture and Psychology.* Pacific Grove [Brooks/Cole] 1996

MAYRING, P.: *Qualitative Inhaltsanalyse.* 6. Auflage. Weinheim [Beltz] 1997

MEAD, G. H.: *Philosophie der Sozialität.* Frankfurt/M. [Suhrkamp] 1969

MEAD, G. H.: *Geist, Identität und Gesellschaft.* Frankfurt/M. [Suhrkamp] 1973

MEAD, M.: *Jugend und Sexualität in primitiven Gesellschaften.* 3 Bände. München [dtv] 1970

MERSCH, D. (Hrsg.): *Zeichen über Zeichen. Texte zur Semiotik von Peirce bis Eco und Derrida.* München [dtv] 1998

MILLER, D.; D. SLATER: *The Internet. An Ethnographic Approach.* Oxfort [Berg] 2000

MORGENTHALER, F.; F. WEISS; M. MORGENTHALER: *Gespräche am sterbenden Fluss. Ethnopsychoanalyse bei den Iatmul in Papua-Neuguinea.* Frankfurt/M. [Fischer] 1986

MORLEY, D.: *The 'Nationwide' Audience.* London [British Film Institute] 1980

MORLEY, D.: *Family Television: Cultural Power and Domestic Leisure.* London [Comedia] 1986

MORLEY, D.: Behind the Ratings: The Politics of Audience Research. In: WILLIS, J. H. (Hrsg.): *The neglected audience*. London [BFI] 1990, S.5-14

MORLEY, D.: Medienpublika aus der Sicht der Cultural Studies. In: HASEBRINK, U.; F. KROTZ (Hrsg.): *Die Zuschauer als Fernsehregisseure? Zum Verständnis individueller Nutzungs- und Rezeptionsmuster*. Baden-Baden/ Hamburg [Nomos] 1996, S. 37-51

MORLEY, D.; R. SILVERSTONE: Communication and Context. Ethnograhic perspectives on the media audience. In: JENSEN BRUHN, K.; N. W. JANKOWSKI (Hrsg.): *A Handbook of Qualitative Methodologies for Mass Communication Research*. London [Routledge] 1998, S.149-162

NEUMANN-BRAUN, K.; A. DEPPERMANN: Ethnographie der Kommunikationskulturen Jugendlicher. In: *Zeitschrift für Soziologie*, 27, 4, 1998, S. 239-255

NEVERLA, I. (Hrsg.): *Das Netz-Medium*. Opladen [Westdeutscher Verlag] 1998

OEVERMANN, U.: Zur Sache. Die Bedeutung von Adornos methodologischem Selbstverständnis für die Begründung einer materialen soziologischen Strukturanalyse. In: V. FRIEDEBURG, L.; J. HABERMAS (Hrsg.): *Adorno-Konferenz 1983*. Frankfurt/M. [Suhrkamp] 1983, S. 234-289

OEVERMANN, U. u. a.: Die Methodologie einer »objektiven Hermeneutik« und ihre allgemeine forschungslogische Bedeutung in den Sozialwissenschaften. In: SOEFFNER, H. G. (Hrsg.): *Interpretative Verfahren in den Sozial- und Textwissenschaften*. Stuttgart [Metzler] 1979, S. 352-434

OPP, K. D.: *Methodologie der Sozialwissenschaften*. Durchgreifend redigierte und wesentlich erweiterte Neuauflage. Reinbek [Rowohlt] 1976

OPP, K. D.: *Methodologie der Sozialwissenschaften*. 4., durchgesehene Auflage. Wiesbaden [Westdeutscher Verlag] 1999

PARIN, P.; F. MORGENTHALER; G. PARIN-MATTHÈY: *Fürchte deinen Nächsten wie dich selbst. Psychoanalyse und Gesellschaft am Modell der Agni in Westafrika*. Frankfurt/M. [Suhrkamp] 1971

PARSONS, T.; E. SHILS (Hrsg.): *Toward a General Theory of Action*. New York u.a. [Harper&Row] 1962

PAUS-HAASE, I.; U. HASEBRINK; U. MATTUSCH; S. KEUNECKE; F. KROTZ: *Talkshows im Alltag von Jugendlichen. Der tägliche Balanceakt zwischen Orientierung, Amüsement und Ablehnung*. Opladen [Leske und Budrich] 1999

PAUS-HAASE, I.; B. SCHORB (Hrsg.): *Qualitative Kinder- und Jugendmedienforschung: Theorie und Methoden*. München [Kopäd] 2000

POLYA, G.: *Mathematik und plausibles Schließen*. Basel/Stuttgart [Birkhäuser] 1962

POPPER, K.: *Logik der Forschung*. 6. Auflage. Tübingen [Mohr] 1976

PROMMER, E.: *Kinobesuch im Lebenslauf: eine historische und medienbiographische Studie*. Konstanz [UVK-Medien] 1999

RADWAY, J. A.: *Reading the Romance*. London [Verso] 1987

REICHERTZ, J.: Objektive Hermeneutik. In: HITZLER, R.; A. HOHNER (Hrsg.): *Sozialwissenschaftliche Hermeneutik*. Opladen [Leske und Budrich] 1997, S. 31-56

REICHMAYR, J.: *Einführung in die Psychoanalyse. Geschichte, Theorien und Methoden*. Frankfurt/M. [Fischer] 1995

REIWALD, P.: Malinowski und die Ethnologie. In: MALINOWSKI, B.: *Eine wissenschaftliche Theorie der Kultur. Und andere Aufsätze*. 3. Auflage. Frankfurt/M. [Suhrkamp] 1988, S.7-18

RENCKSTORF, K.: Alternative Ansätze der Massenkommunikationsforschung. In: *Rundfunk und Fernsehen*, 21, 1973, S. 183-197

RENCKSTORF, K.: *Neue Perspektiven in der Massenkommunikationsforschung. Beiträge zur Begründung eines alternativen Forschungsansatzes*. Berlin [Spiess] 1977, S. 7-59

RICKEN, F. (Hrsg.): *Lexikon der Erkenntnistheorie und Metaphysik*. München [C.H. Beck] 1984

RÖD, W.: *Dialektische Philosophie der Neuzeit*. 2 Bände. München [C.H. Beck] 1974

RUSSELL, B.: *Einführung in die mathematische Philosophie*. Wiesbaden [Emil Vollmer Verlag] 1975

RUSSELL, B.: *Die Philosophie des Logischen Atomismus. Aufsätze zur Logik und Erkenntnistheorie 1908-1918*. München [dtv] 1979

SAMOVAR, L. A.; R.E. PORTER: *Intercultural Communication. A Reader*. 9. Ausgabe. Belmont [Wadsworth] 1999

SANDBOTHE, M.: Pragmatische Medienphilosophie und das Internet. In: SCHICHA, C.; R. ONTRUP (Hrsg.): *Medieninszenierungen im Wandel: Interdisziplinäre Zugänge*. Münster [Lit] 1999, S.250-264

SANDER, U.; R. VOLLBRECHT: Mediennutzung und Lebensgeschichte. Die biographische Methode in der Medienforschung. In: BAACKE, D.; H. D. KÜBLER (Hrsg.): *Qualitative Medienforschung. Konzepte und Erprobungen*. Tübingen [Niemeyer] 1989, S. 161-176

SCHANNÉ, K.: Theorie. In: RICKEN, F. (Hrsg.): *Lexikon der Erkenntnistheorie und Metaphysik*. München [C.H. Beck] 1984, S. 211-212

SCHMIDT, S. J. (Hrsg.): *Der Diskurs des radikalen Konstruktivismus*. 5. Auflage. Frankfurt/M. [Suhrkamp] 1992

SCHMIDT, S. J. (Hrsg.): *Kognition und Gesellschaft. Der Diskurs des Radikalen Konstruktivismus.* Frankfurt/M. [Suhrkamp] 1993

SCHNEIDER, S.: *Biographisches Interview und Erinnerungsaktivierung - das Erhebungsinstrument »(Medien-) Kaleidoskop«.* Forschungsbericht am Psychologischen Institut der Universität Freiburg der Projektgruppe »Strukturanalytische Rezeptionsforschung«. Unveröffentlichtes Manuskript. 1991

SCHOLL, A.: *Die Befragung.* Konstanz [UVK UTB] 2003

SCHÖNRICH, G.: *Semiotik. Zur Einführung.* Hamburg [Junius] 1999

SCHULZ, W.: Ausblick am Ende des Holzwegs. In: *Publizistik,* 27, 1982, S. 49-73

SCHÜTZ, A.: *Gesammelte Aufsätze.* 2 Bände. Den Haag [Nijhoff] 1971

SCHÜTZE, F.: Zur Hervorlockung und Analyse von Erzählungen thematisch relevanter Geschichten im Rahmen soziologischer Feldforschung. In: ARBEITSGRUPPE BIELEFELDER SOZIOLOGEN (Hrsg.): *Kommunikative Sozialforschung.* München [Fink] 1976, S. 159-260

SCHWERPUNKTHEFT 2, 7. Jg. 1999 des *Journal für Psychologie* 1999

SEIFFERT, H.: *Einführung in die Wissenschaftstheorie.* 2 Bände. 8. Auflage. München [C. H. Beck] 1975

SEITER, E.; H. BORCHERS; G. KREUTZNER; E. M. WARTH (Hrsg.): *Remote Control. Television, Audiences, and Cultural Power.* London [Routledge] 1989

SPITULNIK, D.: Anthropology and Mass Media. In: *Annual Rev. Anthropol.,* 22, 1993, S. 293-315

STEGMÜLLER, W.: *Neue Wege der Wissenschaftsphilosophie.* Berlin [Springer] 1980

STEGMÜLLER, W.: *Probleme und Resultate der Wissenschaftstheorie und Analytischen Psychologie. Band 1: Erklärung – Begründung – Kausalität.* 2., erweiterte Auflage. Berlin [Springer] 1983

STRAUSS, A. L.: *Grundlagen qualitativer Sozialforschung.* 2. Auflage. München [Fink, UTB] 1998

TEICHERT, W.: ›Fernsehen‹ als soziales Handeln. In: *Rundfunk und Fernsehen,* 20, 1972, S. 421-439

TEICHERT, W.: ›Fernsehen‹ als soziales Handeln (2). In: *Rundfunk und Fernsehen,* 23, 1973, S. 356-382

THIEDECKE, U. (Hrsg.): *Virtuelle Gruppen. Charakteristika und Problemdimensionen.* Opladen [Westdeutscher Verlag] 2000

VOGELGESANG, W.: *Jugendliche Video-Cliquen.* Opladen [Westdeutscher Verlag] 1991

VOGELGESANG, W.: Jugendmedien und Jugendszenen. In: *Rundfunk und Fernsehen*, 44, 1996, S. 346-364

VOGELGESANG, W.: *Jugend – Medien – Kultur*. Wiesbaden [VS] 2004

VORDERER, P. (Hrsg.): *Fernsehen als »Beziehungskiste«*. Opladen [Westdeutscher Verlag] 1996

WAGNER, H.; U. NAWRATIL; P. SCHÖNHAGEN; H. STARKULLA: *Verstehende Methoden in der Kommunikationswissenschaft*. München [Fischer] 1999

WAGNER, H. J.: *Rekonstruktive Methodologie*. Opladen [Leske und Budrich] 1999

WEBER, M.: *Wirtschaft und Gesellschaft*. 2 Halbbände. 5., revidierte Auflage. Tübingen [Mohr] 1976

WEBER, M.: *Soziologische Grundbegriffe*. 4., durchgesehene Auflage. Tübingen [Mohr] 1978

WEINGARTEN, E.; F. SACK; J. SCHENKEIN (Hrsg.): *Ethnomethodologie. Beiträge zu einer Soziologie des Alltagshandelns*. Frankfurt/M. [Suhrkamp] 1976

WERNER, A.: *Einführung in die Interpretationstechnik der Objektiven Hermeneutik*. Opladen [Leske und Budrich] 2000

WERNER, O.; G. M. SCHOEPFLE: *Systematic Fieldwork: Ethnographic Analysis and Data Management*. Newbury Park [Sage] 1987

WHORF, B. L.: *Sprache, Denken, Wirklichkeit*. Reinbek b. Hamburg [Rowohlt] 1963

WILLEMS, H.: *Rahmen und Habitus*. Frankfurt/M. [Suhrkamp] 1997

WILLIAMS, R.: *Culture and Society*. New York [Chattu & Windus] 1958

WILLIAMS, R.: *Television. Technology and Cultural Form*. London [Fontana] 1974

WILLIAMS, R.: *The Sociology of Culture*. London [Fontana] 1981

WILLIAMS, R.: *Innovationen. Über den Prozeßcharakter von Literatur und Kultur*. Frankfurt/M. [Suhrkamp] 1983

WILSON, T. P.: Theorien der Interaktion und Modelle soziologischer Erklärung. In: ARBEITSGRUPPE BIELEFELDER SOZIOLOGEN (Hrsg.): *Alltagswissen, Interaktion und soziale Wirklichkeit. Band 1*. Reinbek b. Hamburg [Rowohlt] 1973, S.54-79

WINTER, R.: Cultural Studies. In: FLICK, U.; E. V. KARDORFF; I. STEINKE (Hrsg.): *Qualitative Forschung. Ein Handbuch*. Reinbek b. Hamburg [Rowohlt] 2000, S.204-212

WUCHTERL, K.: *Methoden der Gegenwartsphilosophie*. Bern/Stuttgart [Haupt] 1977

ZETTERBERG, H.: Theorie, Forschung und Praxis in der Soziologie. In: KÖNIG, R. (Hrsg.): *Handbuch der empirischen Sozialforschung. Band 2*. Stuttgart [dtv] 1973

INDEX

›Methoden / Grundlagen‹

WERNER WIRTH / EDMUND LAUF /
ANDREAS FAHR (Hrsg.)

Forschungslogik und -design in der Kommunikationswissenschaft
Band 1: Einführung, Problematisierungen und Aspekte der Methodenlogik aus kommunikationswissenschaftlicher Perspektive

2004, 272 S., 29 Abb., Broschur

ISBN 3-931606-53-8

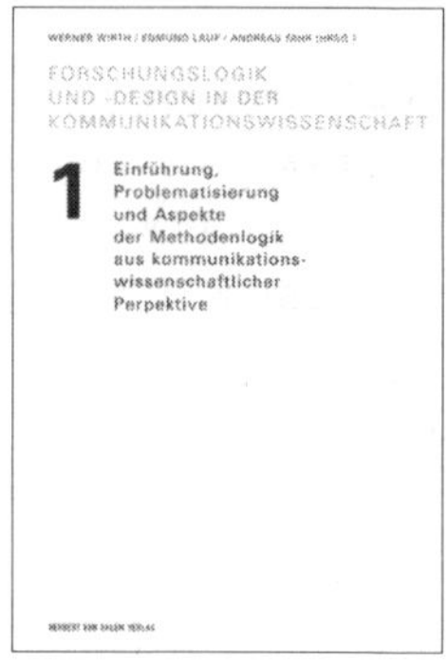

In der Kommunikationswissenschaft haben sich vielfältige Methoden und Designs der Sozialwissenschaften etabliert, nicht immer jedoch ist ihre spezifische Anwendbarkeit geklärt. Der Band zeigt auf, welche besonderen forschungspraktischen und methodentheoretischen Bedingungen in kommunikationswissenschaftlichen Experimenten, Panel-, Pfad- oder Zeitreihenanalysen beachtet werden müssen und wie diese Verfahren optimal an die Fachperspektive angepasst werden können.

Mit Beiträgen von Helena Bilandzic, Annette Brandl, Gregor Daschmann, Frank Esser, Andreas Fahr, Werner Früh, Christoph Klimmt, Steffen Kolb, Friederike Koschel, Edmund Lauf, Marcus Maurer, Ute Ritterfeld, Thomas Roessing, Helmut Scherer, Bertram Scheufele, Sabine Trepte, Peter Vorderer, Werner Wirth und Jens Woelke

Der Band wendet sich an Studierende sowie an Personen aus Praxis und Wissenschaft des Fachs Kommunikationswissenschaft, die sich für Fragen der Forschungslogik und der Beweisführung in der empirischen Forschung interessieren.

HERBERT VON HALEM VERLAG